Proletarier aller Länder, vereinigt Euch!

TSCHOU EN–LAI

REDEN UND SCHRIFTEN

1949 – 1976

EINE AUSWAHL ZUM GEDENKEN
AN DEN GROSSEN PROLETARISCHEN
REVOLUTIONÄR DES CHINESISCHEN
VOLKES UND HERVORRAGENDEN
KOMMUNISTISCHEN KÄMPFER

VERLAG ROTE FAHNE

周 恩 來

Verlag Rote Fahne
Kamekestr. 19
5000 Köln 1
Telefon (0221)528959
1. — 3. Tausend 1976
ISBN 3-8106-0024-5 (Br.)
ISBN 3-8106-0028-8 (Ln.)

VORWORT

Die vorliegende Auswahl von Reden und Schriften des Genossen Tschou En-lai wird zum Gedenken an diesen großen proletarischen Revolutionär des chinesischen Volkes und hervorragenden kommunistischen Kämpfer herausgegeben. Sie legt Zeugnis ab von den glänzenden Beiträgen, die Genosse Tschou En-lai unter der Führung des Vorsitzenden Mao Tsetung in der Periode des neudemokratischen und sozialistischen Aufbaus der Volksrepublik China für das Voranschreiten der chinesischen Arbeiterklasse zum Kommunismus geleistet hat.

Genosse Tschou En-lai war von 1949 bis 1976 Ministerpräsident des Staatsrates der Volksrepublik China. Er setzte die von Vorsitzendem Mao Tsetung ausgearbeitete politische Linie, an führender Stelle in Partei und Regierung stehend, um und trug so dazu bei, daß aus einem rückständigen, schwachen und armen China heute ein Land geworden ist, das zu blühen begonnen hat, das die Hoffnungen des Weltproletariats verkörpert und ihm beständiger Ansporn in seinen Kämpfen ist.

In den mehr als 25 Jahren ihres Bestehens ist die Volksrepublik China im Feuer des Kampfes gegen innere und äußere Feinde stetig und unaufhaltsam vorangeschritten. In den großen Klassenkämpfen seit 1949, den Bewegungen „San Fan" und „Wu Fan", im Großen Sprung nach vorn, in der Großen Proletarischen Kulturrevolution, in der Bewegung zur Kritik an Lin Biao und Konfuzius und in der Bewegung zum Studium der Theorie der Diktatur des Proletariats hat sich das politische Bewußtsein der Massen immer mehr vertieft und ist ihre Initiative und Schöpferkraft sprunghaft gewachsen; in all diesen Kämpfen trat Genosse Tschou En-lai stets gegen die Vertreter des Revisionismus und der alten und neuen Bourgeoisie auf und kämpfte für die Fortsetzung der Revolution unter der Diktatur des Proletariats. Seine Reden, Rechenschaftsberichte und anderen Schriften, z.B. die Schrift „Das große Jahrzehnt" oder seine „Rede auf einer Massenversammlung revolutionärer Literatur- und Kunstschaffender in Peking" sind leuchtende Dokumente seiner unermüdlichen Arbeit, seiner unbedingten Ergebenheit gegenüber Partei und Volk, seines Kampfes für die allseitige Stärkung der Diktatur des Proletariats und für das Ziel des Kommunismus.

Genosse Tschou En-lai kämpfte sein Leben lang für die Sache der unterdrückten Völker und gegen Imperialismus und Sozialimperialismus. Ob im Kampf gegen die Aggressionen des USA-Imperialismus in Korea und Indochina, oder im Kampf gegen den Überfall des sowjetischen Sozialimperialismus auf die Tschechoslowakei und gegen die neokolonialistische Politik der Kreml-Zaren in Indien, Angola und gegenüber der gesamten Dritten Welt – Genosse Tschou En-lai hielt immer an der Unterstützung der vom Imperialismus unterdrückten Völker fest und erwarb große Verdienste um den Zusammenschluß der neuerwachenden Völker und Nationen gegen Imperialismus, Kolonialismus und Hegemonismus.

Als proletarischer Internationalist war Genosse Tschou En-lai stets der deutschen Arbeiterklasse und dem deutschen Volk verbunden. Schon zu seiner Studienzeit in Berlin nahm er lebhaften Anteil an den revolutionären Kämpfen der deutschen Arbeiterklasse. In den Jahren nach dem 2. Weltkrieg kämpfte er unerschrocken gegen die Machenschaften des damaligen Hauptfeindes der Völker, des USA-Imperialismus, der mit allen Mitteln die Spaltung Deutschlands gegen den Willen der deutschen Arbeiterklasse und des deutschen Volks durchsetzte. Auch in späteren Jahren, nach der Herausbildung des sowjetischen Sozialimperialismus, änderte sich nichts an der korrekten marxistisch-leninistischen Position Genossen Tschou En-lais. Er war ein erbitterter Feind der heutigen Spaltung Deutschlands durch die sowjetischen Sozialimperialisten.

Im Kampf für nationale und soziale Befreiung hat das deutsche Volk mit dem Tode des Genossen Tschou En-lai einen treuen Freund verloren. In seinem Geist und von seiner internationalistischen Haltung lernend, wird die deutsche Arbeiterklasse zu ihrem großen Ziel, dem unabhängigen, vereinten und sozialisti-

Vorwort

schen Deutschland vorwärtsschreiten und das Andenken an Genossen Tschou En-lai in hohen Ehren halten.

In seinem „Bericht über die Tätigkeit der Regierung" auf der 1. Tagung des IV. Nationalen Volkskongresses der Volksrepublik China, führte Genosse Tschou En-lai am 13. Januar 1975 aus:

„Die Volksmassen aller Nationalitäten unseres Landes müssen sich unter der Führung des Zentralkomitees der Partei mit Vorsitzendem Mao an der Spitze noch enger zusammenschließen, sich an die grundlegende Linie und Politik der Partei halten, sich um die Erfüllung der vom X. Parteitag gestellten Kampfaufgaben bemühen, die Siege der Großen Proletarischen Kulturrevolution konsolidieren und ausbauen und neue Siege in der sozialistischen Revolution und beim sozialistischen Aufbau erkämpfen." Und: „Gestützt auf die breiten Volksmassen, müssen wir wohlüberlegt, treffsicher und unerbittlich die Handvoll Klassenfeinde schlagen, wobei der Schwerpunkt auf Treffsicherheit liegt."

Ein Jahr nach diesen wegweisenden Worten und kurz nach seinem Tode errang das chinesische Volk große Siege gegen den konterrevolutionären Versuch Deng Hsiao-pings, die richtige Bewertung der Großen Proletarischen Kulturrevolution aufzuheben, die grundlegende Linie der Partei zu ändern und den Kapitalismus zu restaurieren. Unter der persönlichen Führung des Vorsitzenden Mao Tsetung wurde damit wiederum ein bedeutender Schritt zur Konsolidierung der Diktatur des Proletariats getan und auf dem langen Marsch zum Kommunismus, für den Genosse Tschou En-lai an der Seite des Vorsitzenden Mao Tsetung lange Jahre, nie den Klassenkampf vergessend, mit aller Kraft, umsichtig, bescheiden, von den Volksmassen geachtet und geliebt, von den Reaktionären gefürchtet, hart gearbeitet und gekämpft hat.

Genosse Tschou En-lai wird immer unvergessen bleiben!

* * *

Alle hier wiedergegebenen Reden und Schriften Genossen Tschou En-lais sind offiziellen Quellen der internationalen kommunistischen Bewegung, Zeitschriften und anderen Publikationen aus der Volksrepublik China oder Publikationen entnommen, die zum betreffenden Zeitpunkt in sozialistischen Ländern herausgegeben wurden. Ein Teil der vorliegenden Texte wurde von uns aus dem Englischen übersetzt, was jeweils in der Quellenangabe vermerkt wurde. Dabei haben wir eine möglichst große Übereinstimmung mit dem Stil deutschsprachiger Publikationen aus der Volksrepublik China angestrebt. Zitate aus Schriften des Vorsitzenden Mao Tsetung wurden in der heute gebräuchlichen Übersetzung, entsprechend Mao Tsetung, Ausgewählte Werke Bd. I–IV, Peking 1968, bzw. Worte des Vorsitzenden Mao Tsetung, Peking 1972, wiedergegeben. Veraltete Schreibweisen von Eigennamen wurden stillschweigend verändert. Überall, wo die Entstehung eines Textes (bzw. seine Veröffentlichung oder sein erstmaliger mündlicher Vortrag) auf den Tag genau feststeht, wurde dies im Untertitel (sofern der Untertitel des Quellentextes eine exakte Datierung aufweist) oder in Klammern und Kursivsatz vor Textbeginn angegeben. Mit einer Ausnahme werden alle Texte ungekürzt nach den Quellentexten wiedergegeben. Redaktionelle Vorbemerkungen, die den Quellentexten vorangestellt sind, wurden dann übernommen, wenn sie eine wichtige zusätzliche Information über den Text enthalten. Sie sind kursiv gesetzt. Außer der Schrift „Das große Jahrzehnt" sind die Reden und Schriften, die entweder im Untertitel oder in einer speziellen Unterzeile unter dem Titel und in Klammern als „Zusammenfassung" oder als „Auszüge" ausgewiesen sind, nicht durch uns gekürzt, sondern wurden in dieser Form der angegebenen Quelle entnommen. In der genannten Schrift wurden durch uns zwei kleinere Kürzungen vorgenommen, da ein großer Teil der ausgelassenen Ausführungen inhaltlich mit den Darlegungen in einer anderen Schrift aus dem gleichen Jahr – „Bericht über die Berichtigung der hauptsächlichen Planziele des Volkswirtschaftsplans 1959 und die weitere Entfaltung der Bewegung zur Erhöhung der Produktion und zur Sparsamkeit" – die vollständig abgedruckt ist, übereinstimmt. Die Auslassungen sind durch Punkte gekennzeichnet. Die Quellenangabe befindet sich jeweils unmittelbar unter dem Schlußsatz eines Textes. Die Texte sind chronologisch geordnet.

Da die vorliegende Auswahl dem ehrenden Gedenken an Genossen Tschou En-lai dient, haben wir ihr den Nachruf des Zentralkomitees der Kommunistischen Partei Chinas, des Ständigen Ausschusses des Nationalen Volkskongresses und des Staatsrates der Volksrepublik China, sowie das Beileidstelegramm der KPD und die Rede des Zentralkomitees der KPD auf der Trauerfeier am 15.1.1976 in Köln vorangestellt.

Köln, den 8. August 1976

VERLAG ROTE FAHNE

ABLEBEN DES GENOSSEN TSCHOU EN—LAI

NACHRUF DES ZENTRALKOMITEES DER KOMMUNISTISCHEN PARTEI CHINAS, DES STÄNDIGEN AUSSCHUSSES DES NATIONALEN VOLKSKONGRESSES UND DES STAATSRATES

In tiefster Trauer geben das Zentralkomitee der Kommunistischen Partei Chinas, der Ständige Ausschuß des Nationalen Volkskongresses und der Staatsrat der Volksrepublik China bekannt: Genosse Tschou En-lai, Mitglied des Zentralkomitees der Kommunistischen Partei Chinas, Mitglied des Politbüros des ZK der KP Chinas, Mitglied des Ständigen Ausschusses des Politbüros des ZK der KP Chinas, stellvertretender Vorsitzender des ZK der KP Chinas, Ministerpräsident des Staatsrates der Volksrepublik China und Vorsitzender des Landeskomitees des Politischen Konsultativkonferenz des Chinesischen Volkes, verstarb an Krebs am 8. Januar 1976 um 9.57 Uhr in Peking im Alter von 78 Jahren.

Genosse Tschou En-lai war ein hervorragendes Mitglied der Kommunistischen Partei Chinas, ein großer proletarischer Revolutionär des chinesischen Volkes, ein treuer revolutionärer Kämpfer des chinesischen Volkes und ein hervorragender, langerprobter Führer von Partei und Staat.

Seit Genosse Tschou En-lai 1972 erkrankte, wurde er unter der ständigen herzlichen und fürsorglichen Anteilnahme unseres großen Führers, des Vorsitzenden Mao, und des Zentralkomitees der Partei von Medizinern allseitig und sorgfältig behandelt. Die ganze Zeit über bestand Genosse Tschou En-lai darauf, zu arbeiten, und führte einen beharrlichen Kampf gegen die Krankheit. Infolge seines sich trotz aller ärztlichen Bemühungen verschlechternden Zustandes, schied Genosse Tschou En-lai, der große Kämpfer des chinesischen Volkes, schließlich von uns. Sein Tod ist ein gewaltiger Verlust für unsere Partei, unsere Armee und das Volk unseres Landes, für die Sache der sozialistischen Revolution und des sozialistischen Aufbaus unseres Landes, für die internationale Sache des Kampfes gegen Imperialismus, Kolonialismus und Hegemonismus ebenso wie für die Sache der internationalen kommunistischen Bewegung.

Der Partei und dem Volk treu ergeben, kämpfte Genosse Tschou En-lai heldenhaft und mit äußerster Hingabe für die Durchführung der proletarischen revolutionären Linie des Vorsitzenden Mao, für den Sieg der Sache der Befreiung des chinesischen Volkes und der Sache des Kommunismus, denen er selbstlos sein ganzes Leben lang all seine Energien widmete. Unter der Führung des Vorsitzenden Mao leistete Genosse Tschou En-lai unauslöschliche Beiträge für den Aufbau und die Entwicklung der marxistischen Kommunistischen Partei Chinas, für den Aufbau und die Entwicklung unserer unbesiegbaren Volksarmee, für den Sieg der neudemokratischen Revolution und für die Gründung des sozialistischen Neuen China, für die Konsolidierung der großen, von der Arbeiterklasse geführten und auf dem Bündnis der Arbeiter und Bauern beruhenden Einheit der Volksmassen aller Nationalitäten und die Entwicklung der revolutionären Einheitsfront, für den Kampf um den Sieg der Sache der sozialistischen Revolution und des sozialistischen Aufbaus, um den Sieg der Großen Proletarischen Kulturrevolution und der Bewegung zur Kritik an Lin Biao und Konfuzius und für die Festigung der Diktatur des Proletariats unseres Landes, für die Stärkung der Einheit der internationalen revolutionären Kräfte und den Kampf gegen Imperialismus, Sozialimperialismus und modernen Revisionismus und erwarb sich dabei unvergängliche Verdienste, gewann so die herzliche Liebe und Hochachtung der ganzen Partei, der ganzen Armee und des gesamten Volkes.

Das Leben des Genossen Tschou En-lai war ein Leben des ruhmreichen Kampfes für die Sache des Kommunismus, ein Leben der beharrlichen Weiterführung der Revolution.

Die Nachricht vom Hinscheiden des Genossen Tschou En-lai wird tiefen Schmerz in den Herzen unseres Volkes auslösen. Wir müssen unsere Trauer in Kraft verwandeln. Die ganze Partei, die ganze Armee und das Volk des ganzen Landes müssen vom proletarischen revolutionären Geist des Genossen Tschou En-lai und von seinen erhabenen revolutionären Eigenschaften lernen, müssen sich unter der Führung des Zentralkomitees der Partei mit dem Vorsitzenden Mao an der Spitze aufs engste zusammenschließen, müssen den Klassenkampf als das Hauptkettenglied anpacken, an der grundlegenden Linie der Partei, an der Weiterführung der Revolution unter der Diktatur des Proletariats, am proletarischen Internationalismus festhalten, die Errungenschaften der Großen Proletarischen Kulturrevolution konsolidieren und ausbauen und danach streben, die Diktatur des Proletariats zu festigen, den Revisionismus zu bekämpfen und zu verhüten, unser Land zu einem starken, modernen sozialistischen Staat aufzubauen und den Sieg der Sache des Kommunismus zu erringen.

Ewiger Ruhm Genossen Tschou En-lai, dem großen proletarischen Revolutionär des chinesischen Volkes und hervorragenden kommunistischen Kämpfer!

Quelle: Peking Rundschau Nr. 3/1976

BEILEIDSTELEGRAMM DES STÄNDIGEN AUSSCHUSSES DES POLITBÜROS DES ZENTRALKOMITEES DER KOMMUNISTISCHEN PARTEI DEUTSCHLANDS (KPD) ZUM TODE DES GENOSSEN TSCHOU EN–LAI AN DIE CHINESISCHE PARTEI– UND STAATSFÜHRUNG

Teure Genossen!

Der Tod des Genossen Tschou En-lai, Mitglied des Ständigen Ausschusses des Politbüros des ZK der Kommunistischen Partei Chinas und Ministerpräsident des Staatsrates erfüllt uns mit tiefer Trauer. Empfangen Sie bitte unser tiefempfundenes Beileid. Ihre Partei und das chinesische Volk, die Arbeiterklassen aller Länder, die Völker der Welt und die internationale kommunistische Bewegung haben mit seinem Tod einen hervorragenden Führer und Lehrer verloren.

Genosse Tschou En-lai hat bis zum Ende für die Interessen der Weltrevolution gekämpft. Er war ein großer kommunistischer Kämpfer und ein erprobter proletarischer Revolutionär. Der Beitrag, den er unter der Führung des Genossen Mao Tsetung beim Aufbau der Kommunistischen Partei Chinas, bei der Erringung der Siege der chinesischen Revolution, beim Aufbau des Sozialismus, in der Großen Proletarischen Kulturrevolution, bei der Bewegung zur Kritik an Lin Biao und Konfuzius, bei der Konsolidierung der Diktatur des Proletariats und beim Kampf gegen den modernen Revisionismus und den Sozialimperialismus geleistet hat, ist unvergänglich.

Die internationale kommunistische Bewegung und die Völker der Welt haben ihm wichtige Beiträge im Kampf gegen den Imperialismus, den Kolonialismus und den Hegemonismus der beiden Supermächte zu danken.

Für unser Volk, für die Arbeiterklasse unseres Landes und ihre

Kommunistische Partei ist Genosse Tschou En-lai unsterblich. Seinem revolutionären Beispiel folgend, werden wir in unserem Kampf für ein unabhängiges, vereintes und sozialistisches Deutschland Schritt für Schritt voranschreiten. In seinem Geiste werden wir kämpfen. In seinem Geiste werden wir siegen.

Werner Heuler, Jürgen Horlemann,
Karl Heinz Hutter und Christian Semler

Mitglieder des Ständigen Ausschusses des Politbüros des Zentralkomitees der Kommunistischen Partei Deutschlands

EWIGER RUHM GENOSSEN TSCHOU EN-LAI, DEM GROSSEN PROLETARISCHEN REVOLUTIONÄR DES CHINESISCHEN VOLKES UND HERVORRAGENDEN KOMMUNISTISCHEN KÄMPFER

REDE DES GENOSSEN JÜRGEN HORLEMANN, MITGLIED DES STÄNDIGEN AUSSCHUSSES DES POLITBÜROS DES ZENTRALKOMITEES DER KPD AUF DER TRAUERFEIER DER KPD ZUM TODE DES GENOSSEN TSCHOU EN-LAI AM 15. JANUAR 1976 IN KÖLN.

Liebe Genossen, liebe Freunde!

Am 8. Januar 1976 gab das Zentralkomitee der Kommunistischen Partei Chinas der Welt bekannt, daß Genosse Tschou En-lai, Mitglied des Zentralkomitees der Kommunistischen Partei Chinas, Mitglied des Politbüros des ZK, Mitglied des Ständigen Ausschusses des Politbüros des ZK, Ministerpräsident des Staatsrates der VR China und Vorsitzender des Nationalkomitees der Politischen Konsultativkonferenz des Chinesischen Volkes, gestorben ist. Genosse Tschou En-lai hatte sich drei Jahre lang hartnäckig der Krebskrankheit entgegengestellt. Er starb im Alter von 78 Jahren.

Das ZK der Kommunistischen Partei Chinas erklärte:

„Genosse Tschou En-lai war ein hervorragendes Mitglied der Kommunistischen Partei Chinas, ein großer proletarischer Revolutionär des chinesischen Volkes und ein hervorragender, bewährter Führer der Partei und des Staates."

„Genosse Tschou En-lai war ein hervorragendes Mitglied der Kommunistischen Partei Chinas, ein großer proletarischer Revolutionär des chinesischen Volkes, ein treuer revolutionärer Kämpfer des chinesischen Volkes und ein hervorragender, langerprobter Führer von Partei und Staat."

Weiter erklärte das ZK der Kommunistischen Partei Chinas:

„Der Partei und dem Volk treu ergeben, kämpfte Genosse Tschou En-lai heldenhaft und mit äußerster Hingabe für die Durchführung der proletarischen revolutionären Linie des Vorsitzenden Mao, für den Sieg der Sache der Befreiung des chinesischen Volkes und der Sache des Kommunismus, denen er selbstlos sein ganzes Leben lang all seine Energien widmete. Unter der Führung des Vorsitzenden Mao leistete Genosse Tschou En-lai unauslöschliche Beiträge für den Aufbau und die Entwicklung der marxistischen Kommunistischen Partei Chinas, für den Aufbau und die Entwicklung unserer unbesiegbaren Volksarmee, für den Sieg der neudemokratischen Revolution und für die Gründung des sozialistischen Neuen China, für die Konsolidierung der großen, von der Arbeiterklasse geführten und auf dem Bündnis der Arbeiter und Bauern beruhenden Einheit der Volksmassen aller Nationalitäten und die Entwicklung der revolutionären Einheitsfront, für den Kampf um den Sieg der Sache der sozialistischen Revolution und des sozialistischen Aufbaus, um den Sieg der Großen Proletarischen Kulturrevolution und der Bewegung zur Kritik an Lin Biao und Konfuzius und für die Festigung der Diktatur des Proletariats unseres Landes, für die Stärkung der Einheit der internationalen revolutionären Kräfte und den Kampf gegen Imperialismus, Sozialimperialismus und modernen Revisionismus und erwarb sich dabei unvergängliche Verdienste, gewann so die herzliche Liebe und Hochachtung der ganzen Partei, der ganzen Armee und des gesamten Volkes."

Unmittelbar nachdem wir diese schmerzliche Nachricht erhalten hatten, übermittelten wir das tiefempfundene Beileid des Zentralkomitees, der gesamten Partei und aller Genossen und Freunde, würdigten den großartigen Beitrag des Genossen Tschou En-lai für die chinesische Revolution, die Weltrevolution und den Kommunismus. Wir schrieben: „Für unser Volk, für die Arbeiterklasse unseres Landes und ihre Kommunistische Partei ist Genosse Tschou En-lai unsterblich. Seinem revolutionären Beispiel folgend werden wir in unserem Kampf für ein unabhängiges, vereintes und sozialistisches Deutschland Schritt für Schritt voranschreiten. In seinem Geiste werden wir kämpfen. In seinem Geist werden wir siegen."

Genossen und Freunde!

Die Geschichte der revolutionären Tätigkeit des Genossen Tschou En-lai, sein vom Marxismus-Leninismus geleitetes, von tausenden von Klassenkampfereignissen erfülltes Leben, dieses mehr als halbe Jahrhundert in den Reihen der ruhmreichen chinesischen Kommunistischen Partei, diese vielen Jahrzehnte an der Seite des verehrten Vorsitzenden Mao Tsetung, sind ein Vorbild für alle Marxisten-Leninisten; sie haben von den reichen Erfahrungen dieses Genossen gelernt, und sie müssen und werden es auch weiterhin tun, denn sein Leben ist zugleich die Geschichte des langen, beharrlichen, windungsreichen und siegreichen Weges der chinesischen Arbeiterklasse und Bauern zur nationalen Befreiung und zum Sozialismus. Die Volksmassen, die revolutionäre Triebkraft der Geschichte, haben Genossen Tschou En-lai hervorgebracht und geformt; bewaffnet mit dem wissenschaftlichen Sozialismus, diesen weiterentwickelnd und auf die Bedingungen Chinas anwendend und die internationale Lage richtig analysierend, hat — unter der Führung des Vorsitzenden Mao Tsetung — Genosse Tschou En-lai einen unschätzbaren Beitrag zur Befreiung des chinesischen Volkes aus Feudalismus, kolonialer Abhängigkeit und imperialistischer Unterdrückung geleistet und maßgeblich am Aufbau eines sozialistischen China mitgewirkt. Er war ein Erbauer des neuen China.

Genosse Tschou En-lai wurde im Jahre 1898 in Huai-an Kiangsu, als Sohn einer, wie er gegenüber Edgar Snow sagte, „bankrotten Mandarinfamilie" geboren (Edgar Snow, Roter Stern über China, Ffm. 1971, S. 91). Mit vier Monaten wurde er in die Familie des jüngeren Bruders seines Vaters gegeben, seine Mutter und sein Vater starben früh. Tschou lernte in frühestem Alter die „verbotenen" Geschichten vergangener Rebellionen kennen, die auch Mao Tsetung in seiner Jugend las. Mit 14 Jahren trat Tschou in die Nankai-Mittelschule in Tientsin ein und geriet nach dem Sturz der kaiserlichen Mandschu-Monarchie unter den Einfluß der nationalistischen, revolutionären Kuomintang Sun Yat Sens. 1917 ging Tschou, wie vorher Sun Yat Sen, zum Studium nach Japan und kam in Kontakt mit zahlreichen revolutionären Studenten. An die Tientsiner Universität zurückgekehrt, wo er als Herausgeber der Studentenzeitung seinen Lebensunterhalt verdiente, nahm Tschou En-lai aktiv an der Bewegung des 4. Mai 1919 teil, einer Bewegung des nationalen Widerstands gegen Japans „Einundzwanzig Forderungen" und gegen den Versailler Vertrag, durch den Japan die frühere deutsche Kolonie Tsingtao erhielt. 5 Monate mußte Tschou daraufhin im Gefängnis zubringen. 1920 gründete er in Tientsin führend die radikale Chueh-wu Shih („Erweckungsgesellschaft"). In dieser Zeit las Tschou die ersten marxistischen Schriften — zusammen mit Genossen, die kurze Zeit später die Kommunistische Partei Chinas gründeten. Im Rahmen des Programms „Arbeiten und Studieren" reiste er mit Studenten aus Hunan, die mit Mao Tsetung in der „Studiengemeinschaft Neues China" gewesen waren, nach Europa, zuerst nach Frankreich, wo zur damaligen Zeit etwa 180 000 chinesische Arbeiter und Studenten lebten. Dort gründete er die Kommunistische Jugendliga mit, die 1922 Delegierte nach

Schanghai entsandte, um in die ein Jahr zuvor gegründete Kommunistische Partei Chinas aufgenommen zu werden — eine Bitte, der entsprochen wurde. Nach einem kurzen Aufenthalt in London kam Genosse Tschou En-lai zum Studium an die Humboldt-Universität in Berlin. In diese Zeit fällt sein Zusammentreffen mit Genossen Tschu Teh, den er in Berlin für die Kommunistische Partei gewann.

Sein Verdienst in diesen drei Jahren im Ausland war es, unter den hunderten von chinesischen Studenten den größeren Teil für die Kommunistische Partei gewonnen zu haben. Seine Kenntnisse der Geschichte der internationalen Arbeiterbewegung, seine Kenntnisse des Marxismus und Leninismus und seine Fähigkeit, komplizierte internationale Zusammenhänge zu analysieren und seine Organisierungsfähigkeiten hatten gewaltig zugenommen.

So wurde er, im August 1924 nach China zurückgekehrt, Leiter der Politischen Abteilung der Whampoa-Militärakademie, die unter dem Kommando der Kuomintang und Tschiang Kai-scheks stand. Während dieser Zeit organisierte er als Sekretär der Kommunistischen Partei Chinas in Kwangtung die revolutionäre politische Erziehungsarbeit der dortigen Regierungstruppen. Im Winter 1926 wurde er, inzwischen Sekretär der Zentralen Militärkommission der Kommunistischen Partei Chinas, nach Shanghai entsandt, wo er Anfang 1927 den Auftrag erhielt, den Aufstand der Arbeiter zu leiten, um der Nationalistischen Armee bei der Eroberung der Stadt zu helfen. Edgar Snow berichtet dazu in „Roter Stern über China", auf der Grundlage eines Interviews mit Genossen Tschou, folgendes:

„Innerhalb von 3 Monaten hatte die Kommunistische Partei 600 000 Arbeiter organisiert und konnte den Generalstreik ausrufen — aber er war ein Fiasko. Die unbewaffneten und unausgebildeten Arbeiter wußten nicht, wie man das machte, ,eine Stadt erobern'. Die nördlichen Militärmachthaber (gegen die sich der Kampf der Kuomintang in diesem sog. ,Nordfeldzug' richtete, d. Red.), die die Bedeutung des ersten und danach eines zweiten Streiks unterschätzen, ließen einige Köpfe rollen, brachten es jedoch nicht fertig, die Arbeiterbewegung zum Stillstand zu bringen. Tschou lernte inzwischen durch die Praxis, ,wie man einen Aufstand führt'... An den in die Stadt geschmuggelten Mausergewehren wurden 300 Scharfschützen ausgebildet, die einzige bewaffnete Macht der Shanghaier Arbeiter.

Am 21. März 1927 riefen die Revolutionäre einen Generalstreik aus, der alle Industrien Shanghais lahmlegte. Zuerst besetzten sie die

Polizeistationen, danach das Waffenarsenal, schließlich die Garnison, und dann hatten sie gesiegt. 5000 Arbeiter waren bewaffnet, sechs Bataillone revolutionärer Truppen ins Leben gerufen, die Armeen des Militärmachthabers zogen sich zurück, und eine ‚Bürgerregierung' wurde ausgerufen. ‚Innerhalb von zwei Tagen', sagte Tschou, ‚nahmen wir alles außer den ausländischen Konzessionen der Stadt'." (a.a.O., S. 95f.)

Einen Monat später, am 21. April, kam der Tag, an dem Tschiang Kai-schek die nationalen Interessen Chinas verriet, die Koalition der Kuomintang und der Kommunistischen Partei Chinas einseitig aufkündigte und mithilfe der ausländischen Imperialisten das größte Blutbad unter den Arbeitern Shanghais anrichtete. 5000 Arbeiter in Shanghai und 40 000 weitere in Kanton und anderen Städten fielen den Massakern zum Opfer. Genosse Tschou En-lai wurde gefangen, seine Hinrichtung angeordnet, aber er konnte fliehen, zuerst nach Wuhan, später nach Nantschang, wo er den Aufstand der Zwanzigsten Armee gegen die Kuomintang mitorganisierte. Führend am Aufstand beteiligt, aus dem die Anfänge der Roten Armee hervorgingen, waren außerdem Tschu Teh und Deng Ying-tschao, die Frau Tschou En-lais; vorbereitet war er maßgeblich auch von Genossen Mao Tsetung. In Swatow hielt er sich mit seinen Soldaten zehn Tage lang gegen imperialistische Kanonenboote und die Truppen einheimischer Militärmachthaber, war jedoch nach Niederlagen gezwungen, im Untergrund zu kämpfen. 1931 hatte er sich in die roten Stützpunktgebiete von Kiangsi und Fukien durchgeschlagen und wurde Politkommissar bei Genossen Tschu Teh, dem Oberbefehlshaber der Roten Armee.

Genosse Tschou En-lai hatte alle diese Kämpfe im Auftrage und bereits als führendes Mitglied der Partei geleitet. Im Mai 1927 war er, auf dem V. Parteitag, ins Zentralkomitee gewählt worden, im November 1927 wurde er Leiter der Abteilung für Organisationsfragen des ZK. Seine Mitgliedschaft im Zentralkomitee wurde auf dem VI. Parteitag, der im Juni/Juli 1928 in Moskau stattfand, erneut bestätigt; auf dem 1. Plenum des ZK wurde er ins Politbüro gewählt, und er war einer der Sekretäre des Zentralkomitees. 1929 wurde er darüberhinaus Sekretär des Zentralen Militärkomitees.

Bekanntlich unternahmen die Truppen Tschiang Kai-scheks in der Periode von 1930 bis 1934 fünf große militärische Offensiven, die sogenannten „Einkreisungs- und Ausrottungsfeldzüge" gegen die roten Gebiete in Kiangsi. (von Dez. 1930 – Jan. 1931; Mai – Juni 1931; Juli – Okt. 1931; Apr. – Okt. 1933; Okt. –

1933 – Okt. 1934.) Statt die japanischen Imperialisten zu bekämpfen, die 1931 überraschend die Stadt Schenyang in Nordostchina besetzt hatten, gab Tschiang Kai-schek seinen Truppen in Nordostchina den Befehl, „absolut keinen Widerstand zu leisten" und sich zurückzuziehen, so daß die japanischen Truppen die Provinzen Liaoning, Kirin und Heilungkiang besetzen konnten. Der Bestand Chinas war aufs äußerste bedroht. In dieser Situation war es notwendig, daß die Kommunistische Partei Chinas den Kampf für die antijapanische Einheitsfront propagierte, gleichzeitig aber die Angriffe der Kuomintang-Truppen abwehrte, den Bestand der Kommunistischen Partei und der Roten Armee sicherte und insgesamt eine gründliche Korrektur falscher Ansichten, die in der Partei existierten, durchführte. Gegen alle diejenigen in der Partei, die den revolutionären Kampf ausschließlich in den Städten und zur Eroberung der Städte führen wollten, verteidigte Genosse Tschou En-lai aktiv die Linie Mao Tsetungs, die Bauern als Hauptverbündeten der Arbeiterklasse und Hauptkraft der chinesischen Revolution zu begreifen, Sowjets in den ländlichen Gebieten zu errichten, die Gebiete der Roten Armee unter der Sowjetmacht zu konsolidieren und für die Partei die entsprechenden taktischen Konsequenzen zu ziehen. Im Oktober 1934 begann der ruhmvolle Lange Marsch in die roten Stützpunktgebiete von Kansu und Schensi, Voraussetzung dafür, die Kräfte der Revolution zu erhalten und zu erweitern und den Versuch zu machen, gegen die japanische Aggression erneut eine Einheitsfront mit der nationalen Bourgeoisie herzustellen. Mao Tsetung unterstrich im Linienkampf innerhalb der Partei, unterstützt von Genossen Tschou En-lai, die entscheidende Bedeutung der führenden Rolle der Kommunistischen Partei und ihrer Armee und verurteilte „die engstirnige Politik der verschlossenen Tür und die revolutionäre Fiebrigkeit, die lange Zeit in der Partei bestanden hatten und die Hauptursachen für die ernsten Rückschläge der Partei und der Roten Armee in der Periode des Zweiten Revolutionären Bürgerkrieges gewesen waren. Gleichzeitig machte Genosse Mao Tsetung die Partei auf die historische Lehre aus der Niederlage der Revolution im Jahre 1927, die der rechte Opportunismus Tschen Du-hsius verursacht hatte, aufmerksam." (Mao Tsetung, Die Taktik im Kampf gegen den japanischen Imperialismus, AW Bd. I, S. 178, Anmerkung) Es war die erweiterte Tagung des Politbüros des ZK im Januar 1935 in Dsunyi, während des Langen Marsches, die mit den opportunistischen Strömungen in der Partei abrechnete und zu den aktuellen militärischen und organisatorischen Fragen die richtigen Beschlüsse faßte. Im Dezember schließlich, zehn Monate nach dieser entscheidenden Konferenz, konnte das Politbüro die weitreichenden Beschlüsse über die Führung des antijapanischen Krieges fassen. Genosse Tschou En-lai, der an der Ausarbeitung dieser Linie wesentlichen Anteil hatte, wurde Mitglied des Revolutionären Militärrates unter Vorsitz Genossen Mao Tsetungs.

Gleichzeitig war Genosse Tschou En-lai Generalkommissar der Roten Armee. Bei der Abwehr der anhaltenden Einkreisungs- und Vernichtungsfeldzüge der Truppen Tschiang Kai-scheks zeigte sich das strategische Können Genossen Tschou En-lais. Edgar Snow beschreibt die politische und militärische Überlegenheit der Roten Armee über die Truppen Nankings an folgendem Beispiel:

„General Hu, der fähigste Taktiker des Nankingheeres, war wochenlang in Nordkansu vorgedrungen, ohne auf größeren Widerstand zu stoßen. Die Roten hatten sich langsam zurückgezogen, jede Schlacht verweigert und sich allenfalls auf kleinere Scharmützel eingelassen. Aber sie hatten auf verschiedene Weise ihre Einheitsfront-Propaganda unter den Nanking-Truppen entfaltet. Sie versuchten Einheiten zum Stopp des Vormarsches zu bewegen, sie veröffentlichten Erklärungen, daß die Rote Armee antijapanische Einheiten nicht angreifen werde, sie forderten den Gegner auf, sich ihnen im Kampf gegen Japan anzuschließen. ‚Chinesen dürfen nicht gegen Chinesen kämpfen'! Diese Propaganda sollte sich als höchst wirksam erweisen.

General Hu trieb weiter zum Vormarsch. Die Roten zogen sich weiterhin zurück, bis sie fast Holienwan erreicht hatten. Dann entschlossen sie sich, nicht weiter zurückzuweichen, der Feind hatte eine Lektion nötig. Es galt zu zeigen, daß die Einheitsfront Zähne hatte und damit beißen konnte. Durch eine plötzliche Kehrtwendung lockten sie General Hus Truppen in ein Lößtal, umzingelten sie bei Einbruch der Nacht, als die Luftangriffe aufgehört hatten, und führten während der Nacht von beiden Flanken einen Frontalangriff mit aufgesetztem Bajonett durch. Die Temperatur lag um den Gefrierpunkt, und die bloßen Hände der Roten Soldaten waren so froststarr, daß sie ihre Handgranaten nicht abziehen konnten. Hunderte von ihnen stürmten in die feindlichen Linien, indem sie ihre Stielhandgranaten als Keulen benutzten. Das wütende Handgemenge, angeführt vom 1. Roten Armeekorps, endete damit, daß zwei Infanteriebrigaden und ein Kavallerieregiment der Nankingtruppen völlig aufgerieben und entwaffnet wurden. Tausende von Gewehren und MGs wurden erbeutet, und ein Regiment Regierungs-

truppen ging geschlossen zur Roten Armee über. General Hu mußte sich schleunigst zurückziehen; in wenigen Tagen gab er das in Wochen ‚eroberte' Gebiet wieder preis....
  War nicht dieser wenig verheißungsvolle Beginn ein sicheres Anzeichen dafür, wie schwierig sich der ‚Ausrottungsfeldzug' gestalten mußte? .... Aber der starrköpfige Generalissimus, erbost über die Demütigung, die seine beste Armee erlitten hatte, erteilte General Hu einen scharfen Verweis und war nur um so mehr entschlossen, seinen zehnjährigen Feind auszumerzen." (Edgar Snow, Roter Stern über China, Frankfurt a.M. 1971, S. 480 ff.)
  Die Politik der Kommunistischen Partei bestand darin, den Landesverräter Tschiang Kai-schek einerseits beständig zu entlarven, andererseits, alle Risse im Lager der Bourgeoisie zu nutzen, um ihn zum Kampf gegen den japanischen Imperialismus zu zwingen. Im Mai 1936 wandte sich die Partei unmittelbar an die Kuomintang-Regierung in Nanking mit der Forderung, den Bürgerkrieg um des gemeinsamen Kampfes gegen Japan willen einzustellen. Im August desselben Jahres richtete das ZK erneut ein Schreiben an die Kuomintang, worin es forderte, den Bürgerkrieg einzustellen und eine Einheitsfront beider Parteien zum gemeinsamen Widerstand gegen die japanische Aggression zu bilden und für Verhandlungen Vertreter zu benennen. Aber Tschiang Kai-schek lehnte auch dieses Mal den Vorschlag der Kommunistischen Partei ab. Erst im Dezember 1936, als Tschiang Kai-schek von Kuomintang-Offizieren, die zum Kampf gegen Japan drängten, festgenommen wurde (der sog. „Sian-Zwischenfall"), trat eine neue Entwicklung ein. Statt daß, wie es Tschiang Kai-schek vermutet hatte, die Kommunisten für seine Liquidierung eintraten, setzten sie sich für Verhandlungen mit ihm zur Bildung der Nationalen Einheitsfront ein und richteten ein Telegramm nach Sian, in dem die Hoffnung der Kommunistischen Partei ausgedrückt wurde, „daß die Führer von Sian aus patriotischer Aufrichtigkeit und Hingabe gehandelt und den Willen haben, umgehend eine nationale Politik des unverzüglichen Widerstands gegen Japan zu formulieren." (Edgar Snow, a.a.O., S. 493) Die Kommunistische Partei schlug eine Friedenskonferenz aller chinesischen Parteien vor, auf der das Programm eines vereinten nationalen Widerstands gegen Japan diskutiert werden könne. Über die Weiterentwicklung dieses wichtigen Ereignisses schreibt Edgar Snow folgendes:
  „Kurz nach seiner Ankunft traf der Führer der kommunistischen Delegation, Tschou En-lai, mit Tschiang Kai-schek zusammen. Die Wirkung dieser Zusammenkunft auf den Generalissimus ist leicht

vorstellbar. Körperlich geschwächt und seelisch durch seine Erfahrungen tief getroffen, soll Tschiang bleich geworden sein, als er begriff, daß seine ehemaliger politischer Attache, auf dessen Kopf er einmal 80 000 Dollar ausgesetzt hatte, da zur Tür hereinkam und ihn freundlich grüßte. Er muß daraus sofort geschlossen haben, daß die Rote Armee in Sian einmarschiert sei und er deren Gefangener werden sollte....
Tschou und der Marschall (Chang, der Führer der Verhaftungsaktion — d. Red.) erlösten den Generalissimus von seiner Vermutung, indem sie ihn als Oberkommandierenden bestätigten und ihm die Haltung der Kommunisten gegenüber der nationalen Krise erklärten. Nach zunächst eisigem Schweigen taute Tschiang nach und nach auf, als er, zum ersten Male während seines zehnjährigen Krieges gegen die Kommunisten, ihren Vorschlägen zur Beendigung des Bürgerkrieges zuhörte." (Edgar Snow, a.a.O., S. 493 f.) Die Ergebnisse der Verhandlungen Tschou En-lais waren im wesentlichen: Beendigung des Bürgerkrieges und Zusammenarbeit der Kommunistischen Partei Chinas mit der Kuomintang gegen die japanische Aggression, Aufnahme diplomatischer Beziehungen zur UdSSR, zu den USA und zu England, mit dem Versuch, eine internationale antifaschistische Front zu bilden, größere politische Freiheit für das chinesische Volk und Bildung einer demokratischen Regierung in Nanking — ohne diese Ergebnisse hätte der antijapanische Krieg nicht mit einem Sieg enden können, hätte nicht die demokratische Republik im August 1945 entstehen können, über deren Erkämpfung Mao Tsetung im Mai 1937 die Richtlinie gab:
„Unsere demokratische Republik wird geschaffen im Prozeß der Erfüllung der Aufgaben des nationalen Widerstandkrieges gegen die japanische Aggression, sie wird geschaffen unter der Führung des Proletariats, in einer neuen internationalen Situation (Sieg des Sozialismus in der Sowjetunion, Vorabend einer neuen Periode in der Weltrevolution). Darum muß sie, obwohl sie infolge der sozialen und ökonomischen Bedingungen ihrem Charakter nach ein bürgerlich-demokratischer Staat bleibt, dennoch infolge der konkreten politischen Bedingungen zu einem Staat werden, der auf dem Bündnis der Arbeiter, der Bauern, des Kleinbürgertums und der Bourgeoisie beruht — eben darin unterscheidet sie sich von einer gewöhnlichen bürgerlichen Republik. Aus dem gleichen Grunde besteht, obwohl sie in der Perspektive immer noch die kapitalistische Richtung einschlagen könnte, zugleich auch die Möglichkeit ihres Übergangs auf den Weg zum Sozialismus, und die Partei des chinesischen

Proletariats muß mit allen Kräften für diese zweite Perspektive kämpfen." (Mao Tsetung, Die Aufgaben der Kommunistischen Partei Chinas in der Periode des Widerstandskampfes gegen die japanische Aggression, AW Bd. I, S. 323 f.) Es war Genosse Tschou En-lai, der in dieser Periode die äußerst schwierige Aufgabe erfüllte, neben der Teilnahme an verantwortlicher Stelle der militärischen Leitung, die Politik der Partei in den unter Kuomintang-Kontrolle stehenden Gebieten umzusetzen. Genosse Tschou En-lai erfüllte vielfältige Aufgaben: er leitete die politische Arbeit in Nanking, Hankau und Tschungking; er war Leiter des Verbindungsbüros der Achten Route-Armee in Tschungking, er gehörte dem Obersten Nationalen Verteidigungsrat an und führte das Büro der in Südchina illegal arbeitenden Parteiorganisationen.

Nach dem Sieg über die japanischen Aggressoren im August 1945 begannen in Tschungking die Verhandlungen zwischen der Tschiang Kai-schek-Regierung und der Kommunistischen Partei Chinas über die Schaffung einer demokratischen Republik. Diese Verhandlungen zogen sich über einen langen Zeitraum hin. An der Spitze der Delegation der Kommunistischen Partei Chinas standen die Genossen Mao Tsetung und Tschou En-lai. Einerseits verhandelte die Kuomintang, andererseits setzte sie bereits im Oktober 1945 über 800 000 Soldaten zum direkten Angriff auf die befreiten Gebiete ein. Vorsitzender Mao Tsetung schrieb über diese Verhandlungen:

„Die Kuomintang und die Kommunistische Partei werden in ihren Verhandlungen bestimmt keine guten Resultate erreichen, es wird bestimmt zu Kriegshandlungen, zum Bruch zwischen ihnen kommen, aber das ist nur eine Seite der Sache. Es gibt auch noch eine andere Seite, es gibt noch viele Faktoren, derentwegen Tschiang Kai-schek nicht umhinkann, viele Bedenken zu haben. Die drei wichtigsten davon sind: die Stärke der befreiten Gebiete, der Widerstand des Volkes im Großen Hinterland gegen einen Bürgerkrieg und die internationale Lage... Unsere Arbeit in den befreiten Gebieten übt ihren Einfluß bereits auf das ganze Land und die ganze Welt aus... Überall im Land, in der ganzen Welt haben wir viele Freunde, wir sind nicht isoliert... Unsere Politik ist die der Wahrung der grundlegenden Interessen des Volkes. Bei Wahrung des Prinzips, daß die grundlegenden Interessen des Volkes nicht beeinträchtigt werden, ist es zulässig, einige Konzessionen zu machen, um dafür Frieden und Demokratie, die das Volk im ganzen Land braucht, einzutauschen... Bedeutet das, daß wir der

Kuomintang unsere Gewehre aushändigen? Auch das nicht. Wenn wir ihr unsere Gewehre aushändigten, hätte da sie nicht wiederum zuviel? Die Waffen des Volkes — jedes Gewehr und jede Kugel — müssen erhalten bleiben; sie dürfen nicht aus der Hand gegeben werden." (Mao Tsetung, Über die Verhandlungen in Tschungking, AW Bd. IV, S. 53 f.)

Unter führender Beteiligung des Genossen Tschou En-lai wurde am 10. Januar 1946 ein Waffenstillstandsabkommen erzwungen, gleichfalls die Einberufung einer Politischen Konsultativkonferenz, die vom 10. Januar bis 31. Januar 1946 in Tschungking tagte. Das von dieser Konferenz gefaßte Programm in 5 Beschlüssen ist wiederum Ausdruck der äußerst flexiblen Verhandlungsführung der Delegation der Kommunistischen Partei Chinas — es enthielt Vereinbarungen über die Organisation einer Regierung, die zur Hälfte aus Angehörigen der Kuomintang bestehen sollte, ein Programm über den friedlichen Aufbau des Landes, eine Vereinbarung über die Nationalversammlung, eine Vereinbarung über den Verfassungsentwurf und Vereinbarungen über militärische Angelegenheiten. Diese Vereinbarungen ermöglichten es, eine breite Propaganda im ganzen Volk zu entfachen, die Widersprüche in den Reihen der Kuomintang zu vergrößern und später die Tschiang Kai-schek Clique politisch zu isolieren. Während Tschiang Kai-schek seine Billigung dieser Vereinbarungen zum Ausdruck brachte, traf er intensive militärische Vorbereitungen, um einen Bürgerkrieg im ganzen Land zu entfesseln. Bald darauf zerriß er diese Vereinbarungen der Politischen Konsultativkonferenz eine nach der anderen, und ging im Juli zu einer allgemeinen Offensive gegen die befreiten Gebiete über. Der Bürgerkrieg dauerte drei Jahre, in deren Verlauf Genosse Tschou En-lai besonders in Nord-Schensi, zusammen mit Mao Tsetung, die revolutionären Truppen überlegen führte, bis die Rote Armee im ganzen Land gesiegt hatte. Auf dem Vorbereitungsausschuß für die Neue Politische Konsultativkonferenz sagte Mao Tsetung: „Die Epoche, in der wir leben, ist eine Epoche, in der das ganze imperialistische System seinem totalen Zusammenbruch entgegengeht; die Imperialisten sind in eine Krise geraten, aus der sie sich nicht herauswinden können. So sehr sie auch weiterhin gegen das chinesische Volk ankämpfen werden — das chinesische Volk wird immer Mittel und Wege finden, den endgültigen Sieg zu erringen.

Gleichzeitig erklären wir der ganzen Welt, daß das, was wir bekämpfen, allein das imperialistische System und seine gegen das chinesische Volk gerichteten Intrigen sind. Wir sind bereit, mit jeder ausländischen Regierung auf der Grundlage der Prinzipien der Gleichberechtigung, des gegenseitigen Vorteils und der gegenseitigen Achtung der territorialen Integrität und der Souveränität Verhandlungen über die Herstellung von diplomatischen Beziehungen aufzunehmen, vorausgesetzt, daß die ausländischen Regierungen bereit sind, ihre Beziehungen zu den chinesichen Reaktionären abzubrechen, sich nicht länger mit ihnen verschwören oder ihnen nicht mehr helfen und Volkschina gegenüber eine wahre — nicht eine heuchlerische — freundschaftliche Haltung einnehmen...

Das ganze Volk erwartet sehnsüchtig, daß wir diese Konferenz einberufen und eine Regierung bilden...

Sobald die demokratische Koalitionsregierung in China gebildet worden ist, wird sie in ihrer Arbeit das Hauptgewicht auf folgende Aufgaben legen: 1. die Überreste der Reaktionäre zu liquidieren und von ihnen angestiftete Unruhen niederzuschlagen; 2. mit Ausnutzung aller Möglichkeiten und mit Aufbietung aller Kräfte die Wirtschaft des Volkes wiederherzustellen und zu entwickeln." (Mao Tsetung, Ansprache auf der Tagung des Vorbereitungsausschusses der Neuen Politischen Konsultativkonferenz, AW Bd. IV, S. 434 f.)

Die erste Sitzung der Konsultativkonferenz im September 1949 wählte den Genossen Tschou En-lai zum Mitglied des Rates der Zentralen Volksregierung und zum Vizepräsidenten des Landeskomitees der Politischen Konsultativkonferenz. Am 1. Oktober 1949, dem Tag der Ausrufung der Volksrepublik China, wurde Genosse Tschou En-lai Ministerpräsident der Zentralen Volksregierung, gleichzeitig Außenminister und Vizepräsident des Militärkomitees der revolutionären Volksregierung.

Genosse Tschou En-lai hat seit Gründung der Volksrepublik die Regierung geführt und den sozialistischen Aufbau des Neuen China geleitet. An der Spitze der Partei stehend führte er, an der Seite des Vorsitzenden Mao Tsetung, einen beständigen Kampf zweier Linien, bekämpfte er den rechten Opportunismus, der Unabhängigkeit und Vertrauen auf die eigene Kraft durch Stützung auf das Ausland ersetzen wollte, trat er mit aller Entschiedenheit dem aufkommenden modernen Revisionismus entgegen, führte er den Kampf zur Zerschlagung der bürgerlichen Hauptquartiere um Liu Schao-tschi und Lin Biao, stand er in der vordersten Front bei der Errichtung der unumschränkten Herrschaft des Proletariats im Überbau, der Großen Proletarischen Kulturrevolution, und setzte seine ganze

Kraft ein zur Festigung der Diktatur des Proletariats.
Die opportunistischen und revisionistischen Strömungen, die sich in der Partei entwickelten, wurden verstärkt durch die äußeren Bedingungen. Die Verschwörertätigkeit des ersten parteifeindlichen Blocks nach der Befreiung um Gao Gang und Jao Schu-schi erreichte 1953 ihren Höhepunkt, als der USA-Imperialismus während seiner Aggression gegen Korea auch Taiwan militärisch besetzt hatte und ebenfalls andere Militärstützpunkte benutzte, um einen Aggressionskrieg gegen China vorzubereiten. Die chinesischen Genossen schrieben über diese Erscheinungen: „Zugleich muß darauf hingewiesen werden, daß die Festigung der Einheit der Partei, die rechtzeitige Aufdeckung und Unterbindung der Tätigkeit der klassenfeindlichen Elemente, mit der sie die Partei zersetzen und spalten wollen, ein anhaltender Kampf ist. Solange es innerhalb des Landes und in der ganzen Welt Klassenkampf gibt, werden die Klassenfeinde nicht aufhören zu versuchen, die labilen und unzuverlässigen Elemente in unserer Partei wankend zu machen, um sie zu beeinflussen. Erscheinungen, die dem parteifeindlichen Block Gao Gang — Jao Schu-schi ähnlich sind, können sich auch in Zukunft wiederholen." (Resolution über den parteifeindlichen Block Gao Gang — Jao Schu-schi, in: Für dauerhaften Frieden, für Volksdemokratie, Nr. 14/1955)

Solche Erscheinungen traten erneut nach dem XX. Parteitag der KPdSU während des Jahres des Großen Sprunges auf, sie häuften sich mit der Herausbildung des sowjetischen Sozialimperialismus. Genosse Tschou En-lai erkannte sehr deutlich den gesetzmäßigen Zusammenhang dieser Entwicklungen und er war es, der in seiner Eigenschaft als Außenminister der Volksrepublik stets alles tat, um die Front gegen den USA-Imperialismus zu stärken; Tschou En-lai war es, der an der Seite des Vorsitzenden Mao kämpfend, das ganze politische Gewicht Chinas einsetzte zur Herstellung der Einheitsfront der Völker gegen den USA-Imperialismus; Tschou En-lai war es, der unter Leitung Genossen Mao Tsetungs zäh die Einheit des sozialistischen Lagers gegen die Revisionisten verteidigte, der dem aufkommenden Sozialimperialismus auf internationaler Ebene mutig entgegentrat und schließlich die Politik der internationalen Einheitsfront gegen die beiden imperialistischen Supermächte mit den Ländern der 3. Welt als Hauptkraft mit entwickelte und unnachgiebig verwirklichte.

Genosse Tschou En-lai hat in einem Rückblick auf die ersten zehn Jahre der Volksrepublik China seine Gedanken in der bedeutenden Schrift „Das Große Jahrzehnt" niedergelegt, in der er sich scharf gegen die Ansicht wandte, nicht sofort nach dem Sieg über die ausländischen und inländischen Reaktionäre zum planmäßigen Aufbau des Sozialismus fortzuschreiten.

Als einen der ersten Höhepunkte des sozialistischen Aufbaus verteidigte Genosse Tschou En-lai die Bildung der Volkskommunen als Ergebnis des Großen Sprungs nach vorn. An der Spitze der Regierung verwirklichte er die revolutionären Prinzipien des Vorsitzenden Mao Tsetung für den sozialistischen Aufbau: „Vertrauen auf die eigene Kraft", „Auf zwei Beinen gehen" und „Mehr, schneller, besser, wirtschaftlicher".

Wie weitsichtig diese Politik der revolutionären Führung Chinas war, zeigte sich bereits, als die Chruschtschow-Revisionisten hunderte von Projekten der technischen Hilfe einstellten, mit den Plänen in der Tasche abzogen und dadurch die Volkswirtschaft der Volksrepublik China vorübergehend in Schwierigkeiten brachten. Aber es waren die genannten revolutionären Grundprinzipien, die dazu verhalfen, daß auch im nächsten Jahrzehnt China weiter gewaltige Erfolge beim sozialistischen Aufbau erzielen konnte. Seit der Großen Proletarischen Kulturrevolution und der Kampagne gegen Lin Biao und Konfuzius, sind durch die jüngsten Fortschritte in der Bewegung „Lernt in der Landwirtschaft von Dadschai, lernt in der Industrie von Datjing" im Jahre 1975 die größten Erfolge beim sozialistischen Aufbau seit Bestehen der Volksrepublik China erzielt worden. Die Entwicklung einer eigenen Atomindustrie auf der Grundlage dieser gewaltigen Anstrengungen hat dazu verholfen, daß China noch besser atomaren Erpressungsversuchen begegnen kann. Der Start eigener Satelliten zeugt auch davon, daß die Produktion von Raketen die Volksrepublik zu einem noch stärkeren Bollwerk des Weltfriedens gemacht hat, denn sie wird entsprechend der Weisung des Vorsitzenden Mao durchgeführt: „Tiefe Tunnels graben, überall Getreidevorräte anlegen, nie nach Hegemonie trachten."

Genosse Tschou En-lai leitete von Anbeginn der Volksrepublik China verantwortlich die Außenpolitik seines Landes auf der Grundlage des Marxismus-Leninismus und proletarischen Internationalismus. Genosse Tschou En-lai war ein glühender Kämpfer für die Weltrevolution, für die Unterstützung der Revolution in ausnahmslos allen Ländern. Zeit seines Lebens trat er den Machenschaften des Imperialismus entgegen, bekämpfte er alle, die vor dem

Imperialismus kapitulieren wollten, d.h. in erster Linie die modernen Revisionisten, und stellte sich ihnen ohne Schwanken entgegen, als diese den ersten Staat der Diktatur des Proletariats in eine sozialfaschistische Diktatur umwandelten und Sozialismus in Worten, Imperialismus in Taten, Sozialimperialismus betrieben. In diesem Kampf hat sich Genosse Tschou En-lai die Hochachtung aller Marxisten-Leninisten, aller Ausgebeuteten und Unterdrückten auf der ganzen Welt erworben und sich gleichzeitig den Haß aller Reaktionäre, Opportunisten, modernen Revisionisten und Sozialimperialisten zugezogen.

Tschou En-lai war der erbitterte Gegner des USA-Imperialismus, der nach dem 2. Weltkrieg sich zum Hauptfeind aller Völker entwickelte. In seinem Bericht auf der 4. Tagung des Allchinesischen Komitees des Politischen Konsultativen Volksrates von 1953 faßte er den Standpunkt der Kommunistischen Partei wie folgt zusammen:

„Die gegenwärtige Kriegs- und Aggressionspolitik der USA-Imperialisten stellt eine allgemeine Gefahr für das friedliche Leben aller Völker der Welt dar.... Die USA-Imperialisten versuchen mit Hilfe von Umtrieben, die dazu angetan sind, die „Asiaten gegen Asiaten kämpfen" zu lassen, ihr monströses Ziel, die Ausweitung der Aggression zu verwirklichen ... Es ist offensichtlich, daß der USA-Imperialismus zur größten Gefahr für den Frieden in Asien und im ganzen Fernen Osten geworden ist. Nur durch die Liquidierung und Abstellung dieser Gefahr werden die Völker Asiens Frieden und Sicherheit erlangen. Das ist die gemeinsame Aufgabe der Völker aller Länder Asiens." (Tschou En-lai, Vorwärts, noch größeren Siegen entgegen! — Bericht auf der 4. Tagung des Allchinesischen Komitees des Politischen Konsultativen Volksrates, in: Für dauerhaften Frieden, für Volksdemokratie, Nr. 7/1953, S. 4)

Die Gefahr abstellen und liquidieren — dies war und ist die Linie, die die chinesischen Genossen und alle Marxisten-Leninisten gegenüber dem USA-Imperialismus aufrechterhielten. Es waren die Chruschtschowschen Revisionisten, die von dieser marxistisch-leninistischen Linie abwichen, die Unvermeidlichkeit von Angriffskriegen des Imperialismus leugneten und die Zusammenarbeit mit dem USA-Imperialismus anstrebten. Die Stalinsche Sowjetunion und die Volksrepublik China kämpften noch gemeinsam im Korea-Krieg, brachten die USA-Aggression durch den revolutionären Krieg zum Halten und leisteten damit einen unschätzbaren Beitrag zur Erhaltung des Weltfriedens. Nur aufgrund des bewaffneten Widerstandes drängten sie den USA-Imperialismus zurück, so daß dieser es nicht wagte, 1954 massiv in Vietnam einzugreifen und an Stelle der französischen Imperialisten den Aggressionskrieg gegen das vietnamesische Volk weiterzuführen. Es war Genosse Tschou En-lai, der auf der Genfer Konferenz als Vertreter Chinas für den gerechten Standpunkt der Völker Koreas, Vietnams und ganz Indochinas kämpfte und hervorragende Beiträge leistete, um den französischen Imperialisten den Waffenstillstand abzutrotzen und damit der Sache der vietnamesischen Revolution und der Weltrevolution einen unschätzbaren Dienst zu leisten.

Stets bekämpfte er alle Illusionen über den Imperialismus und über mit diesem getroffene Abkommen. Stets aber wirkte er auf internationalen Konferenzen und bei seiner gesamten internationalistischen Tätigkeit darauf hin, die Imperialisten zu Abkommen zu bringen, in denen diese sich verpflichten mußten, Konflikte mit friedlichen Mitteln zu lösen. Krieg führen, wenn die Imperialisten angreifen, und verhandeln, wenn diese in Schwierigkeiten gebracht worden sind —.diese Linie hat Genosse Tschou En-lai meisterhaft angewandt. So war es wiederum Genosse Tschou En-lai, der im Jahre 1965, bei Beginn der verstärkten USA-Aggression gegen das vietnamesische Volk, die offensichtlichen Spaltungsmanöver der sowjetischen Revisionisten angriff und für die bedingungslose Unterstützung des vietnamesischen Befreiungskampfes durch die Völker Asiens und Afrikas eintrat. Er sagte: „Da die Vereinigten Staaten Aggression gegen Vietnam verübt haben, haben wir asiatischen und afrikanischen Länder die unabweisliche Pflicht, dem vietnamesischen Volk Unterstützung und Hilfe im Widerstandskampf gegen die USA-Aggression zu leisten... Die Niederlage der USA-Aggressoren in Südvietnam ist eine sichere Sache. Wie der Kampf des koreanischen Volkes vor mehr als zehn Jahren, hat der Kampf des südvietnamesischen Volkes bewiesen, daß es durchaus möglich ist, den USA-Aggressoren eine Niederlage zu bereiten... Je mehr der Krieg ausgeweitet wird, desto schneller und katastrophaler wird die Niederlage der USA sein. Die Demokratische Republik Vietnam ist bereit, ebenso China." (Tschou En-lai, Völker Asiens und Afrikas, vereinigt euch und unterstützt Vietnam, in: Peking Rundschau, Nr. 18/1965)

Und gegen die Nachfolger Chruschtschows gewandt, erklärte er Ende des Jahres 1965:

„Wenn jemand das vietnamesische Volk nur oberflächlich ein wenig unterstützt, während er heimlich mit den amerikanischen

Imperialisten zusammenarbeitet, wenn er nur ein paar Losungen gegen die Aggression der amerikanischen Imperialisten in Vietnam aufstellt, während er in Wirklichkeit dem Friedensgesprächsschwindel der amerikanischen Imperialisten Vorschub leistet, wenn er nur im Mund führt, daß sich die sozialistischen Länder gegen die amerikanischen Imperialisten vereinigen sollen, während er in Wirklichkeit Zwietracht sät, um die Einheit des vietnamesischen Volkes gegen die amerikanische Aggression und die Einheit des vietnamesischen und chinesischen Volkes gegen den amerikanischen Imperialismus zu untergraben, dann hilft er dem vietnamesischen Volk sicherlich nicht, sondern versucht, aus der revolutionären Sache des vietnamesischen Volkes Kapital für seine schmutzigen Geschäfte mit den Vereinigten Staaten zu schlagen und hofft, durch eine solche ‚Hilfe' seine versteckten Ziele zu erreichen. Das ist nicht nur ein Verrat am vietnamesischen Volk, sondern auch ein Verrat an den Völkern aller sozialistischen Länder und den Völkern der ganzen Welt, der nicht zugelassen werden kann." (Tschou En-lai, China ist bereit, die amerikanische Herausforderung anzunehmen, in: Peking Rundschau, Nr. 52, 1965)

Wenn heute die bürgerliche Presse und revisionistische Presse versuchen, einen Gegensatz zwischen dieser prinzipiellen, revolutionären Haltung des Genossen Tschou En-lai in diesen entscheidenden Jahren und seiner Politik in den 70er Jahren zu konstruieren, so ist dieser Betrug augenfällig. Sie versuchen nämlich erstens die Prinzipienfestigkeit und Standhaftigkeit gegenüber dem USA-Imperialismus vergessen zu machen und schildern Genossen Tschou als den Mann, der China aus seiner angeblichen Isolation herausgeführt habe. Die Revisionisten und Sozialimperialisten besonders haben allen Grund, den Versuch zu unternehmen, den Revolutionär Tschou En-lai vergessen zu machen, denn seine Tätigkeit ist ein Schlag ins Gesicht dieser Verräter am Marxismus-Leninismus und der Revolution; Imperialisten und Sozialimperialisten wollen nicht an ihre Schandtaten erinnert werden. Jawohl, China hat sich damals „isoliert" – isoliert vom USA-Imperialismus und vom sowjetischen modernen Revisionismus – aber es hat sich zusammengeschlossen mit den afrikanischen, asiatischen und lateinamerikanischen Völkern, um diese im Kampf gegen den Kolonialismus und für die nationale Befreiung zu unterstützen, es hat mit der von der Kommunistischen Partei Chinas und ihres Vorsitzenden Mao Tsetung entwickelten Politik die Hochachtung aller fortschrittlichen Menschen in der ganzen Welt gewonnen – isoliert haben sich letzten Endes die

Imperialisten, Sozialimperialisten und anderen Reaktionäre! — In diesen 60er Jahren, als der amerikanische Imperialismus, ermutigt durch die Sowjetrevisionisten, sich immer aggressiver gebärdete und dem Schein nach stärker wurde, da war es unvermeidlich, daß seine Anbeter in den Reihen der Arbeiterbewegung, ja selbst in den Reihen der Kommunistischen Partei, ihr Haupt erhoben. Die Große Proletarische Kulturrevolution räumte *auch* mit diesen Vertretern bürgerlicher Strömungen auf — *diese* wurden isoliert, aber die Marxisten-Leninisten und China wurden nicht isoliert. *Sie* verbanden sich mit den revolutionären Volksmassen des ganzen Landes und der ganzen Welt, verstärkten ihre Kräfte, besiegten die Aggressionen des USA-Imperialismus und sind heute der Garant dafür, daß die beiden imperialistischen Supermächte isoliert, niedergerungen und geschlagen werden!

Die besondere Aufmerksamkeit der Politik des Genossen Tschou En-lai galt stets den unterdrückten und ausgebeuteten, um nationale Unabhängigkeit und Freiheit kämpfenden Völker der Dritten Welt. Durch sein mutiges Eintreten für ihre Belange gewann er bei ihnen größtes Vertrauen. Als Delegationsleiter zu den Afrikanisch-Asiatischen Konferenzen bestärkte er die teilnehmenden Länder in ihrem Kampf gegen Imperialismus und Kolonialismus in allen ihren Formen und Manifestationen. Diese Konferenzen begannen 1955 in Bandung und wurden Mitte der 60er Jahre fortgesetzt. Die Bandung-Konferenz gilt zurecht als epochemachende Schöpfung der asiatischen und afrikanischen Völker. An ihrem Zustandekommen hatte Genosse Tschou En-lai wesentlichen Anteil. Die Konferenzen führten dazu, daß sich die asiatischen und afrikanischen Länder entschlossen, sich im Kampf gegen den Imperialismus zu vereinigen.

Die Afrikanisch-Asiatische Konferenz von Bandung, 1955, gab Tschou En-lai die Gelegenheit, die *Fünf Prinzipien der friedlichen Koexistenz zwischen Ländern unterschiedlicher Gesellschaftsordnung* zu entwickeln. Diese *Fünf Prinzipien* entstanden im Kampf gegen die imperialistische Aggressions- und Kriegspolitik und forderten: Respektierung der territorialen Integrität und Souveränität anderer Länder, Nichteinmischung in die inneren Angelegenheiten, Gleichbehandlung aller Länder, Verbot von Aggressionskriegen und friedliche Koexistenz. — Es ist kein Wunder, wenn sich die modernen Revisionisten als die „Erfinder" der friedlichen Koexistenzpolitik aufführen — ihre Auffassung ist von derjenigen der Kommunisten vollkommen unterschieden, sie machten die friedliche Koexistenz zur Generallinie der Außenpolitik und leugnen, daß Imperialismus Krieg bedeutet. Die Marxisten-Leninisten in aller Welt aber sagen: „Die Friedliche Koexistenz bezieht sich nur auf die Beziehungen zwischen Staaten mit verschiedener Gesellschaftsordnung und darf nicht nach Belieben ausgelegt werden. Friedliche Koexistenz darf niemals auf die Beziehungen zwischen unterdrückten und unterdrückenden Nationen, zwischen unterdrückten und unterdrückenden Staaten, zwischen unterdrückten und unterdrückenden Klassen ausgedehnt werden. Die friedliche Koexistenz darf nie als Hauptinhalt des Übergangs vom Kapitalismus zum Sozialismus beschrieben werden. Noch weniger darf die friedliche Koexistenz zum Weg, der die ganze Menschheit zum Sozialismus führt, gemacht werden. Der Grund ist, daß friedliche Koexistenz zwischen Staaten mit verschiedener Gesellschaftsordnung eine Sache für sich ist ... Der Klassenkampf, der nationale Befreiungskampf und der Übergang vom Kapitalismus zum Sozialismus in den verschiedenen Ländern jedoch sind eine völlig andere Sache .... Die friedliche Koexistenz kann den revolutionären Kampf der Völker in keiner Hinsicht ersetzen. Der Übergang vom Kapitalismus zum Sozialismus kann in jedem Staat nur durch die proletarische Revolution und die proletarische Diktatur im eigenen Land erfolgen." (Die Polemik über die Generallinie der internationalen kommunistischen Bewegung, Berlin 1973, S. 35 f.)

Diese Prinzipienfestigkeit vertrat Tschou En-lai bis zum Ende. Er setzte alle Kraft ein zur Unterstützung der Befreiungsrevolutionen auf der Welt, gleichzeitig trat er bei internationalen Konferenzen dem Imperialismus entschieden entgegen. Er lehnte internationale Konferenzen entschlossen ab, wenn diese den Imperialisten und Sozialimperialisten als Vorwand dienen sollten, über die Geschicke anderer Länder zu verhandeln − so beispielsweise über Vietnam, wo am Ende nur die kriegführenden Parteien verhandelten. Er unterließ niemals den Versuch, Länder der 3. Welt, die sich in Abhängigkeit begaben, mit aller Kraft in das antiimperialistische Lager zurückzugewinnen. Erinnern wir uns an den jahrelangen Grenzkonflikt der VR China mit Indien. Monatelang verhandelte er, übersah im Interesse des Kampfs gegen den Imperialismus viele Provokationen der indischen Regierung und wirkte international auf sie ein. Er erinnerte sie daran, daß Indien, selbst ein Land der Dritten Welt, imperialistischer Einmischung und Kontrolle ausgesetzt ist und Solidarität üben müsse. Erst als die indischen Expansionisten größere Teile chinesischen Territoriums besetzt hatten, schlug die Volksbefreiungsarmee zu, vertrieb die feindlichen Truppen, um sich anschließend freiwillig 20 km hinter die erreichten Stellungen zurückzuziehen. Tschou En-lai schlug erneut Verhandlungen vor.

Dutzende solcher Beispiele revolutionärer Außenpolitik ließen sich nennen, die Zeugnis ablegen von beständiger ungebrochener antiimperialistischer Solidarität, Verteidigung der marxistisch-leninistischen Politik gegen den modernen Revisionismus und Sozialimperialismus. Es war das Ergebnis von 25 Jahren harten Kampfes an dieser Front, daß Genosse Tschou En-lai ein Jahr vor seinem Tode dem IV. Nationalen Volkskongreß zusammenfassend berichten konnte:

„Mit den Völkern aller Länder haben wir im gemeinsamen Kampf gegen den Kolonialismus, den Imperialismus und besonders gegen das Hegemoniestreben der Supermächte bedeutsame Siege errungen. Wir haben die Einkreisung, Blockade, Aggression und Subversion durch den Imperialismus und Sozialimperialismus vereitelt und unsere Einheit mit den Völkern aller Länder verstärkt, insbesondere mit den Völkern der Dritten Welt. Chinas Sitz in der UNO, dessen unser Land lange Zeit rechtswidrig beraubt war, ist uns zurückgegeben worden. Die Zahl der Länder, die diplomatische Beziehungen mit unserem Land aufgenommen haben, hat sich auf fast 100 erhöht. Über 150 Länder und Gebiete unterhalten Wirtschafts-, Handels- und kulturelle Beziehungen mit uns. Unser Kampf findet bei allen Völkern Sympathie und Unterstützung. Wir haben Freunde überall in der Welt." (Tschou En-lai, Bericht über die Tätigkeit der Regierung, in: Dokumente der 1. Tagung des IV. Nationalen Volkskongresses der Volksrepublik China, Peking 1975, S. 53 f.)

Genossen und Freunde!

Laßt uns abschließend der Tatsache gedenken, daß Genosse Tschou En-lai ein aufrichtiger Freund der deutschen Arbeiterklasse und des deutschen Volkes war, daß er immer für die nationale Einheit unseres Volkes eingetreten ist. In seiner Jugend war er, wie erwähnt, längere Zeit in unserem Land, er lernte unsere Sprache und unterhielt sich noch nach über 50 Jahren in deutscher Sprache mit Besuchern.

Wir alle wissen, mit welcher tiefen Solidarität und Begeisterung die deutschen und die chinesischen Kommunisten, Arbeiter und Völker sich immer gegenseitig in ihrem Kampf unterstützt haben — in den zwanziger Jahren, unterm Faschismus, während des antifaschistischen Kriegs der Völker und nach dem zweiten Weltkrieg. Genosse Tschou En-lai hatte hervorragenden Anteil an diesen Beziehungen des proletarischen Internationalismus und der Völkerfreundschaft.

Vor zweiundzwanzig Jahren, im Juli 1954, besuchte er mehrere Tage lang Berlin, nach dem Abschluß der Genfer Konferenz. Die Arbeiter Berlins bereiteten Genossen Tschou En-lai einen begeisterten Empfang, die Bilder von damals zeigen dichtgesäumte Straßen. Berichte, abgedruckt am 25. Juli im „Neuen Deutschland", bestätigen die große Anteilnahme der Arbeiter, mit denen er u.a. bei einer Betriebsbesichtigung zusammenkam. Es heißt dort:

„Namens seiner Brigade der ausgezeichneten Qualität unterbreitete in der Abteilung Stromwandlerbau Kollege Müller dem Gast den Wunsch, der Brigade den Namen Mao Tsetung verleihen zu dürfen."

„Wir hörten, wie Kollegen beim Rundgang durch die Werkhallen immer wieder erfreut und tief bewegt äußerten: ‚Das ist ja ein einfacher Mensch, der mit Arbeitern spricht und zu dem man Vertrauen hat.'"

„Angeregt unterhielt er sich mit dem Kollegen Gustav Opitz, der in Westberlin wohnt, über die Wiederherstellung der Einheit Berlins und Deutschlands. ‚Die Arbeiterklasse ist nicht geteilt', sagte Tschou. ‚Trotz der Spaltung Deutschlands gibt es nur eine einheitliche Arbeiterklasse. Auch Deutschland wird wieder geeint sein.'"

Bereits in seiner Begrüßungsansprache auf dem Flughafen hatte Genosse Tschou En-lai gesagt:

„Die gerechte Sache des deutschen Volkes für die Schaffung eines einheitlichen, unabhängigen, demokratischen und friedliebenden Deutschland wird die tiefe Sympathie und volle Unterstützung der Regierung und des Volkes Chinas finden."

Auf der Kundgebung in der Werner-Seelenbinder-Halle, an der 5000 Menschen teilnahmen, führte Genosse Tschou En-lai u.a. aus:

„Die Erreichung verschiedener Vereinbarungen über die Wiederherstellung des Friedens in Indochina auf der Genfer Konferenz hat bewiesen, daß der Friede noch einmal den Krieg besiegt hat und die weitere Milderung der gegenwärtigen internationalen Spannungen erzielt werden wird. Ganz gleich, wieviele Hindernisse noch überwunden werden müssen, wird diese Situation unweigerlich die Lösung der Deutschlandfrage bedeutend beeinflussen.

Die Frage der friedlichen Wiedervereinigung Deutschlands ist jetzt von höchster Wichtigkeit für die Lebensinteressen jedes einzelnen Deutschen. Diese Frage muß vor allem vom deutschen Volk selbst gelöst werden ...

Die Festigung des Friedens in Europa hängt von der Lösung der Deutschlandfrage ab. Wir sind der Meinung, daß, wenn alle betreffenden Länder den aufrichtigen Willen zum Frieden haben, die Deutschlandfrage durch friedliche Verhandlungen gelöst werden kann. Aber es gibt Menschen, die die Lösung der Frage der friedlichen Wiedervereinigung beharrlich nicht wollen. Diese Menschen wollen alles in ihrer Macht stehende tun, um die Spannung in der Welt aufrechtzuerhalten. Sie sind den Träumen der Politik der Stärke verfallen und versuchen ständig, gegeneinandergerichtete militärische Blocks in Asien und Europa zu organisieren, um daraus ihren eigenen Nutzen zu ziehen ...

Das deutsche Volk ist eine große Nation. Die Errungenschaften des deutschen Volkes auf wissenschaftlichem, kulturellem und künstlerischem Gebiet sind hervorragend. Die deutsche industrielle Produktion und das hohe technische Niveau sind weltbekannt. Das deutsche Volk steht in seinem gegenwärtigen unbeugsamen Kampf für die friedliche Wiedervereinigung seiner Heimat keineswegs allein. Der Kampf findet die Unterstützung der friedliebenden Völker der ganzen Welt. Ich bin tief davon überzeugt, daß die Sehnsucht des deutschen Volkes nach der friedlichen Wiedervereinigung seiner Heimat ganz bestimmt erfüllt werden wird. ...

Es lebe die friedliche Wiedervereinigung und die nationale Unabhängigkeit Deutschlands!" (ADN 24.7.54)

Genossen und Freunde, an dieser Haltung der chinesischen Genossen hat sich, gerade im Angesicht der sozialfaschistischen Okkupation der DDR, nichts geändert. In der Frage der Schaffung eines unabhängigen, vereinten und sozialistischen Deutschland haben die deutsche Arbeiterklasse, hat das deutsche Volk die volle Unterstützung der Volksrepublik China.

Genossen und Freunde,

die Völker der Welt haben mit Genossen Tschou En-lai einen großen und treuen Freund verloren.

Das Zentralkomitee der Kommunistischen Partei Chinas hat das chinesische Volk aufgerufen, seine Trauer in Kraft zu verwandeln.

Wir werden aus der Geschichte der revolutionären Tätigkeit des Genossen Tschou En-lai, von der revolutionären Linie der Kommunistischen Partei Chinas mit Vorsitzendem Mao-Tsetung an der Spitze lernen.

Alle Genossen müssen sich am revolutionären Geist des Genossen Tschou En-lai, an seiner harten und selbstlosen Arbeit, an seiner engen Verbindung mit den Massen der Arbeiter und Bauern, an seiner proletarischen Haltung, die Interessen der Partei und der Revolution über alles zu stellen und ohne persönlichen Ehrgeiz zu verfolgen, dem Volke zu dienen, ein Beispiel nehmen!

Genosse Tschou En-lai, der große proletarische Revolutionär des chinesischen Volkes und hervorragende kommunistische Kämpfer, wird ewig unvergessen bleiben!

Genosse Tschou En-lai in Tientsin zur Zeit der Bewegung des 4. Mai 1919

In den Jahren von 1920 bis 1924 studiert Genosse Tschou En-lai in Frankreich und Deutschland als Werkstudent und propagiert unter den in Europa lebenden chinesischen Studenten und Arbeitern den Marxismus. 1922 tritt Genosse Tschou En-lai der Kommunistischen Partei Chinas bei, wird Sekretär der Europäischen Sektion des Kommunistischen Jugendverbandes Chinas und ist in der Europäischen Sektion der KP Chinas tätig.

Von 1924 bis 1926 wirkt Genosse Tschou En-lai nacheinander als Vorsitzender des Kuangtung-Kuangsi-Regionalkomitees der KP Chinas, als Leiter der politischen Abteilung der Militärakademie Huangpu, als Leiter der politischen Abteilung des 1. Korps der Nationalrevolutionären Armee, als ständiges Mitglied und gleichzeitiger Leiter der Militärabteilung des Kuangtun-Kuangsi Regionalkomitees der KP Chinas.

Genosse Tschou En-lai nimmt an der Organisierung und Führung des siegreichen Langen Marsches von 12.500 km der Chinesischen Roten Arbeiter- und Bauernarmee von Oktober 1934 bis Oktober 1935 teil. Das Bild zeigt Genossen Tschou En-lai nach dem Langen Marsch in Nordschensi.

Der Vorsitzende Mao und Genosse Tschou En-lai in Yenan, 1945

Im Dezember 1936 kommt es zum Sian-Zwischenfall. Als bevollmächtigter Vertreter der KP Chinas führt Genosse Tschou En-lai Verhandlungen mit dem verhafteten Tschiang Kai-schek. Bei den Verhandlungen setzt er entschieden den Kurs des Vorsitzenden Mao durch und zwingt Tschiang Kaischek zur Einstellung des Bürgerkriegs und erwirkt die friedliche Beilegung des Sian-Zwischenfalls, wodurch die Bildung und Entwicklung der antijapanischen nationalen Einheitsfront vorangetrieben wird. Das Bild zeigt Genossen Tschou En-lai auf dem Flugplatz von Yenan nach seiner Rückkehr aus Sian.

In der Periode des Widerstandskrieges gegen die japanische Aggression lebt Genosse Tschou En-lai als Vertreter des ZK der Partei lange Zeit in Tschungking, dem Regierungssitz der Kuomintang. Er trotzt furchtlos allen Gefahren, verfolgt unbeirrbar den Kurs des Vorsitzenden Mao und kämpft heldenhaft gegen die konterrevolutionäre Politik der Kuomintang, die sich im Widerstand gegen die japanische Aggression passiv verhält und dafür umso eifriger gegen die KP auftritt. Das Bild zeigt Genossen Tschou En-lai im Tschungking, Dsengdjiayän 50, dem Sitz der Delegation der Kommunistischen Partei Chinas.

März 1947 begann die Tschiang-schek-Truppen massive Offensi- gegen das Grenzgebiet Schensi-nsu-Ningsia. Genosse Tschou En-lai bleibt an der Seite des Vorsitzenden Mao in Nordschensi und wirkt an der Führung des Volksbefreiungskrieges mit.

Genosse Tschou En-l[ai]
auf der Ehrentribüne d[es]
Tiänanmen bei der Fe[i]
er der Gründung d[er]
Volksrepublik Chi[na]
am 1. Oktober 194[9]

Genosse Tschou En-lai auf der 2. Plenartagung des VII. Zentralkomitees der Kommunistischen Partei Chinas im März 1949.

Genosse Tschou En-lai auf der 1. Plenar[ta]gung der Politischen Konsultativkonfere[nz] des Chinesischen Volkes im September 19[49].

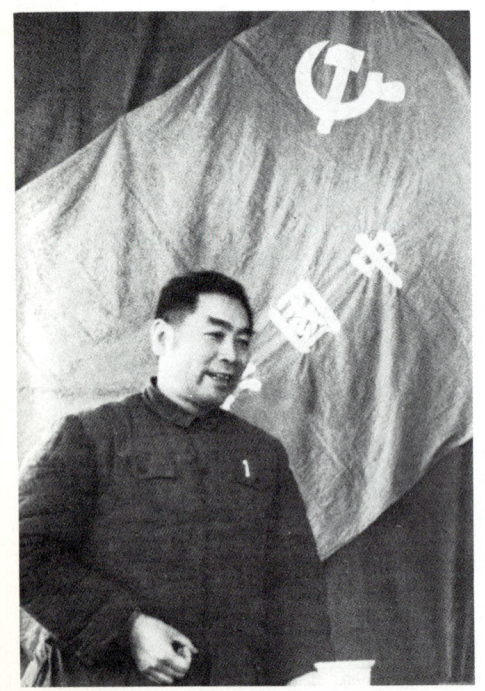

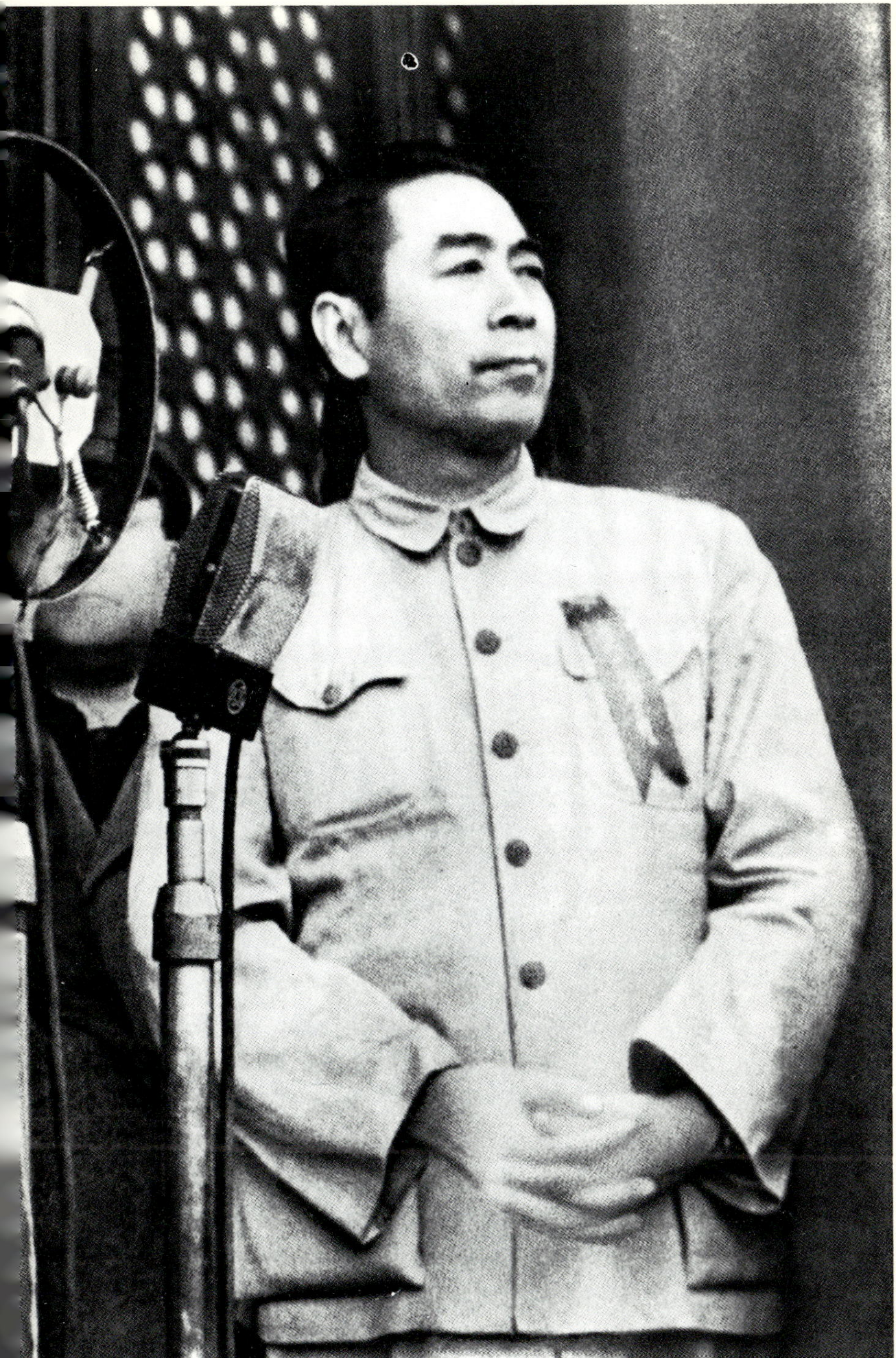

Genosse Tschou En-lai hielt an de[r] Weiterführung der Revolution unte[r] der Diktatur des Proletariats fe[st] und erwarb sich unvergänglich[e] Verdienste um die Erringung d[es] Sieges der Großen Proletarische[n] Kulturrevolution.

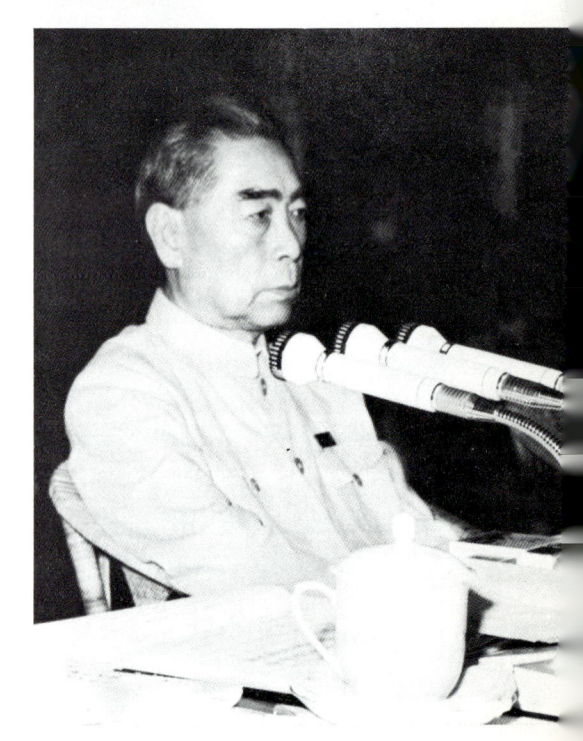

Genosse Tschou En-lai auf der 2. Plenartagung des IX. Zentralkomitees der Kommunistischen Partei Chinas im August 1970

... Namen des Zentralkomitees der Kommunistischen Partei Chinas erstattet Genosse ...chou En-lai am 24. August 1973 auf dem X. Parteitag der Kommunistischen Partei ...inas den politischen Bericht.

Genosse Tschou En-lai hält am 30. September 1974 beim großen Empfang zur Feier des 25. Jahrestages der Gründung der Volksrepublik China eine Tischrede.

Genosse Tschou En-lai bei der Sitzung einer Diskussionsgruppe der 1. Tagung des IV. Nationalen Volkskongresses der Volksrepublik China im Januar 1975

Im Juni 1958 nimmt Genosse Tschou En-lai an den Bauarbeiten für den Ming-Gräber—Stausee bei Peking teil.

Beim Empfang der Vertreter der fortgeschrittenen Einheiten der Erdöl-Front im Oktober 1966 in Peking drückt Genosse Tschou En-lai Wang Djin-hsi, dem „eisernen Mann" des Ölfeldes Datjing, herzlich die Hand.

Genosse Tschou En-lai be[i] einer Zusammenkunft m[it] VBA—Angehörigen

Von Dezember 1963 bis F[e]bruar 1964 besuchte Geno[s]se Tschou En-lai, begleite[t] von Genossen Tschen Y[i,] Albanien, 10 afrikanisch[e] und 3 asiatische Länder, w[o]durch die Freundschaft un[d] Einheit zwischen dem chin[e]sischen Volk und den Vö[l]kern dieser Länder weite[r]hin gestärkt wird. Uns[er] Bild: Genosse Tschou E[n]lai und Genosse Tschen Y[i] werden bei ihrer Rückke[hr] nach Peking von den Masse[n] der Hautstadt herzlich wi[ll]kommen geheißen.

Im April 1955 nimmt G[e]nosse Tschou En-lai als V[er]treter der Volksrepubl[ik] China an der in Bandu[ng,] Indonesien, abgehalten[en] Ersten Afro-Asiatisch[en] Koferenz teil.

Im Mai 1965 besucht [Ge]nosse Tschou En-lai [die] Produktionsbrigade D[a]schai des Kreises Hsiyang der Provinz Schansi.

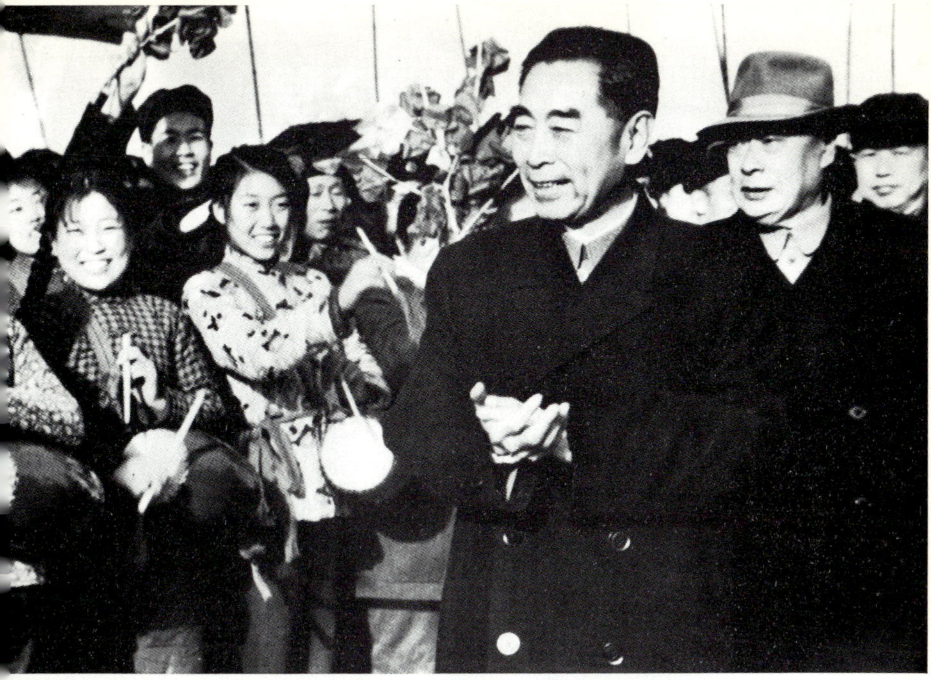

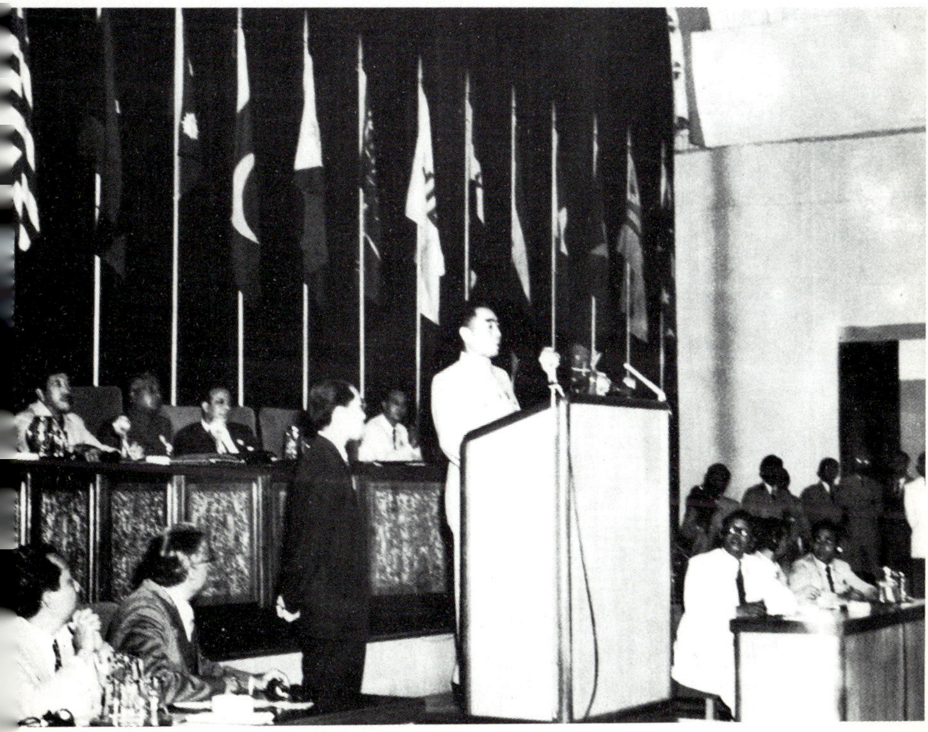

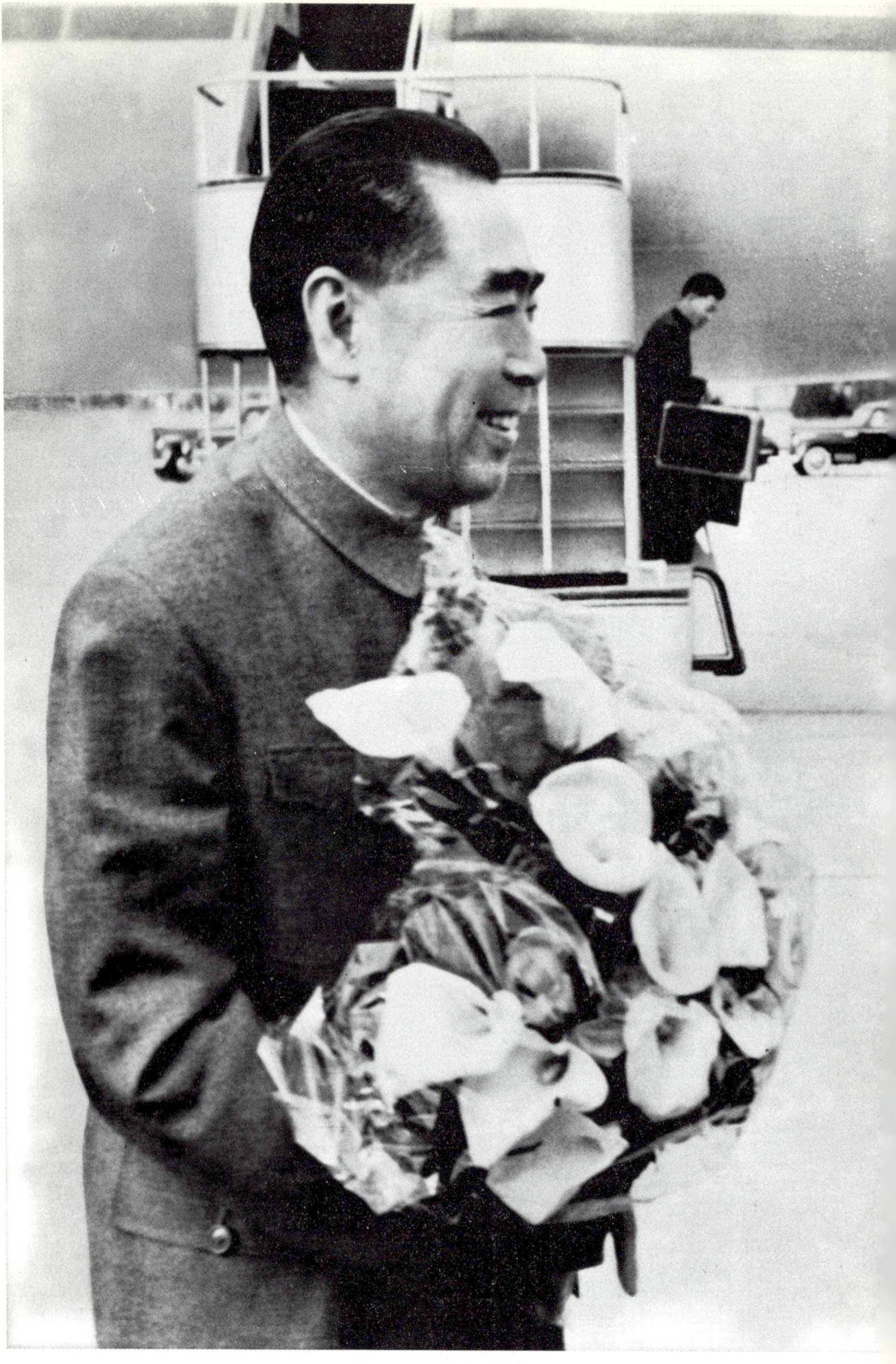

...osse Tschou En-lai in seinem Büro bei der Arbeit

...Leiter der chinesischen Partei- und Regierungsdelegation, die im November 1964 an Feierlichkeiten zum 47. Jahrestag der sowjetischen sozialistischen Oktoberrevolution ...immt, kontert Genosse Tschou En-lai entschlossen die bösartige Attacke der sowjet-...ionistischen Renegatenclique gegen die KP China und verteidigt so den Marxismus, den ...nismus, die Maotsetungideen. Das Bild zeigt die feierliche und herzliche Begrüßung ...Genossen Tschou En-lai bei seiner Rückkehr aus Moskau durch Einwohner der Haupt-...t Chinas.

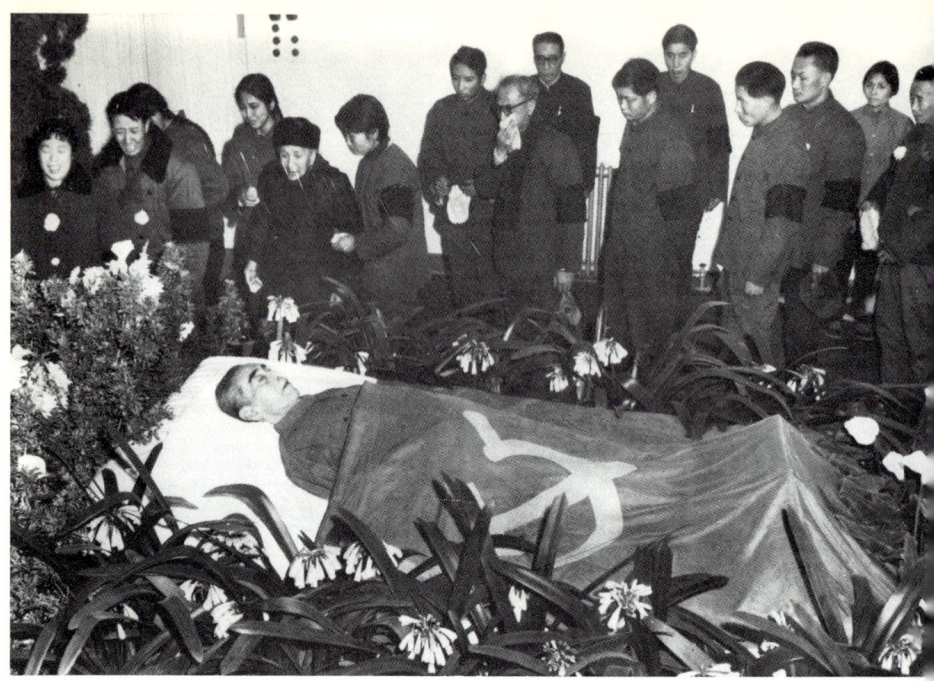

Am 10. und 11. Januar 1976 nahmen Vertreter der Bevölkerung der Hauptstadt mit gr‍‍‍ossem Respekt und tiefster Trauer von Genossen Tschou En-lai Abschied.

Vom 12. bis 14. Januar bekundeten Arbeiter, Bauern, Kader der Staatsorgane, Schüler u‍‍nd Studenten, Kommandeure und Soldaten der Chinesischen Volksbefreiungsarmee bei d‍‍en Kondolenzzeremonien im Kulturpalast der Werktätigen tiefe Trauer um Genossen Tsch‍ou En-lai, den großen proletarischen Revolutionär des chinesischen Volkes und hervorrag‍‍enden kommunistischen Kämpfer.

NOTE DER ZENTRALEN VOLKSREGIERUNG DER VOLKSREPUBLIK CHINA ZUR ANERKENNUNG DER DEUTSCHEN DEMOKRATISCHEN REPUBLIK

Die Zentrale Volksregierung der Volksrepublik China hat den Austausch von Diplomatischen Missionen mit der Provisorischen Regierung der Deutschen Demokratischen Republik beschlossen, meldet die Nachrichtenagentur Neues China. Der Minister für Auswärtige Angelegenheiten der Volksrepublik China, Tschou En-lai, hat dem Minister für Auswärtige Angelegenheiten der Deutschen Demokratischen Republik am 25. Oktober 1949 eine Note übersandt, in der dieser Beschluß mitgeteilt wird. Die Note hat folgenden Wortlaut:

Ich gratuliere Ihnen herzlich anläßlich der Proklamation der Geburt der Deutschen Demokratischen Republik und der Bildung Ihrer Provisorischen Regierung. Die Gründung der Deutschen Demokratischen Republik entspricht den dringenden Bestrebungen des ganzen deutschen Volkes und wird von allen Völkern der Welt, die einen dauernden Frieden lieben, aufs wärmste begrüßt.

Ich teile Ihnen hierdurch mit, daß die Zentrale Volksregierung der Volksrepublik China beschlossen hat, diplomatische Beziehungen mit der Deutschen Demokratischen Republik herzustellen und diplomatische Vertreter zu entsenden.

Tschou En-lai
Minister für Auswärtige Angelegenheiten
der Volksrepublik China

Quelle: ADN 26.10.1949

VORWÄRTS, NOCH GRÖSSEREN SIEGEN ENTGEGEN!

BERICHT AUF DER 4. TAGUNG DES ALLCHINESISCHEN KOMITEES DES POLITISCHEN KONSULTATIVEN VOLKSRATS

Vorsitzender, Mitglieder des Komitees, Genossen!

Die 4. Tagung des Allchinesischen Komitees des Politischen Konsultativen Volksrats hat sich in einer Zeit versammelt, da der Kampf des chinesischen Volkes gegen die amerikanische Aggression und für die Unterstützung Koreas weiter erstarkt; da die Etappe, die gekennzeichnet ist durch den ökonomischen Wiederaufbau unseres Landes, bereits durchmessen ist und mit der Realisierung des ersten Fünfjahrplans des nationalen Wirtschaftsaufbaus begonnen wird. Die gegenwärtige Tagung verläuft zu einem Zeitpunkt, da die Zentrale Volksregierung den Beschluß gefaßt hat, in diesem Jahr die Volksvertreterversammlungen in den Amtsbezirken, Distrikten, Provinzen (und großen Gemeinden) einzuberufen — die Wahlen zu diesen Versammlungen werden auf Grund des allgemeinen Wahlrechts vor sich gehen — und anschließend, nachdem auf diese Weise die Grundlage geschaffen sein wird, die Allchinesische Volksvertreterversammlung einzuberufen, um unser Staatswesen der Diktatur der Volksdemokratie weiter zu festigen. Somit stehen wir vor einer grandiosen und ruhmreichen Aufgabe.

Erinnern wir uns dessen, was vor drei Jahren und vier Monaten war. Damals war unsere Chinesische Volksrepublik gerade erst geboren, und es fehlten noch die Bedingungen, die es uns ermöglicht hätten, einen großangelegten planmäßigen Wirtschaftsaufbau zu beginnen. Wir hatten das Werk der nationalen Vereinigung zu vollenden; wir hatten die Überreste des halbfeudalen und halbkolonialen Systems zu beseitigen; wir hatten noch ein neudemokratisches soziales System aufzubauen; wir hatten noch die Wunden zu heilen, die durch den mehr als 20 Jahre währenden Krieg verursacht waren; wir hatten noch das politische Bewußtsein des Volkes zu entwickeln und es noch mehr zu einigen. Deshalb lief unsere Aufgabe in den letzten mehr als drei Jahren darauf hinaus, alle unsere Anstrengungen auf die Schaffung der notwendigen Bedingungen zu konzentrieren, die es dem Volk ermöglichen würden, zum Kampf für die Industrialisierung des Landes überzugehen und den unentwegten Vormarsch unseres Landes zum Sozialismus zu sichern. Entsprechend der damaligen Situation ergriffen wir provisorische Maßnahmen, wonach der Plenartagung des Politischen Konsultativen Volksrats Chinas vorübergehend die Funktionen und Befugnisse der Allchinesischen Volksvertreterversammlung übertragen wurden, während die örtlichen Volksvertreterkonferenzen aller Bevölkerungsschichten die Funktionen und Befugnisse der örtlichen Volksvertreterversammlungen aller Instanzen übernahmen. Gleichzeitig wurde das Gemeinsame Programm des Politischen Konsultativen Volksrats Chinas zur provisorischen Anleitung für die Erreichung der großen revolutionären Einheit aller Völker Chinas.

Unter der Führung des großen Vorsitzenden Mao Tsetung hat das chinesische Volk in den letzten mehr als drei Jahren an allen Fronten glänzende Siege errungen; das war das Resultat seiner gigantischen Anstrengungen und seines entschlossenen Kampfes gegen die Feinde im In- und Ausland, jener Anstrengungen, die tiefgreifende und einschneidende Veränderungen in der chinesischen Gesellschaft bewirkten.

Eine nie dagewesene Einheit des Volkes wurde in unserem Lande erzielt. Mit Ausnahme Taiwans wurden in Kontinentalchina mehr als 2 Millionen Banditen vernichtet und den Überresten der Konterrevolutionäre ein schwerer Schlag versetzt. Wir haben die Arbeit an der Festigung unserer Landesverteidigung erfolgreich ausgeführt und das monströse Komplott der amerikanischen Imperialisten, die eine Eroberung Koreas und eine darauffolgende Invasion in Kontinentalchina anstrebten, mit Erfolg zum Scheitern gebracht. Wir haben in der Erlangung unserer nationalen Unabhängigkeit und Einigung einen nie dagewesenen, großartigen Sieg errungen.

Mit Ausnahme weniger Bezirke, die von nationalen Minderheiten bewohnt sind, ist die Agrarreform im ganzen Lande auf einem Territorium mit rund 450 Millionen Bevölkerung abgeschlossen. Damit ist die Grundlage des Feudalismus völlig zertrümmert. Die Überreste des Imperialismus sind vernichtet, und die Ära der Ausplünderung und Ausbeutung des chinesischen Volkes ist zu Ende. Der Staat hat alle Unternehmungen, die dem bürokratischen Kapital gehörten, übernommen, völlig reorganisiert und sie in staatliche Unternehmungen sozialistischer Prägung verwandelt.

Die Industrie- und Agrarproduktion ist im ganzen Lande nicht nur vollständig wiederhergestellt worden, sondern hat auch in bezug auf viele Erzeugnisse den Höchststand der vergangenen Jahre überschritten. Fernmelde- und Verkehrswesen wurden entsprechend wiederhergestellt und stark entwickelt. Der Innenhandel hat sich ebenfalls schnell entwickelt und wächst dank den riesigen Erfolgen des Warenaustausches zwischen Stadt und Land unentwegt weiter. Die Einnahmen und Ausgaben des Staates wurden ausgeglichen, die Warenpreise im ganzen Lande stabilisiert. Bedeutende Erfolge wurden auf dem Gebiet der Erhöhung des materiellen und kulturellen Lebensniveaus des Volkes sowie auf dem Gebiet des Gesundheitsschutzes erzielt.

In dieser Zeit ist das Potential und der Anteil der staatlichen Wirtschaft, die sozialistischen Charakter hat, immens gewachsen. In der Industrie und im Großhandel gehören der staatlichen Wirtschaft die dominierenden, die führenden Positionen. 1952 lieferte die staatliche Industrie über 60 % der gesamten Industrieproduktion des Landes (die Produktion des Handwerks nicht einbegriffen). In der Schwerindustrie betrug die Produktion des staatlichen Sektors etwa 80 % und in der Leichtindustrie etwa 50 %. Alle Geschäfte im Großhandel mit den entscheidenden Waren, die eine wichtige Rolle im Leben des Landes spielen, wie etwa Getreide, Baumwolle, Baumwollgespinst, Baumwollartikeln, Roheisen, Stahl, Kohle, Holz, Ölen und Fetten, Salz und wichtigen Exportwaren, werden im wesentlichen vom Staat abgewickelt. Alle Banken Chinas werden vom Staat einheitlich verwaltet. All das sichert die Befriedigung der Bedürfnisse der gesellschaftlichen Produktion und des gesellschaftlichen Konsums, die Stabilisierung der Warenpreise und der Währung im ganzen Lande, die Ausgeglichenheit des Aus- und Einfuhrhandels, der Staatseinnahmen und -ausgaben.

Andererseits haben die Privatindustriellen und -kaufleute ihre dunklen, spekulativen und zersetzenden Geschäfte nach und nach eingeschränkt oder eingestellt und somit den im Gemeinsamen Programm gewiesenen Weg beschritten sowie einen gewissen Aufstieg erlebt. Das ist das Resultat der Anleitung seitens der Organisationen des staatlichen Wirtschaftssektors und der Verwaltungsorgane wie auch der Hilfe, die sie der Privatindustrie und dem Privathandel durch Unterbringung von Aufträgen, durch Belieferung mit Material für die Weiterverarbeitung, durch rationelle Warenankäufe sowie durch Handelsbegünstigung angedeihen ließen; das ist auch das Resultat der großen „Wu-Fan"-Bewegung, die es ermöglichte, die „fünf Übel" (Bestechlichkeit, Steuerhinterziehung, Veruntreuung von Staatseigentum, gewissenlose Ausführung von Staatsaufträgen und Diebstahl staatlicher Wirtschaftsinformationen — die Red.) zu beseitigen, die der Volkswirtschaft und dem Lebensniveau des Volkes großen Schaden zugefügt hatten. Eine Reform der individuellen Bauern- und Handwerkerbetriebe ist bereits in Angriff genommen; außerdem ist gegenwärtig die Bewegung für die Gründung landwirtschaftlicher Gruppen der gegenseitigen Arbeitshilfe und Genossenschaften stark angewachsen.

In den alten befreiten Gebieten bilden die organisierten Bauernwirtschaften durchschnittlich mehr als 65 % und in den neuen befreiten Gebieten rund 25 % aller Bauernwirtschaften. Im ganzen Lande sind etwa 4.000 Landwirtschaftliche Produktionsgenossenschaften, mehr als 10 Versuchskollektivwirtschaften sowie mehr als 2 000 Staatsgüter und mehr als 2 600 Produktionsgenossenschaften der Handwerker gegründet worden. Ende 1952 gab es in China über 34 000 Versorgungs- und Absatzgenossenschaften mit insgesamt mehr als 141 Millionen Mitgliedern. Die Menge der von diesen Genossenschaften aufgekauften Agrarprodukte belief sich im Durchschnitt auf ungefähr 60 % aller staatlichen Einkäufe. Diese Tatsachen zeigen anschaulich, daß die Bewegung für die Gründung der Gruppen der gegenseitigen Arbeitshilfe und der Genossenschaften zu einem wichtigen Faktor in der Entwicklung der Wirtschaft unserer neuen Demokratie geworden ist.

Unter der Führung der Kommunistischen Partei Chinas hat sich das chinesische Volk im Maßstab des ganzen Landes noch mehr zusammengeschlossen, und zwar durch die Gewerkschaften, Bauernvereinigungen, den Neudemokratischen Jugendbund, die Frauenorganisationen, die Allchinesische Studentenföderation, die Assoziation der Industriellen und Kaufleute, die Gesellschaft für Chinesisch-Sowjetische Freundschaft sowie durch die gesellschaftlichen Organisationen in der Literatur, Kunst und Wissenschaft. Gestützt auf die Kraft der breiten Volksmassen, haben wir in den vergangenen drei Jahren gewaltige Maßnahmen verwirklicht wie die Bodenreform, die Niederschlagung der Konterrevolutionäre, die Bewegung zur Bekämpfung der amerikanischen Aggression und zur

Unterstützung Koreas, die Bewegung „San Fan" (Kampf gegen Korruption, Verschwendung und Bürokratismus – die Red.), die Bewegung „Wu Fan" und die ideologische Umerziehung der Intelligenz. Im Verlauf dieses Kampfes ist das politische Bewußtsein des chinesischen Volkes auf ein nie dagewesenes Niveau gestiegen. In dieser Hinsicht sind am hervorragendsten folgende Errungenschaften: die scharfe Abgrenzung des chinesischen Volkes vom Feind; die Überwindung des restlichen Einflusses der chinesischen Konterrevolutionäre und der Imperialisten; Abkehr von der zersetzten bürgerlichen Ideologie sowie weitere Festigung der führenden Rolle der Arbeiterklasse und der sozialistischen Ideologie. All das hat mehr als je zur Festigung der volksdemokratischen Einheitsfront geführt und hunderte Millionen Menschen zu einer organisierten und bewußten Kraft zusammengeschlossen. Im vorigen Jahr haben alle Bevölkerungsschichten unseres Landes mit dem Studium der ausgewählten Werke Mao Tsetungs und des Gemeinsamen Programms begonnen. Etwas später gingen sie an das Studium des Werks des Genossen Stalin „Ökonomische Probleme des Sozialismus in der UdSSR" und des Berichts des Genossen Malenkow auf dem XIX. Parteitag der KPdSU. Das Studium dieser Werke wird uns wappnen und es uns ermöglichen, noch besser zu arbeiten und uns ideologisch umzuerziehen.

Nachdem das Volk Tibets in die große Familie seiner Heimat zurückkehrte, ist die Solidarität zwischen dem chinesischen und dem tibetanischen Volk bedeutend erstarkt. In den Gegenden, die von nationalen Minderheiten bewohnt sind, werden Schritt für Schritt nationale autonome Bezirke geschaffen. Unter den nationalen Minderheiten wächst von Tag zu Tag der Patriotismus und das politische Bewußtsein. Die brüderlichen Beziehungen der Gleichberechtigung, Zusammenarbeit, Freundschaft und Solidarität haben sich unter allen nationalen Minderheiten beträchtlich gefestigt. In der einen großen Familie unserer mächtigen Heimat vereint, haben diese Nationalitäten im politischen, ökonomischen und kulturellen Leben mit Umgestaltungen von historischer Bedeutung begonnen.

Alle diese Errungenschaften bestätigen, daß die führende Rolle der Arbeiterklasse unseres Landes sich wirtschaftlich, politisch und ideologisch gefestigt hat, daß unsere Wirtschaft, die durch langwährende Kriege ruiniert war, wiederaufgebaut und daß ein festes Fundament für die Diktatur der Volksdemokratie gelegt ist. Damit waren die günstigen Bedingungen für unseren großangelegten, planmäßigen nationalen Aufbau auf weite Sicht geschaffen.

Es muß festgestellt werden, daß diese Erfolge vor allem im Verlaufe der großen Bewegung zur Bekämpfung der amerikanischen Aggression und zur Unterstützung Koreas erzielt wurden. Vor zweieinhalb Jahren begannen die USA-Imperialisten ihren wandalischen Aggressionskrieg gegen unseren Nachbarn Korea, sie überschritten den 38. Breitengrad und stießen bis zu den Flüssen Jalu und Tumen an der Grenze unseres Landes vor. Gleichzeitig besetzten sie unser Territorium Taiwan. Um den Frieden im Fernen Osten und in der ganzen Welt zu erhalten, die Sicherheit unseres Landes zu schützen und den gerechten Kampf des koreanischen Volkes gegen die Aggression zu unterstützen, entwickelte das chinesische Volk entschieden seine große Bewegung zur Bekämpfung der amerikanischen Aggression und zur Unterstützung Koreas. Hunderttausende beste Söhne und Töchter des chinesischen Volkes traten in die Abteilungen der chinesischen Volksfreiwilligen ein und kämpfen Schulter an Schulter mit der koreanischen Volksarmee; sie wehrten die imperialistische USA-Aggression ab und zwangen den Feind, sich zum 38. Breitengrad zurückzuziehen, wodurch die Pläne der USA-Imperialisten in bezug auf einen aggressiven Weltkrieg durchkreuzt wurden, wodurch sich die inneren Widersprüche im Lager des Imperialismus verstärkt haben und den USA-Imperialisten mit ihren wahnwitzigen Plänen, das Lager des Friedens und der Demokratie zu überfallen und die Aggression zu erweitern, äußerst schwere Hindernisse in den Weg gelegt wurden.

Dieser bewaffnete Kampf des chinesischen Volkes gegen die Aggression hat trotz der Erwartungen der Imperialisten die sozialen Umgestaltungen und die wirtschaftliche Wiederherstellung Chinas keineswegs aufgehalten oder unterbrochen. Im Gegenteil, er hat den erhabenen Geist des Patriotismus und des Internationalismus im chinesischen Volk beträchtlich gehoben, seine moralisch-politische Einheit unermeßlich verstärkt, die internationale Lage unseres Landes beachtlich gefestigt, die Weltbewegung gegen den Krieg und für den Frieden ungeheuer erweitert und die Kraft, den Einfluß des von der Sowjetunion geführten Weltlagers des Friedens und der Demokratie gesteigert.

Diese grandiose Bewegung zur Bekämpfung der amerikanischen Aggression und zur Unterstützung Koreas war ein mächtiger Motor auf allen Gebieten unserer Arbeit zur Verwirklichung der nationalen Umgestaltung und der Wiederherstellung. Das Volk unseres Landes beteiligte sich begeistert an diesem Kampf, indem es patriotische

Verpflichtungen übernahm, die Produktion vergrößerte und die Wirtschaft entwickelte. In diesem Kampf verwarf es entschieden jede proamerikanische Ideologie, die Ideologie der Anbetung Amerikas und der Angst vor Amerika, die in einem Teil des Volkes als Überreste der reaktionären Kuomintangideologie fortlebte. Das Volk unseres Landes beantwortete die amerikanischen Pläne eines imperialistischen Krieges mit reger Beteiligung an der Unterschriftensammlung für den Weltfrieden. Durch die Entfaltung der patriotischen Massenbewegung für Sanitätsmaßnahmen wehrte das chinesische Volk den amerikanischen Bakterienkrieg ab.

Die Kampagne zur Bekämpfung der amerikanischen Aggression und zur Unterstützung Koreas hat die schnelle und erfolgreiche Vollendung unserer Arbeit an den sozialen Umgestaltungen und der wirtschaftlichen Wiederherstellung gesichert und beschleunigt.

Genossen! Drei Jahre sind keine sehr große Periode. Aber die Erfolge unseres Landes auf allen Gebieten haben bereits bei unseren Feinden Panik und Unruhe hervorgerufen, und zugleich erfreuen und begeistern sie unsere Freunde. Wir konnten diese großen Erfolge erzielen, weil das volksdemokratische Gesellschafts- und Staatssystem dem kapitalistischen System weit überlegen ist und es den breiten Massen ermöglicht, ihre Initiative und Schaffensfreude in der Arbeit zu entwickeln; weil sich verschiedene Nationalitäten, demokratische Klassen, demokratische Parteien, Volksorganisationen und alle patriotischen demokratischen Elemente unseres Landes sowie im Ausland lebenden Chinesen zur mächtigen, von der Kommunistischen Partei Chinas geführten Demokratischen Einheitsfront des Volkes vereinigt haben; weil das chinesische Volk dank der glänzenden Voraussicht und Leitung unseres großen Führers, des Vorsitzenden Mao Tsetung, sicher zum Sieg schreitet, indem es alle inneren und internationalen Hindernisse hinwegfegt, Mängel behebt, Schwierigkeiten überwindet und Siege erkämpft.

Unsere Erfolge sind von der aufrichtigen, uneigennützigen brüderlichen Hilfe von seiten unseres großen Verbündeten, der Sowjetunion, nicht zu trennen. Im Grußschreiben an den Vorsitzenden des Ministerrates der UdSSR, J. W. Stalin, zum zweiten Jahrestag der Unterzeichnung des Chinesisch-Sowjetischen Vertrags über Freundschaft, Bündnis und gegenseitige Hilfe stellte der Vorsitzende Mao Tsetung am 11. Februar 1952 fest: „Wir danken, weil die Sowjetregierung und das Sowjetvolk seit zwei Jahren im Geiste des Vertrags über Freundschaft, Bündnis und gegenseitige Hilfe zwischen der CVR und der UdSSR sowie der im Rahmen des Vertrags geschlossenen Abkommen der chinesischen Regierung und dem chinesischen Volk heiße und uneigennützige Unterstützung leisteten, wodurch die Wiederherstellung und Entwicklung der Volkswirtschaft und die Festigung des Staates des neuen China in vielem gefördert wurde."

Gerade auf diese Hilfe wies Genosse Stalin in seiner Arbeit „Ökonomische Probleme des Sozialismus in der UdSSR" hin: „Es geht nicht nur darum, daß diese Hilfe äußerst wohlfeil und technisch erstklassig ist. Es geht vor allem darum, daß dieser Zusammenarbeit der aufrichtige Wunsch zugrunde liegt, einander zu helfen und einen allgemeinen wirtschaftlichen Aufschwung zu erzielen."

Das im September vorigen Jahres veröffentlichte Chinesisch-Sowjetische Kommuniqué über die Übergabe der Chinesischen Tschangtschun-Eisenbahn sowie die Noten über den Aufschub des Abzugs der Sowjettruppen aus Port Arthur und die darauf Ende vorigen Jahres erfolgte entschädigungslose Übergabe der Chinesischen Tschangtschun-Eisenbahn, wie sie auch früher vorgesehen war, bringen diesen aufrichtigen Wunsch außerordentlich prägnant zum Ausdruck. Die unverbrüchliche freundschaftliche Zusammenarbeit der zwei Großmächte, Chinas und der Sowjetunion, entwickelt sich und erstarkt nach wie vor. Für die Völker der ganzen Welt war, ist und wird sie sein eine feste Garantie gegen die imperialistische Aggression, eine Garantie für die Erhaltung des Friedens und der Sicherheit im Fernen Osten und in der ganzen Welt.

In unserer Arbeit an der Umgestaltung und Wiederherstellung genossen wir auch freundschaftliche Unterstützung von seiten der Volksdemokratien. Zwischen unserem Land und den Volksdemokratien entwickeln sich aufrichtige und freundschaftliche Beziehungen. Wir haben mit diesen Ländern verschiedene Wirtschaftsabkommen sowie Abkommen über kulturellen Austausch, darunter auch das Chinesisch-Mongolische Abkommen über die wirtschaftliche und kulturelle Zusammenarbeit vom 4. Oktober 1952, geschlossen. Das trug zur weiteren Entwicklung und Festigung der engen Freundschaft und Zusammenarbeit zwischen unserem Land und den anderen Volksdemokratien bei.

Die Handelsbeziehungen zwischen unserem Land und der Sowjetunion sowie den volksdemokratischen Ländern, insbesondere unsere Handelsbeziehungen zur Sowjetunion, erweitern sich nicht von Tag zu Tag, sondern von Stunde zu Stunde. Der Gesamtumfang unseres Handels mit diesen Ländern ist von 26 % unseres gesamten Außenhandels im Jahre 1950 auf 72 % im Jahre 1952 gestiegen und wird auch weiter steigen. Unser Land ist einer der größten Partner des neuen, demokratischen Weltmarkts. Da die Beziehungen zwischen unseren Ländern die aufrichtige Achtung der gegenseitigen Interessen und den flammenden Wunsch voraussetzen, einander zu helfen um siegreich vorwärtszuschreiten, da der wirtschaftlichen Zusammenarbeit zwischen unseren Ländern „der aufrichtige Wunsch zugrunde liegt, einander zu helfen und einen allgemeinen wirtschaftlichen Aufschwung zu erzielen", wird dieser neue, demokratische Weltmarkt sich zweifelsohne auch in Zukunft entwickeln, wird erstarken und wachsen und das von der Sowjetunion geführte Lager des Friedens und der Demokratie unermeßlich festigen.

Wir diskriminieren kein einziges kapitalistisches Land, das Handelsbeziehungen mit uns auf der Basis der Gleichberechtigung und des gegenseitigen Vorteils entwickeln will. Wir sind der Meinung, daß Länder mit verschiedenen Systemen friedlich nebeneinander bestehen können. Wir halten die Friedenspolitik strikt ein und wenden uns entschieden gegen die Politik des Krieges und der Aggression. Wir sind bereit, Handelsbeziehungen wiederaufzunehmen und herzustellen und die Friedenswirtschaft zusammen mit allen Ländern zu entwickeln, die mit uns friedliche Beziehungen unterhalten wollen.

Das Handelsabkommen zwischen China und Ceylon sowie das dreiseitige Handelsabkommen zwischen China, der Sowjetunion und Finnland sind ein sprechender Beweis dafür. Andererseits ist die Politik der „Blockade" und der „Handelssperre", die Länder auf Geheiß der USA-Imperialisten gegenüber China betreiben, darauf gerichtet, uns einzuschüchtern; faktisch leiden unter der Blockade und Handelssperre nicht wir, sondern gerade die Länder, die auf Geheiß der USA-Imperialisten die Politik der Blockade und Handelssperre gegen unser Land betreiben. Es sei daran erinnert, daß die USA-Regierung ihre Politik der „Blockade" und „Handelssperre" betreibt, um sich in die inneren Angelegenheiten, die Diplomatie, die Handels- und Wirtschaftspolitik anderer Länder einzumischen und die normalen gegenseitigen Beziehungen auf dem Weltmarkt zu torpedieren; sie versuchen damit, bestimmte Rohstoffarten und Märkte zu monopolisieren und die amerikanischen Militärstützpunkte auszubauen, um dadurch die Wirtschaftsreserven und das politische Leben dieser Länder zu kontrollieren. Wir sind überzeugt, daß alle wahrlich friedliebenden und demokratischen Kräfte in diesen Ländern, die Kräfte, die Unabhängigkeit und Souveränität fordern, sich letzten Endes gegen diesen monströsen Plan der USA-

Imperialisten erheben werden.

Unsere Friedenspolitik wird durch unser System der Volksdemokratie bedingt: Diese Politik entspricht voll und ganz den Interessen unseres Volkes und der Völker aller anderen Länder. Die amerikanischen Imperialisten, die an der Spitze des imperialistischen Lagers stehen und von wahnsinnigen Weltherrschaftsgelüsten besessen sind, wollen jedoch ihre schmähliche Niederlage in China nicht wahrhaben; im Verlaufe der drei Jahre, die nach dem Sieg der chinesischen Volksrevolution vergangen sind, unterbrachen sie niemals ihre Einmischung, unterbrachen sie niemals ihre Aggression gegen unser Land. Anfangs befahlen die Vereinigten Staaten den Überresten der Tschiang Kai-schek-Banditen, unsere Südostküste zu bombardieren und zu blockieren; dabei erlitten sie jedoch sehr bald Schiffbruch. Dann entfachten die USA-Imperialisten ihren Aggressionskrieg gegen unseren nächsten Nachbarn, Korea, fielen zugleich in unser Territorium Taiwan ein, besetzten es und rückten in ihrem fruchtlosen Versuch, die verlorenen Positionen in Asien zurückzuerobern und das koreanische und chinesische Volk erneut zu versklaven, zur Nordostgrenze unseres Landes vor. Aber dank dem heroischen und beharrlichen Kampf sowohl des koreanischen als auch des chinesischen Volkes erlitt das verbrecherische Komplott der USA-Imperialisten und ihrer Steigbügelhalter wieder einmal ein schmähliches Fiasko. Seitdem die chinesischen Volksfreiwilligen Schulter an Schulter mit der koreanischen Volksarmee zu kämpfen begannen, verloren die sogenannten „UNO-Streitkräfte" bis Ende 1952 insgesamt 740 000 Soldaten und Offiziere. Dabei betragen die Verluste der USA mehr als 320 000 Mann, d.h. ungefähr ebensoviel, wie amerikanische Soldaten und Offiziere im ersten Weltkrieg getötet, verwundet und gefangengenommen wurden. Die wichtigste charakteristische Besonderheit des koreanischen Krieges besteht jetzt darin, daß die koreanischen und chinesischen Volkstruppen in den Kämpfen immer mehr erstarken und sich die Waffenbrüderschaft zwischen dem chinesischen und koreanischen Volk von Tag zu Tag festigt, während im feindlichen Lager die Menschen- und Materialverluste mit jedem Tag zunehmen, die Moral sinkt und sich die inneren Widersprüche verschärfen.

Da die USA-Imperialisten die internationale Spannung erzeugen und aufrechterhalten wollen, damit die Wallstreetbosse maximale Kriegsprofite einheimsen können, lehnen sie es ab, aus dieser Niederlage Konsequenzen zu ziehen. Obwohl die koreanische und chinesische Seite bei den Waffenstillstandsverhandlungen in

Panmyndschon wiederholt berechtigte und vernünftige Vorschläge zur friedlichen Lösung der koreanischen Frage machte und 63 Artikel des Entwurfs des Waffenstillstandsabkommens für Korea vereinbart wurden; obwohl der sowjetische Delegierte auf der 7. Tagung der Vollversammlung der Vereinten Nationen vorschlug, das Feuer sofort einzustellen und die Frage der Repatriierung aller Kriegsgefangenen an den „Ausschuß zur friedlichen Regelung der Koreafrage" weiterzuleiten, und dieser Vorschlag von der koreanischen und chinesischen Seite gebilligt wurde, versteiften sich jedoch die amerikanischen Aggressoren auf ihre negative Einstellung zum Friedensschluß. Sie zwangen die 7. Tagung der Vollversammlung der Vereinten Nationen, rechtswidrig, ohne Teilnahme der koreanischen und chinesischen Delegierten, die indische Resolution anzunehmen, die auf dem amerikanischen sogenannten Prinzip der „freiwilligen Repatriierung" oder „zwanglosen Repatriierung" basierte, um den Koreakrieg fortzusetzen und auszudehnen und die internationale Spannung zu erhalten. Durch diese rechtswidrige Resolution der Vereinten Nationen aufgemuntert, bereitet die Regierung der Vereinigten Staaten in den letzten zwei Monaten besonders rege eine Ausdehnung ihrer Kriegsabenteuer in Asien vor. Die amerikanischen Aggressoren fahren fort, Kriegsgefangene in Korea zu töten, den Bakterienkrieg zu führen, die friedliche Bevölkerung sowie zivile Objekte im Hinterland Koreas wahllos zu bombardieren; um die Waffenstillstandsverhandlungen in Korea endgültig zu sprengen, annullieren sie einseitig das Abkommen, das den Autos der friedlichen Delegation zu den Waffenstillstandsverhandlungen die Sicherheit vor Luftangriffen garantiert. Um ihre Militärmaßnahmen zur Erweiterung der Aggression zu erleichtern, benutzen sie zugleich immer häufiger ihre Luftstreitkräfte, die Korea bombardieren, für die Invasion in den Luftraum Chinas, für die Bombardierung, Beschießung und Vernichtung chinesischer Staatsbürger. Mehr noch, sie entsandten Flugzeuge mit speziellen Agenten an Bord in unser Land, um verbrecherische strategische Aufklärung durchzuführen, und setzten Geheimagenten mit Fallschirmen ab, um Sabotage in China zu organisieren; sie schicken ferner Überreste der Tschiang Kai-schek-Banden aus und unterstützen sie in ihrem feindseligen Treiben gegen unser Land. Das ganze chinesische Volk muß in dieser Hinsicht äußerst wachsam sein. Das Volk muß die Bewegung zur Bekämpfung der amerikanischen Aggression und zur Unterstützung Koreas nach wie vor verstärken und zugleich unsere nationale Verteidigung festigen und bereit sein, dem Feinde, falls er es wagt, uns zu überfallen, jederzeit und überall vernichtende Schläge zu versetzen.

Die gegenwärtige Kriegs- und Aggressionspolitik der USA-Imperialisten stellt eine allgemeine Gefahr für das friedliche Leben aller Völker der Welt dar. Die USA-Imperialisten haben zahlreiche Militärstützpunkte in vielen Ländern Europas, Afrikas, Asiens und Amerikas besetzt und bauen neue. Sie mischen sich grob in die inneren Angelegenheiten dieser Länder, versklaven deren Völker und zwingen sie, Menschen und Material für den ungerechten Aggressionskrieg in Korea zu liefern. Die USA-Regierung verstärkt ihre Kontrolle über die bereits geschwächten englischen und französischen Kolonisatoren und peitscht sie in deren Kriegen in Malaia und Vietnam an, wo sie in Massen Menschen vernichten; unter dem Vorwand der „Hilfe" ist sie bestrebt, alle englischen und französischen Kolonien in Asien und Afrika zu kontrollieren und sich ihrer zu bemächtigen. Die USA-Imperialisten versuchen mit Hilfe von Umtrieben, die dazu angetan sind, die „Asiaten gegen Asiaten kämpfen" zu lassen, ihr monströses Ziel, die Ausweitung der Aggression, zu verwirklichen. Mit allen Mitteln bemühen sie sich, eine Handvoll Reaktionäre in Asien zu sammeln, vor allem die militärischen Kräfte Japans zu bewaffnen und einen aggressiven Pazifikblock zusammenzuzimmern, der die Sicherheit der Länder Asiens ernstlich gefährdet. Die amerikanischen Imperialisten mißbrauchen barbarisch die Völker Asiens, um an ihnen ihre „neuen Waffen" zu „erproben". Ihre beiden ersten Atombomben wurden in Asien abgeworfen; ihre ersten bakteriologischen Bomben wurden in Asien abgeworfen. Koreanische und chinesische Kriegsgefangene werden dauernd an geheime Stellen transportiert und als Opfer bei solchen „Experimenten" mißbraucht. Es ist offensichtlich, daß der USA-Imperialismus zur größten Gefahr für den Frieden in Asien und im ganzen Fernen Osten geworden ist. Nur durch die Liquidierung und Abstellung dieser Gefahr werden die Völker Asiens Frieden und Sicherheit erlangen. Das ist die gemeinsame Aufgabe der Völker aller Länder Asiens.

Wie der Vorsitzende des Ministerrats der UdSSR, Stalin, in seinem genialen Werk „Ökonomische Probleme des Sozialismus in der UdSSR" feststellte, sind jetzt die Bestrebungen des von den Vereinigten Staaten geführten imperialistischen Lagers der Aggression gerichtet auf die „Sicherung des kapitalistischen Maximalprofits durch Ausbeutung, Ruinierung und Verelendung der Mehrheit der Bevölkerung des gegebenen Landes, durch Versklavung und systematische Ausplünderung der Völker anderer Länder, besonders der zurückgebliebenen Länder, und schließlich durch Kriege und Militarisierung der Volkswirtschaft, die der Sicherung von Höchstprofiten dienen". Es ist klar, daß die verbrecherische Tätigkeit der USA-Imperialisten die Gefahr eines Krieges gegen die Völker der Welt tagtäglich verstärkt.

Andererseits ist das von der Sowjetunion geführte Lager des Friedens und der Demokratie noch mächtiger geworden. Die Sowjetunion hat die Auflagen der ersten zwei Jahre ihres Planjahrfünfts übererfüllt. Das Sowjetvolk geht sicheren Schrittes vorwärts zum Kommunismus, es geht den vom XIX. Parteitag der Kommunistischen Partei der Sowjetunion gewiesenen Weg. Die Volksdemokratien Osteuropas lösen mit großzügiger Hilfe der Sowjetmenschen erfolgreich die Aufgaben des sozialistischen Aufbaus und haben bereits glänzende Erfolge erzielt.

Die Völkerbewegung für den Frieden und gegen den Krieg hat sich über die ganze Welt ausgedehnt; sie entwickelt sich, wächst nach wie vor unermeßlich schnell und gewinnt jeden Tag, jede Stunde hunderttausende neue Menschen. Der Friedenskongreß der Länder Asiens und des Pazifik im Oktober vorigen Jahres sowie der im Dezember vorigen Jahres in Wien abgehaltene Völkerkongreß für den Frieden demonstrierten machtvoll diese immer mehr wachsende Kraft der um den Frieden ringenden Völker.

Die nationale Befreiungsbewegung mit dem Ziel, die kolonialen und halbkolonialen Fesseln abzuschütteln, hat sich von Asien und Afrika auf Lateinamerika ausgedehnt. Der Massenkampf des japanischen und deutschen Volkes gegen die amerikanische Okkupation und Versklavung, gegen die Aufrüstung der deutschen und japanischen Militaristen erstarkt ebenfalls von Tag zu Tag.

Zugleich verschärfen sich tagtäglich die Widersprüche innerhalb verschiedener kapitalistischer Länder, zwischen ihnen sowie zwischen den kapitalistischen Ländern und ihren Kolonien Kolonien und Halbkolonien. Überall — von Japan, Südostasien, Afrika und Europa bis Amerika — ist wachsende Unzufriedenheit mit der amerikanischen imperialistischen Versklavungspolitik zu beobachten.

So hat das von den Vereinigten Staaten geführte Lager der imperialistischen Aggression die ihm eigene Schwäche gezeigt, die Schwäche, die den Beziehungen zwischen dem Herrn und dem Untergebenen innewohnt und dadurch hervorgerufen ist, daß dieses Lager aus nicht gleichberechtigten Ländern besteht. Das hat zu unlösbaren Widersprüchen geführt, die zweifelsohne Hader und Krieg heraufbeschwören werden. Eben davon sprach der Vorsitzende Stalin, als er die Lage in der kapitalistischen Welt folgendermaßen charakterisierte:

„Nach außen hin scheint alles ‚wohlgeordnet' zu sein . . . Es wäre aber falsch, wollte man annehmen, dieser ‚wohlgeordnete Zustand' könne ‚in alle Ewigkeit' erhalten bleiben, diese Länder würden die Herrschaft und das Joch der Vereinigten Staaten von Amerika endlos dulden, sie würden nicht versuchen, aus der amerikanischen Knechtschaft auszubrechen und den Weg einer selbständigen Entwicklung zu beschreiten." („Ökonomische Probleme des Sozialismus in der UdSSR".)

Eben davon sprach der Vorsitzende Mao Tsetung, als er uns erklärte: Die Basis des Feindes ist schwach; sein Lager zerfällt; er ist dem Volk entfremdet und steht vor der unvermeidlichen Wirtschaftskrise; deshalb kann er zerschlagen werden. („Revolutionäre Kräfte der Welt, vereinigt euch gegen die imperialistische Aggression".)

Das Wachstum und die Festigung des Lagers des Friedens und der Demokratie, die Entfaltung der Völkerbewegung für den Weltfrieden und die Zuspitzung der Widersprüche innerhalb des imperialistischen Lagers — all dies beweist, daß sich die gegenwärtige internationale Lage in der Richtung entwickelt, die der Vorsitzende Mao Tsetung in seinem Referat „Über den Kampf für eine grundlegende Verbesserung der Finanz- und Wirtschaftslage des Staates" im Juni 1950 vorausgesagt hat. Die Lage wird für uns immer günstiger.

So ist es um die jetzige innere Lage Chinas und um die internationale Lage bestellt.

Unter diesen Verhältnissen ergeben sich gegenwärtig für das chinesische Volk folgende akuteste und wichtigste Aufgaben:
1. Die Bewegung des chinesischen Volkes zur Bekämpfung der amerikanischen Aggression und zur Unterstützung Koreas muß noch mehr verstärkt, die Kräfte der Landesverteidigung Chinas müssen noch mehr gefestigt werden, sie müssen noch mächtiger sein. Wir müssen das Volk im ganzen Lande mobilisieren, damit es der großen Bewegung zur Bekämpfung der amerikanischen Aggression und zur Unterstützung Koreas durch Produktionssteigerung, durch Einhaltung des Sparregimes und durch Arbeit mit verdoppelter Energie hilft. Die Menschen der ganzen Welt sehen deutlich, daß China erfolgreich die Periode seiner wirtschaftlichen Wiederherstellung

beendet hat und in die Periode des großangelegten planmäßigen Aufbaus eingetreten ist, daß das chinesische Volk begeistert den friedlichen Aufbau verwirklicht und einen dauerhaften Frieden erhalten will. Das chinesische Volk muß jedoch immer wachsam sein und die Kriegspläne der Aggressoren entlarven. Es muß bereit sein, in jedem Augenblick die imperialistischen Kräfte entschieden zu bekämpfen, die ihm feindselig gegenüberstehen und Chinas Aufbau stören. Das chinesische Volk liebt den Frieden, fürchtet aber nicht den Krieg. Wenn die neue Regierung der Vereinigten Staaten auch nur den geringsten Wunsch hat, den Koreakrieg friedlich zu beenden, dann muß sie die Verhandlungen in Panmyndschon vorbehaltlos wiederaufnehmen. Die koreanische und chinesische Seite ist bereit, entsprechend dem bereits vereinbarten Entwurf des Abkommens über den Waffenstillstand in Korea, die Kampfhandlungen unverzüglich einzustellen und die Frage der Repatriierung aller Kriegsgefangenen an den „Ausschuß zur friedlichen Regelung der Koreafrage" zur nachfolgenden Lösung weiterzuleiten. So können die sehnlichsten Hoffnungen der Völker aller kriegführenden Länder sowie der Völker aller anderen Länder der Welt auf die unverzügliche Beendigung der gegenwärtigen Kampfhandlungen schnell in Erfüllung gehen. Dadurch wird auch der Weg zur friedlichen Regelung der Koreafrage und der anderen mit ihr zusammenhängenden Fragen im Fernen Osten geebnet werden.

Wenn aber die neue Regierung der Vereinigten Staaten der Politik der Regierung Truman folgen und keinen Wunsch an den Tag legen wird, die Verhandlungen in Panmyndschon wiederaufzunehmen; wenn sie den Koreakrieg nach wie vor ausdehnen wird, dann werden die Völker Koreas und Chinas ihrerseits den Kampf fortsetzen und sie sind völlig darauf vorbereitet. Dem koreanischen und chinesischen Volk ist es vollkommen klar: Wenn man mit imperialistischen Provokationen zu tun hat, kann man den Feind zum Rückzug zwingen; den von den Völkern so heiß ersehnten Frieden kann man nur durch entschiedenen Kampf erlangen, wenn jedem Plan des imperialistischen Krieges vernichtende Schläge versetzt werden und jede aggressive Aktion ein volles Fiasko erleidet.

2. Die Inangriffnahme der Erfüllung des ersten Fünfjahrplans des nationalen Aufbaus. Im Jahre 1953, dem ersten Jahr des ersten Fünfjahrplans, werden unsere Industrie und Landwirtschaft ihre Produktion im Vergleich zu 1952 beträchtlich erhöhen.

Wenn wir vom Produktionsplan 1952 und von den Voranschlägen

des Plans 1953 ausgehen und die Produktion von 1952 gleich 100 setzen, so wird die Produktion der wichtigsten Erzeugnisse der Industrie und Landwirtschaft 1953 folgenden Stand erreichen: Roheisen 114 %, Stahl in Barren 123 %, Kohle 100 %, Elektroenergie 127 %, Erdöl 142 %, Kupfer 139 %, Blei 149 %, Zink 154 %, Werkzeugmaschinen 134 %, kaustische Soda 131 %, Zement 117 %, Holzmaterial 138 %, Baumwollgarn 109 %, Baumwollstoffe 116 %, Papier 106 %, Zucker 123 %, Getreide 109 %, Rohbaumwolle 116 % und Tee 116 %.

Neben der Festigung der Industrie und Landwirtschaft ist eine Erhöhung der Ausgaben für die sozialen und kulturellen Belange sowie für die Volksbildung vorgesehen; diese Ausgaben werden im Vergleich zu denen von 1952 um 55,86 % zunehmen, die Kapitalinvestitionen im Verkehrswesen und im Post- und Fernmeldewesen werden um 64,97 % erhöht, und die Kapitalinvestitionen im Bau von Bewässerungsanlagen steigen um 12,8 %. Diese Statistiken zeigen, daß unser planmäßiger nationaler Aufbau von Anfang an in großen Ausmaßen durchgeführt wird und daß die vor uns stehenden Aufgaben grandiose und stolze, zugleich aber mit vielen Schwierigkeiten verbundene Aufgaben sind.

Deshalb ist die wichtigste und entscheidende Aufgabe dieses Jahres die Mobilisierung der Arbeiterklasse und der ganzen übrigen Bevölkerung des Landes, damit sie all ihre Kräfte aufbieten, um die Schwierigkeiten zu überwinden, und den Aufbauplan 1953 erfüllen und übererfüllen. Um diese komplizierte und schwere Aufgabe zu erfüllen, müssen wir eine hohe Intensität und Präzision der Arbeit auf allen Gebieten dieses Aufbaus anstreben. Wir müssen die Staatseinnahmen sichern und dafür sorgen, daß unsere Pläne des Wirtschaftsaufbaus, der Landesverteidigung wie auch der sozialen und kulturellen Entwicklung nicht durch irgendeinen Mangel an Mitteln beeinträchtigt werden.

Wir müssen ein strenges Sparregime einführen und in allen Behörden die Verschwendung bekämpfen, besonders in denen, die sich mit den Fragen der Produktion befassen. Entsprechend den Bedürfnissen und Möglichkeiten müssen wir alle verborgenen Produktivkräfte voll und ganz ausnutzen, die Unkosten der Produktion herabsetzen und die Qualität und Quantität der Produktion erhöhen. Wir müssen den Handel, das Verkehrswesen und die Fernmeldemittel ausbauen, die Verwaltung und Administration verbessern, den Umlauf der Industrie- und Agrarwaren sowie den Warenaustausch zwischen Stadt und Land beschleunigen, um die

Bedürfnisse des Volkes zu befriedigen, die Warenpreise zu stabilisieren und die Entwicklung der Industrie- und Landwirtschaft zu beschleunigen.

Wir müssen alle Industriellen und Kaufleute vereinigen, deren Betriebe für die nationalen Interessen und den Volkswohlstand nutzbringend sind, und ihnen die Möglichkeit geben, unter Anleitung der Staatswirtschaft und im Einklang mit dem einheitlichen nationalen Plan, Initiative an den Tag zu legen. Wir müssen die fortgeschrittenen Erfahrungen der Sowjetunion ernsthaft studieren, die Anwendung der fortschrittlichen Erfahrungen propagieren, den patriotischen Wettbewerb und die Kampfkampagne für Ersparnisse auf breitester Massenbasis organisieren sowie das Lebensniveau der Arbeiter und Bauern durch Steigerung der Industrie- und Agrarproduktion nach und nach heben.

Wir müssen es allen Werktätigen beibringen, daß wir vor neuen Problemen und neuen Aufgaben stehen, daß wir nur dann die Schwierigkeiten überwinden, unsere Aufgaben lösen, unsere Arbeit beherrschen und weniger Fehler zulassen werden, wenn wir entschlossen gegen Überheblichkeit und Selbstzufriedenheit kämpfen, wenn wir beharrlich lernen, wenn wir unsere Fehler korrigieren und die Mängel beheben werden. Wir müssen die Staatsdisziplin festigen, gegen Bürokratismus und unbekümmertes Administrieren kämpfen, diejenigen, die das Gesetz verletzen, bestrafen und allen Sabotage- und Diversionsakten der feindlichen Elemente zuvorkommen. Wir sind davon überzeugt, daß unter der richtigen Führung des Vorsitzenden Mao Tsetung und der Kommunistischen Partei Chinas, mit Hilfe der fortgeschrittenen Sowjettechnik und der Sowjetfachleute die begabten, fleißigen Arbeiter, Bauern und Geistesschaffenden Chinas ohne Zweifel imstande sein werden, ihre ganze Initiative, ihren ganzen Erfindergeist aufzubieten und alle konkreten Aufgaben und Pläne zu erfüllen.

3. Um unsere Widerstandsfähigkeit gegen die amerikanische Aggression noch mehr zu festigen und Korea noch mehr zu helfen, um den staatlichen Aufbauplan erfolgreich zu erfüllen, müssen wir im ganzen Lande das Volk entsprechend dem Beschluß der Zentralen Volksregierung mobilisieren, uns auf die Wahlen zur Allchinesischen Volksvertreterversammlung wie auch zu den örtlichen Volksvertreterversammlungen aller Instanzen aktiv vorbereiten und uns an ihnen beteiligen, müssen wir die Demokratie weiter vervollkommnen, um der nutzbringenden Initiative der ganzen Be-

völkerung in ihren gemeinsamen Anstrengungen breitesten Spielraum zu geben. Wir wissen alle, daß entsprechend den Leitsätzen des Gemeinsamen Programms und dem Gesetz über die Bildung der Zentralen Volksregierung die provisorische organisatorische Form, die wir in den letzten mehr als drei Jahren angewandt haben — die Plenartagung des Politischen Konsultativen Volksrats Chinas, die die Funktionen und Befugnisse der Allchinesischen Volksvertreterversammlung ausübte, ebenso wie die örtlichen Konferenzen der Vertreter aller Bevölkerungsschichten aller Instanzen, die allmählich die Funktionen und Befugnisse der örtlichen Volksvertreterversammlungen übernahmen —, das Ziel verfolgte, die Einberufung der Allchinesischen Volksvertreterversammlung sowie der örtlichen Volksvertreterversammlungen anzubahnen, die aus allgemeinen Wahlen hervorgehen sollen. Wenn wir jetzt das Land in seiner Gesamtheit betrachten, so sind die Kampfhandlungen auf dem Kontinent schon längst völlig abgeschlossen, ist auch abgesehen von wenigen Bezirken die Bodenreform durchgeführt, und alle Bevölkerungsschichten sind zusammengeschlossen. Folglich sind alle Bedingungen herangereift, um die Allchinesische Volksvertreterversammlung und die örtlichen Volksvertreterversammlungen aller Instanzen entsprechend Artikel 14 des Gemeinsamen Programms aus allgemeinen Wahlen hervorgehen zu lassen. In den vergangenen mehr als drei Jahren betrug in ganz China die Zahl der Delegierten, die in den örtlichen Volksvertreterkonferenzen mitwirkten, mehr als 13 637 000. Die Zahl der vom Volke direkt oder indirekt Gewählten ist allmählich gestiegen. In den meisten Bezirken hat sie 80 % der Gesamtzahl der Delegierten überschritten. Insgesamt haben in China 19 Provinzen, 85 Städte, 436 Distrikte und ein großer Teil der 280 000 Amtsbezirke ihre Volksbehörden über die Volkskonferenzen der Vertreter aller Bevölkerungsschichten ordnungsgemäß gewählt. Das ist ein gewichtiger Beweis dafür, daß die sofortige Durchführung der allgemeinen Wahlen völlig der wirklichen Lage der Dinge sowie dem Entwicklungsstand unserer Volksdemokratie Rechnung trägt und den unaufschiebbaren Belangen des Volkes im ganzen Land entspricht. Obwohl wir allgemeine Wahlen zum erstenmal einführen und die entsprechenden Vorbereitungen eine gewisse Zeit erfordern, bedarf es nichtsdestoweniger — in Anbetracht des höheren Niveaus der Bewußtseinsbildung und der Organisiertheit unseres Volkes im ganzen Lande sowie seiner Erfahrungen in bezug auf die Einberufung der örtlichen Volksvertreterkonferenzen aller Instanzen, ferner wenn man zugleich berücksichtigt, daß die Einführung des Systems der direkten Wahlen vor allem mit den Volksvertreterversammlungen als unteren Organen der Staatsmacht erfolgt — keinerlei längeren Zeitspanne zwischen der Wahl der Vertreter und dem Zusammentreten der Volksvertreterversammlungen der Distrikte und Provinzen (und Gemeinden), wenn die Zeit nur ausreicht, um die Wahlkampagne in den Dörfern und Stadtteilen vorzubereiten und zufriedenstellend durchzuführen. Die darauffolgende Einberufung der Allchinesischen Volksvertreterversammlung auf dieser Basis wird keine Schwierigkeiten bieten.

Bald beginnt die Wahlkampagne im ganzen Lande. Wir müssen die gewaltige Bedeutung des Beschlusses der Zentralen Volksregierung ausgiebig im Volk propagieren und das Volk zur bewußten und ernsten Beteiligung an diesen Wahlen aufrufen, damit es diejenigen wählen kann, die es für geeignet und unentbehrlich hält, um es in den Staatsmachtorganen zu vertreten und die gesamtnationalen und lokalen Angelegenheiten zu lösen.

Nach der Einberufung der Allchinesischen Volksvertreterversammlung wird der Politische Konsultative Volksrat Chinas als Organisation der Demokratischen Einheitsfront des Volkes Chinas entsprechend den Leitsätzen des Gemeinsamen Programms fortbestehen. Da jedoch beschlossen wurde, die Allchinesische Volksvertreterversammlung einzuberufen, ergibt sich daraus, daß die 2. Plenartagung des Politischen Konsultativen Volksrats Chinas entsprechend den Leitsätzen des Gemeinsamen Programms nicht das Recht haben wird, die Funktionen und Befugnisse der Allchinesischen Volksvertreterversammlung auszuüben. Was aber die Rolle betrifft, die er in Zukunft spielen wird, so hat sie der Vorsitzende Mao Tsetung in seiner Schlußrede auf der 2. Tagung des Allchinesischen Komitees des Politischen Konsultativen Volksrats im Jahre 1950 folgendermaßen dargelegt:

„Gegenwärtig geht unser Land unbeirrbar vorwärts durch den Krieg, durch die neuen demokratischen Reformen, und nachdem wir eine blühende Volkswirtschaft und -kultur schaffen, nachdem alle Bedingungen heranreifen werden und nachdem das alles vom ganzen Land gebilligt sein wird, werden wir in unserem unbeirrbaren Vormarsch in die neue Ära des Sozialismus eintreten...

In der internationalen Arena müssen wir, um unser großes Ziel zu verwirklichen, uns eng mit der Sowjetunion, mit den verschiedenen Ländern der Volksdemokratie und mit allen friedliebenden und demokratischen Kräften der ganzen Welt zusammenschließen. In dieser Frage darf es nicht die geringste Unentschlossenheit, darf es keinerlei Schwankungen geben.

Bei uns im Lande müssen wir verschiedene Nationalitäten, demokratische Klassen, demokratische Parteien und Gruppen, Volksorganisationen und alle demokratischen, patriotischen Elemente vereinen und die große revolutionäre Einheitsfront festigen, die geschaffen wurde und sich große Autorität erworben hat. Wir begrüßen jeden, der die revolutionäre Einheitsfront festigen hilft, ganz gleich, wer er ist; er hat recht. Wir bekämpfen jeden, der die Festigung dieser revolutionären Einheitsfront schädigt; er hat unrecht."

Diese Richtlinie des Vorsitzenden Mao Tsetung zeigt, daß die Demokratische Einheitsfront des Volkes, die einen großen Beitrag zur Revolution geleistet hat, sich auch weiterhin entwickeln und festigen soll.

In Anbetracht dieser neuen Lage heißt es, Vorbereitungen zu treffen, um sowohl am Gemeinsamen Programm als auch am Organisationsstatut des Politischen Konsultativen Volksrats Chinas die entsprechenden und notwendigen Abänderungen vorzunehmen. Unter der Führung der Arbeiterklasse und der Kommunistischen Partei Chinas müssen alle, die dieser Einheitsfront angehören, sich ihrer Verantwortung auch in Zukunft wohl bewußt sein, eine klare Scheidelinie ziehen zwischen Freund und Feind, zwischen dem Richtigen und dem Falschen und sich in gemeinsamen Anstrengungen vereinigen, um den neuen, demokratischen Staat aufzubauen und dem Sozialismus entgegenzugehen.

Genossen! Vor uns stehen drei wichtige und stolze Aufgaben. Wir sind fest überzeugt, daß wir imstande sein werden, diese drei großen und unaufschiebbaren Aufgaben siegreich zu lösen. Die Erfahrungen der Vergangenheit beweisen, daß unter der Führung des Vorsitzenden Mao Tsetung und der Kommunistischen Partei Chinas das chinesische Volk große, prächtige Erfolge erringen kann.

Alle Nationalitäten und alle Bevölkerungsschichten des Landes! Schließt euch noch enger zusammen, höher das Banner Mao Tsetungs und mit voller Überzeugung vorwärts, noch größeren, noch herrlicheren Siegen entgegen!

Quelle: Für dauerhaften Frieden,
für Volksdemokratie, Nr. 7/1953

STELLUNGNAHME
ZUR KOREA—FRAGE

(22. Mai 1954)

Sehr verehrter Herr Vorsitzender, verehrte Delegierte!

Die Genfer Konferenz hat bereits zehn Sitzungen zur Diskussion der Korea-Frage durchgeführt. Die Delegierten vieler Länder haben ihre Standpunkte vorgetragen und dabei in verschiedenem Maße Probleme berührt, die ganz Asien betreffen. Die Delegierten der Volksrepublik China, der Union der Sozialistischen Sowjetrepubliken und der Koreanischen Volksdemokratischen Republik haben wiederholt darauf hingewiesen, daß die Hauptursache der asiatischen Probleme in der kolonialistischen Aggression der imperialistischen Länder in Asien und im Widerstand der Völker gegen diese Aggression liegt. Es ist nur natürlich, daß das chinesische Volk, das selbst die koloniale Aggression besiegt hat, seine tiefempfundene Sympathie mit den Bewegungen der Völker Asiens für nationale Unabhängigkeit hat zum Ausdruck bringen wollen. Es ist gesagt worden, daß wir ein Monopol darauf beanspruchen, als alleinige Verfechter der nationalen Bestrebungen in Asien angesehen zu werden. Nein, meine Herren, wir beanspruchen keinerlei Monopol. Wir bringen nichts anderes zum Ausdruck, als das Verlangen der Völker Asiens nach Frieden, Unabhängigkeit, Demokratie und Freiheit. Allerdings vertreten wir als eine der größeren Mächte in Asien natürlich den Standpunkt, daß dem Streben der Völker Asiens unbedingt Beachtung geschenkt werden muß, wenn drückende Probleme Asiens diskutiert und gelöst werden.

Wir haben auf dieser Konferenz eine Unzahl von Rechtfertigungen der kolonialistischen Aggressionspolitik der USA in Asien, sowie eine Menge Lobeshymnen über sie gehört. Es ist durchaus verständlich, daß die Delegierten einiger westlicher Länder die USA in Schutz genommen haben. Die Delegierten einiger asiatischer Staaten sangen ebenfalls Loblieder auf die Aggression der USA. Auch das ist nicht verwunderlich. Der Grund dafür ist der, daß in Asien eine Handvoll Menschen existiert, die Fremdherrschaft unterstützen und die amerikanische Aggression begünstigen. In diesem Zusammenhang genügt es, die reaktionäre Tschiang-Kai-schek-Clique zu erwähnen, die vom chinesischen Volk bereits vom Festland verjagt worden ist, sowie die Syngman-Rhee-Clique, die schon ihrer bloßen Existenz wegen auf ausländische Unterstützung angewiesen ist. Solche Personen machen eine winzige Minderheitsfraktion unter den asiatischen Völkern aus. Sie haben nicht die Unterstützung des Volkes und deshalb können sie keinen einzigen Tag ohne Hilfe und Schutz der USA überleben. Ist es dann noch verwunderlich, daß diese Handvoll Asiaten die USA nicht als Aggressor betrachten, daß sie die Idee aussprechen, die USA hätten den Kolonialismus in Asien beendet oder daß sie sogar so weit gehen müssen, sich über ungenügende amerikanische Einmischung in ihrem eigenen Land zu beklagen? Sie sind es, die nicht zögern, im Widerspruch zu den nationalen Interessen ihrer eigenen Länder, den amerikanischen Aggressoren zu dienen. Solche Personen können keinesfalls die Völker Asiens vertreten.

Die überwältigende Mehrheit der Asiaten widersetzt sich konsequent der kolonialen Fremdherrschaft. Sie kämpften oder kämpfen entschlossen für ihre nationale Unabhängigkeit und Freiheit. Sie haben nie der Kolonialpolitik, die die USA in Asien betreiben, zugestimmt, noch würden sie ihr jemals zustimmen. Noch weniger werden sie der kriegstreiberischen Politik der Bildung feindlicher militärischer Blöcke zustimmen, die darauf abzielt, Asiaten gegen Asiaten kämpfen zu lassen — eine Politik, die die amerikanischen Aggressoren in Asien jetzt aktiv verfolgen.

Herr Vorsitzender, um die Vereinigung Koreas auf der Basis von Unabhängigkeit, Frieden und Demokratie zu erreichen, hat der Außenminister der Koreanischen Volksdemokratischen Republik, Nam Il, am 27. April Vorschläge unterbreitet, die die Durchführung freier Wahlen in ganz Korea, den Abzug aller ausländischen Streitkräfte aus Korea innerhalb einer festgelegten Zeitspanne vor der Durchführung gesamtkoreanischer Wahlen und eine friedliche Entwicklung Koreas vorsehen, abgesichert durch die Staaten, die am meisten an einem Frieden im Fernen Osten interessiert sind. Daß diese Vorschläge vernünftig sind, steht außer Frage. Im Verlauf der Diskussion hat bisher noch niemand ein beweiskräftiges Argument gegen diese Vorschläge vortragen können. Es ist offenkundig, daß diese Vorschläge, die von den Delegationen der Volksrepublik China und der Sowjetunion unterstützt wurden, als Grundlage dienen sollten, um auf dieser Konferenz ein Abkommen zu erreichen. Trotzdem beharren die Delegierten einiger Länder darauf, immer wieder zu versuchen, dieser Konferenz die illegale Resolution aufzuzwingen, die von der UNO am 7. Oktober 1950 angenommen wurde und die – wie auch diese Delegationen – darauf besteht, daß die UN-Streitkräfte, die sich hauptsächlich aus USA-Truppen rekrutieren, in Korea bleiben sollten und daß die UNO die gesamtkoreanischen Wahlen überwachen sollte, womit sie dieser Konferenz bei der Ausarbeitung einer Lösung des koreanischen Problems Steine in den Weg legen.

Wir haben bereits darauf hingewiesen, daß aufgrund der Machenschaften der USA die Vereinten Nationen im Korea-Krieg zur kriegführenden Seite gemacht worden sind und so ihre Fähigkeit und moralische Autorität verloren haben, sich unvoreingenommen mit der koreanischen Frage zu befassen. In seiner Stellungnahme vom 11. Mai wies der Außenminister der Sowjetunion, V.M. Molotow, mit unbestreitbaren Tatsachen nach, daß die Vereinten Nationen sich noch nie haben so demütigen lassen, wie zur Zeit der Ereignisse in Korea. Die illegalen Resolutionen der Vereinten Nationen zur Korea-Frage sind den Zielen und Prinzipien der UNO-Charta diametral entgegengesetzt. Die UNO-Charta setzt sich die Aufrechterhaltung des internationalen Friedens und der internationalen Sicherheit zum Ziel. Trotzdem billigten die Vereinten Nationen die USA-Aggression in Korea, gingen über die Invasion und Okkupation von Chinas Taiwan durch die USA hinweg, verleumdeten China schamlos als Aggressor und ermutigten die Aktion der USA zur Ausweitung des Koreakrieges und stellten so eine direkte Bedrohung der Sicherheit Chinas und Asiens dar. Die Prinzipien der Charta der Vereinten Nationen schließen ausdrücklich Einmischungen in die inneren Angelegenheiten eines Landes aus. Aber die illegalen Resolutionen der Vereinten Nationen hatten eine Einmischung in die inneren Angelegenheiten Koreas zum Ziel und sollten das koreanische Volk davon abhalten, seine eigenen Probleme selbst zu lösen. Diese illegalen Resolutionen wurden unter Umständen verabschiedet, unter denen die Volksrepublik China ihres Rechts beraubt war, Mitglied der Vereinten Nationen zu sein und unter denen die Koreanische Volksdemokratische Republik nicht anwesend sein konnte. Sie wurden gegen den Widerstand der Sowjetunion und anderer Länder, und obwohl viele asiatische Staaten nicht damit übereinstimmten, angenommen. Diese einseitigen, illegalen Resolutionen haben sich für eine friedliche Lösung der Korea-Frage seit langem als untauglich erwiesen. Es ist offensichtlich, daß auf dieser Konferenz ein weiteres Beharren auf den illegalen Resolutionen nichts wird lösen können. Es ist gefragt worden: Ist es nicht in sich widersprüchlich, wenn die Volksrepublik China einerseits die illegalen Resolutionen der Vereinten Nationen brandmarkt und andererseits darum nachsucht, Mitglied der Vereinten Nationen zu werden? In diesem Zusammenhang muß darauf hingewiesen werden, daß die Frage nicht die des Ersuchens der Volksrepublik China ist, Mitglied der Vereinten Nationen zu werden, sondern daß die Volksrepublik China des ihr zustehenden Rechts, in den Vereinten Nationen mitzuwirken, beraubt worden ist, und daher der rechtmäßige Sitz der Volksrepublik China in den Vereinten Nationen wiederhergestellt werden muß.

China ist eines der Gründungsmitglieder der Vereinten Nationen. Das chinesische Volk hat stets die Ziele und Prinzipien der Charta der Vereinten Nationen unterstützt und sich um ihre Verwirklichung bemüht. Nach der Charta der Vereinten Nationen übernehmen die Sowjetunion, die Vereinigten Staaten von Amerika, das Vereinigte Königreich von Großbritannien, die Republik Frankreich und China eine besondere Verantwortung für die Wahrung des internationalen Friedens und der internationalen Sicherheit. Die Tatsache, daß die Mehrheit der UNO-Mitglieder den USA folgte und die Volksrepublik China ihres rechtmäßigen Sitzes und ihrer legitimen Rechte beraubte, stellt eine schamlose Verletzung der Charta der Vereinten Nationen dar und hat dem Ansehen der Vereinten Nationen schweren Schaden zugefügt. Diese Maßnahme der Vereinten Nationen ist auf den beständigen Widerstand der Sowjetunion und einiger anderer Länder, besonders asiatischer Länder, gestoßen. Die Konferenz der Ministerpräsidenten Indiens, Indonesiens, Pakistans, Birmas und Ceylons, die kürzlich in Colombo stattfand, brachte ebenfalls ihre Hoffnung zum Ausdruck, daß dieser Zustand, der einen Vorstoß gegen die Charta der Vereinten Nationen darstellt, geändert wird. Die rechtswidrigen Resolutionen der Vereinten Nationen zur Korea-Frage und die Unfähigkeit der Vereinten Nationen, sich unparteiisch mit der Korea-Frage zu be-

Stellungnahme zur Korea-Frage vom 22. Mai 1954

fassen, sind nicht von der Tatsache zu trennen, daß die Volksrepublik China ihres Rechtes beraubt worden ist, Mitglied der Vereinten Nationen zu sein. Die Delegierten nicht weniger Länder erklärten auf dieser Konferenz, daß die edlen Ziele der Charta der Vereinten Nationen respektiert werden müssen. Die Tatsachen haben bewiesen, daß wir stets für die Ziele und Prinzipien der Charta der Vereinten Nationen eingetreten sind. Es ist eindeutig, daß die illegalen Resolutionen der Vereinten Nationen nicht als Grundlage dienen können, um eine friedliche Lösung der Korea-Frage zustandezubringen. Diese illegalen Resolutionen sind lange benutzt worden, um eine friedliche Lösung der Korea-Frage zu verhindern. Unsere Konferenz wurde zu dem Zweck einberufen, andere Wege zu finden, um eine vernünftige Lösung des Korea-Problems zu erreichen. Wir sollten nicht zulassen, daß die festgefahrene Lage der Konferenz auch nur einen Augenblick weiter bestehen bleibt. Einige Delegierte haben bereits richtig darauf hingewiesen, daß es nicht unmöglich ist, eine gemeinsame Grundlage für eine friedliche Lösung der Korea-Frage zu finden. Bis jetzt haben wir auf dieser Konferenz noch niemanden gehört, der sich offen gegen das Prinzip gewandt hätte, daß die Frage der Wiedervereinigung Koreas durch die Koreaner selbst gelöst werden sollte. Daher ist offenkundig, daß niemand die Richtigkeit dieses Prinzips verleugnen kann.

Da die Wiedervereinigung Koreas eine Frage ist, die das koreanische Volk selbst lösen muß, sollte es das Ziel dieser Konferenz sein, Bedingungen zu schaffen, die es dem koreanischen Volk ermöglichen, die Wiedervereinigung seines Landes auf der Grundlage von Unabhängigkeit, Frieden und Demokratie zu verwirklichen.

In Übereinstimmung mit dem oben erwähnten Prinzip vertreten wir den Standpunkt, daß, um dem koreanischen Volk die Wiedervereinigung seines Landes durch landesweite freie Wahlen ohne ausländische Einmischung zu ermöglichen, alle ausländischen Truppen vor der Durchführung solcher Wahlen aus Korea abgezogen werden müssen. Die gesamtkoreanischen Wahlen sind eine innere Angelegenheit Koreas. Die weitere Anwesenheit amerikanischer Truppen in Korea bedroht nicht nur den Frieden in Korea und die Sicherheit Chinas, sondern wird unvermeidlich auch zur Einmischung in die inneren Angelegenheiten Koreas führen und dadurch das koreanische Volk daran hindern, seinen freien Willen in landesweiten Wahlen auszudrücken. Der Abzug aller ausländischen Truppen aus Korea ist für das koreanische Volk die Vorausbedingung dafür, seinen freien Willen in gesamtkoreanischen Wahlen auszudrücken. Zur Diskussion steht die Frage der Frist des Abzugs der ausländischen Truppen, wie Außenminister Nam Il von der Koreanischen Volksdemokratischen Republik ausgeführt hat. Wir sind der Auffassung, daß diese Konferenz ein entsprechendes Abkommen über die Frage des Abzugs aller ausländischen Streitkräfte aus Korea binnen einer bestimmten Zeitspanne erzielen sollte.

Die friedliche Wiedervereinigung Koreas kann nur auf der Basis eines zweiseitigen Abkommens zwischen der Koreanischen Volksdemokratischen Republik und der Republik Korea erreicht werden. Folglich war der Vorschlag von Außenminister Nam Il völlig berechtigt, daß die Gesamtkoreanische Kommission, die die gesamtkoreanischen Wahlen vorbereiten und durchführen, sowie sich mit anderen Angelegenheiten befassen wird, die die Wiedervereinigung Koreas betreffen, ihre Arbeit auf der Grundlage zweiseitiger Übereinkunft fortsetzen sollte. Wenn man der Ansicht ist, daß für die Koreanische Volksdemokratische Republik und die Republik Korea keine Notwendigkeit besteht, eine Einigung über die zu beschließenden Methoden und Schritte zu erzielen, die zur Wiedervereinigung Koreas führen sollen, wie wird es dann möglich sein, auf friedlichem Wege Koreas Wiedervereinigung herbeizuführen? Aber unter dem Vorwand, daß eine Diskrepanz zwischen der Bevölkerung des Nordens und des Südens Koreas bestehe, benutzten einige Delegierte das Prinzip der proportionalen Vertretung, um sich dem Prinzip der Einigung zwischen den beiden Seiten zu widersetzen. Sie vergessen die Tatsache, daß Widerstand gegen das Prinzip der zweiseitigen Einigung nichts anderes ist, als der Versuch, einer Seite den Willen der anderen Seite aufzuzwingen — ein Versuch, der sich schon lange als fruchtlos erwiesen hat, selbst dann, wenn er von fremden Streitkräften unterstützt wurde. Indiens Ministerpräsident Jawaharlal Nehru hat am 18. Mai im Rat der Staaten ebenfalls festgestellt, daß Korea wiedervereinigt werden muß, um einen neuen Ausbruch des Konflikts zu vermeiden. Aber Einheit, fügte er hinzu, kann nicht der einen Seite durch die andere aufgezwungen werden.

Was die proportionale Vertretung betrifft, so ist dies ein Problem des gesamtkoreanischen Wahlgesetzes. Da die Gesamtkoreanische Kommission entsprechend dem Vorschlag Außenministers Nam Il ein Mechanismus sein wird, durch den die Koreanische Volksdemokratische Republik und die Republik Korea gemeinsam die gesamtkoreanischen Wahlen vorbereiten und durchführen, wird es hinsichtlich ihrer Zusammensetzung keine Frage der proportionalen Vertretung geben.

Um die Durchführung gesamtkoreanischer Wahlen auf einer wirklich demokratischen Basis zu ermöglichen, hat Außenminister Nam Il vorgeschlagen, daß die Gesamtkoreanische Kommission einen Entwurf für ein gesamtkoreanisches Wahlgesetz ausarbeitet, um die Demokratie in den gesamtkoreanischen Wahlen zu sichern und die notwendigen Maßnahmen zur Gewährleistung der demokratischen Freiheiten des koreanischen Volkes, einschließlich des Rechts, Kandidaten zu den Wahlen zu nominieren, zu ergreifen. Dieser Vorschlag ist zweifellos vernünftig. Es ist gesagt worden, daß jede koreanische Körperschaft auf viele Schwierigkeiten bei der Untersuchung und Beglaubigung einer freien Durchführung gesamtkoreanischer Wahlen stoßen würde, da sich Nord- und Südkorea gegenwärtig feindselig gegenüberstehen. Natürlich müssen wir die heutige Situation berücksichtigen, die dadurch entstanden ist, daß Korea viele Jahre geteilt war und daß als Ergebnis des Krieges angespannte Beziehungen zwischen Nord- und Südkorea bestehen. All das hat tiefe Risse in den Beziehungen zwischen Nord- und Südkorea hinterlassen und macht es ihnen schwer, sich einander anzunähern. Infolgedessen ist es notwendig, daß eine neutrale Organisation geschaffen wird, um der koreanischen Körperschaft Hilfe zu leisten, die für die Durchführung gesamtkoreanischer Wahlen verantwortlich ist. Einige Delegierte schlugen vor, daß eine Dienststelle der Vereinten Nationen die gesamtkoreanischen Wahlen überwachen solle. Dem können wir nicht zustimmen, denn die Vereinten Nationen sind selbst eine kriegführende Seite im Korea-Krieg und haben seit langem ihre Befähigung verloren, sich unparteiisch mit der Korea-Frage auseinanderzusetzen; darauf haben wir bereits hingewiesen. Die Delegation der Volksrepublik China ist der Meinung, daß diese neutrale Organisation aus Vertretern neutraler Nationen gebildet werden sollte, die nicht am Korea-Krieg teilnahmen und die von dieser Konferenz zu bestimmen sind. Die Aufgabe dieser Organisation neutraler Nationen besteht darin, der Gesamtkoreanischen Kommission dabei zu helfen, in Übereinstimmung mit dem gesamtkoreanischen Wahlgesetz gesamtkoreanische Wahlen unter Bedingungen durchzuführen, die ausländische Einmischung und Ausübung von Druck auf die Wähler durch die lokalen Regierungsbehörden oder terroristische Gruppen ausschließen. Zu diesem Zweck schlägt die Delegation der Volksrepublik China vor, daß folgende Ergänzung zu Artikel Eins des von Außenminister Nam Il

am 27. April vorgelegten Vorschlags gemacht wird:
  Um die Gesamtkoreanische Kommission in Übereinstimmung mit dem gesamtkoreanischen Wahlgesetz bei der Durchführung gesamtkoreanischer Wahlen unter freien Verhältnissen, die ausländische Einmischung ausschließen, zu unterstützen, soll eine Überwachungskommission Neutraler Nationen gebildet werden, um die gesamtkoreanischen Wahlen zu überwachen.
  Was die Frage der Kriegsgefangenen betrifft, so kann sie natürlich nicht als erledigt betrachtet werden. Ich habe bereits in meiner Stellungnahme vom 3. Mai darauf hingewiesen, daß der Oberkommandierende des Kommandos der Vereinten Nationen versprochen hatte, seine Bemühungen fortzusetzen, die koreanischen und chinesischen Kriegsgefangenen, die im Juni 1953 gewaltsam festgehalten wurden, zurückzugeben. Was die koreanischen und chinesischen Kriegsgefangenen betrifft, die im Januar 1954 gewaltsam festgehalten wurden, so hat die Repatriierungskommission der Neutralen Nationen wiederholt festgestellt, daß sie keiner einseitigen Befehlsgewalt unterstellt werden dürfen. Wir halten weiterhin daran fest, daß die von der Delegation der Volksrepublik China in Übereinstimmung mit der Delegation der Koreanischen Volksdemokratischen Republik vorgebrachten konkreten Vorschläge bezüglich der Lösung des Kriegsgefangenenproblems von dieser Konferenz ernsthaft erwogen werden sollten.

Quelle: Supplement to ‚People's China'
Nr. 11/1954
Eigene Übersetzung

STELLUNGNAHME ZUR KOREA—FRAGE

(5. Juni 1954)

Sehr verehrter Herr Vorsitzender, verehrte Delegierte!

Gleich am zweiten Tag der Genfer Konferenz legte der Außenminister der Koreanischen Volksdemokratischen Republik, Nam Il, drei konkrete Vorschläge zur friedlichen Lösung der Korea-Frage vor. Diese Vorschläge haben die Unterstützung der Delegationen der Sowjetunion und Chinas gefunden. Jeder, der vorurteilslos an die Frage herangeht, wird zugeben müssen, daß die Vorschläge von Außenminister Nam Il dem koreanischen Volk weitgehende Möglichkeiten eröffnen, seine nationale Einheit durch wirklich freie Wahlen wiederherzustellen. Geleitet von dem Wunsch, alles zu tun, um den Weg zu einem Abkommen zu ebnen, schlug am 22. Mai die Delegation der Volksrepublik China als Zusatz zu den Vorschlägen von Außenminister Nam Il eine internationale Überwachung der freien Wahlen in Korea durch neutrale Nationen vor, und erleichterte so das Voranschreiten dieser Konferenz. Aber am gleichen Tag unterbreitete der Delegierte der Republik Korea Vorschläge, die darauf abzielten, der Syngman-Rhee-Clique eine Vereinigung Koreas mit Hilfe ausländischer Unterstützung zu ermöglichen. Es ist offenkundig, daß derartige Vorschläge keine vernünftige Basis für eine friedliche Lösung der Korea-Frage darstellen können.

Die Delegierten der Vereinigten Staaten und einiger anderer Länder versuchten, die Vorschläge der Republik Korea zu unterstützen, indem sie sich auf die illegalen Resolutionen der Vereinten Nationen beriefen. Wir haben wiederholt darauf hingewiesen, daß unsere Konferenz nichts mit den Vereinten Nationen zu tun hat. Unsere Konferenz wird durchgeführt, um andere Wege zu einer friedlichen Lösung der Korea-Frage zu suchen. Es ist eine Tatsache, daß eine gemeinsame Grundlage zur friedlichen Lösung der Korea-Frage gefunden werden könnte. Niemand hat sich auf unserer Konferenz dagegen ausgesprochen, daß in Korea der Frieden gefestigt werden sollte. Es wird auch von allen anerkannt, daß es das Ziel unserer Konferenz ist, die friedliche Lösung der Korea-Frage herbeizuführen. Alle sind der Meinung, daß Korea vereint werden sollte. Die meisten von uns sind der Meinung, daß, um die Wiedervereinigung Koreas zu erreichen, freie Wahlen in ganz Korea abgehalten werden sollten. Diese Wahlen werden nach den Prinzipien des Verhältniswahlrechts durchgeführt werden. Sogar in der Frage des Rückzugs aller ausländischer Streitkräfte aus Korea innerhalb einer festgelegten Periode haben nur wenige Delegierte eine prinzipiell andere Meinung zum Ausdruck gebracht. Es ist genau wie Mr. Anthony Eden, Delegierter des Vereinigten Königreichs am 13. Mai feststellte, wo es eine solche gemeinsame Grundlage gibt, sollten wir sicherlich die Hoffnung auf die Einigung nicht aufgeben. Einige Leute sind der Ansicht, da das Blutvergießen in Korea beendet ist, daß eine weitergehende friedliche Lösung der Korea-Frage keine dringende Angelegenheit mehr ist. Deshalb treten sie offen dafür ein, die Lösung der Korea-Frage hinauszuzögern. Wir können diese Ansicht nicht teilen. Die Korea-Frage ist so eng mit dem Frieden und der Sicherheit im Fernen Osten und in der ganzen Welt verbunden, daß keinerlei Verzögerung bei der friedlichen Lösung der Korea-Frage zugelassen werden darf. Zugleich, da eine solche gemeinsame Grundlage besteht, sollten wir uns weiterhin bemühen, einen Weg zu einer konkreten Lösung dieser Frage zu finden und wir sollten nicht zulassen, daß die Vorschläge des Delegierten der Republik Korea den Weg zur Einigung versperren.

Der Delegierte der Republik Korea behauptet, daß seine Regierung die Mehrheit des koreanischen Volkes vertritt. Wäre dies wirklich der Fall, dann hätte die Regierung Südkoreas keinen Grund, sich vor wirklich freien Wahlen in ganz Korea zur Herstellung der Einheit Koreas zu fürchten. Aber der Delegierte der Republik Korea lehnt die gemeinsame Einrichtung eines gesamtkoreanischen Organs durch die Koreanische Volksdemokratische Republik und die Republik Korea zur Vorbereitung und Durchführung freier Wahlen in ganz Korea nach dem Prinzip der gegenseitigen Beratung ab. Die Regierung Südkoreas versucht wieder einmal unter dem Aushängeschild der Vereinten Nationen über die koreanischen Wahlen zu bestimmen. Sie geht sogar soweit, die Verfassung der Republik Korea der Koreanischen Volksdemokratischen Republik aufzwingen zu wollen. Nicht nur das, sie spricht sich sogar gegen den Rückzug der hauptsächlich aus US-Truppen bestehenden Streitkräfte der Vereinten Nationen vor den Wahlen in ganz Korea aus. Das beweist, daß die Regierung Südkoreas selber nicht glaubt, die Mehrheit des koreanischen Volkes zu vertreten. Der Regierung Südkoreas bangt es davor, die Einheit Koreas durch wirklich freie Wahlen zu erreichen. Sie versucht sich weiterhin auf die illegalen Resolutionen der Vereinten Nationen und auf fremde Truppen zu stützen, um die Herrschaft Syngman Rhees auf ganz Korea auszudehnen. Dies widerspricht nicht nur dem Prinzip, daß die Korea-Frage vom koreanischen Volk selber gelöst werden sollte, sondern verwirft vollkommen die demokratische Grundlage freier Wahlen. Deswegen ist es überhaupt nicht verwunderlich, daß selbst ein Korrespondent der „New York Times" in seinem Bericht vom 28. Mai nicht umhin kann, einzugestehen, daß in den Vorschlägen der Republik Korea „die eigentliche Frage — dem koreanischen Volk die Möglichkeit zu geben, sein Land unter einer Regierung zu vereinen, die es sich in wirklich freien Wahlen selbst aussuchen kann — völlig vernebelt wurde".

Die gesamtkoreanischen freien Wahlen sind Sache des koreanischen Volkes selber. Deswegen ist der Vorschlag von Außenminister, Nam Il, eine zweiseitige gesamtkoreanische Kommission der Koreanischen Volksdemokratischen Republik und der Republik Korea zur Vorbereitung und Durchführung der gesamtkoreanischen Wahlen einzurichten, vollkommen berechtigt. Es ist genauso, wie auch der Außenminister der Sowjetunion, V. M. Molotow, in seiner Stellungnahme vom 29. April feststellte: „Die Lösung der Korea-Frage ist zuallererst Angelegenheit des koreanischen Volkes selber. Keine Lösung, die dem koreanischen Volk von anderen Ländern aufgezwungen wird, kann das koreanische Volk zufriedenstellen oder zu einer langfristigen Lösung der Korea-Frage beitragen."

Nur weil der Krieg Korea so viele Jahre gespalten hat und gespannte Beziehungen zwischen Nord- und Südkorea existieren, haben wir vorgeschlagen, daß neutrale Nationen der gesamtkoreanischen Kommission Beistand leisten sollen, indem sie die gesamtkoreanischen freien Wahlen überwachen. Einige Leute schlagen vor, daß die Vereinten Nationen die gesamtkoreanischen freien Wahlen überwachen sollten. Das ist unhaltbar. Wir haben bei vielen Gelegenheiten darauf hingewiesen, daß die Vereinten Nationen eine der kriegführenden Seiten im Korea-Krieg sind und seit langem alle Befähigung und moralische Glaubwürdigkeit, die Korea-Frage unvoreingenommen zu behandeln, verwirkt haben. Es ist bestimmt kein Zufall, daß die beiden kriegführenden Seiten im koreanischen Waffenstillstandsabkommen übereingekommen sind, die Durchführung des Abkommens von einer Überwachungskommission Neutraler Nationen, die am Korea-Krieg nicht beteiligt waren, überwachen zu lassen, und nicht von den Vereinten Nationen, die eine der kriegführenden Seiten sind.

In den 10 Monaten seit dem Waffenstillstand hat die Überwachungskommission Neutraler Nationen eine positive Rolle dabei gespielt, die Einhaltung des koreanischen Waffenstillstandsabkommens zu unterstützen. Die Überwachungskommission Neutraler Nationen hat gemäß den Bestimmungen des Waffenstillstandsabkommens und einmütig wirkungsvolle Maßnahmen zur Überwachung und Inspektion des turnusmäßigen Wechsels von militärischem Personal und des Ersatzes von Kriegsmaterial, das in Korea eintrifft, bzw. Korea verläßt, verabschiedet, sie hat regelmäßige Inspektionen in den festgelegten Einfuhrhäfen im Hinterland Nord- und Südkoreas und besondere Nachforschungen über Verletzungen des Abkommens durchgeführt, wie sie von den beiden Seiten verlangt wurden. Obwohl die Überwachungskommission Neutraler Nationen bei ihrer Arbeit auf einige Schwierigkeiten gestoßen ist, können ihre Leistungen und Erfolge nicht geleugnet werden. Da eine solche internationale Organisation, wie die Überwachungskommission Neutraler Nationen in der Lage ist, die Einhaltung des koreanischen Waffenstillstandsabkommens zu überwachen, gibt es überhaupt keinen Grund, warum sie nicht in der Lage sein soll, eine geeignete Überwachung der freien Wahlen in ganz Korea zu gewährleisten.

Der Abzug aller ausländischen Streitkräfte aus Korea ist eine Vorausbedingung dafür, daß das koreanischen Volk seinen Willen in landesweiten Wahlen ohne ausländische Einmischung frei ausdrücken kann. Der Delegierte der Republik Korea wiederholte die Auffassung des Delegierten der Vereinigten Staaten und verleumdete wieder einmal die chinesischen Volksfreiwilligen in einem Versuch, sich dem gerechten Vorschlag, alle ausländischen Streitkräfte aus Korea abzuziehen, zu widersetzen. Solch ein Geschrei des Delegierten der Republik Korea kann den gerechten Charakter der chinesischen Volksfreiwilligen nicht im geringsten ändern. Tatsächlich sind es gerade die Volksrepublik China und die Koreanische Volksdemokratische Republik, die stets für den gleichzeitigen Abzug aller ausländischen Streitkräfte aus Korea eingetreten sind. Sogar heute, während wir die friedliche Lösung der Korea-Frage diskutieren, sind die Republik Korea und die USA immer noch nicht gewillt, die Streitkräfte der USA gleichzeitig mit allen anderen ausländischen Streitkräften aus Korea abzuziehen. Ist dies nicht Beweis genug, daß sie vorhaben, die Streitkräfte der Vereinigten Staaten in Korea zu belassen, um sich in die inneren Angelegenheiten Koreas einzumischen und den Frieden in Korea und die Sicherheit Chinas zu bedrohen? Die Ansichten der Delegierten der Vereinigten Staaten und der Republik Korea sind offensichtlich den Wünschen der Völker verschiedener Länder, deren Söhne in Korea stehen, entgegengesetzt. Am 7. Mai sagte der Delegierte Neuseelands, daß er sicher sei, daß die hier vertretenen Nationen sich auf den Tag freuen, an dem ihre Streitkräfte aus Korea abgezogen werden. Am 29. April brachte der Delegierte Australiens seine Hoffnung zum Ausdruck, daß es auf der Grundlage befriedigender Abmachungen und fester Verpflichtungen möglich sein wird, den Abzug zu einem frühen Zeitpunkt zu beginnen. Der Delegierte des Vereinigten Königreichs sagte am 13. Mai ebenfalls: „Wir haben das gemeinsame Interesse, unsere Streitkräfte so schnell abzuziehen, wie dies möglich ist, ohne den Frieden erneut zu gefährden." Dies zeigt, daß der Wunsch ausländische Streitkräfte aus Korea abzuziehen, selbst unter den Ländern besteht, die am UNO-Kommando beteiligt sind.

Es wird gesagt, daß der Abzug aller ausländischen Truppen aus Korea den Frieden beeinträchtigen würde. Eine solche Behauptung ist grundlos. Um einen erneuten Ausbruch der bewaffneten Auseinandersetzungen in Korea zu verhindern, hat Außenminister Nam Il vorgeschlagen, daß die Nationen, die das größte Interesse am Frieden im Fernen Osten haben, sich verpflichten die friedliche Entwicklung Koreas zu garantieren und so die Verwirklichung der nationalen Wiedervereinigung Koreas zu erleichtern. Daher sind wir der Meinung, daß es keinen Grund geben kann, warum diese Konferenz nicht in der Lage sein soll geeignete Abmachungen über den Abzug aller ausländischen Streitkräfte innerhalb einer festgelegten Periode und über die Sicherung der friedlichen Entwicklung Koreas durch die Nationen, die das größte Interesse am Frieden im Fernen Osten haben, zu erreichen.

Die Genfer Konferenz hat die friedliche Lösung der Korea-Frage schon über einen Monat diskutiert. Die friedliebenden Völker aller Länder setzen ihre Hoffnungen darauf, daß unsere Konferenz ein positives Ergebnis wird. Wir sollten versuchen, auf der Basis der existierenden gemeinsamen Grundlage, ein Abkommen zur friedlichen Lösung der Korea-Frage zu erreichen. Wir sollten die Erwartungen der Völker verschiedener Länder nicht enttäuschen.

Quelle: Supplement to ‚People's China'
Nr. 13/1954
Eigene Übersetzung

STELLUNGNAHME ZUR INDOCHINA-FRAGE

9. JUNI 1954

Sehr verehrter Herr Vorsitzender! Verehrte Delegierte! Über ein Monat ist schon vergangen, seitdem die Genfer Konferenz am 8. Mai begann, die Frage der Wiederherstellung des Friedens in Indochina zu diskutieren. Sehnsüchtig erhoffen sich die Völker der ganzen Welt von dieser Konferenz, daß sie rasch ein Abkommen zustandebringt und es ermöglicht, den Krieg zu beenden und den Frieden in Indochina zum frühestmöglichen Zeitpunkt wiederherzustellen.

Während dieses letzten Monats nahmen wir in einer Reihe geschlossener wie offener Sitzungen übereinstimmend den Vorschlag der französischen Delegation vom 8. Mai und den Vorschlag der Delegation der Demokratischen Republik Vietnam vom 10. Mai zur hauptsächlichen Grundlage der Diskussion über die Wiederherstellung des Friedens in Indochina an.

Es kann nicht geleugnet werden, daß wir als Ergebnis fortlaufender Diskussionen einen gewissen Fortschritt erzielt und auf dem Treffen am 29. Mai den Vorschlag der Delegation des Vereinigten Königreichs angenommen haben. Betrachten wir jedoch den Zeitraum eines Monats und die gegenwärtige Situation der Konferenz, so lassen die Ergebnisse der Konferenz noch viel zu wünschen übrig: die Konferenz schreitet ziemlich langsam vorwärts, und unsere Konferenz ist erheblich hinter den Erwartungen der Völker der ganzen Welt zurückgeblieben. Die Delegation der VR China hat ganz zu Beginn der Konferenz erklärt, daß, da der Korea-Krieg beendet wurde, der Indochina-Krieg ebenfalls beendet werden sollte.

Die schnelle und gleichzeitige Einstellung der Feindseligkeiten in ganz Indochina ist der wichtigste und dringendste Schritt hin zur Wiederherstellung des Friedens in Indochina. Um ein frühzeitiges Übereinkommen in der Frage des Waffenstillstands zu erreichen, haben wir schon immer den Standpunkt vertreten, daß unsere Konferenz die Gemeinsamkeiten in den von uns allen bereits geäußerten Auffassungen zur Grundlage der weiteren Diskussion machen sollte.

Gleichzeitig sollten Mittel und Wege gefunden werden, die Differenzen zu überwinden. Aus diesem Grund hat die Volksrepublik China am 27. Mai zur Frage des Waffenstillstands auf der Grundlage der Vorschläge der französischen Delegation, der Delegation der Demokratischen Republik Vietnam und des ergänzenden Vorschlags der Delegation der Sowjetunion folgenden Sechs-Punkte-Vorschlag eingebracht:

„Die Teilnehmer der Genfer Konferenz haben folgende Grundsätze zur Einstellung der Feindseligkeiten in Indochina angenommen:

1. Die vollständige Feuereinstellung aller bewaffneten Streitkräfte — Land-, See- und Luftstreitkräfte — der beiden kriegführenden Seiten wird gleichzeitig auf dem gesamten Territorium von Indochina durchgeführt.

2. Die beiden Seiten sind gehalten, Verhandlungen zu beginnen über eine angemessene Neufestlegung der von ihnen besetzten Zonen, über Truppenverschiebungen beider Seiten während die Umordnungen vorgenommen werden und über andere damit zusammenhängende Fragen, die sich ergeben können.

3. Die Entsendung aller Arten neuer Truppen und militärischen Personals sowie die Lieferung aller Arten von Waffen und Munition aus dem Ausland nach Indochina ist gleichzeitig mit der Beendigung der Feindseligkeiten auf dem gesamten Territorium Indochinas einzustellen.

4. Gemeinsame Kommissionen aus Vertretern der Oberkommandos der beiden Seiten überwachen die Ausführung der Bestimmungen des Abkommens zur Einstellung der Feindseligkeiten.

Eine internationale Überwachung durch eine Kommission Neutraler Nationen über die Ausführung des bereits erwähnten Abkommens ist ebenfalls durchzuführen.

Die Frage der Zusammensetzung der Kommission Neutraler Nationen ist getrennt zu prüfen.

5. Die Teilnehmerstaaten an der Genfer Konferenz verpflichten

Stellungnahme zur Indochina-Frage vom 9. Juni 1954

sich, die Ausführung des Abkommens zu garantieren. Die Frage des Charakters der Verpflichtungen, die die betroffenen Staaten übernehmen, ist getrennt zu prüfen.

6. Kriegsgefangene und Zivilinternierte sind von beiden Seiten freizulassen."

Wir sind der Auffassung, daß in unserem Sechs-Punkte-Vorschlag diese gemeinsamen, bereits geäußerten Gesichtspunkte enthalten sind, über die die Konferenz zu einer grundsätzlichen Einigung gelangen sollte.

Wir haben im Verlauf der Diskussion des Sechs-Punkte-Vorschlags gesehen, daß wir uns in gewissen Fragen einander näher gekommen sind, während die Meinungen in anderen Fragen noch beträchtlich auseinandergehen, und daß einige dieser Meinungen den Fortschritt der Konferenz sogar behindert haben.

Nun möchte ich den Standpunkt der Delegation der Volksrepublik China zu unserem Sechs-Punkte-Vorschlag erläutern.

Was Punkt 1 des Vorschlags betrifft, hat die Konferenz mit der Annahme des Vorschlags der Delegation des Vereinigten Königreichs am 29. Mai das Prinzip einer raschen und gleichzeitigen Einstellung der Feindseligkeiten in ganz Indochina ausdrücklich festgelegt.

Die Delegation der Volksrepublik China ist der Auffassung, daß, nachdem dieses Prinzip festgelegt wurde, es notwendig ist, auf der Basis dieses Prinzips die spezifischen Probleme zu untersuchen, nämlich, wie eine rasche und gleichzeitige Feuereinstellung in den drei Staaten Indochinas, nämlich in Vietnam, Kambodscha und Laos, herbeigeführt werden kann.

Wir erachten eine rasche Wiederherstellung des Friedens in ganz Indochina ohne weitere Verzögerung als ein ernstes Verlangen der Völker der Welt, besonders der Völker Indochinas und Frankreichs. Dies ist gleichzeitig der Zweck der Konferenz. Bis heute aber gibt es immer noch Leute, die behaupten, eine gleichzeitige Feuereinstellung in Vietnam, Kambodscha und Laos sei nicht notwendig. Das ist natürlich nicht richtig. Würden die Feindseligkeiten nur in einem Teil Indochinas eingestellt, während in anderen Teilen die Kämpfe weitergehen, wäre nicht nur eine rasche Wiederherstellung des Friedens in Indochina unmöglich, sondern bestünde die ständige Gefahr der Wiederausbreitung des Krieges über das ganze Territorium Indochinas. Es ist richtig, daß im weiteren Verlauf konkrete Diskussionen über die Frage des Waffenstillstands in Vietnam, Kambodscha und Laos nacheinander geführt werden können, aber die Feuereinstellung muß gleichzeitig in Kraft treten. Was Punkt 2 des Vorschlags betrifft, hat die Konferenz mit der Annahme des Vorschlags der Delegation des Vereinigten Königreichs am 29. Mai die Aufgaben der Vertreter der Oberkommandos der beiden kriegführenden Seiten festgelegt, die Standortwechsel der Streitkräfte auszuarbeiten, die nach Beendigung der Feindseligkeiten vorzunehmen sind, wobei sie mit der Frage der Zonen der Umgruppierung in Vietnam beginnen werden. Die Delegation der Volksrepublik China ist der Auffassung, daß das Prinzip der Erforschung des Problems, welche Standortwechsel der Streitkräfte bei Beendigung der Feindseligkeiten vorzunehmen sind, zweifellos auf das ganze Gebiet Indochinas angewandt werden sollte. Andererseits haben wir auch berücksichtigt, daß die Situation in den drei Staaten Indochinas, nämlich Vietnam, Kambodscha und Laos, nicht völlig gleich ist und demzufolge die Maßnahmen zur Lösung des Problems wahrscheinlich nicht die gleichen sein werden. Es ist allen bekannt, daß es Widerstandsarmeen in Kambodscha und Laos gibt, und daß diese Widerstandsarmeen von den Völkern von Kambodscha bzw. Laos organisiert wurden und von den jeweiligen Regierungen des nationalen Widerstands dieser beiden Staaten geführt werden. Nun sagen einige, daß die Widerstandsarmeen Kambodschas und Laos' nicht von den Völkern der betreffenden Länder organisiert wurden und verlangen die Evakuierung dieser Armeen als Voraussetzung für eine Feuereinstellung. Das entspricht offensichtlich nicht der Wirklichkeit und ist demzufolge auch unannehmbar. Wir möchten die Frage stellen: Wie können die von den Völkern Kambodschas und Laos' organisierten Truppen aufgefordert werden, sich irgendwohin außerhalb der Territorien von Kambodscha und Laos zurückzuziehen?

Die Vertreter der Oberkommandos der beiden kriegführenden Seiten haben jetzt Verhandlungen in Genf aufgenommen im Einklang mit der Resolution, die von dieser Konferenz am 29. Mai angenommen worden ist. Das hat den Weg geebnet für direkte Verhandlungen zwischen den beiden kriegführenden Seiten. Es muß jedoch darauf hingewiesen werden, daß die Vertreter der beiden Oberkommandos in Indochina noch nicht an Ort und Stelle damit begonnen haben, Kontakte aufzunehmen. Damit ist die umfassende Untersuchung und rasche Lösung der Frage, welche Standortwechsel der Truppen bei Beendigung der Feindseligkeiten vorzunehmen sind, verzögert worden. Wir sind der Meinung, daß die betroffenen Seiten umgehend Maßnahmen für eine schnelle Durchführung der Übereinkunft dieser Konferenz ergreifen sollten, welche vorsieht, daß die Vertreter der beiden Oberkommandos neben dem Treffen in Genf, gleichzeitig Kontakte an Ort und Stelle aufnehmen.

Was Punkt 3 des Vorschlags betrifft, d.h., daß die Entsendung aller Arten neuer Truppen und militärischen Personals sowie die Lieferung aller Arten von Waffen und Munition aus dem Ausland nach Indochina gleichzeitig mit der Beendigung der Feindseligkeiten in ganz Indochina einzustellen ist, so wurde er von Herrn Pham Van Dong, Leiter der Delegation der Demokratischen Republik Vietnam, eingebracht. Die Delegationen der VR China und der Sowjetunion teilen in dieser Frage die Auffassung von Herrn Pham Van Dong. Außenminister V.M. Molotow hat darauf hingewiesen, daß es eine außerordentlich wichtige Bedingung für die Einstellung der Feindseligkeiten und für die Einhaltung der entsprechenden Abkommen in Indochina ist, daß die Entsendung von Truppen, Waffen und Munition beendet wird. Herr G. Bidault, Leiter der französischen Delegation, betrachtete dies ebenfalls als eine wichtige Frage, zu deren Lösung die internationale Überwachungskommission jede Anstrengung unternehmen muß. Da wir alle in diesen Grundsätzen übereinstimmen, stellt sich jetzt die konkrete Frage nach ihrem Geltungsbereich und der Methode ihrer Durchführung und wie die Überwachung vorgenommen wird. Was den Geltungsbereich betrifft, vertreten wir die Auffassung, daß die Bestimmungen darüber, daß die Entsendung aller Arten neuer Truppen und militärischen Personals, wie auch die Lieferung aller Arten von Waffen und Munition aus dem Ausland nach Indochina, sei es auf dem Land-, See- oder dem Luftwege, einzustellen ist, von beiden kriegführenden Seiten in allen drei Staaten Indochinas befolgt werden müssen und es darf keinerlei Ausnahme hierbei geben. Gleichzeitig muß darauf hingewiesen werden, daß der Geltungsbereich sich darauf erstreckt, daß die Vereinigten Staaten von Amerika die Entsendung von militärischem Personal, Waffen und Munition auf dem ganzen Gebiet Indochinas einzustellen haben. Bei der Frage, wie die Überwachung vorgenommen werden soll, können die Erfahrungen des koreanischen Waffenstillstands von Nutzen sein.

Einige Leute halten diesen Grundsatz nur in einem Staat Indochinas für anwendbar, jedoch nicht in anderen, z.B. Kambodscha. Eine solche Behauptung ist offensichtlich unhaltbar. Es ist allseits bekannt, daß in dem Kommunique der Konferenz der vier Außenminister in Berlin dazu aufgerufen wurde, den Frieden in ganz Indochina wiederherzustellen. Sollten diese Bestimmungen nur in einem Staat Indochinas durchgeführt werden, während es anderen Staaten freigestellt ist, neue Militäreinheiten, und wenn nicht diese, dann militärische Güter und militärisches Personal zur Stärkung ihrer Streitkräfte einzuführen, dann könnten solche Staaten zu Basen für ausländische Interventionisten werden. Dies würde die Gefahr heraufbeschwören, daß die Feindseligkeiten jederzeit erneut ausbrechen und ein Waffenstillstandsabkommen in Indochina auf fester Grundlage unmöglich machen.

Was Punkt 4 des Vorschlags betrifft, ist die Delegation der Volksrepublik China der Ansicht, daß, um die Einhaltung der Bestimmungen des Waffenstillstandsabkommens zu überwachen, zwei Arten von Überwachungsorganisationen gebildet werden sollen. Eine ist die gemeinsame Kommission, wie sie von Herrn Pham Van Dong vorgeschlagen wurde, d.h. eine Waffenstillstandskommission, zusammengesetzt aus Vertretern der beiden kriegführenden Seiten. Die andere ist die Überwachungskommission Neutraler Nationen, wie sie von Herrn V.M. Molotow auf der Grundlage der Initiative von Herrn G. Bidault vorgeschlagen wurde, nämlich, daß eine internationale Überwachungskommission gebildet werden sollte. Diese Kommission soll sich aus neutralen Nationen zusammensetzen, die nach einer Übereinkunft dieser Konferenz eingeladen werden. Die Kompetenzen dieser beiden Arten von Organisationen und ihre Beziehungen zueinander können, so meine ich, entsprechend den Erfahrungen mit dem koreanischen Waffenstillstandsabkommen bestimmt werden. Die koreanische Waffenstillstandskommission hat die Einhaltung der Bestimmungen des Waffenstillstandsabkommens durch die beiden kriegführenden Seiten in Korea überwacht, so z.B. das Inkrafttreten des Waffenstillstands, den Abzug der Streitkräfte aus der entmilitarisierten Zone, die Einhaltung der besonderen Abmachungen in der entmilitarisierten Zone, den Abzug der Streitkräfte aus dem Hinterland der jeweils anderen Seite usw. Die Überwachungskommission Neutraler Nationen in Korea hat die Funktion der Überwachung, Beobachtung, Inspektion und Untersuchung darüber ausgeübt, daß die Entsendung von verstärkendem militärischem Personal, Kampfflugzeugen, Panzerfahrzeugen, Waffen und Munition aus dem Ausland nach Korea eingestellt wurde, und über Verletzungen des Waffenstillstandsabkommens. Beide Kommissionen haben in verschiedener Hinsicht eine positive Rolle bei der Einhaltung des koreanischen Waffenstillstands gespielt. Obgleich die

Stellungnahme zur Indochina-Frage vom 9. Juni 1954

Überwachungstätigkeit in Korea nicht ohne Mängel war, können solche Mängel jedoch überwunden werden. Wenn sich einige Leute in der Diskussion über die Frage des Waffenstillstands in Indochina weigern, Bedingungen zu akzeptieren, die im wesentlichen die gleichen wie im koreanischen Waffenstillstand sind, dann wird es sehr schwer sein, ein Abkommen zu erzielen.

Was die Überwachung betrifft, möchte ich noch folgende Fragen berühren:

1. Die Frage der Zusammensetzung der Überwachungskommission Neutraler Nationen.

Um den Waffenstillstand in Indochina zu überwachen, hat die Delegation der Sowjetunion vorgeschlagen, daß die Überwachungskommission Neutraler Nationen sich aus Vertretern Indiens, Polens, der Tschechoslowakei und Pakistans zusammensetzt. Das ist vollkommen vernünftig. Auf dieser Konferenz beharren jedoch einige Leute darauf, die Teilnahme Polens und der Tschechoslowakei abzulehnen. Ihre Ablehnung Polens und der Tschechoslowakei begründen sie einzig und allein damit, daß diese beiden Staaten, wie sie es nennen, kommunistisch sind und daß kommunistische Staaten nicht neutral sein können. Das hat die Auseinandersetzung über neutrale Nationen hervorgerufen. Was ist die korrekte Definition neutraler Nationen? § 37 des koreanischen Waffenstillstandsabkommens enthält eine unmißverständliche Bestimmung: „Der Begriff ‚neutrale Nationen', wie er hier gebraucht wird, definiert solche Nationen als neutral, deren Kampftruppen nicht an den Feindseligkeiten in Korea teilgenommen haben." Das ist die Definition der Regierungen, die dem Kommando der Vereinten Nationen zugestimmt haben. Das ist auch die anerkannte Definition in den heutigen internationalen Beziehungen. Wenn Ideologie und Gesellschaftssysteme als Kriterien zur Beurteilung neutraler Nationen genommen werden, und wenn willkürlich behauptet wird, kommunistische Staaten seien nicht neutral, dann können kapitalistische Staaten auch nicht neutral sein. In diesem Fall, wo in der Welt gibt es dann noch neutrale Nationen? Deshalb, wenn jemand willkürlich darauf besteht, daß alle, wie er sagt, kommunistische Staaten aus der Überwachungskommission Neutraler Nationen ausgeschlossen bleiben sollen, wird es unmöglich sein, Übereinstimmung in der Frage der Zusammensetzung zu erzielen.

2. Die Frage der Beziehungen der Überwachungskommission Neutraler Nationen zu den gemeinsamen Kommissionen.

Die beiden kriegführenden Seiten in Indochina sollten die Hauptverantwortung für den Waffenstillstand tragen. Die Einhaltung des Waffenstillstandsabkommens soll grundsätzlich auf dem guten Willen der beiden kriegführenden Seiten beruhen. Deshalb sollen die gemeinsamen Kommissionen, die sich aus den Vertretern der Oberkommandos der beiden kriegführenden Seiten zusammensetzen, in erster Linie die große Verantwortung tragen, die gründliche Einhaltung des Waffenstillstandsabkommens zu überwachen. Sollten die beiden kriegführenden Seiten diese schwere Verantwortung nicht auf sich nehmen, wie könnte dann die Überwachungskommission Neutraler Nationen das Waffenstillstandsabkommen bei den beiden kriegführenden Seiten durchsetzen? Das koreanische Waffenstillstandsabkommen sieht vor, daß der „Hauptauftrag der militärischen Waffenstillstandskommission darin besteht, die Einhaltung des Waffenstillstandsabkommens zu überwachen und jede Verletzung des Abkommens durch Verhandlungen zu regeln." Dies ist nicht nur vollständig vernünftig, sondern auch absolut notwendig. Wir verschließen nicht die Augen davor, daß es als Folge des achtjährigen Krieges für die beiden kriegführenden Seiten schwierig ist, sich anzunähern und einander zu vertrauen, auch nachdem ein Waffenstillstand erreicht worden ist. Möglicherweise werden einige Verletzungen des Waffenstillstandsabkommens unvermeidlich sein. Deshalb können Schwierigkeiten auftreten, wenn man es allein den beiden kriegführenden Seiten überläßt, richtige Entscheidungen zu treffen und nach Ausgleich zu suchen. Deshalb wird die Überwachung durch neutrale Nationen notwendig. Die Überwachungskommission Neutraler Nationen sollte deshalb jedoch nicht über die gemeinsame Kommission gestellt werden. Wir sind der Meinung, daß in der Diskussion über die Funktion der gemeinsamen Kommissionen und der Überwachungskommission Neutraler Nationen keine dieser beiden Arten von Organisationen überbetont noch vernachlässigt werden sollte. Das Verhältnis zwischen der Überwachungskommission Neutraler Nationen einerseits und den gemeinsamen Kommissionen andererseits sollte eines der gegenseitigen Ergänzung und nicht der Unterordnung der einen unter die andere sein. Diese beiden Arten von Kommissionen sollten arbeitsteilig vorgehen und in Übereinstimmung mit den im Waffenstillstandsabkommen festgelegten Richtlinien zusammenarbeiten, um eine wirkungsvolle Einhaltung des Abkommens zu sichern.

3. Die Frage des Einstimmigkeitsprinzips der Überwachungskommission Neutraler Nationen.

In der Diskussion bleibt noch eine Frage offen, nämlich ob die

Stellungnahme zur Indochina-Frage vom 9. Juni 1954

Überwachungskommission Neutraler Nationen das Prinzip der Einstimmigkeit annehmen sollte. Einige Leute sind der Meinung, daß das Prinzip des mehrheitlichen Votums in der Überwachungskommission Neutraler Nationen ein adäquates Mittel zur Lösung der Fragen darstelle. Sie sind gegen die Annahme des Prinzips der Einstimmigkeit. Die Delegation der Volksrepublik China kann diesem Standpunkt nicht zustimmen. Wir meinen, daß in den heutigen internationalen Beziehungen das Prinzip der Einstimmigkeit das gerechteste und vernünftigste Prinzip ist, das am besten geeignet ist, wichtige Fragen zu lösen, die Methode des mehrheitlichen Votums dagegen ist bei wichtigen internationalen Fragen oft als Instrument von der Mehrheit benutzt worden, um den Versuch zu unternehmen, den Staaten, die sich in der Minderheit befinden, ihren Willen aufzuzwingen.

Die Aufgabe der Überwachungskommission Neutraler Nationen besteht darin, die beiden kriegführenden Seiten bei der Einhaltung des Waffenstillstandsabkommens zu unterstützen. Deshalb muß die Überwachungskommission Neutraler Nationen dazu fähig sein, die Meinungen beider Seiten aufzugreifen und ihre Interessen zu berücksichtigen, erst dann wird sie unparteiische, für beide Seiten akzeptable Empfehlungen ausarbeiten können.

Falls die Überwachungskommission Neutraler Nationen zugunsten einer Seite voreingenommen und unfähig ist, die Meinungen beider Seiten aufzugreifen und ihre Interessen zu berücksichtigen, und wenn Empfehlungen ausschließlich durch ein mehrheitliches Votum zustande kommen, dann wären solche Empfehlungen von beiden Seiten nur schwer zu akzeptieren.

Folglich kann die Überwachungskommission Neutraler Nationen nur durch kollektive Anstrengungen, indem sie an den im Waffenstillstandsabkommen gewährten Rechten und dem Prinzip der Einstimmigkeit festhält, die wichtigen Fragen unparteiisch und vernünftig lösen und ihre Aufgabe der Überwachung ausüben. Sollten einige Leute versuchen, die Methode des mehrheitlichen Votums auszunutzen, um durch die Überwachungskommission Neutraler Nationen die Meinungen einer der beiden kriegführenden Seiten der anderen aufzuzwingen, so wäre solch ein Versuch vergeblich.

Einige Leute sagen, daß die Überwachungskommission Neutraler Nationen in Korea deshalb gelähmt worden ist, weil sie dem Prinzip der Einstimmigkeit folgte. Das ist eine irrige Behauptung. Tatsache ist, daß die Beobachtungskommission in Korea ihre hauptsächlichen Aufgaben im Einklang mit dem Waffenstillstandsabkommen wirkungsvoll erfüllt hat. In den zehn Monaten nach dem Waffenstillstand in Korea hat die Überwachungskommission Neutraler Nationen die Ein- und Ausreise von über zwei Millionen Mann militärischen Personals der beiden Waffenstillstandsunterzeichner und von über 7 000 Kampfflugzeugen der Vereinigten Staaten beaufsichtigt und überprüft und dadurch ermöglicht, daß der Waffenstillstand in Korea bis heute unbeeinträchtigt blieb. Wie kann da behauptet werden, daß die Überwachungskommission Neutraler Nationen in Korea nicht wirkungsvoll ist! Das Hauptargument von Herrn B. Smith gegen die Überwachungskommission Neutraler Nationen in Korea ist, daß die polnischen und tschechoslowakischen Mitglieder der Kommission vier Mal nicht damit einverstanden waren, Untersuchungen aufgrund falscher Anschuldigungen seitens der Vereinigten Staaten durchzuführen, nämlich, daß die koreanische und chinesische Seite Kriegsgefangene festhalte. Aber gerade solche ablehnenden Voten haben das Waffenstillstandsabkommen in Korea aufrechterhalten.

Es gibt auch Fälle, in denen es umgekehrt war. Zum Beispiel haben die USA am 20. und 21. Januar 1954, um die mit Gewalt festgehaltenen chinesischen Kriegsgefangenen von Inchon nach Taiwan zu verfrachten, dem Untersuchungsausschuß in Inchon untersagt, seine Überwachungstätigkeit im Hafen durchzuführen. Das war ein ernster Zwischenfall und eine dreiste Verletzung des Waffenstillstandsabkommens. Die polnischen und tschechoslowakischen Mitglieder der Überwachungskommission Neutraler Nationen schlugen vor, einen mobilen Untersuchungsausschuß der Kommission zur Überprüfung dieses Falles nach Inchon zu schicken. Die schwedischen und schweizerischen Mitglieder waren jedoch damit nicht einverstanden. Trotz alledem haben wir daraus nicht den Schluß gezogen, daß die Rolle und die Erfolge der Überwachungskommission Neutraler Nationen in Korea für Null und Nichtig zu erklären sind. Wir haben auch nicht, nach der Logik von Herrn B. Smith, die Behauptung aufgestellt, daß kapitalistische Länder keine neutralen Nationen sein können. Es gibt auch ein andersartiges Beispiel. Die Repatriierungskommission Neutraler Nationen in Korea ist nach dem Prinzip des mehrheitlichen Votums vorgegangen. Aber mit welchem Ergebnis? Ich habe bereits zweimal ausgeführt, daß die wichtige Entscheidung über das Verfügungsrecht über die Kriegsgefangenen, worüber sich die indischen, polnischen und tschechoslowakischen Mitglieder einig waren, von den Mitgliedern, die in der Minderheit waren, nicht respektiert und auch

Stellungnahme zur Indochina-Frage vom 9. Juni 1954

nicht durch die UNO-Kommandatur ausgeführt wurde. Das führte dazu, daß eine ausweglose Lage geschaffen wurde, in der die Vereinigten Staaten gewaltsam mehr als 21 000 koreanische und chinesische Kriegsgefangene festhielten, eine Situation, die bis zum heutigen Tag noch nicht gelöst ist.

Es ist eindeutig, daß die Erfahrung mit dem Waffenstillstand in Korea die Behauptung nicht bestätigt, daß das Prinzip der Einstimmigkeit unvermeidlich zur Lahmlegung der Arbeit führt, während dies mit der Methode des mehrheitlichen Votums nicht der Fall sein würde. Was die Lahmlegung der Arbeit betrifft, gleichgültig, ob nach dem Prinzip der Einstimmigkeit oder des Mehrheitsvotums verfahren wurde, so ist sie immer durch Verletzungen bestimmter Bedingungen des koreanischen Waffenstillstandsabkommens seitens der Vereinigten Staaten verursacht worden.

4. Zur Frage, wem die Überwachungskommission Neutraler Nationen rechenschaftspflichtig ist.

In Bezug auf diese Frage halten wir es für richtig, daß die Überwachungskommission Neutraler Nationen den Ländern gegenüber rechenschaftspflichtig sein soll, die für die internationale Gewährleistung der Wiederherstellung des Friedens in Indochina verantwortlich sind. Bisher haben wir keinen Einspruch hierzu vernommen. Wir hoffen, daß die Konferenz diesen Punkt dementsprechend festlegt.

5. Zur Frage der sogenannten Überwachung durch die UNO.

Im Laufe der Diskussionen ist vorgeschlagen worden, daß die UNO die Überwachung der Einhaltung des Waffenstillstands in Indochina übernimmt. Dem kann die Delegation der Volksrepublik China nicht zustimmen. Ich habe wiederholt dargelegt, daß unsere Konferenz mit den Vereinten Nationen nichts zu tun hat. Es ist offensichtlich, daß die Vereinten Nationen nicht geeignet sind, die Überwachung des Waffenstillstands in Indochina durchzuführen. Um ihre Einmischung in den Krieg in Indochina zu verstärken, versuchen gewisse Leute, die Indochina-Frage auf die Tagesordnung der Vereinten Nationen zu setzen, um Streitigkeiten hervorzurufen. Unter solchen Umständen muß noch dringlicher davon abgeraten werden, daß die Vereinten Nationen die Verantwortung für die Überwachung des Waffenstillstands in Indochina übernehmen.

Was Punkt 5 des Vorschlags betrifft, d.h. die Frage der Gewährleistung der Einhaltung des Waffenstillstandsabkommens durch die beteiligten Staaten dieser Konferenz, so wurde er von Herrn Bidault, Leiter der französischen Delegation, vorgeschlagen. Da kein

Einspruch von irgendeinem der an der Konferenz beteiligten Staaten erhoben worden ist, vertreten wir die Auffassung, daß dieser Grundsatz festgelegt und zu einem ersten Abkommen dieser Konferenz gemacht werden soll. Im Einklang mit ihrem ursprünglichen Vorschlag hofft die Delegation der Volksrepublik China gleichzeitig, daß sich die Konferenz mit der Frage des Charakters der Verpflichtungen befaßt, die die Länder eingehen, die für die Gewährleistung des Waffenstillstandsabkommens verantwortlich sind. In dieser Frage unterstützt die Delegation der Volksrepublik China die Auffassung der Delegation der Sowjetunion, nämlich, daß die verantwortlichen Länder sich stets gegenseitig konsultieren und Maßnahmen in Bezug auf Verletzungen des Waffenstillstandsabkommens gemeinsam statt individuell ergreifen sollten.

Was Punkt 6 des Vorschlags betrifft, so dürfte es im Lichte der Erfahrungen der Freilassung schwerverwundeter Kriegsgefangener in Dien Bien Phu nicht schwierig sein, ein Übereinkommen der beiden kriegführenden Seiten über die Frage der beiderseitigen Freilassung von Kriegsgefangenen und Zivilinternierten durch direkte Verhandlungen zu erreichen. Deshalb ist die Delegation der Volksrepublik China der Meinung, daß nach der Feuereinstellung in ganz Indochina die Frage der Freilassung der Kriegsgefangenen und Zivilinternierten durch die Vertreter der Oberkommandos beider Seiten in Genf sowie an Ort und Stelle auf die Tagesordnung gesetzt werden kann.

Herr Vorsitzender! Ich habe in meiner Erklärung vom 12. Mai aufgezeigt, daß die Möglichkeit einer Übereinkunft auf dieser Konferenz besteht, wenn alle Delegierte dieser Konferenz den aufrichtigen Wunsch haben, den Frieden in Indochina wiederherzustellen. Aber ich sehe mich gezwungen, darauf hinzuweisen, daß wir noch viele ernstzunehmende Hindernisse vor uns haben. Wir müssen uns gemeinsam bemühen, die Hindernisse zu überwinden, um unserer Konferenz den raschen Abschluß eines Abkommens zu ermöglichen.

Es muß darauf hingewiesen werden, daß es bisher immer noch keine grundlegende Änderung in der Politik der Regierung der Vereinigten Staaten gibt, die darauf ausgerichtet ist, den Krieg in Indochina auszuweiten und ein Abkommen der Genfer Konferenz zu verhindern. Auf der Genfer Konferenz hat die Delegation der Vereinigten Staaten eine starrköpfige Haltung eingenommen und der Konferenz gegenüber Mißtrauen gezeigt. Gleichzeitig folgen einige Delegationen oft dieser Obstruktionspolitik der Vereinigten

Staaten. Außerhalb der Genfer Konferenz entfachen immer noch einflußreiche Persönlichkeiten der Regierung der Vereinigten Staaten ein Geschrei und stiften unentwegt zur Ausweitung des Krieges in Indochina an; sie verstärken ihre Aktivitäten zur Bildung eines aggressiven Blocks in Südostasien und fahren fort, Spannungen im Fernen Osten zu schaffen, um somit den Frieden und die Sicherheit in Asien und in der Welt zu bedrohen. Diese Politik der Vereinigten Staaten ist ein schwerwiegendes Hindernis für den Fortschritt der Genfer Konferenz. Es muß auch darauf hingewiesen werden, daß während der Genfer Konferenz kriegslüsterne Kreise in Frankreich immer noch fieberhaft nach einer amerikanischen Intervention und erweiterten Unterstützung im Indochinakrieg trachten, und eine Politik des Hinhaltens in Bezug auf die Genfer Konferenz eingeschlagen haben. Vor kurzem unterzeichneten die französische Regierung und die Regierung von Bao Dai zwei Verträge, die einen Versuch darstellen, der Bewegung des vietnamesischen Volkes für wirkliche Unabhängigkeit, Einheit und Demokratie entgegenzuarbeiten und es zu verhindern, daß Frankreich freundschaftliche Beziehungen zu ganz Vietnam auf einer neuen Grundlage aufnimmt. Offensichtlich trägt dies nicht zu einer raschen Wiederherstellung des Friedens in Indochina bei und steht deshalb nicht in Übereinstimmung mit den Interessen des französischen Volkes.

Wir vertreten den Standpunkt, daß, um den Frieden in Indochina frühzeitig wiederherzustellen und hiermit die sehnsüchtigen Erwartungen der friedliebenden Völker der Welt erfüllen zu können, eine solche Politik der Blockierung und Verzögerung eines Abkommens der Genfer Konferenz nicht fortgesetzt werden darf.

Herr Vorsitzender! Die Delegation der Volksrepublik China unterstützt voll und ganz die Vorschläge vom 8. Juni von Herrn Pham Van Dong, Leiter der Delegation der Demokratischen Republik Vietnam, und Herrn V.M. Molotow, Leiter der Delegation der Sowjetunion, die politischen Fragen Indochinas zu diskutieren. Wie jeder weiß, haben die ersten sechs Punkte des Acht-Punkte-Vorschlags, der am 10. Mai dieser Konferenz von Herrn Pham Van Dong vorgelegt worden ist, bereits eine gute Grundlage für die Diskussion der politischen Probleme gebildet.

Wir sind der Meinung, daß bei der Diskussion des Problems der Wiederherstellung des Friedens in Indochina militärische und politische Fragen miteinander verbunden sind und nicht vollständig getrennt werden können. Es ist vorgeschlagen worden, daß unsere Konferenz erst die Diskussion über die militärischen Fragen abschließen sollte, bevor die Diskussion über die politischen Fragen aufgenommen wird. Aber die in den geschlossenen Sitzungen gewonnenen Erfahrungen aus unserer Diskussion über militärische Fragen sind ausreichender Beweis dafür, daß dieser Gedanke undurchführbar ist. Z.B. schließt die Diskussion über den Waffenstillstand und die Umdisponierung der Streitkräfte in den drei indochinesischen Staaten unvermeidlich die politische Situation in diesen drei Staaten mit ein. Auch die Diskussion von Fragen, die die Überwachungskommission Neutraler Nationen und die internationale Garantie des Waffenstillstandsabkommens betreffen, ist notwendigerweise mit vielen politischen Fragen verbunden. Dies zeigt, daß politische und militärische Fragen nicht völlig voneinander getrennt werden können.

Noch einmal: das koreanische Waffenstillstandsabkommen als Beispiel heranziehend, treten einige Leute anscheinend dafür ein, daß die Genfer Konferenz nur das Problem des militärischen Waffenstillstands in Indochina lösen solle, und daß die politischen Probleme einer zukünftigen Lösung überlassen werden sollten. Dieser Gedanke ist außerordentlich schädlich, weil er in Wirklichkeit die Absicht in sich birgt, die politische Lösung der Indochina-Frage auf unbestimmte Zeit zu verschieben und dadurch die Konsolidierung des Friedens in Indochina unmöglich macht. Wie allgemein bekannt, sieht § 60 des koreanischen Waffenstillstandsabkommens vor, daß die beiden Seiten eine politische Konferenz abhalten, um eine politische Lösung der Korea-Frage auszuarbeiten. Aber wegen der Obstruktion und der spalterischen Aktivitäten der Regierung der Vereinigten Staaten ist es nicht möglich gewesen, die politische Konferenz einzuberufen. Eine der Aufgaben der Genfer Konferenz ist es, eine politische Lösung der Korea-Frage anzustreben. Ich betone nochmals, die Konferenz hat wegen der Hinhaltetaktik und der Obstruktion seitens der Regierung der Vereinigten Staaten und ihrer Gefolgschaft bisher kein Ergebnis hervorgebracht, obwohl wir 13 Sitzungen zur Diskussion der Korea-Frage durchgeführt haben. Gleichzeitig entfacht die Syngman-Rhee-Clique von Südkorea außerhalb der Konferenz ein Geschrei, daß sie diese verlassen und Korea durch Gewalt oder Gewaltandrohung vereinigen will. Dies zeigt: wenn die politischen Probleme Koreas längere Zeit ungelöst bleiben, wird es unmöglich sein, den Waffenstillstand in Korea zu festigen. Will jemand, daß sich die schmerzlichen Erfahrungen Koreas in Indochina wiederholen? Es ist immer unser Standpunkt gewesen, daß es die Aufgabe der Genfer Konferenz ist, sowohl die politischen wie

Stellungnahme zur Indochina-Frage vom 9. Juni 1954

auch die militärischen Fragen Indochinas zu lösen. Das heißt, wir sollten die Feindseligkeiten beenden und den Frieden in Indochina auf der Grundlage der Anerkennung der nationalen Rechte der Völker der drei Staaten Indochinas wiederherstellen. Nur durch Lösung der politischen Fragen kann der Frieden in Indochina gefestigt werden und dauerhaft sein. Deshalb unterstützt die Delegation der Volksrepublik China die drei Vorschläge der Delegation der Sowjetunion vom 8. Juni, nämlich, daß sowohl die militärischen wie die politischen Fragen Indochinas unmittelbar in der Konferenz behandelt werden, und zwar sowohl parallel als auch wechselweise, und, daß die Konferenz direkte Kontakte zwischen den beiden beteiligten Seiten gewährleistet, um rasch ein Abkommen über die Wiederherstellung des Friedens in Indochina zu erreichen und eine frühe und beidseitige Feuereinstellung auf dem ganzen Territorium von Indochina als erstes zu verwirklichen.

Quelle: Supplement to ‚People's China'
Nr. 13/1954
Eigene Übersetzung

STELLUNGNAHME ZUR KOREA—FRAGE

(11. Juni 1954)

Sehr verehrter Herr Vorsitzender, verehrte Delegierte!

Am 5. Juni unterbreitete Herr V.M. Molotow, Leiter der sowjetischen Delegation, fünf Vorschläge, um es dieser Konferenz zu ermöglichen, eine vorläufige Übereinkunft über die grundlegenden Prinzipien der Korea-Frage zu erzielen. Die Delegation der Volksrepublik China unterstützt voll und ganz diese Vorschläge von Herrn V. M. Molotow. Zweck unserer Konferenz ist es, Möglichkeiten zu suchen, die Korea-Frage durch Verhandlungen friedlich zu lösen. Da wir bereits in einer ganzen Reihe von Gesichtspunkten Übereinstimmung erzielt bzw. nahezu erzielt haben, sollten wir diese Gesichtspunkte, in denen Übereinstimmung besteht, oder in denen Übereinstimmung erzielt werden kann, festhalten und dann die Diskussion über die strittigen Punkte fortsetzen, damit wir in den verschiedenen Fragen völlige Übereinstimmung erzielen. Wir glauben, daß dies der vernünftige Weg ist, den diese Konferenz einschlagen sollte und auf dem sie die friedliche Lösung der Korea-Frage erzielen wird. Wir schlagen vor, daß die Konferenz diese fünf Vorschläge von Herrn V.M. Molotow als Grundlage für die weitere Diskussion annehmen sollte.

Auf der Sitzung des gleichen Tages drückte Herr Bedell Smith, Delegierter der Vereinigten Staaten von Amerika, seine Ablehnung der Vorschläge von Herrn Molotow aus. Er ist gegen die Einrichtung einer gesamtkoreanischen Körperschaft zur Vorbereitung und Durchführung freier Wahlen in ganz Korea. Er ist auch gegen die

Bildung einer entsprechenden internationalen Kommission zur Überwachung freier Wahlen in ganz Korea. Die vom Delegierten der Vereinigten Staaten vorgetragene Argumentation ist vollständig unhaltbar.

Um freie Wahlen in ganz Korea vorzubereiten und durchzuführen und um die Annäherung zwischen Nord- und Südkorea zu erleichtern ist es absolut notwendig ein gesamtkoreanisches Organ aus Vertretern beider Seiten einzurichten, nämlich der Koreanischen Volksdemokratischen Republik und der Republik Korea. Dies deshalb, weil die gesamtkoreanischen Wahlen eine Angelegenheit des koreanischen Volkes selber sind und kein anderes Volk sie für das koreanische Volk durchführen kann. Gleichzeitig ist allseits bekannt, daß es nur auf der Grundlage eines durch Verhandlungen zwischen beiden Seiten, nämlich der Koreanischen Volksdemokratischen Republik und der Republik Korea, erzielten Abkommens möglich ist, eine friedliche Wiedervereinigung Koreas zu erreichen. Es ist richtig, daß mit dem Gegensatz zwischen Nord- und Südkorea bestimmte Schwierigkeiten für beide Seiten, die Koreanische Volksdemokratische Republik und die Republik Korea, existieren, ein Abkommen durch Konsultationen zu erzielen. Aber, um die Wiedervereinigung Koreas mit friedlichen Mitteln zu erreichen, kann man den Schwierigkeiten keinesfalls aus dem Weg gehen, sondern muß sie überwinden. Ganz offensichtlich besteht der Weg zur Überwindung der Schwierigkeiten nicht darin, den Gegensatz zwischen beiden Seiten, dem Norden und dem Süden, so bestehen zu lassen wie er ist, noch darin, einer Seite den Willen der anderen aufzuzwingen, sondern darin, eine Annäherung beider Seiten anzustreben und durch Verhandlungen zu einem Abkommen zu gelangen. Dies ist der einzig vernünftige und gangbare Weg. Das ist auch der Zweck der Einrichtung einer gesamtkoreanischen Körperschaft. Der Delegierte der Vereinigten Staaten versucht mit dem Begriff des sogenannten „eingebauten Vetos" sich der gesamtkoreanischen Körperschaft entgegenzustellen. Tatsächlich beabsichtigt er am Konferenztisch ein Druckmittel für die Syngman-Rhee-Clique zu erhalten, um einer Seite den Willen der anderen aufzuzwingen. Der Delegierte der Vereinigten Staaten weiß genau, daß die Syngman-Rhee-Clique selbst mit kriegerischen Mitteln nicht dazu in der Lage war, ihren Willen der Koreanischen Volksdemokratischen Republik aufzuzwingen. Was ist also die wirkliche Absicht des Delegierten der Vereinigten Staaten, wenn er dagegen Stellung nimmt, daß die beiden Seiten — die Koreanische Volksdemokratische Republik und die

Stellungnahme zur Korea-Frage vom 11. Juni 1954

Republik Korea — durch Konsultationen ein Abkommen erreichen? Die Absicht kann nur die sein, den Gegensatz zwischen Nord- und Südkorea aufrechtzuerhalten, und es unmöglich zu machen ein Abkommen über die friedliche Lösung der Korea-Frage zu erreichen.

Um das gesamtkoreanische Organ zur Überwachung freier Wahlen in Korea zu unterstützen, hat die Delegation der Volksrepublik China bereits vorgeschlagen, eine internationale Kommission neutraler Nationen zu bilden, die dieser Aufgabe verpflichtet ist. Da sich alle an dieser Konferenz teilnehmenden Länder für das Prinzip der internationalen Überwachung der gesamtkoreanischen Wahlen ausgesprochen haben, ist es unsere Auffassung, daß dieses Prinzip zuerst festgelegt werden sollte. Nichtsdestoweniger besteht der Delegierte der Vereinigten Staaten jedoch darauf, daß die gesamtkoreanischen freien Wahlen unter der Oberaufsicht der Vereinten Nationen durchgeführt werden müssen und widersetzt sich der Bildung einer dafür zuständigen internationalen Kommission, um eine solche Überwachung durchzuführen. Dies geschieht offensichtlich nicht in der Absicht, die Frage zu lösen. Wir haben bei vielen Gelegenheiten darauf hingewiesen, daß unsere Konferenz nichts mit den Vereinten Nationen zu tun hat. Die Vereinten Nationen sind eine der kriegführenden Seiten im Korea-Krieg. Es ist undenkbar, daß eine der kriegführenden Seiten des Korea-Krieges die gesamtkoreanischen freien Wahlen überwacht. Auf der Sitzung am 11. Mai, sagte Herr P.H. Spaak, Leiter der belgischen Delegation, ebenfalls: „Es ist offensichtlich, daß eine internationale Vermittlungs- und Überwachungskommission das Vertrauen aller betroffenen Parteien genießen muß." Glaubt der Delegierte der Vereinigten Staaten wirklich, die Koreanische Volksdemokratische Republik würde ihr Vertrauen in die Vereinten Nationen setzen, die drei Jahre lang Krieg gegen sie geführt und unermeßliches Elend über sie gebracht hat? Das ist undenkbar. Es ist ganz offensichtlich, daß die Bildung einer internationalen Überwachungskommission aus neutralen Nationen, die nicht am Korea-Krieg beteiligt waren, der einzig gerechte und vernünftige Vorschlag zur Lösung des Problems ist.

Um sich der Überwachung der gesamtkoreanischen freien Wahlen durch eine internationale, aus neutralen Nationen sich zusammensetzende Kommission entgegenzustemmen, scheut der Delegierte der Vereinigten Staaten nicht davor zurück, die Tatsachen zu verdrehen und die Überwachungskommission Neutraler Nationen unablässig anzugreifen. Ich habe bereits bei vielen Anlässen darauf hingewiesen, daß die Argumente des Delegierten der Vereinigten Staaten unhaltbar sind. Der Beitrag der Überwachungskommission Neutraler Nationen in Korea zur Einhaltung des Koreanischen Waffenstillstandsabkommens und ihre Erfolge dabei, können nicht geleugnet werden. In den 10 Monaten des koreanischen Waffenstillstandes hat die Überwachungskommission Neutraler Nationen gemäß den Bestimmungen des Waffenstillstandsabkommens und durch einmütige Entscheidungen, wirksame Maßnahmen verabschiedet, um den Wechsel von militärischem Personal und den Ersatz von Kriegsmaterial auf dem Wege von und nach Korea zu überwachen, regelmäßige Inspektionen in den festgelegten Einfuhrhäfen in den rückwärtigen Stellungen in ganz Korea durchgeführt und besondere Nachforschungen über Verletzungen des Abkommens angestellt. Die Überwachungskommission Neutraler Nationen ist in ihrer Arbeit auf Schwierigkeiten gestoßen. Jedoch wurden diese Schwierigkeiten nicht durch die Anwesenheit polnischer und tschechoslowakischer Mitglieder dieser Kommission hervorgerufen, sondern durch die Tatsache, daß die Vereinigten Staaten das Waffenstillstandsabkommen und bei vielen Gelegenheiten die einmütigen Entscheidungen der Überwachungskommission Neutraler Nationen verletzt haben.

Es ist eine wohlbekannte Tatsache, daß die Vereinigten Staaten seit dem Waffenstillstand in Verletzung des Waffenstillstandsabkommens mehr als 21 000 koreanische und chinesische Kriegsgefangene gewaltsam festhalten. Im Bemühen ihr gewaltsames Festhalten koreanischer und chinesischer Kriegsgefangener zu vertuschen, haben die Vereinigten Staaten viermal versucht, die Überwachungskommission Neutraler Nationen dazu zu benutzen, auf chinesischer und koreanischer Seite Nachforschungen über die falsche Anschuldigung der USA anzustellen, daß die koreanische und chinesische Seite Kriegsgefangene festhalten würde. Daß die polnischen und tschechoslowakischen Mitglieder der Überwachungskommission Neutraler Nationen dieser Forderung nicht zustimmen konnten, ist nur vernünftig und für die Erhaltung des Koreanischen Waffenstillstandsabkommens notwendig. Unter Mißachtung der Bestimmungen über Austausch und Ersatz im Koreanischen Waffenstillstandsabkommen haben die Vereinigten Staaten seit dem Waffenstillstand große Mengen Kriegsmaterial nach Korea eingeführt. Dies hat der Überwachungskommission Neutraler Nationen eine Reihe von Schwierigkeiten bereitet. Um die Erfüllung der Bestimmungen über Austausch und Ersatz des Koreanischen Waffenstillstandsabkommens wirksam zu überwachen, hat die Über-

Stellungnahme zur Korea-Frage vom 11. Juni 1954

wachungskommission Neutraler Nationen durch einmütigen Beschluß eine Reihe besonderer Bestimmungen angenommen, wie z.b. die Bestimmungen über die Berichterstattung über Austausch und Ersatz, über Stichprobenkontrollen in den Einfuhrhäfen in den rückwärtigen Stellungen, über Schiffsinspektionen in den Einfuhrhäfen der Kriegsmarine in den rückwärtigen Stellungen, über die Öffnung von Kisten zu Untersuchungszwecken, über Ersatzteile und demontierte Teile von Kriegsmaterial usw. Aber die Vereinigten Staaten haben wiederholt diese Bestimmungen verletzt. Ich glaube es genügt, die Dokumente zu erwähnen, die einmütig von den polnischen, tschechoslowakischen, schwedischen und schweizerischen Mitgliedern der Überwachungskommission Neutraler Nationen und ihren Mitarbeitern vorgelegt wurden, die die Verletzungen der Bestimmungen durch die Vereinigten Staaten bezeugen, so z.B. die Dokumente, die jeweils am 11. September, 16. September, 10. November, 22. Dezember 1953, 27. April und 19. Mai 1954 vorgelegt wurden. Diese Dokumente haben hinreichend bewiesen, daß die Behauptung jeglicher Grundlage entbehrt, die Überwachungskommission Neutraler Nationen in Korea sei durch die Teilnahme der polnischen und tschechoslowakischen Mitglieder paralysiert worden. Tatsache ist, daß trotz dieser durch die Vereinigten Staaten verursachten Schwierigkeiten die Überwachungskommission Neutraler Nationen in der Hauptsache ihre Aufgabe erfüllt hat, bei der Einhaltung des Koreanischen Waffenstillstandsabkommens Hilfe zu leisten.

Die Vereinigten Staaten haben selbst wiederholt das Koreanische Waffenstillstandsabkommen verletzt und dadurch der Überwachungskommission Neutraler Nationen eine Reihe von Schwierigkeiten bereitet. Aber der Delegierte der Vereinigten Staaten verleumdete die koreanische und chinesische Seite, das Waffenstillstandsabkommen verletzt zu haben und behauptete willkürlich trotz der Arbeit und der Erfolge der Überwachungskommission Neutraler Nationen in Korea, daß diese „im besten Fall überhaupt keine Überwachung bedeute". Das ist höchst erstaunlich. Solch eine verzerrte Darstellung seitens des Delegierten der Vereinigten Staaten, kann nichts anderes bedeuten, als daß er nicht nur diese Konferenz daran hindern will ein Abkommen über die Frage der internationalen Überwachung freier Wahlen in Korea zu erzielen, sondern auch bemüht ist, Vorwände zu fabrizieren, um den Versuch zu unternehmen, die Überwachungskommission Neutraler Nationen in Korea abzuschaffen, dadurch größere Freiheit zur Bewaffnung der

Armeen Syngman Rhees zu erlangen, den Waffenstillstand noch weiter zu untergraben und den Frieden in Korea und die Sicherheit Chinas zu bedrohen.

Da sich der Waffenstillstand auf den Wunsch der beiden kriegführenden Seiten gründet den Kampf einzustellen, sollte die Überwachung des Waffenstillstandes kein ernstes Problem aufwerfen. Und in der Tat hat die internationale Überwachung des Waffenstillstandes in den Waffenstillstandsverhandlungen in Korea kein ernstes Problem aufgeworfen. Die internationale Überwachung ist jedoch ein ernster Streitpunkt bei der Frage der Wiederherstellung des Friedens in Indochina geworden. Die Regierung der Vereinigten Staaten stimmte der Überwachung des koreanischen Waffenstillstands durch eine Kommission neutraler Nationen zu, die polnische und tschechoslowakische Mitglieder einschließt, aber erhob Einwände gegen die Überwachung eines Waffenstillstandes in Indochina durch eine andere Kommission neutraler Nationen, die ebenfalls polnische und tschechoslowakische Mitglieder einschließen soll.

Man sieht also, daß der Delegierte der Vereinigten Staaten Hintergedanken dabei hat, wenn er Tatsachen beiseiteschiebt und die Überwachungskommission Neutraler Nationen in Korea angreift. Auf diese Weise will er nicht nur die friedliche Lösung der Korea-Frage hintertreiben, sondern auch die Wiederherstellung des Friedens in Indochina. In Wirklichkeit trachtet er danach eine weitere Verschärfung der Spannung in Korea hervorzurufen, wo die Kämpfe bereits eingestellt sind und jede Möglichkeit eines Waffenstillstandes in Indochina, wo die Kämpfe noch nicht eingestellt sind, zu verhindern.

Herr Vorsitzender, die Argumente des Delegierten der Vereinigten Staaten lassen Vernunft vermissen und stimmen mit den Tatsachen nicht überein. Seine Bestrebungen laufen den Wünschen der friedliebenden Völker aller Nationen vollständig zuwider. Die friedliche Lösung der Korea-Frage ist eng mit dem Frieden und der Sicherheit im Fernen Osten und in der Welt verbunden. In unserer Diskussion über die friedliche Lösung der Korea-Frage haben wir bereits in einer Reihe von Fragen Übereinstimmung oder nahezu Übereinstimmung erzielt. Es gibt überhaupt keinen Grund, weshalb wir aufhören sollten, weiterzuverhandeln. Es gibt auch keinen Grund, weshalb wir unsere Diskussion nicht auf der Grundlage der Vorschläge Herrn Molotows fortsetzen sollten, um eine Übereinkunft zu erzielen. Der Delegierte der Vereinigten Staaten sagte auf unserem Treffen am 5. Juni, daß er, was seine Delegation betreffe, vollständig bereit sei, die strittigen Punkte der Diskussion dem Urteil der Weltöffentlichkeit zu überlassen. Wir wissen nicht, was er damit meinte. Wenn er damit glaubte, eine Antwort auf das Geschrei der Syngman Rhee Clique gefunden zu haben, daß man die Genfer Konferenz verlassen solle und wenn er meinte, daß keine Notwendigkeit zur Fortsetzung der Konferenz besteht, so können wir dem nicht zustimmen. Und wir sind überzeugt, daß die Weltöffentlichkeit dies auch nicht zulassen wird.

Quelle: Supplement to ‚People's China'
Nr. 13/1954
Eigene Übersetzung

STELLUNGNAHME
ZUR KOREA–FRAGE

(15. Juni 1954)

Sehr verehrter Herr Vorsitzender, verehrte Delegierte!

In meiner auf der Sitzung am 11. Juni abgegebenen Stellungnahme wies ich darauf hin, daß wir in unserer Diskussion über die friedliche Lösung der Korea-Frage in einer ganzen Reihe von Gesichtspunkten bereits Übereinstimmung bzw. nahezu Übereinstimmung erreicht haben, und daß wir jene Gesichtspunkte festhalten sollten, in denen schon Übereinstimmung besteht oder in denen Übereinstimmung erreicht werden kann, und dann fortfahren sollten, die strittigen Punkte zu diskutieren, damit wir in den verschiedenen Fragen völlige Übereinstimmung erzielen. Deshalb vertreten wir den Standpunkt, daß es angesichts des Ziels, eine Einigung über die friedliche Wiedervereinigung Koreas zu erreichen, keinen Grund gibt, weshalb diese Konferenz nicht auf der Basis der Vorschläge weiter diskutieren sollte, die am 5. Juni von Herrn V.M. Molotow, Außenminister der Sowjetunion, vorgelegt wurden. Nachdem wir die Stellungnahmen sorgfältig studiert haben, die von den Delegationen der verschiedenen Nationen abgegeben wurden, die sich gegen die Vorschläge von Herrn Molotow ausgesprochen haben, müssen wir darauf hinweisen, daß die von ihnen vorgebrachten Argumente völlig unhaltbar sind.

Als Herr Molotow seine fünf Grundsatzvorschläge vorlegte, wies er darauf hin, daß viele Fragen noch ungelöst seien und daß er die Kompliziertheit der gegenwärtigen Situation keineswegs unterschätze. Gerade um diese Differenzen zu beseitigen, ist es notwendig, diejenigen Gesichtspunkte festzuhalten, in denen wir Übereinstimmung oder nahezu Übereinstimmung erreicht haben. Das ist die vernünftige und übliche Vorgehensweise aller Konferenzen. Die Leute jedoch, die gegen die Vorschläge von Herrn Molotow sind, nehmen keine vernünftige Haltung ein. Sie behaupten, daß bei jedem der angenommenen oder nahezu angenommenen Prinzipien noch viele Streitpunkte vorhanden seien und sie bezweifelten Sinn und Zweck der Verabschiedung dieser Prinzipien, wenn nicht gleichzeitig die Streitpunkte ausgeräumt würden. Tatsache ist jedoch, daß es, gerade um die Streitpunkte besser ausräumen zu können, notwendig sein wird, diejenigen unserer Ansichten festzuhalten, in denen Übereinstimmung bzw. nahezu Übereinstimmung erreicht worden ist. Nur die Leute, die sich unversöhnlich der bloßen Idee entgegenstellen, ein Abkommen zu erreichen, und ihre Anhänger, werden diese Vorgehensweise ablehnen.

Wie konnte es kommen, daß die Diskussionen über die friedliche Lösung der Korea-Frage diesen Engpaß erreicht haben? Am 27. April legte Außenminister Nam Il, Delegierter der Koreanischen Volksdemokratischen Republik, einen Plan zur Wiederherstellung der nationalen Einheit Koreas und zur Durchführung gesamtkoreanischer freier Wahlen vor. Im Verlauf der Diskussion hat die Mehrheit der Delegationen die Notwendigkeit der internationalen Überwachung der gesamtkoreanischen Wahlen betont. Die Delegation der Volksrepublik China schlug am 22. Mai vor, daß neutrale Nationen, die am Korea-Krieg nicht beteiligt waren, mit der Aufgabe der internationalen Überwachung betraut werden sollten. Dies hätte große Aussichten für den Abschluß eines Abkommens über die friedliche Lösung der Korea-Frage eröffnen können. Aber am gleichen Tag legte der Delegierte der Republik Korea Vorschläge über die Wiedervereinigung Koreas unter der südkoreanischen Regierung vor. Um das Vorankommen der Konferenz zu erleichtern, legte Herr Molotow, Außenminister der Sowjetunion, am 5. Juni fünf Grundsatzvorschläge vor. Diese Vorschläge wurden auf der Basis einer Zusammenfassung der Gesichtspunkte vorgelegt, in denen Übereinstimmung bzw. nahezu Übereinstimmung von allen Delegierten dieser Konferenz, einschließlich des Delegierten der Republik Korea, zum Ausdruck gebracht worden war. Jedoch sind auch diese Vorschläge auf den Widerstand der Delegation der Vereinigten Staaten und einiger anderer Delegationen gestoßen. Dies beweist eindeutig, daß der Delegierte der Vereinigten Staaten und andere Delegierte, die dem von den Vereinigten

Stellungnahme zur Korea-Frage vom 15. Juni 1954

Staaten eingeschlagenen Weg folgen, gänzlich unwillig sind eine Übereinkunft über die friedliche Wiedervereinigung Koreas zu erreichen. Tatsache ist, daß lange Zeit vor Beginn der Konferenz gewisse einflußreiche Personen in der Regierung der Vereinigten Staaten öffentlich ihre Politik ankündigten einen Erfolg der Genfer Konferenz zu verhindern. Der Verlauf der Genfer Konferenz bis zum heutigen Tag, hat dies vollauf bestätigt. Die Obstruktionspolitik der Vereinigten Staaten gegenüber der Genfer Konferenz ist die Hauptursache dafür, daß diese Konferenz bisher kein Abkommen erreichen konnte.

Herr Vorsitzender, es ist unsere feste Überzeugung, daß die von Herrn Molotow am 5. Juni vorgelegten fünf Grundsatzvorschläge zur friedlichen Wiedervereinigung Koreas, äußerst vernünftig sind. Es ist höchst bedauerlich, daß die an dieser Konferenz teilnehmenden Staaten es bis heute noch nicht erreicht haben, gemeinsam ein Abkommen über die friedliche Wiedervereinigung Koreas durch freie gesamtkoreanische Wahlen abzuschließen. Alle friedliebenden Völker der Welt erwarten von unserer Konferenz ein befriedigendes Abkommen über die friedliche Lösung der Korea-Frage. Obwohl wir in der gegenwärtigen Situation dieser Konferenz noch immer kein Abkommen über die friedliche Wiedervereinigung Koreas unmittelbar erreichen können, sollten wir uns dennoch bemühen, ein Abkommen darüber zu erzielen, wie der Frieden in Korea gefestigt werden kann. Das ist eine außerordentlich wichtige Angelegenheit im Interesse des koreanischen Volkes und für die Festigung des Friedens im Fernen Osten und in der Welt. Diese Anforderung wird mit den sechs Vorschlägen zur Festigung des Friedens in Korea, wie sie heute von Außenminister Nam Il von der Koreanischen Volksdemokratischen Republik vorgelegt wurden, restlos erfüllt. Die Delegation der Volksrepublik China unterstützt diese Vorschläge von Außenminister Nam Il voll und ganz.

Die ganze Welt feierte die Beendigung des Korea-Krieges und betrachtete dies als ersten Schritt zur friedlichen Lösung der Korea-Frage. Gerade weil die bewaffneten Auseinandersetzungen in Korea eingestellt wurden und der Waffenstillstand in Korea nach wie vor eingehalten wird, war es uns möglich, diese Konferenz abzuhalten. Aber ich muß darauf hinweisen, daß der Waffenstillstand in Korea zunehmend gefährdet wird durch das unentwegte Geschrei der Regierung der Republik Korea, Korea durch einen Marsch in den Norden zu vereinigen und daß dieses Geschrei ein Echo bei gewissen an der Macht beteiligten Personen in den Vereinigten Staaten gefunden hat. Sie versuchen jede Möglichkeit auszunutzen, um den Waffenstillstand in Korea zu untergraben. Gleichzeitig, obwohl die Kämpfe in Korea beendet sind, stellt der Zustand des Waffenstillstandes immer noch keinen stabilen Frieden dar. Wir müssen danach streben, den koreanischen Waffenstillstand in Frieden zu verwandeln. Deshalb, da wir gegenwärtig kein Abkommen über die friedliche Wiedervereinigung Koreas erreichen können, haben wir die Verpflichtung, Maßnahmen zur Sicherung des Friedens in Korea zu ergreifen, um die Bedingungen für die endgültige friedliche Wiedervereinigung Koreas zu schaffen.

Der Abzug aller ausländischen Streitkräfte aus Korea ist die erste Voraussetzung, um den Kriegszustand in Korea schrittweise abzubauen. Paragraph 60 des koreanischen Waffenstillstandsabkommens sieht ausdrücklich vor, daß dieses Problem nach dem Waffenstillstand gelöst werden muß; die betroffenen Länder sind verpflichtet, diese Auflage zu erfüllen. Die Delegation der Volksrepublik China unterstützt vollständig den ausgewogenen Abzug aller ausländischen Streitkräfte aus Korea innerhalb kürzester Zeit. Infolge des Krieges sind die Streitkräfte sowohl der Republik Korea als auch der Koreanischen Volksdemokratischen Republik erheblich verstärkt worden, was dem koreanischen Volk eine schwere Last aufgebürdet hat. Deshalb ist es absolut notwendig, die Streitkräfte auf beiden Seiten zu reduzieren, um den Kriegszustand schrittweise abzubauen und die Last des koreanischen Volkes zu erleichtern. Es ist jedoch keine einfache Angelegenheit, den Kriegszustand schrittweise aufzuheben und die Streitkräfte auf den Friedensstand zurückzubringen. Daher ist es notwendig, daß die Vertreter der Koreanischen Volksdemokratischen Republik und der Republik Korea eine Kommission bilden mit der Aufgabe, Fragen dieser Art zu behandeln. Um die friedliche Wiedervereinigung Koreas zu erleichtern, kann unterdessen keinerlei Abschluß eines Militärabkommens zwischen einem Teil Koreas und irgendeinem anderen Staat, wie der Vertrag über gegenseitigen Beistand zwischen den Vereinigten Staaten und der Republik Korea, zugelassen werden.

Um die Bedingungen für die friedliche Wiedervereinigung Koreas zu schaffen, sollten Nord- und Südkorea aufgefordert werden, sich einander anzunähern, statt sich feindlich gegenüberzustehen; daher ist es richtig und notwendig, daß die Vertreter der Koreanischen Volksdemokratischen Republik und der Republik Korea ein gesamtkoreanisches Komitee bilden, um Verhandlungen über Übergangs-

Stellungnahme zur Korea-Frage vom 15. Juni 1954

maßnahmen bezüglich der gegenseitigen wirtschaftlichen und kulturellen Kontakte zu führen. Angesichts der Tatsache, daß der Waffenstillstand in Korea nicht stabil ist, müssen die Staaten, die an dieser Konferenz teilnehmen, die friedliche Entwicklung Koreas garantieren. Angesichts des Vorhergesagten sind wir der Ansicht, daß die sechs von Außenminister Nam Il eingebrachten Vorschläge die Grundbedingungen für die Sicherung einer friedlichen Entwicklung in Korea geschaffen haben. Es gibt keinen Grund, warum wir auf der Basis der sechs Vorschläge von Außenminister Nam Il keine angemessene Übereinkunft erreichen könnten. Zu diesem Zweck schlägt die Delegation der Volksrepublik China vor, daß die Konferenz geschlossene Sitzungen unter Teilnahme der sieben Staaten — China, die Sowjetunion, das Vereinigte Königreich, die Vereinigten Staaten, Frankreich die Koreanische Volksdemokratische Republik und die Republik Korea — einberuft, um Maßnahmen bezüglich der Festigung des Friedens in Korea zu diskutieren. Wir hoffen, daß die an dieser Konferenz teilnehmenden Staaten unseren Vorschlag ernsthaft in Erwägung ziehen.

Quelle: Supplement to ‚People's China'
Nr. 13/1954
Eigene Übersetzung

REDE IN DER WERNER—SEELENBINDER—HALLE IN BERLIN

(24. Juli 1954)

Sehr geehrter Genosse Vorsitzender, sehr geehrter Genosse Ministerpräsident, liebe Genossen und Freunde! Es ist mir eine große Ehre, daß ich nach dem Abschluß der Genfer Konferenz Gelegenheit habe, die Deutsche Demokratische Republik zu besuchen und mit Berlinerinnen und Berlinern zusammenzutreffen. Gestatten Sie mir bitte, im Namen der Regierung der Volksrepublik China und des chinesischen Volkes, Ihnen, liebe Berlinerinnen und Berliner, und durch Sie dem gesamten deutschen Volk meine herzlichsten Grüße auszusprechen.

Die Deutsche Demokratische Republik und die Volksrepublik China sind zwei verbrüderte Länder, die im selben Jahre 1949 gegründet wurden. Die Deutsche Demokratische Republik hat seit ihrer Gründung große Erfolge auf politischem, wirtschaftlichem und kulturellem Gebiet erzielt. In den Jahren nach der Gründung der Deutschen Demokratischen Republik sind in Berlin, der Hauptstadt Deutschlands, solche herrlichen und schönen Bauwerke entstanden wie die Stalinallee. Diese Bauwerke sind nicht nur das Ergebnis der selbstbewußten Arbeit des deutschen Volkes, sie kennzeichnen außerdem die große Zukunft des ganzen Landes. Da die Deutsche Demokratische Republik in politischer und wirtschaftlicher Hinsicht Tag für Tag gefestigt wird, hat sie sich jetzt zu einem Bollwerk von entscheidender Bedeutung für die friedliche Wiedervereinigung ganz Deutschlands und dadurch für die Gewährleistung des Friedens in Europa entwickelt.

Es ist bekannt, daß die Konferenz der Außenminister der vier

Großmächte hier vor fünf Monaten stattgefunden hat. Auf Grund der Berliner Konferenz wurde im April dieses Jahres die Genfer Konferenz einberufen, um die friedliche Lösung der Koreafrage und die Frage über die Wiederherstellung des Friedens in Indochina zu erörtern. Obwohl durch die künstlich hervorgerufenen Hindernisse die Koreafrage nicht die ihr gebührende Lösung fand, ist sie doch nicht von der Tagesordnung gestrichen worden und benötigt unsere weiteren Bemühungen.

Was die Lösung der Frage der Wiederherstellung des Friedens in Indochina anbelangt, so sind alle auftretenden Schwierigkeiten zu guter Letzt überwunden worden. Es wurde nicht nur ein Übereinkommen über die Einstellung der Feindseligkeiten in Indochina erzielt, das den Frieden für die Völker Indochinas und für das französische Volk bringt, sondern man erreichte auch eine grundsätzliche Vereinbarung über die Frage der politischen Lösung.

Die Erreichung verschiedener Vereinbarungen über die Wiederherstellung des Friedens in Indochina auf der Genfer Konferenz hat bewiesen, daß der Friede noch einmal den Krieg besiegt hat und die weitere Milderung der gegenwärtigen internationalen Spannungen erzielt werden wird. Ganz gleich, wieviele Hindernisse noch überwunden werden müssen, wird diese Situation unweigerlich die Lösung der Deutschlandfrage bedeutend beeinflussen.

Die Frage der friedlichen Wiedervereinigung Deutschlands ist jetzt von höchster Wichtigkeit für die Lebensinteressen jedes einzelnen Deutschen. Diese Frage muß vor allem vom deutschen Volk selbst gelöst werden. Um die Rechte des deutschen Volkes bei der Lösung der eigenen nationalen Fragen zu wahren, hat der Minister für Auswärtige Angelegenheiten der Sowjetregierung, Genosse Molotow, auf der Berliner Konferenz vorgeschlagen, daß die Regierung der Deutschen Demokratischen Republik und die Regierung Westdeutschlands an der Erörterung der Deutschlandfrage teilnehmen und über die die friedliche Wiedervereinigung Deutschlands betreffenden Fragen verhandeln sollen. Das ist ein gerechter und ein vernünftiger Grundsatz. Wir sind der Ansicht, auf Grund der bei der Erörterung der Frage der Wiederherstellung des Friedens in Indochina errungenen Erfahrungen darf dieser Grundsatz nicht wieder abgelehnt werden. Das chinesische Volk ist sowohl am Frieden in Asien als auch in Europa interessiert. Wir sind der Auffassung, daß, um den Frieden in Asien zu bewahren, Verhandlungen zwischen den Ländern Asiens aufgenommen werden müssen. Um den Frieden in Europa zu bewahren, hoffen wir, daß die Länder

Europas vor allem mit Verhandlungen über die Fragen zur Gewährleistung des Friedens und der Sicherheit in Europa beginnen. Die Festigung des Friedens in Europa hängt von der Lösung der Deutschlandfrage ab. Wir sind der Meinung, daß, wenn alle betreffenden Länder den aufrichtigen Willen zum Frieden haben, die Deutschlandfrage durch friedliche Verhandlungen gelöst werden kann. Aber es gibt Menschen, die die Lösung der Frage der friedlichen Wiedervereinigung Deutschlands beharrlich nicht wollen. Diese Menschen wollen alles in ihrer Macht Stehende tun, um die Spannung in der Welt aufrechtzuerhalten. Sie sind den Träumen der Politik der Stärke verfallen und versuchen ständig, gegeneinander gerichtete militärische Blocks in Asien und Europa zu organisieren, um daraus ihren eigenen Nutzen zu ziehen. Was die Völker Europas, Asiens und der anderen Welt mit Ausnahme solcher Leute erhoffen, ist nicht Teilung und gegeneinander gerichtete Verschwörung, sondern das friedliche Nebeneinanderbestehen von Ländern mit verschiedener Gesellschaftsordnung.

Die Tatsachen haben bewiesen, daß Länder verschiedener Gesellschaftsordnungen friedlich nebeneinander bestehen können. Immer mehr Länder der Welt bekennen sich jetzt zum friedlichen Nebeneinanderbestehen. Die Menschen, die die Teilung und die gegeneinander gerichteten Verschwörungen wünschen, werden immer mehr gemieden und isoliert. Bei dieser Gelegenheit möchte ich die freundschaftlichen Beziehungen zwischen der Deutschen Demokratischen Republik und der Volksrepublik China erwähnen. Zwischen den beiden großen Nationen besteht eine tiefe traditionelle Freundschaft. Seit dem Jahre 1949 begannen die Deutsche Demokratische Republik und die Volksrepublik China auf neuer Grundlage zusammenzuarbeiten. Die Zukunft der Zusammenarbeit Deutschlands und Chinas in bezug auf Wirtschafts-, Handels- und Kulturaustausch ist sehr aussichtsreich. Ich bin gleichzeitig fest davon überzeugt, daß die friedliche Wiedervereinigung Deutschlands zur Förderung der Wirtschaft, des Handels und der kulturellen Beziehungen zwischen unseren Ländern beitragen wird.

Das deutsche Volk ist eine große Nation. Die Errungenschaften des deutschen Volkes auf wissenschaftlichem, kulturellem und künstlerischem Gebiet sind hervorragend. Die deutsche industrielle Produktion und das hohe technische Niveau sind weltbekannt. Das deutsche Volk steht in seinem gegenwärtigen unbeugsamen Kampf für die friedliche Wiedervereinigung seiner Heimat keineswegs allein. Der Kampf findet die Unterstützung der friedliebenden Völker der ganzen Welt. Ich bin tief davon überzeugt, daß die Sehnsucht des deutschen Volkes nach der friedlichen Wiedervereinigung seiner Heimat ganz bestimmt erfüllt werden wird. Das friedliche, einheitliche, unabhängige und demokratische Deutschland wird eine große Rolle in der friedlichen, internationalen Gemeinschaft spielen. Das friedliche, einheitliche und demokratische Deutschland wird auf dem Gebiet der industriellen Produktion und auf dem wissenschaftlich-technischen Gebiet der friedlichen Welt einen nützlichen Beitrag leisten und den Völkern der ganzen Welt Glück und Wohlstand bringen.

Liebe Genossen und Freunde, ich möchte Ihnen zurufen:

Es lebe die friedliche Wiedervereinigung und die nationale Unabhängigkeit Deutschlands!

Es lebe die Deutsche Demokratische Republik!

Es lebe Präsident Wilhelm Pieck!

Es lebe die Freundschaft zwischen dem chinesischen und dem deutschen Volk!

Es leben die Kräfte des Friedens und der Demokratie mit der Sowjetunion an der Spitze!

Quelle: ADN 24. Juli 1954

REDE AUF DER AFRO—ASIATISCHEN KONFERENZ VON BANDUNG

(19. April 1955)

Sehr verehrter Herr Präsident, verehrte Delegierte! Die Afro-Asiatische Konferenz, auf die die Aufmerksamkeit der ganzen Welt gerichtet ist, hat ihre Tagung begonnen. Die Delegation der Volksrepublik China ist äußerst erfreut darüber, auf dieser Konferenz zusammen mit den Delegationen der teilnehmenden Staaten die gemeinsamen Probleme unserer asiatischen und afrikanischen Länder diskutieren zu können. Zuallererst möchten wir den fünf einladenden Ländern Birma, Ceylon, Indien, Indonesien und Pakistan danken, deren Initiative und Anstrengungen es uns ermöglicht haben, hier zusammenzukommen. Ebenfalls möchten wir dem Gastgeber der Konferenz, der Regierung der Republik Indonesien, unseren Dank für die hervorragende Vorbereitung dieser Konferenz aussprechen.

Es ist das erste Mal in der Geschichte, daß so viele Länder Asiens und Afrikas sich zusammengefunden haben, um eine Konferenz durchzuführen. Auf unseren beiden Kontinenten lebt mehr als die Hälfte der Weltbevölkerung. Die Völker Asiens und Afrikas brachten in ihrer Geschichte ruhmreiche Kulturen hervor und leisteten hervorragende Beiträge zur Entwicklung der Menschheit. Aber seit Beginn der Neuzeit waren die meisten asiatischen und afrikanischen Länder in unterschiedlichem Maße der Plünderung und Unterdrückung durch den Kolonialismus ausgesetzt und so gezwungen, in einem Zustand der Stagnation, Armut und Rückständigkeit zu leben. Unsere Stimmen wurden unterdrückt, unsere Hoffnungen zerstört und unser Schicksal in die Hände anderer gelegt. Daher bleibt uns keine andere Wahl, als uns gegen den Kolonialismus zu erheben. Da unser Leiden dieselben Ursachen und unser Kampf dasselbe Ziel hat, ist es nur natürlich, daß wir, die asiatischen und afrikanischen Völker, gelernt haben, einander zu verstehen, und daß wir schon seit langem tiefe Sympathie und Sorge füreinander hegen.

Heute hat sich das Antlitz des afrikanischen und asiatischen Kontinents grundlegend verändert. Immer mehr Länder haben bereits die Fesseln des Kolonialismus gesprengt oder sind dabei, es zu tun. Die Kolonialmächte sind nicht mehr in der Lage, Ausplünderung und Unterdrückung mit den Methoden der Vergangenheit fortzusetzen. Das Asien und Afrika von heute ist nicht mehr das Asien und Afrika von gestern. Viele Länder dieser Kontinente haben ihr Schicksal nach langen Jahren harten Kampfes in die eigenen Hände genommen. Unsere Konferenz selbst spiegelt diesen tiefgreifenden historischen Wandel wider.

Dennoch ist die Herrschaft des Kolonialismus auf diesen Kontinenten noch nicht zu Ende, und neue Kolonialisten versuchen an die Stelle der alten zu treten. Nicht wenige asiatische und afrikanische Völker leben nach wie vor in kolonialer Versklavung. Nicht wenige asiatische und afrikanische Völker sind noch immer der Rassendiskriminierung ausgesetzt und der Menschenrechte beraubt. Wir Völker der asiatischen und afrikanischen Länder mögen unterschiedliche Wege in unserem Kampf für Freiheit und Unabhängigkeit eingeschlagen haben, aber unser Wille, Freiheit und Unabhängigkeit zu erkämpfen und zu bewahren, ist der gleiche. Wie verschieden auch immer die besonderen Bedingungen unserer Länder sein mögen, für die meisten von uns ist es gleichermaßen notwendig, den Zustand der Rückständigkeit zu beseitigen, den die Herrschaft des Kolonialismus verursacht hat. Wir müssen unsere Länder in Unabhängigkeit entwickeln, frei von ausländischer Einmischung und in Übereinstimmung mit dem Willen des Volkes.

Die Völker Asiens und Afrikas haben lange Zeit unter Aggression und Krieg gelitten. Viele von ihnen wurden von den Kolonialisten gezwungen, als Kanonenfutter in Aggressionskriegen zu dienen. Deshalb können die Völker unserer beiden Kontinente nichts als tiefste Abscheu gegenüber Aggressionskriegen empfinden. Sie wissen, daß die erneute Gefahr eines Krieges nicht nur die unabhängige Entwicklung ihrer Länder gefährdet, sondern auch die Versklavung durch den Kolonialismus verschärft. Das ist der Grund, weshalb den asiatischen und afrikanischen Völkern die Sache des

Rede auf der Bandung-Konferenz 115

Weltfriedens und der nationalen Unabhängigkeit umso teurer ist. Angesichts des Vorhergesagten kann der gemeinsame Wunsch der Völker Asiens und Afrikas kein anderer sein, als den Weltfrieden zu verteidigen, nationale Unabhängigkeit zu erlangen und zu bewahren und dementsprechend die freundschaftliche Zusammenarbeit der Nationen zu fördern.

Im Anschluß an den Waffenstillstand in Korea erbrachte die Genfer Konferenz, unterstützt von der Konferenz der 5 Colombo-Mächte, eine Waffenruhe in Indochina auf der Basis der Anerkennung des Rechts auf nationale Unabhängigkeit. Dies führte seinerzeit zu einem gewissen Abbau der internationalen Spannungen und erweckte neue Hoffnungen bei den Völkern der ganzen Welt, insbesondere bei den Völkern Asiens. Seitdem läuft jedoch die Entwicklung der internationalen Lage den Hoffnungen der Völker zuwider. Sowohl im Osten als auch im Westen wächst die Kriegsgefahr. Der Wunsch des koreanischen und des deutschen Volkes nach friedlicher Wiedervereinigung wird mißachtet. Das auf der Genfer Konferenz erreichte Abkommen über die Wiederherstellung des Friedens in Indochina ist gefährdet. Die Vereinigten Staaten verursachen weiterhin Spannungen im Gebiet von Taiwan. Außerasiatische und -afrikanische Mächte errichten immer mehr Militärbasen in den asiatischen und afrikanischen Ländern. Mit großem Geschrei verkünden sie laut, Atomwaffen seien konventionelle Waffen, und treffen Vorbereitungen für einen Atomkrieg. Die Völker Asiens werden niemals vergessen, daß die erste Atombombe auf asiatischem Boden explodierte und daß ein Asiate als erster Mensch durch einen Wasserstoffbombenversuch ums Leben kam. Ebenso wie alle Völker der Welt, können die Völker Asiens und Afrikas nicht gleichgültig bleiben gegenüber der ständig wachsenden Kriegsgefahr.

Die Zahl derjenigen jedoch, die Aggression verüben und den Krieg vorbereiten, ist äußerst gering, während die überwältigende Mehrheit der Menschen auf der Welt, gleichgültig unter welchem Gesellschaftssystem sie leben, den Frieden will und den Krieg ablehnt. Die Friedensbewegung der Volksmassen in verschiedenen Ländern hat sich in die Breite und in die Tiefe entwickelt. Sie fordert die Beendigung des Wettrüstens und der Kriegsvorbereitungen. Sie fordert, daß zuallererst die Großmächte Vereinbarungen über Rüstungsabbau treffen sollten. Sie fordert das Verbot von Atomwaffen und aller Massenvernichtungswaffen. Sie fordert, daß die Atomenergie zu friedlichen Zwecken verwendet wird, um dem Wohl der Menschheit zu dienen. Ihre Stimme kann nicht mehr mißachtet werden. Die Politik der Aggression und des Kriegs wird von den Völkern immer mehr verabscheut. Die Kriegstreiber greifen immer häufiger zu Kriegsdrohungen als Instrument ihrer aggressiven Politik. Kriegsdrohungen können jedoch niemanden einschüchtern, der entschlossen ist, Widerstand zu leisten. Sie können nur diejenigen, die drohen, in eine noch isoliertere und schwierigere Situation bringen. Wir sind überzeugt, daß der Frieden erhalten werden kann, wenn wir nur entschlossen sind, ihn zusammen mit allen friedliebenden Nationen und Völkern der Welt zu verteidigen.

Die Mehrheit unserer asiatischen und afrikanischen Länder einschließlich Chinas ist immer noch wirtschaftlich sehr rückständig, infolge der langen Zeit kolonialer Unterdrückung. Deshalb fordern wir nicht nur politische Unabhängigkeit, sondern auch wirtschaftliche. Natürlich bedeutet unsere Forderung nach politischer Unabhängigkeit keine Politik der Abkapselung gegenüber Ländern außerhalb des afro-asiatischen Raumes. Die Tage jedoch, in denen die Westmächte unser Schicksal bestimmten, sind schon vergangen. Die Zukunft der asiatischen und afrikanischen Länder sollten die Völker selbst in die Hand nehmen. Wir kämpfen für die Verwirklichung unserer wirtschaftlichen Unabhängigkeit; dies bedeutet ebenfalls keine Ablehnung wirtschaftlicher Zusammenarbeit mit Ländern außerhalb des afro-asiatischen Raumes. Wir wollen aber die Ausbeutung der rückständigen Länder im Osten durch die Kolonialmächte im Westen abschaffen und die unabhängige und souveräne Wirtschaft unserer Länder entwickeln. Vollständige Unabhängigkeit ist ein Ziel, wofür die große Mehrzahl der asiatischen und afrikanischen Länder werden lange kämpfen müssen.

Seitdem das chinesische Volk Herr im eigenen Land geworden ist, sind seine ganzen Anstrengungen darauf gerichtet, die durch die langwährende halbkoloniale Unterdrückung hinterlassene Rückständigkeit zu beseitigen und sein Land zu industrialisieren. In den letzten fünf Jahren haben wir die in den langen Jahren des Krieges zerstörte nationale Wirtschaft wiederaufgebaut und seit 1953 den ersten Fünf-Jahresplan zum wirtschaftlichen Aufbau begonnen. Als Ergebnis dieser Anstrengungen hat die Produktion in allen wichtigen Bereichen wie z.B. Eisen- und Stahlindustrie, Baumwolltextilien, Getreide, ein höheres Niveau als jemals zuvor in der Geschichte Chinas erreicht. Aber diese Errungenschaften sind immer noch sehr gering im Vergleich zu unseren tatsächlichen Bedürfnissen. Verglichen mit den hochindustrialisierten Ländern ist unser

Rede auf der Bandung-Konferenz 117

Land immer noch sehr rückständig. Genau wie andere Länder Asiens und Afrikas brauchen wir dringend friedliche internationale Verhältnisse, um eine unabhängige und souveräne Wirtschaft zu entwickeln.

Umso teurer sind den asiatischen und afrikanischen Ländern, die sich dem Kolonialismus widersetzen und ihre nationale Unabhängigkeit verteidigen, ihre nationalen Rechte. Alle Länder, ob groß oder klein, stark oder schwach, sollten in internationalen Angelegenheiten gleiche Rechte genießen. Ihre territoriale Integrität und Souveränität sollten respektiert und nicht verletzt werden. Die Völker aller abhängigen Länder sollten das Recht auf nationale Selbstbestimmung genießen und weder Verfolgung erleiden noch Massakern ausgesetzt sein. Alle Völker sollten ungeachtet ihrer Rasse oder Hautfarbe die grundlegenden Menschenrechte genießen und keiner Mißhandlung und Diskriminierung unterliegen. Wir müssen jedoch feststellen, daß die Völker von Tunesien, Marokko, Algerien und andere abhängige Völker, die schon lange für ihre Unabhängigkeit kämpfen, immer noch mit Gewalt unterdrückt werden. Rassendiskriminierung und rassistische Verfolgung in der Südafrikanischen Union und anderen Ländern sind immer noch nicht ausgemerzt. Das Problem der arabischen Flüchtlinge Palästinas muß nach wie vor gelöst werden.

Wir können heute feststellen, daß es der gemeinsame Wunsch der neuerwachten Länder und Völker Asiens und Afrikas ist, gegen Rassendiskriminierung zu kämpfen und grundlegende Menschenrechte zu fordern, gegen Kolonialismus zu kämpfen und nationale Unabhängigkeit zu fordern, unerschütterlich ihre territoriale Integrität und Souveränität zu verteidigen. Der Kampf des ägyptischen Volkes für die Wiederherstellung seiner Hoheitsrechte über die Suez-Kanal-Zone, der Kampf des iranischen Volkes für die Wiederherstellung seiner Souveränität über die Erdölressourcen und die Forderung nach der Wiederherstellung der territorialen Rechte Indiens über Goa und Indonesiens über West-Irian haben ausnahmslos die Sympathie vieler Länder in Asien und Afrika gewonnen. Chinas Wille, sein Territorium Taiwan zu befreien, hat gleichfalls die Unterstützung aller aufrechten Menschen der afro-asiatischen Länder gefunden. Dies beweist, daß die Völker unserer asiatischen und afrikanischen Länder sich verstehen und Sympathie und Sorge füreinander empfinden.

Der Friede kann nur durch gegenseitige Achtung der territorialen Integrität und Souveränität verteidigt werden. Die Verletzung der

Souveränität und der territorialen Integrität und die Einmischung in die inneren Angelegenheiten irgendeines Landes werden unweigerlich den Frieden bedrohen. Indem die Nationen versichern, keine Aggressionen gegeneinander zu verüben, werden in den internationalen Beziehungen Bedingungen für die friedliche Koexistenz geschaffen. Indem die Nationen versichern, sich nicht in die inneren Angelegenheiten anderer einzumischen, wird es den Völkern möglich sein, ihr eigenes politisches System und eine Lebensweise nach ihrem Willen zu wählen. Das Abkommen über die Wiederherstellung des Friedens in Indochina wurde auf der Genfer Konferenz genau auf der Grundlage der Zusicherung der betroffenen Seiten erreicht, die Unabhängigkeit, Souveränität, Einheit und territoriale Integrität der indochinesischen Staaten zu achten und sich in keiner Weise in die inneren Angelegenheiten dieser Staaten einzumischen. In Übereinstimmung hiermit sieht das Genfer Abkommen vor, daß die indochinesischen Staaten keinem Militärbündnis beitreten und keine fremden Militärbasen in diesen Staaten errichtet werden. Das erklärt, warum die Genfer Konferenz günstige Bedingungen für die Errichtung einer Zone des Friedens schaffen konnte. Aber nach der Genfer Konferenz wurden wir Zeuge einer Entwicklung in die entgegengesetzte Richtung. Dies entspricht weder den Interessen der indochinesischen Staaten, noch denen des Friedens. Wir vertreten den Standpunkt, daß das Genfer Abkommen über die Wiederherstellung des Friedens in Indochina strikt und gewissenhaft durchgeführt werden muß. Keine Einmischung oder Obstruktion, gleichgültig von welcher Seite, dürfen geduldet werden. Die Frage der friedlichen Wiedervereinigung Koreas sollte ebenfalls in Übereinstimmung mit diesen Prinzipien gelöst werden.

Wir asiatischen und afrikanischen Länder müssen auf wirtschaftlichem und kulturellem Gebiet zusammenarbeiten, um leichter die wirtschaftliche und kulturelle Rückständigkeit zu beseitigen, die durch die lange Periode kolonialer Ausbeutung und Unterdrückung verursacht wurde. Diese Zusammenarbeit sollte auf Gleichberechtigung und gegenseitigem Vorteil ohne Sonderrechte basieren. Unsere Handelsbeziehungen und die wirtschaftliche Zusammenarbeit sollten dem Zweck der Förderung einer unabhängigen wirtschaftlichen Entwicklung in jedem Land dienen und sollten nicht dazu führen, ein Land in einen bloßen Produzenten von Rohstoffen und einen Markt für Konsumgüter zu verwandeln. Unser kultureller Austausch sollte die Entwicklung der nationalen Kultur eines jeden Landes respektieren und nicht den Charakter und die besonderen

Verdienste der Kultur eines Landes außer Acht lassen, sodaß wir voneinander lernen und gegenseitigen Nutzen ziehen können.

Heute, wo die Völker Asiens und Afrikas zunehmend ihr Schicksal in die eigenen Hände nehmen, kann man mit Sicherheit sagen, obwohl die gegenwärtige wirtschaftliche und kulturelle Zusammenarbeit zwischen uns noch kein großes Ausmaß erreicht hat, daß die Zusammenarbeit auf der Grundlage der Gleichberechtigung und des gegenseitigen Vorteils eine glänzende Zukunft haben wird. Wir sind überzeugt, daß mit dem Voranschreiten der Industrialisierung unserer Länder und der Hebung des Lebensstandards unserer Völker und mit der Beseitigung der künstlichen Handelsschranken, die von außen zwischen uns errichtet wurden, die Handelsbeziehungen und die wirtschaftliche Zusammenarbeit zwischen den asiatischen und afrikanischen Ländern immer enger werden und der kulturelle Austausch immer mehr zunehmen wird.

Wenn wir den Prinzipien der gegenseitigen Achtung der Souveränität und territorialen Integrität, des Nichtangriffs, der Nichteinmischung in die inneren Angelegenheiten anderer, der Gleichberechtigung und des gegenseitigen Vorteils folgen, kann die friedliche Koexistenz von Ländern mit unterschiedlicher Gesellschaftsordnung verwirklicht werden. Wenn die Beachtung dieser Prinzipien gesichert ist, gibt es keinen Grund, warum internationale Streitigkeiten nicht durch Verhandlungen beigelegt werden können.

Im Interesse der Verteidigung des Weltfriedens sollten wir, die asiatischen und afrikanischen Länder, die alle mehr oder weniger ähnlichen Bedingungen unterliegen, die ersten sein, die die freundschaftliche Zusammenarbeit und die friedliche Koexistenz in die Tat umsetzen. Die Unstimmigkeiten und die Spaltung unter den asiatischen und afrikanischen Ländern, die durch die Kolonialherrschaft in der Vergangenheit hervorgerufen wurden, sollten nicht länger bestehen bleiben. Wir asiatischen und afrikanischen Länder sollten einander achten und alle Verdächtigungen und Befürchtungen, die vielleicht zwischen uns existieren, beseitigen.

Die Regierung der Volksrepublik China stimmt vollständig den Zielen der Afro-Asiatischen Konferenz zu, wie sie von den Ministerpräsidenten der fünf südasiatischen Länder in ihrem gemeinsamen Kommuniqué auf der Bogor-Konferenz definiert wurden. Wir sind der Meinung, daß die afro-asiatischen Länder zur Förderung des Weltfriedens und der Zusammenarbeit in Übereinstimmung mit ihren gemeinsamen Interessen zuallererst Verständigung und Zusammenarbeit untereinander anstreben und freundschaftliche und gutnachbarliche Beziehungen herstellen sollten. Indien, Birma und China haben die fünf Prinzipien der friedlichen Koexistenz als die leitenden Prinzipien ihrer gegenseitigen Beziehungen bekräftigt. Diese Prinzipien haben die Unterstützung von immer mehr Ländern gewonnen. China und Indonesien haben, diesen Prinzipien folgend, bereits gute Ergebnisse in ihren vorbereitenden Gesprächen über die Frage der Staatsangehörigkeit der Bürger eines Landes, die im jeweils anderen Land wohnen, erzielt. China hat auf der Genfer Konferenz auch seine Bereitschaft erklärt, freundschaftliche Beziehungen mit den indochinesischen Staaten auf der Grundlage dieser fünf Prinzipien zu entwickeln. Es gibt keinen Grund, warum die Beziehungen zwischen China und Thailand, den Philippinen und anderen Nachbarländern nicht auf der Grundlage dieser fünf Prinzipien verbessert werden können. China ist bereit, normale Beziehungen mit anderen asiatischen und afrikanischen Ländern auf der Grundlage der strikten Beachtung dieser Prinzipien aufzunehmen und ist bereit, die Normalisierung der Beziehungen zwischen China und Japan zu fördern. Um das gegenseitige Verständnis und die Zusammenarbeit zwischen uns zu fördern, schlagen wir vor, daß die Regierungen, Parlamente und Organisationen der Volksmassen der asiatischen und afrikanischen Länder sich gegenseitig freundschaftliche Besuche abstatten.

Sehr verehrter Herr Präsident, verehrte Delegierte!

Die Zeiten, in denen das Schicksal der asiatischen und afrikanischen Völker von der Willkür fremder Mächte bestimmt wurde, sind für immer vorbei. Wir sind überzeugt, wenn wir entschlossen sind, den Weltfrieden zu erhalten, kann uns niemand in einen Krieg hineinzerren; wenn wir entschlossen sind, für nationale Unabhängigkeit zu kämpfen und sie zu verteidigen, kann uns niemand weiter versklaven; wenn wir entschlossen sind, freundschaftliche Zusammenarbeit aufzunehmen, kann uns keiner spalten.

Was wir asiatischen und afrikanischen Länder wollen, ist Frieden und Unabhängigkeit. Es ist nicht unsere Absicht, asiatische und afrikanische Länder in Gegensatz zu Ländern in anderen Regionen zu bringen. Wir wollen ebenso die Schaffung friedlicher Beziehungen und Zusammenarbeit mit Ländern in anderen Regionen.

Es war nicht einfach, unser Treffen zustandezubringen. Obwohl es viele unterschiedliche Meinungen unter uns gibt, sollte dies nicht die gemeinsamen Wünsche von uns allen beeinträchtigen. Unsere Konferenz sollte unseren gemeinsamen Wünschen Ausdruck ver-

Rede auf der Bandung-Konferenz

leihen und damit ein wertvolles Kapitel in der Geschichte Asiens und Afrikas schreiben. Gleichzeitig sollten die Kontakte, die wir durch die Konferenz aufgenommen haben, fortgesetzt werden, damit wir einen größeren Beitrag zum Weltfrieden leisten können. Es ist so, wie seine Exzellenz, Präsident Sukarno, Staatsoberhaupt der Republik Indonesien, richtig sagte, wir Asiaten und Afrikaner müssen uns zusammenschließen.

Laßt uns im voraus den Erfolg unserer Konferenz begrüßen.

Quelle: Supplement to ‚People's China'
Nr. 10/1955
Eigene Übersetzung

ERGÄNZENDE REDE AUF DER PLENAR-SITZUNG DER AFRO–ASIATISCHEN KONFERENZ VON BANDUNG

(19. April 1955)

Sehr verehrter Herr Präsident, verehrte Delegierte!

Meine Hauptrede ist vervielfältigt und an Sie verteilt worden. Nachdem ich die Reden vieler Delegationsleiter gehört habe, möchte ich einige ergänzende Bemerkungen machen.

Die chinesische Delegation ist hierhergekommen, um Einheit anzustreben, nicht um zu streiten. Wir Kommunisten verheimlichen nicht, daß wir vom Kommunismus überzeugt sind und daß wir das sozialistische System für gut halten. Obgleich Unterschiede zwischen uns bestehen, ist es auf dieser Konferenz nicht notwendig, die Ideologien und die politischen Systeme unserer Länder herauszustellen.

Die chinesische Delegation ist hierhergekommen, um eine gemeinsame Grundlage anzustreben, und nicht um Meinungsverschiedenheiten hervorzurufen. Gibt es eine Basis dafür, eine gemeinsame Grundlage unter uns anzustreben? Jawohl. Die überwältigende Mehrheit der asiatischen und afrikanischen Länder und Völker hat unter dem vom Kolonialismus verursachten Elend gelitten und leidet immer noch darunter. Das kann jeder von uns bestätigen. Wenn wir eine gemeinsame Grundlage für die Beseitigung des vom Kolonialismus verursachten Leidens und Elends anstreben, wird es sehr leicht für uns sein, uns gegenseitig zu verstehen und zu achten, gegenseitig Sympathie zu empfinden und einander zu unterstützen, anstatt uns gegenseitig zu mißtrauen und zu fürchten, uns voneinander abzukapseln und zu streiten. Deshalb stimmen wir mit den vier Zielen der Afro-Asiatischen Konferenz überein, die die Ministerpräsidenten der fünf Länder auf der Bogor-Konferenz erklärt haben und machen wir keine anderen Vorschläge. Was die allein von den Vereinigten Staaten im Gebiet von Taiwan hervorgerufene Spannung betrifft, hätten wir der Konferenz einen solchen Tagesordnungspunkt zur Beratung vorlegen können, wie den Vorschlag der Sowjetunion, eine Lösung durch eine internationale Konferenz anzustreben. Der Wille des chinesischen Volkes, sein Territorium Taiwan und seine Küsteninseln zu befreien, ist gerecht. Es handelt sich dabei ausschließlich um eine innere Angelegenheit Chinas und die Ausübung unserer Souveränität. Unsere gerechte Sache hat die Unterstützung vieler Länder gefunden. Ferner hätten wir der Konferenz die Frage der Anerkennung und Wiederherstellung der legitimen Rechte der Volksrepublik China in den Vereinten Nationen zur Beratung vorlegen können. Die Bogor-Konferenz, die letztes Jahr von den Ministerpräsidenten der fünf Colombo-Mächte abgehalten wurde, unterstützte — wie auch andere asiatische und afrikanische Länder — die Wiederherstellung der legitimen Rechte der Volksrepublik China in den Vereinten Nationen. Darüber hinaus hätten wir hier auch Chinas ungerechte Behandlung durch die Vereinten Nationen einer Kritik unterziehen können. Aber wir taten nichts von alledem, weil unsere Konferenz sonst in ergebnislose Auseinandersetzungen über all diese Probleme hineingezogen werden würde.

suchen. Unsere Unterschiede bleiben davon unberührt. Was unsere gemeinsame Grundlage angeht, sollte die Konferenz allen unseren gemeinsamen Wünschen und Forderungen feierlich Ausdruck verleihen. Das ist jetzt unsere Hauptaufgabe. Was unsere unterschiedlichen Auffassungen betrifft, so wird von niemandem die Aufgabe seiner Ansichten verlangt, denn die Verschiedenheit der Gesichtspunkte ist eine objektive Tatsache. Unsere unterschiedlichen Auffassungen sollten uns aber nicht daran hindern, hinsichtlich unserer Hauptaufgabe Übereinstimmung zu erreichen. Auf der Grundlage unserer Gemeinsamkeiten sollten wir versuchen, unsere unterschiedlichen Ansichten zu verstehen und zu achten.

Zunächst möchte ich nun über die Frage der verschiedenen Ideologien und Gesellschaftsordnungen sprechen. Wir müssen anerkennen, daß unter uns asiatischen und afrikanischen Ländern tatsächlich verschiedene Ideologien und verschiedene Gesellschaftsordnungen bestehen. Aber dies hindert uns nicht daran, eine ge-

Rede auf der Plenarsitzung der Bandung-Konferenz

meinsame Grundlage anzustreben und uns zusammenzuschließen. Seit dem Zweiten Weltkrieg sind viele unabhängige Länder entstanden. Eine Gruppe dieser Länder wird von Kommunistischen Parteien geführt, eine andere von nationalistischen Kräften. Nur wenige Länder gehören zur ersten Gruppe. Aber einigen Leuten mißfällt es, daß das 600 Millionen zählende chinesische Volk ein politisches System gewählt hat, das sozialistischer Natur ist und von der Kommunistischen Partei Chinas geführt wird, und daß das chinesische Volk nicht mehr unter der Herrschaft des Imperialismus steht. Die zweite Ländergruppe ist zahlenmäßig größer, ihr gehören Länder wie Indien, Birma, Indonesien und viele andere Länder in Asien und Afrika an. Beide Ländergruppen sind unabhängig von kolonialer Herrschaft geworden und setzen ihren Kampf für vollständige Unabhängigkeit weiter fort. Gibt es irgendeinen Grund, warum wir einander nicht verstehen und achten, uns gegenseitig nicht unterstützen und Sympathie füreinander hegen können? Alle Gründe sprechen dafür, die fünf Prinzipien zur Grundlage zu machen, um freundschaftliche Zusammenarbeit und gutnachbarliche Beziehungen unter uns herzustellen. Wir asiatischen und afrikanischen Länder, einschließlich Chinas, sind alle wirtschaftlich und kulturell rückständig. Da unsere Afro-Asiatische Konferenz niemanden ausschließt, warum sollten wir einander nicht verstehen und freundschaftliche Zusammenarbeit aufnehmen können?

Zweitens möchte ich über die Frage sprechen, ob es Religionsfreiheit gibt. Religionsfreiheit ist ein Prinzip, das heute von allen Nationen anerkannt wird. Wir Kommunisten sind Atheisten, aber wir achten alle, die einen religiösen Glauben haben. Wir hoffen, daß die Menschen, die einen religiösen Glauben haben, auch diejenigen achten werden, die ohne Glauben sind. China ist ein Land, in dem es Religionsfreiheit gibt. In China gibt es nicht nur 7 Millionen Kommunisten, sondern auch zig Millionen Moslems und Buddhisten und Millionen Protestanten und Katholiken. Mitglied unserer chinesischen Delegation ist ein frommer Imam des Islam. Diese Situation ist für die innere Eintracht Chinas kein Hindernis. Warum sollte es in der Gemeinschaft der asiatischen und afrikanischen Länder unmöglich sein, die religiösen und die areligiösen zusammenzuschließen? Die Zeiten, in denen religiöse Streitigkeiten zwischen uns angestiftet wurden, sollten vorbei sein, denn diejenigen, die vom Anstiften solcher Streitigkeiten profitieren, sind nicht unter uns.

Drittens möchte ich über die Frage der sogenannten umstürzlerischen Umtriebe sprechen. Der Kampf des chinesischen Volkes gegen den Kolonialismus dauerte mehr als hundert Jahre. Der revolutionäre, nationale und demokratische Kampf unter Führung der Kommunistischen Partei Chinas hat erst nach dreißig entbehrungsreichen und komplizierten Jahren schließlich den Sieg errungen. Es ist unmöglich, all die Leiden des chinesischen Volkes unter der Herrschaft des Imperialismus, des Feudalismus und Tschiang Kaischeks zu schildern. Nach alledem hat das chinesische Volk seine Staatsordnung und die gegenwärtige Regierung gewählt. Nur durch die Anstrengungen des chinesischen Volkes errang die chinesische Revolution den Sieg. Sie ist keineswegs aus dem Ausland importiert worden. Das können selbst diejenigen nicht leugnen, die den Sieg der chinesischen Revolution nicht gerne sehen. Ein chinesisches Sprichwort sagt: „Was du nicht willst, daß man dir tu' das füg' auch keinem andern zu". Wir sind gegen ausländische Einmischung, wie könnten wir uns in die inneren Angelegenheiten anderer einmischen wollen? Einige Leute sagen: Es gibt mehr als 10 Millionen Auslandschinesen, deren doppelte Staatsangehörigkeit ausgenutzt werden könnte, um subversive Aktivitäten durchzuführen. Aber das Problem der doppelten Staatsangehörigkeit stammt noch aus dem alten China. Bis heute benutzt Tschiang Kai-schek immer noch eine Handvoll Auslandschinesen, um subversive Aktivitäten gegen die Länder, in denen sie leben, auszuführen. Die Volksregierung des Neuen China jedoch ist bereit, das Problem der doppelten Staatsangehörigkeit von Auslandschinesen mit den Regierungen der betroffenen Länder zu lösen. Einige andere Leute sagen, daß Chinas autonome Region des Thai-Volkes eine Bedrohung für andere darstellt. In China gibt es mehr als 40 Millionen Menschen nationaler Minderheiten aus einer ganzen Reihe verschiedener Nationalitäten. Das Thai-Volk und das Chuang-Volk, die von gleicher Abstammung sind, zählen fast 10 Millionen Menschen. Da es sie gibt, müssen wir ihnen das Recht auf Autonomie gewähren. Genauso wie es ein autonomes Gebiet für das Shan-Volk in Birma gibt, hat jede nationale Minderheit in China ihr autonomes Gebiet. Die nationalen Minderheiten in China üben ihr Recht auf Autonomie innerhalb Chinas aus, wie ist es möglich, das als Bedrohung unserer Nachbarn zu bezeichnen?

Auf der Grundlage der strikten Beachtung der fünf Prinzipien sind wir sofort bereit, normale Beziehungen mit allen asiatischen und afrikanischen Ländern, mit allen Ländern der Welt und zuallererst mit unseren Nachbarländern aufzunehmen. Das gegenwärtige Problem ist nicht, daß wir subversive Aktivitäten gegen die Regierungen anderer Länder ausführen, sondern daß es Leute gibt, die rund um China Stützpunkte errichten, um subversive Aktivitäten gegen die chinesische Regierung auszuführen. Zum Beispiel gibt es in der Tat Reste von bewaffneten Banken der Tschiang-Kai-schek-Clique an der Grenze zwischen China und Birma, die zersetzende Aktivitäten sowohl gegen China als auch gegen Birma durchführen. Aufgrund der freundschaftlichen Beziehungen zwischen China und Birma und weil wir immer die Souveränität Birmas respektiert haben, vertrauen wir darauf, daß die Regierung von Birma dieses Problem lösen wird.

Das chinesische Volk hat seine Regierung gewählt und unterstützt sie. In China besteht Religionsfreiheit. China hat keinerlei Absichten, die Regierungen seiner Nachbarländer zu stürzen. Im Gegenteil, China leidet unter umstürzlerischen Aktivitäten, die von den Vereinigten Staaten von Amerika offen und unverhüllt ausgeübt werden. Diejenigen, die das nicht glauben, mögen nach China kommen oder jemanden schicken, um sich zu überzeugen. Wir sind uns darüber im Klaren, daß es bei denen Zweifel gibt, die die Wahrheit noch nicht kennen. Es gibt in China ein Sprichwort: „Einmal sehen ist besser als hundertmal hören". Wir laden die Delegierten der teilnehmenden Länder dieser Konferenz herzlich ein, China zu besuchen, wann immer sie wollen. Wir haben keinen Bambusvorhang, sondern einige Leute verbreiten Rauchwolken zwischen uns.

Die 1,6 Milliarden Menschen Asiens und Afrikas wünschen unserer Konferenz Erfolg. Alle Länder und Völker der Welt, die Frieden wünschen, blicken voller Erwartungen auf den Beitrag, den diese Konferenz für die Erweiterung der Zone des Friedens und für die Errichtung eines kollektiven Friedens leisten wird. Laßt uns — die asiatischen und afrikanischen Länder — zusammenstehen und alles tun, um die Afro-Asiatische Konferenz zum Erfolg zu führen.

Quelle: Supplement to ,People's China',
Nr. 10/1955
Eigene Übersetzung

REDE AUF DER SCHLUSSITZUNG DER AFRO—ASIATISCHEN KONFERENZ VON BANDUNG

(24. April 1955)

Sehr verehrter Herr Präsident, verehrte Delegierte!

Unsere Konferenz hat Erfolge erzielt. Zuerst möchte ich vor allem anderen den fünf Colombo-Mächten im Namen der chinesischen Delegation für ihre Initiative zur Einberufung dieser Konferenz; unseren Gastgebern, dem Präsidenten, dem Volk und der Regierung der Republik Indonesien für ihre herzliche Gastfreundschaft; dem Präsidenten unserer Konferenz, dem Ministerpräsidenten von Indonesien für seine Anstrengungen; allen Delegationen für ihre Zusammenarbeit; und dem gemeinsamen Sekretariat der Konferenz und allen Mitarbeitern, die an der Arbeit der Konferenz teilgenommen haben, für ihren wertvollen Beitrag danken.

Die Erfolge der Konferenz liegen im Beginn bzw. der weiteren Vertiefung des gegenseitigen Verstehens zwischen den asiatischen und afrikanischen Ländern und darin, daß in einigen wichtigen Fragen Übereinkünfte erzielt wurden. Diese Erfolge werden eine große Hilfe für unsere gemeinsame Aufgabe des Kampfs gegen den Kolonialismus, der Verteidigung des Weltfriedens und der Weiterentwicklung der freundschaftlichen Zusammenarbeit zwischen uns sein. Diese Konferenz hat in hohem Maße die Erwartungen der Völker Asiens und Afrikas erfüllt.

Auf dieser Konferenz hat sich auch die Tatsache widergespiegelt, daß unser Herangehen an und unsere Ansichten über viele Fragen unterschiedlich sind. Zum Teil haben wir unsere Differenzen auch diskutiert. Jedoch hinderten uns die unterschiedlichen Herangehensweisen und Ansichten nicht, gemeinsame Übereinkünfte zu erreichen. Wir konnten solche Erfolge im Kampf gegen den Kolonialismus, in der Verteidigung des Weltfriedens und der Weiterentwicklung politischer, wirtschaftlicher und kultureller Zusammenarbeit erreichen, weil wir Völker der asiatischen und afrikanischen Länder dasselbe Schicksal teilen und dieselben Wünsche haben.

Aus demselben Grund möchte ich noch einmal erklären, daß der Kampf der Völker von Algerien, Marokko und Tunesien für Selbstbestimmung und Unabhängigkeit, daß der Kampf des arabischen Volkes von Palästina für Menschenrechte, daß der Kampf des indonesischen Volkes für die Wiederherstellung der indonesischen Souveränität über West-Irian und der gerechte Kampf aller Völker Asiens und Afrikas zur Abschüttelung des Kolonialjochs, für Unabhängigkeit und Freiheit der Völker, die volle Sympathie und Unterstützung des chinesischen Volkes findet.

Ich möchte weiterhin darauf hinweisen, daß die Erklärung über die Förderung des Weltfriedens und der Zusammenarbeit, die von dieser Konferenz angenommen wurde, dazu beitragen wird, den Abbau internationaler Spannungen, insbesondere der Spannung im Fernen Osten, zu erleichtern. Wir sind der Ansicht, daß die betroffenen Parteien die vollständige Einhaltung des Abkommens für die Wiederherstellung des Friedens in Indochina garantieren sollten. Was die friedliche Wiedervereinigung Koreas betrifft, so sollten die betroffenen Parteien schnell eine Lösung durch Verhandlungen anstreben. China und die Vereinigten Staaten sollten sich an einen Tisch setzen und Verhandlungen aufnehmen, um die Frage des Abbaus und der Beseitigung der Spannung im Gebiet von Taiwan zu lösen. Allerdings wird dies nicht im geringsten die gerechte Forderung des chinesischen Volkes berühren, seine souveränen Rechte auszuüben und Taiwan zu befreien.

Zum Schluß möchte ich meiner Hoffnung Ausdruck verleihen, daß die Kontakte zwischen den asiatischen und afrikanischen Ländern und die freundschaftlichen Beziehungen zwischen unseren Völkern von jetzt an zunehmen werden. Ich wünsche allen Delegierten gute Gesundheit und eine gute Reise auf ihrer Rückfahrt. Auf Wiedersehen!

Quelle: Supplement to ‚People's China',
Nr. 10/1955
Eigene Übersetzung

BERICHT ÜBER DIE BERICHTIGUNG DER HAUPTSÄCHLICHEN PLANZIELE DES VOLKSWIRTSCHAFTSPLANS 1959 UND DIE WEITERE ENTFALTUNG DER BEWEGUNG ZUR ERHÖHUNG DER PRODUKTION UND ZUR SPARSAMKEIT

(VORGETRAGEN AUF DER 5. PLENARSITZUNG DES STÄNDIGEN AUSSCHUSSES DES II. NATIONALEN VOLKSKONGRESSES AM 26. AUGUST 1959)

Auf der Grundlage des Erfüllungsstands des Volkswirtschaftsplans 1959 und der Analyse der gegenwärtigen ökonomischen Lage machte die vom 2.–16. August d. J. durchgeführte 8. Plenartagung des VIII. Zentralkomitees der Kommunistischen Partei Chinas den Vorschlag, die wirtschaftlichen Planziele für das laufende Jahr zu berichtigen und stellte die Kampfaufgabe, die Bewegung zur Erhöhung der Produktion und zur Sparsamkeit weiter fortzusetzen, um in diesem Jahr den 2. Fünfjahrplan in seinen wichtigsten Positionen vorfristig zu erfüllen. Der Staatsrat bestätigte auf seiner Plenarsitzung vom 25. August einstimmig die von der 8. Plenartagung des VIII. Zentralkomitees der Kommunistischen Partei Chinas gegebene Einschätzung der gegenwärtigen ökonomischen Lage, den Vorschlag über die Berichtigung der hauptsächlichen Planziele des Volkswirtschaftsplans 1959 und den Vorschlag über die weitere Entfaltung der Bewegung zur Erhöhung der Produktion und zur Sparsamkeit. Ich erlaube mir jetzt, im Namen des Staatsrates dem Ständigen Ausschuß des II. Nationalen Volkskongresses einen Bericht über die Berichtigung der hauptsächlichen Planziele des Volkswirtschaftsplans 1959 und über die weitere Entfaltung der Bewegung zur Erhöhung der Produktion und zur Sparsamkeit vorzulegen.

I. DIE WIRTSCHAFTSLAGE IM JAHR 1959

Im ersten Halbjahr 1959 gelang es uns, aufbauend auf den Erfolgen des gewaltigen Großen Sprungs nach vorn von 1958, auf allen Gebieten der Volkswirtschaft einen großen Erfolg bei der Fortsetzung des Sprungs nach vorn zu erzielen.

Industrie: Der gesamte Produktionswert der Industrie belief sich in der ersten Jahreshälfte auf 72,9 Milliarden Yüan, das sind 65 % mehr als in derselben Zeit des Vorjahres (44,3 Milliarden Yüan). Die Produktion einiger der wichtigsten Industrieerzeugnisse und ihr Wachstum im Vergleich zur entsprechenden Periode des Vorjahres entwickelte sich in der ersten Hälfte d. J. wie folgt: Eisen (aus moderner Produktion): 9,5 Millionen Tonnen = um 160 %; Stahl (aus moderner Produktion): 5,3 Millionen Tonnen = um 66 %; Kohle: 174 Millionen Tonnen = um mehr als 100 %; Elektroenergie: 18,4 Milliarden kWh = um 55 %; spanabhebende Metallbearbeitungsmaschinen: 45 000 Stück = um mehr als 100 %; Baumwollgarn 4 147 000 Ballen* = um 46 %; Zucker 780 000 Tonnen = um 43 %. Auch der Ausstoß anderer Produkte stieg im Vergleich zur gleichen Periode des Vorjahres, und nur sehr wenige von ihnen zeigen eine Erhöhung um weniger als 20 %.

Landwirtschaft: Trotz einer gewissen Verringerung der Anbaufläche für Sommerkulturen und trotz ernster Naturkatastrophen im Frühjahr erhöhte sich dank der Überprüfung und Festigung der Volkskommunen und der sich weiter entwickelnden Aktivität der breiten Bauernmassen die Sommerernte an Weizen, Frühreis und anderen Getreidearten auf 69 500 000 Tonnen. Das sind sogar 1 250 000 Tonnen mehr, als die außerordentlich reiche Sommerernte von 1958 (68 250 000 Tonnen).

Transportwesen: Im ersten Halbjahr 1959 betrug die Tonnage im Eisenbahngüterverkehr 247 Millionen Tonnen, das sind 49 % mehr als in der gleichen Periode des Vorjahres; der Schiffsgütertransport auf Dampfschiffen und Schleppkähnen stieg auf 55 Millionen Tonnen, das sind 75 % mehr; der Güterverkehr mit Lastwagen auf 140 Millionen Tonnen, das sind 94 % mehr.

Investbau: In der ersten Hälfte 1959 beliefen sich die Gesamtinvestitionen auf 10,7 Milliarden Yüan, das sind 54 % mehr als in der gleichen Zeit des Vorjahres. Dank der in großem Umfang durchgeführten Investbauten konnte eine große Anzahl von Bauobjekten vollkommen oder teilweise die Produktion aufnehmen, wodurch sich die Produktionskapazität der Industrie bedeutend erhöhte.

* 1 Ballen = 181,4 kg

Handel: Der Einzelhandelsumsatz betrug in der ersten Hälfte 1959 29,6 Milliarden Yüan, ein Zuwachs von 23 % im Vergleich zur gleichen Zeit des Vorjahres. In dieser Zeitspanne steigerte sich der Umsatz für den größten Teil des Warensortiments in unterschiedlichem Maße.

Aus alledem ist ersichtlich, daß in der ersten Jahreshälfte die hohe Entwicklungsgeschwindigkeit auf dem Gebiet der Industrie, der Landwirtschaft, des Verkehrswesens, des Investbaus und des Handels weiter anhielt. Im ganzen ist die Wirtschaftslage unseres Landes gut; unsere Erfolge sind groß und das Gesamtbild bestätigt die Fortsetzung des Sprungs nach vorn. Die breiten Volksmassen sind mit dieser Lage zufrieden und sind von unseren großartigen Perspektiven überzeugt.

Doch im Gegensatz zu der übergroßen Mehrzahl unseres Volkes, die voller Vertrauen und Energie ist, bleibt eine kleine Anzahl von Menschen gegenüber dem großen Erfolg beim sozialistischen Aufbau unseres Landes gleichgültig. Sie schätzen die gegenwärtige Wirtschaftslage pessimistisch ein und bemühen sich sogar, ihre äußerst irrigen Ideen zu verbreiten. Das könnte natürlich den Enthusiasmus der Volksmassen dämpfen und ihre Initiative beeinträchtigen. Im Interesse der Sache des Sozialismus müssen wir daher solche irrigen und feindlichen Ansichten entschieden zurückweisen. Ich möchte hier nur drei Argumente, die am häufigsten angeführt werden, widerlegen.

1. Die Massenbewegung zur Produktion von Eisen und Stahl

Begeistert von der Generallinie, „durch Entfaltung aller Kräfte den Oberlauf des Flusses zu erreichen, und entsprechend dem Prinzip ‚viel, schnell, gut und sparsam' den Sozialismus aufzubauen", und von den verschiedenen Richtlinien für die Politik, „auf zwei Beinen zu gehen", schlossen sich die mehr als 600 Millionen Menschen unseres Landes festen Willens und mit großer Begeisterung der Bewegung für den Aufbau des Sozialismus an. Das führte zu einer gigantischen, in der Geschichte unseres Landes nie dagewesenen Massenbewegung zum Aufbau der Wirtschaft. Einer der bedeutendsten Aspekte dieser Massenbewegung war, daß sich Dutzende von Millionen Menschen daran machten, Erz und Kohle zu gewinnen und große Mengen Eisen und Stahl zu schmelzen. Die

Volksmassen verstanden, daß die mächtige, breite Massenbewegung an der ökonomischen Front eine außerordentlich schnelle Entwicklung der Volkswirtschaft sichert und das Antlitz unseres armen und rückständigen Landes verhältnismäßig schnell verändert. Darum entwickelten sie einen außerordentlichen Arbeitsenthusiasmus, wobei sie manchmal Essen und Schlaf vergaßen. Inländische und ausländische Reaktionäre nennen das „Zwangsarbeit" und „Freiheitsberaubung". Das ist eine schamlose Verleumdung. Für die Herren Imperialisten ist es nichts Ungewöhnliches, den Menschen die Freiheit zu rauben. Aber hat die westliche Welt jemals so ein großartiges Schauspiel erlebt, daß sich Dutzende von Millionen Menschen daran machten, Erz und Kohle zu gewinnen und große Mengen Eisen und Stahl zu schmelzen? Es unterliegt keinem Zweifel, daß das kapitalistische System einen derartig bewußten, freiwilligen Arbeitsenthusiasmus der Werktätigen weder kennt noch jemals kennen lernen wird. Unsere Generallinie für den sozialistischen Aufbau entspricht voll und ganz dem Willen des werktätigen Volkes unseres ganzen Landes, und das ist der Grund, weshalb sich diese Linie, nachdem sie von den Massen aufgegriffen worden war, in eine so gewaltige, unvergleichliche Kraft verwandelte. Das können und wollen die inländischen und ausländischen Reaktionäre natürlich nicht verstehen.

Es gibt solche Meinungen, daß im vergangenen Jahre im Verlauf der Massenbewegung zum Schmelzen von Eisen und Stahl viel Arbeitskraft und Geld verbraucht wurde, während im Ergebnis nur Stahl und Eisen geringer Qualität herauskam, und somit mehr „Verlust als Gewinn" erzielt wurde oder sich zumindest „Gewinn und Verlust" die Waage hielten. Wir halten eine solche Ansicht für völlig falsch.

1958 produzierten wir 13 690 000 Tonnen Roheisen (hierin sind 4 bis 5 Millionen Tonnen Roheisen, die sich zwar nicht zur Stahlerzeugung, wohl aber für die Produktion einfacher landwirtschaftlicher und anderer Geräte eignen, nicht inbegriffen), das ist 2,3mal soviel als 1957; außerdem erzeugten wir 11,08 Millionen Tonnen Stahl, das ist mehr als das Doppelte von 1957. Die Massenbewegung zur Herstellung von Eisen und Stahl nach landläufigen Methoden, mit einfachen Ausrüstungen und in kleinen Betrieben führte zur Massenbewegung zur Produktion von Eisen und Stahl auf der Grundlage der modernen Technik in Großbetrieben und zu weiteren Massenbewegungen in der gesamten Industrie. Ausgehend von der Stahlproduktion wurde in der gesamten Industrie ein großer Sprung nach vorn getan. Der Ausstoß vieler wichtiger Industrieprodukte wuchs um das Doppelte oder sogar um das Mehrfache. 1958 war der Gesamtwert der Industrieproduktion um 66 % höher als 1957. Und noch mehr: die stürmische Bewegung zum Schmelzen von Eisen und Stahl schuf die Voraussetzungen für eine weitere Entwicklung der Hüttenindustrie und aller Industriezweige. Ausgehend von den im Vorjahr angelegten, nach landläufigen Methoden arbeitenden Hochöfen und kleinen Hochöfen wurden an vielen Orten, die über entsprechende Rohstoffquellen verfügen, nach der Stillegung wirtschaftlich ungünstig gelegener Objekte sowie Vergrößerung der Ausrüstung und Verbesserung der Technik im vorigen Winter und in diesem Frühling, Gruppen kleiner Hochöfen geschaffen, wodurch die Produktion bedeutend gesteigert und in gleichem Maße die Qualität des Roheisens verbessert wurde.

Gegenwärtig ist das Volumen aller kleinen in Betrieb befindlichen Hochöfen (von 6,5 bis 100 m^3) auf 43 000 m^3 gestiegen, das ist fast das Doppelte des Volumens aller großen modernen Hochöfen Chinas (24 000 m^3). Die kleinen Öfen werden in diesem Jahr ungefähr 10 Millionen Tonnen Roheisen liefern, im Verlauf des ganzen 2. Fünfjahrplans etwa 55 Millionen Tonnen und von 1963 ab über 15 Millionen Tonnen jährlich.

Im Verlauf dieser fünf Jahre erhalten die kleinen Hochöfen vom Staat bestimmte Zuschüsse, was durchaus richtig und von größter Bedeutung ist. Würden wir in einer so kurzen Zeitspanne nur große Hochöfen bauen, so könnten wir bei gleichen oder gar noch höheren Investitionen aufgrund verschiedener einschränkender Faktoren innerhalb von fünf Jahren keine derartige Menge Roheisen schmelzen. Die Geschichte der Industrialisierung der verschiedensten Länder der Welt zeigt: Ist Roheisen und Stahl vorhanden, kann man auch Maschinen produzieren; gibt es Roheisen, Stahl und Maschinen, können sich alle Industriezweige und die ganze Volkswirtschaft schnell entwickeln. Aus diesem Grunde darf man nicht zulassen, daß die stürmische Massenbewegung zum Schmelzen von Roheisen und Stahl und die große Bedeutung, die den zahlreichen kleinen Hochöfen für die zukünftige Eisen- und Stahlproduktion zukommt, übersehen werden.

In den letzten Monaten haben die kleinen Hochöfen bereits große Fortschritte bei der Verbesserung der Qualität ihrer Produktion und der Senkung des Kohleverbrauchs zu verzeichnen. So erzeugten sie im Juli 1959 zu 75 % Roheisen guter Qualität; der Kohleverbrauch verringerte sich auf 4 Tonnen je Tonne Roheisen; ihre Leistung beträgt jetzt in 24 Stunden etwa 0,7 Tonnen pro Kubikmeter

Hochofenraum. Das beweist, daß die Massenbewegung in der Hüttenindustrie eine riesige Lebenskraft besitzt und wieder eine neue, höhere Stufe erreicht hat. Es ist vorauszusehen, daß die kleinen Hochöfen in der nahen Zukunft noch größere Fortschritte bei der Erhöhung der Produktion, Verbesserung der Qualität und Verringerung des Kohleverbrauchs erzielen werden. Die Massenbewegung zum Schmelzen von Eisen und Stahl trug auch zu einer „Stählung der Menschen" bei, ermöglichte es breiten Volksmassen, sich technische Kenntnisse und Wissen anzueignen und vermittelte zahlreichen Kadern Erfahrungen.

Die Tatsachen beweisen, daß die gleichzeitige Entwicklung großer, mittlerer und kleiner Industriebetriebe, in denen sowohl nach modernen als auch landläufigen Methoden gearbeitet wird, eine Reihe von Vorteilen bietet: Die Betriebe können über das ganze Land verteilt werden; die Baufristen sind kürzer; der Bedarf an Grund- und Rohstoffen ist geringer, die Materialversorgung ist einfacher usw. Diese Politik begünstigt auch die Entdeckung zahlreicher neuer Rohstoffquellen, den rationellen Einsatz der Produktivkräfte, die volle Ausnutzung der Rohstoffquellen und die Einsparung von Transportmitteln. Selbstverständlich müssen wir in unserem Lande energisch den Bau moderner Groß- und Mittelbetriebe, vorantreiben. Das ist der wichtigste Gesichtspunkt. Doch keinesfalls dürfen wir den Bau kleiner Betriebe, die nach landläufigen Methoden oder einer Kombination von landläufigen und modernen Methoden arbeiten, vernachlässigen. Wir müssen unbedingt „auf zwei Beinen gehen" und nicht nur eins benutzen.

Ausgehend von oben angeführten Tatsachen, müssen wir entschieden feststellen, daß uns die Massenbewegung zum Schmelzen von Eisen und Stahl sehr großen Nutzen gebracht hat. Es kann nicht die Rede davon sein, daß „Gewinn und Verlust sich die Waage hielten", und noch viel weniger davon, daß der „Verlust größer war als der Gewinn". Die Massenbewegung zum Schmelzen von Eisen und Stahl ist ein wichtiger Bestandteil der konsequenten Durchführung der Generallinie des sozialistischen Aufbaus und des ganzen Komplexes von Richtlinien für die Politik, „auf zwei Beinen zu gehen". Die unter Verdrehung der Tatsachen gegen die Massenbewegung zur Stahl- und Eisengewinnung gerichteten Angriffe sind in Wirklichkeit Angriffe auf die Generallinie des Aufbaus des Sozialismus und auf die Losung, „auf beiden Beinen zu gehen". Derartige Angriffe sind entschieden zurückzuweisen.

Bericht über die Berichtigung des Volkswirtschaftsplans 137

2. Die Volkskommunen und die Gemeinschaftsküchen

Gleichzeitig mit dem Großen Sprung nach vorn in der Volkswirtschaft wurden im Jahre 1958 überall auf dem Lande Volkskommunen gegründet. Das entsprach dem Verlangen Hunderter von Millionen Bauern. In dem Bestreben, noch schneller und wirkungsvoller ihre Armut und Rückständigkeit abzuwerfen, befriedigte die breiten Bauernmassen nicht mehr die damals existierende Organisationsform der Genossenschaften höheren Typs, und sie forderten die Schaffung von Volkskommunen − einer Organisationsform, die einen noch größeren Umfang und einen noch weiteren Wirkungskreis besitzt. Faktisch tauchte die Organisationsform der Volkskommunen schon Ende Frühjahr und Anfang Sommer 1958 an vielen Orten in der Provinz Honan und in anderen Provinzen auf. Sie fand von Anfang an großen Widerhall bei den Bauern des ganzen Landes und innerhalb weniger Monate war die Bildung der Volkskommunen im ganzen Land durchgeführt. Eben weil die Volkskommunen den Willen der überwältigenden Mehrheit der Volksmassen zum Ausdruck bringen und eine große Rolle in der weiteren Befreiung und Entwicklung der Produktivkräfte der Gesellschaft spielen, entwickelten sie schon in ihrem Anfangsstadium eine große Lebenskraft. Es ist allgemein bekannt, daß der außerordentlich große Sprung nach vorn in der Volkswirtschaft im Herbst und Winter vergangenen Jahres untrennbar mit dem Entstehen der Volkskommunen auf dem Lande verbunden ist.

Da die Gründung der Volkskommunen auf einer Massenbewegung beruht und etwas gänzlich Neues darstellt, kann man nicht erwarten, daß diese Organisationsform von Anfang an vollkommen sei und keinerlei Unzulänglichkeiten und Schwierigkeiten aufweise. Es kam im Anfangsstadium, als die Kader und die Volksmassen in dieser Angelegenheit noch keine Erfahrungen besaßen, in gewissem Maß zur Überzentralisierung der Verwaltung, zur Gleichmacherei bei der Verteilung oder auch zu Erscheinungen von Verschwendung. Aber diese Mängel wurden sehr schnell durch das Zentralkomitee der KPCh aufgedeckt und korrigiert. Noch im November vergangenen Jahres wurde auf der von Genossen Mao Tsetung einberufenen Sitzung in Dschengdschou, an der ein Teil führender Genossen aus dem ZK und ein Teil führender Genossen aus örtlichen Organisationen teilnahmen, die Frage der Überprüfung der Volkskommunen behandelt. Dann wurden auf der 6. Plenartagung des

VIII. Zentralkomitees der KPCh in Wutschang und auf der im Februar und März d.J. in Dschengdschou abgehaltenen erweiterten Sitzung des Politbüros des ZK der KPCh eine Reihe wichtiger Beschlüsse und Richtlinien zur Frage der Überprüfung der Volkskommunen angenommen. Auf der Grundlage dieser Beschlüsse begannen die führenden Partei- und Verwaltungsorgane aller Ebenen seit dem Winter v.J. eine große Arbeit zur Überprüfung der Volkskommunen. Hierbei wurde das Prinzip der Leitung und wirtschaftlichen Rechnungsführung auf den verschiedenen Ebenen der Kommune und der Verteilung nach dem Leistungsprinzip durchgesetzt. Auch wurde eine Regelung geschaffen, wonach in der gegenwärtigen Etappe in den Volkskommunen drei Formen von Eigentum an Produktionsmitteln bestehen und zwar bildet das der Produktionsbrigade die Grundlage; die Volkskommunen besitzen einen Teil der Produktionsmittel und die Produktionsgruppe einen geringen Teil derselben. Seit ihrer Überprüfung und Festigung beweisen die Volkskommunen — und das wird in Zukunft in noch größerem Maße der Fall sein — ihre Überlegenheit bei der allseitigen Entwicklung der Landwirtschaft, Forstwirtschaft, Viehzucht, des Nebengewerbes und der Fischerei, wie auch auf dem Gebiet der Industrie, der Landwirtschaft, des Handels, der Volksbildung und der Miliz, bei der schrittweisen Mechanisierung der Landwirtschaft, der Erhöhung des Einkommens der Bauern, der Verbesserung des Lebens auf dem Lande, bei der Einrichtung von Gemeinschaftsküchen, Kinderkrippen und anderer gemeinschaftlicher sozialer Einrichtungen. Das Eigentum in den Volkskommunen trägt gegenwärtig noch immer genossenschaftlichen Charakter, doch zeigt das Eigentum auf der Ebene der Kommune bereits Keime des Volkseigentums. Es ist anzunehmen, daß die Volkskommune eine gute Organisationsform für den zukünftigen Übergang vom genossenschaftlichen zum Volkseigentum auf dem Lande, vom Sozialismus zum Kommunismus ist, und daß sie dafür wertvolle Erfahrungen vermitteln wird.

Die Entstehung der Volkskommunen, die Bewegung zur Gründung von Volkskommunen, ist eine „außerordentlich gute Sache" und durchaus keine „schreckliche Angelegenheit". Sie ist das unvermeidliche Ergebnis der Entwicklung der Verhältnisse und durchaus keine „verfrühte Erscheinung". Nur imperialistische Elemente, die der Sache des Sozialismus in unserem Lande äußerst feindlich gegenüberstehen sowie die rechten Elemente und andere Reaktionäre unseres Landes, die Gegner des Volks und des Sozialismus sind, behaupten, daß die Volkskommune „eine äußerst schreckliche Angelegenheit" sei. Es gibt auch solche Leute, die Lippenbekenntnisse für den Sozialismus abgeben, aber in der Bewegung für die Schaffung von Volkskommunen, die von Hunderten von Millionen Menschen unterstützt wird, diese und jene Unzulänglichkeit heraussuchen und erklären, daß die Bildung von Volkskommunen verfrüht und schlecht durchgeführt worden sei. Man ist geneigt zu fragen: „Fürchtet ihr nicht, in das Lager der bürgerlichen rechten Elemente verschlagen zu werden?"

Jetzt noch einige Worte zur Frage der Gemeinschaftsküchen. Die auf dem Lande weit verbreiteten Gemeinschaftsküchen, die auch in den Wohnbezirken einiger Städte bereits eingerichtet wurden, sind ebenfalls von den Massen selbst geschaffen. Viele Gemeinschaftsküchen existieren schon einige Jahre lang; eine besonders schnelle Entwicklung aber haben sie im Sommer vergangenen Jahres genommen. Sie entsprechen den Bedürfnissen der Massen und ihre Einrichtung wird daher auch von den Massen begrüßt. Besonders lebhaft werden die Gemeinschaftsküchen von den werktätigen Frauen begrüßt, denn sie erleichtern ihnen ihre schwere Hausarbeit und erlauben ihnen, zusammen mit den Männern an der Produktion teilzunehmen. Für alte Leute und Kinder bedeuten die Gemeinschaftsküchen kollektive Wohlfahrt und Sozialversicherung. In der ersten Zeit nach Eröffnung der Gemeinschaftsküchen, die mit der Einbringung einer reichen Ernte, der Massenbewegung zum Schmelzen von Eisen und Stahl und der allseitigen Entwicklung der Industrie zusammenfiel, wurden in einigen Gemeinschaftsküchen aus Mangel an Erfahrung Getreide und Zusatznahrungsmittel nicht gut eingeteilt, und daher etwas zu viel verbraucht. Das ist durchaus zu verstehen. Dieser Fehler ist jetzt bereits korrigiert. Nach der Einbringung der Sommerernte in diesem Jahr wurden allerorts Maßnahmen getroffen, daß das Getreide den Bauernfamilien zugeteilt wird, daß das Essen in den Speisehallen auf dem Prinzip der Freiwilligkeit beruht, daß jedem nur soviel Produkte angerechnet werden, wie er verbraucht, und die von ihm eingesparten zu seiner eigenen Verfügung stehen. Dadurch erhielten die meisten Gemeinschaftsküchen eine feste Basis. Wenn wir aktiv die Arbeit der Gemeinschaftsküchen anleiten und das Prinzip der Freiwilligkeit wahren, so sind wir der Ansicht, daß sie der Produktion zum Nutzen gereichen, den Massen Erleichterungen bieten und deren begeisterte Zustimmung finden werden. Daher ist es ein grober Fehler, die Unzulänglichkeiten, die in der ersten Zeit der Einrichtung von Gemeinschaftsküchen auftauchten, aufzubauschen, sie zu bemängeln, gegen sie aufzutreten oder sie gar gewaltsam, gegen den Willen der Massen, zu schließen.

3. Die Marktlage

In der ersten Hälfte des Jahres stieg die Versorgung mit vielen wichtigen Waren gegenüber derselben Periode des Vorjahres bedeutend an. Statistischen Angaben zufolge steigerte sich die Versorgung mit Getreide[1], Kohle, Seide, alkoholischen Getränken, Streichhölzern etc. um 10 bis 30 %, mit Baumwollstoffen, Speisesalz, Seife, Fahrrädern, Zigaretten etc. um 30 bis 50 %, mit Trikotagen, Wollgarn, Wollstoffen, Gummischuhen, Füllfederhaltern jeder Art um 50 bis über 100 %, mit Speiseöl, Papier, Petroleum, Tee um weniger als 10 %. Bei etwa zehn Warengattungen wie: Schweinefleisch, Rindfleisch, Hammelfleisch, Eiprodukten, Fischereierzeugnissen, Zucker, Baumwollwatte für den Hausgebrauch, Lederschuhen, elektrischen Birnen, Armbanduhren etc. ging in der ersten Hälfte d.J. das Angebot zurück. Doch dieser Rückgang ist nicht in allen Fällen auf einen Produktionsrückgang zurückzuführen. So erklärt sich die Verminderung in der Versorgung mit Fleisch, Eiprodukten, Fischereiprodukten, Baumwollwatte für den Hausgebrauch etc. durch eine bedeutende Steigerung des Verbrauchs dieser Waren auf dem Lande. Die Stadtbevölkerung hat kein Recht, unsere Bauern, deren Lebensstandard stets äußerst niedrig war, zu tadeln, weil sie nach dem großen Aufschwung unserer Produktion während einer gewissen Zeit etwas mehr für sich selbst verbrauchten.

Alles in allem gab es in der ersten Hälfte d.J. in der Versorgung mit Textilwaren, den meisten Waren des täglichen Gebrauchs, Getreide und Zusatznahrungsmitteln keinerlei Verknappung. Nur bei einer verhältnismäßig kleinen Zahl von Zusatznahrungsmitteln und einigen Massenbedarfsgütern machte sich eine gewisse Verknappung bemerkbar. Doch bereits im Juni und Juli begann sich die Versorgung mit Massenbedarfsgütern und Zusatznahrungsmitteln, an denen im ersten Halbjahr Mangel herrschte, zu verbessern. Wenn einige Leute behaupteten, daß alle Waren knapp waren, so ist das eine vorsätzliche Verdrehung der Tatsachen. Eine kleine Anzahl von Leuten behauptet sogar, daß man vor der Befreiung alles habe kaufen können, während es jetzt nichts zu kaufen gebe. Alle wissen, daß das nicht der Wirklichkeit entspricht, sondern eine bösartige

Verleumdung ist. Für die Werktätigen, die 80 bis 90 % der Bevölkerung unseres Landes ausmachen, sprechen die Tatsachen gerade das Gegenteil von dem, was jene Leute behaupten. Die Werktätigen konnten sich vor der Befreiung nicht einmal das Notwendigste anschaffen; aber jetzt können sie alles, was sie benötigen, kaufen. Die Behauptungen jener Leute sprechen dafür, daß sie nicht sehen können oder mit der Verbesserung des Lebens der Werktätigen nicht zufrieden sind. Sie träumen noch immer von dem verschwenderischen, faulen Leben in der alten Gesellschaft, an dem nur eine unbedeutende Zahl von Reichen, Beamten, Gutsbesitzern, Kompradoren und Kapitalisten teilhatten. Ist es nicht klar, was diese Leute wollen?

Wir müssen auch sehen, daß die zeitweilige relative Verknappung einiger Waren auf das besonders schnelle Anwachsen der Kaufkraft in den Städten zurückzuführen ist, das durch die rasche Entwicklung der Produktion, der Investbauten und verschiedener Industriezweige im vergangenen Jahr verursacht wurde und zu einer schnellen Zunahme der Zahl der Arbeitsplätze und der Beschäftigten führte. Berechnungen zufolge verursachte der Zustrom neuer Arbeiter und Angestellter des vergangenen Jahres — wobei Arbeiter, die ihren Arbeitsplatz wechselten, nicht miteinbegriffen sind — in diesem Jahr ein Anwachsen der Kaufkraft von monatlich mehr als 400 Millionen Yüan. So belief sich die Kaufkraft (einschließlich der Kaufkraft der Betriebe und Organisationen) in der ersten Hälfte des Jahres in den Städten auf 14,3 Milliarden Yüan, das ist ein Zuwachs von 30 % gegenüber der gleichen Periode des Vorjahres (11 Milliarden Yüan). Während einer gewissen Zeitspanne ist also die relative Verknappung einiger Waren, insbesondere von Zusatznahrungsmitteln, in den Städten hauptsächlich auf diese Ursache zurückzuführen.

Es gibt auch solche Ansichten, daß die angespannte Versorgungslage bei gewissen Waren auf den Umfang der Ausfuhr zurückzuführen sei. Das entspricht noch weniger den Tatsachen. Unser Export wuchs in diesem Jahre gegenüber dem Vorjahr nur um 17,8 %. Außerdem ist beim Export von Getreide und Zusatznahrungsmitteln, die im Inland benötigt werden, keine oder nur eine geringe Erhöhung im Vergleich zum Vorjahr zu verzeichnen. So betrug z.B. bis zum 15. August der Export von Reis nur 792 000 t; von Schweinefleisch nur eine Menge, die 1 400 000 Schweinen entspricht, das sind weniger als 1 % des Schweinebestands zu Ende des Vorjahrs. Zur Beschleunigung des Aufbaus des Sozialismus ist ein Austausch von landwirtschaftlichen Produkten gegen andere von uns benötigte Waren unumgänglich. Das dient nicht nur der industriellen Entwicklung, sondern auch der der Landwirtschaft.

Im Frühjahr dieses Jahres herrschte während einer kurzen Zeit auf einem Gebiet, das weniger als 5 % unserer gesamten Bodenfläche ausmacht, ein gewisser Mangel an Getreide. Das war auf folgende Ursachen zurückzuführen: auf Naturkatastrophen im Vorjahr, auf mangelhafte Wirtschaftsführung, auf größere Verluste beim Einbringen der Ernte, auf unzulängliche Planung der Getreideverwertung und zu hohen Verbrauch und schließlich auf neue Naturkatastrophen im Frühjahr dieses Jahres. Aber das waren nur Erscheinungen lokalen und zeitweiligen Charakters. Dank allseitiger Unterstützung durch die Partei und Regierung wurde der Getreidemangel in diesen Gebieten schnell überwunden. Auch in der Provinz Kuangtung, die von ernsten Überschwemmungen und Dürre betroffen war, wurden die Schwierigkeiten schnell überwunden.

Aus vorstehender Analyse kann man ohne weiteres schlußfolgern: Die Erfolge des Großen Sprungs nach vorn und der Volkskommunen sind groß; die gegenwärtige Wirtschaftslage ist günstig; unsere Perspektiven sind klar. Das beweist, daß die Generallinie der Partei beim Aufbau des Sozialismus und die Richtlinien, „auf zwei Beinen zu gehen", vollkommen richtig sind. Wir lassen auf keinen Fall zu, daß Reaktionäre und rechtsopportunistische Elemente im Volke die örtlich und zeitweilig aufgetretenen und bereits überwundenen Schwierigkeiten in der praktischen Arbeit ausnutzen, um den Großen Sprung nach vorn, die Volkskommunen und die Generallinie des Aufbaus des Sozialismus zu unterminieren und anzugreifen.

Es muß festgestellt werden, daß sowohl der Große Sprung nach vorn als auch die Gründung der Volkskommunen aus revolutionären Massenbewegungen hervorgegangen sind. Wie soll man sich gegenüber revolutionären Massenbewegungen verhalten? Soll man sich enthusiastisch mit den Massen identifizieren, sie aktiv unterstützen und führen und sie ermutigen, voran zu schreiten? Oder soll man abseits der Massenbewegung stehen und sie arrogant kritisieren oder sich gar der Massenbewegung in den Weg stellen und gegen die Massen kämpfen? Hier liegt der fundamentale Unterschied zwischen dem proletarischen Revolutionär und dem bürgerlichen oder kleinbürgerlichen Revolutionär. Die rechten Opportunisten begehen einen schweren Fehler, weil sie der Massenbewegung gegenüber den Standpunkt bürgerlicher Herren einnehmen.

II. BERICHTIGUNG DER PLANZIELE FÜR 1959

Auf Grund der sich aus dem Stand der Planerfüllung der ersten Hälfte 1959 ergebenden Probleme, der berichtigten Produktionsergebnisse vom Vorjahr bei Getreide, Baumwolle und anderen landwirtschaftlichen Erzeugnissen sowie der schweren Naturkatastrophen in diesem Jahr, ist eine Berichtigung der Planziele für 1959 unerläßlich.

Wie schon oben gesagt, muß betont werden, daß der Umfang der Industrieproduktion in der ersten Hälfte 1959 eine Fortsetzung des Großen Sprungs nach vorn auf der Grundlage der 1958 erzielten Erfolge darstellt. Der Gesamtproduktionswert der Industrie belief sich auf 72,9 Milliarden Yüan. Aber das sind nur 44 % der auf der ersten Sitzung des II. Nationalen Volkskongresses bestätigten Planziffer für das ganze Jahr und weniger als der Anteil an der Jahresplanerfüllung, der in der ersten Hälfte jedes Jahres im Verlauf des ersten Fünfjahrplans erreicht wurde. Im allgemeinen wurde in den Jahren des 1. Fünfjahrplans bis zu diesem Zeitpunkt eine Erfüllung des Jahresplans in der Industrieproduktion von 47 bis 48 % verzeichnet. Hinzu kommt noch, daß sich die Industrieproduktion in der zweiten Hälfte 1958 außerordentlich schnell entwickelt hatte und im Vergleich zum Vorjahr, hauptsächlich wegen der großangelegten Entwicklung der Industrie in den Kreisen und Kommunen, um 64 % angestiegen war. Wegen der Notwendigkeit eines einheitlichen Einsatzes der Arbeitskräfte zur Stärkung der Landwirtschaft, und auch, weil die Industrie in den Kreisen und Kommunen überprüft und reorganisiert werden muß und die Möglichkeiten für eine zusätzliche Belieferung mit Grund- und Rohstoffen sowie mit Ausrüstungen begrenzt sind, kann im zweiten Halbjahr kein so hohes Wachstumstempo der Industrieproduktion erreicht werden wie in der zweiten Hälfte des Vorjahres.

Im ersten Halbjahr wurde bei 19 von 33 der wichtigsten Industrieprodukte der Jahresplan zu mehr als 40 % erfüllt und zwar: nach modernen Methoden produziertes Roheisen, Elektrizität, Kohle, Rohöl, Holz, Soda, Ätznatron, Antibiotika, spanabhebende Metallbearbeitungsmaschinen, Schiffe, Mähdrescher, Dreschmaschinen mit Motorantrieb, Motore, Baumwollgarn, Baumwollstoffe, Papier, Zucker, Salz, Zigaretten; bei den übrigen 14 Kategorien wurde der Produktionsplan mit weniger als 40 % erfüllt und zwar: mit moderner Ausrüstung produzierter Stahl, Walzstahl, Zement, Schwefelsäure, Kunstdünger, Energiemaschinen, Lokomotiven, Güterwagen, Autos, Traktoren, Ausrüstungen für die Papierherstellung, Ausrüstungen für die Zuckerverarbeitung, Spinnmaschinen, Speiseöle. Da Grund- und Rohstoffe nicht unbeschränkt zur Verfügung stehen, wird es schwer fallen, die Produktion dieser 14 Warengattungen im 2. Halbjahr bedeutend zu erhöhen.

Im vergangenen Jahr waren die Angaben über die Produktion landwirtschaftlicher Erzeugnisse zu hoch, was auf folgende Gründe zurückzuführen ist: Man besaß keine Erfahrungen für die Einschätzung der Ernte landwirtschaftlicher Kulturen unter den Bedingungen einer auf großen Flächen erzielten Rekordernte und einer plötzlichen gewaltigen Erhöhung der Hektarerträge; während der Herbsternte war die Bereitstellung der Arbeitskräfte nicht sehr gut organisiert und infolgedessen wurden die Einbringung der Ernte, das Dreschen, die Ablieferung und die Einlagerung des Getreides nicht sorgfältig genug durchgeführt; der Verlust auf einer Fläche von 400 Millionen Mu*, die von Naturkastastrophen heimgesucht worden waren, wurde unterschätzt. Nach den neusten Berechnungen des Staatlichen Amts für Statistik belief sich die Getreideproduktion im Vorjahr auf 250 Millionen Tonnen, d.h. sie erhöhte sich gegenüber den 185 Millionen Tonnen von 1957 um 35 %; die Baumwollproduktion betrug 2,1 Millionen Tonnen, d.h. sie erhöhte sich gegenüber den 1,64 Millionen Tonnen von 1957 um 28 %. Auch die Angaben über einige andere Agrarprodukte und verschiedene Erzeugnisse des Nebengewerbes waren zu hoch angesetzt; sie wurden ebenfalls berichtigt. Nach endgültig bestätigten Angaben machte der Gesamtproduktionswert der Landwirtschaft im Vorjahr 67,1 Milliarden Yüan aus und hatte gegenüber den 53,7 Milliarden Yüan von 1957 einen Zuwachs von 25 % erreicht. Betrachtet man das vorjährige Wachstumstempo der landwirtschaftlichen Produktionsmenge und des Produktionswertes nach der Berichtigung, so waren zwar die früheren Angaben in der Tat zu hoch; nichtsdestoweniger bleibt der Große Sprung nach vorn in der Landwirtschaft im vergangenen Jahr eine Tatsache. Das Wachstum des Gesamtproduktionswertes der landwirtschaftlichen Produktion im Vorjahr beweist, daß ein beispielloser großer Sprung nach vorn stattgefunden hat.

Die Überprüfung der Ziffern für die Industrieproduktion des Vor-

---

* ca. 15 Mu = 1 ha (d. Übers.)

jahrs ergab, daß hier keine Fehler unterlaufen sind. Der Gesamtproduktionswert der Industrie belief sich auf 117 Milliarden Yüan und stellt gegenüber 1957 (70,4 Milliarden Yüan) einen Zuwachs um 66 % dar. Es ist nur darauf hinzuweisen, daß von den im Vorjahr erzeugten 11 080 000 Tonnen Stahl 8 Millionen Tonnen mit modernen Ausrüstungen produziert wurden, dagegen 3 080 000 Tonnen nach landläufigen Methoden. Die 8 Millionen Tonnen Stahl, die mit modernen Ausrüstungen produziert wurden, ergeben gegenüber den 5 350 000 Tonnen Stahl von 1957 einen Zuwachs von 49,5 %. Von den 13 690 000 Tonnen Roheisen, die in den statistischen Angaben des Vorjahres enthalten sind, wurden 9 530 000 Tonnen mit modernen Ausrüstungen geschmolzen und 4 160 000 Tonnen nach landläufigen Methoden. Die 9 530 000 Tonnen Roheisen, die mit modernen Ausrüstungen geschmolzen wurden, übersteigen die Produktion von 1957 (5 940 000 Tonnen) um 60 %. Ein solches Wachstum entspricht zweifellos dem Tempo eines Großen Sprungs nach vorn.

Nach den neusten Angaben wurde in diesem Jahr bisher eine Nutzfläche von 510 Millionen Mu, das ist beinahe ein Drittel des landwirtschaftlich genutzten Bodens, von Überschwemmungen, Dürre und Schädlingsbefall heimgesucht. 320 Millionen Mu dieser Fläche litten unter der Dürre. Dank dem entschiedenen Kampf Dutzender von Millionen Menschen gegen die Dürre wurden etwa 200 Millionen Mu Land in unterschiedlichem Maße bewässert. Auch das ist ein Beweis für die Überlegenheit und Stärke der Volkskommunen. Die von den breiten Bauernmassen in den letzten Jahren gebauten Bewässerungs- und Entwässerungsanlagen erwiesen sich im Kampf gegen die Dürre und gegen die Überschwemmungen in diesem Jahr von großem Nutzen. In unserem Land sind jetzt ungefähr 1 Milliarde Mu landwirtschaftlicher Nutzfläche melioriert, davon 500 Millionen Mu vollständig, über 300 Millionen Mu teilweise; bei etwa 200 Millionen Mu sind noch der Boden zu nivellieren und Kanäle zu graben. Ohne die von einer breiten Massenbewegung in den vergangenen und insbesondere in den letzten beiden Jahren durchgeführten Wasserbauten hätte in diesem Jahr die Dürre ohne Zweifel viel schlimmere Folgen gehabt.

Nach Untersuchung der oben angeführten drei Fragenkomplexe empfahl die 8. Plenartagung des VIII. ZK der KPCh dem Staatsrat, eine Berichtigung der Planziffern für dieses Jahr vorzunehmen. Die am 25. August 1959 durchgeführte 91. Sitzung des Staatsrats stimmte einmütig dem Vorschlag des ZK der KPCh zu, denn sie ist der Meinung, daß der Vorschlag realistisch und von großer Verantwortung gegenüber dem Volke getragen ist.

Ich erlaube mir jetzt, dem Ständigen Ausschuß des Nationalen Volkskongresses das auf der 91. Sitzung des Staatsrats angenommene Projekt zur Berichtigung der wichtigsten Planziffern des Volkswirtschaftsplans für 1959 zur Prüfung und Bestätigung vorzulegen.

Nachstehend die wichtigsten berichtigten Planziffern:

Industrie. Stahlproduktion: 12 Millionen Tonnen (ohne nach landläufigen Methoden produzierten Stahl zur Befriedigung örtlichen Bedarfs) gegenüber ursprünglich geplanten 18 Millionen Tonnen (einschließlich nach landläufigen Methoden produzierten Stahls); Kohle: 335 Millionen Tonnen, anstelle der ursprünglich geplanten 380 Millionen Tonnen; die Planziele für andere Industrieprodukte sind entsprechend berichtigt worden.

Der Gesamtproduktionswert der Industrie wird mit 147 Milliarden Yüan anstelle der früher festgesetzten 165 Milliarden Yüan veranschlagt.

Landwirtschaft. Getreide: 275 Millionen Tonnen, anstelle der früher geplanten 525 Millionen Tonnen; Baumwolle: 2,31 Millionen Tonnen, anstelle der früher geplanten 5 Millionen Tonnen; dementsprechend sind auch die Planziele für die Produktion anderer pflanzlicher und tierischer Erzeugnisse der Landwirtschaft berichtigt worden.

Der Gesamtproduktionswert der Landwirtschaft wird mit 73,8 Milliarden Yüan anstelle der ursprünglich geplanten 122 Milliarden Yüan angesetzt.

Investbauten. Der Gesamtbetrag für Investbauten wird von ursprünglich 27 Milliarden Yüan auf 24,8 Milliarden Yüan gesenkt. Die Zahl der über der Investnorm* liegenden Projekte, die früher mit 1092 angesetzt war, wird nun mit 788 Projekten eingeplant. Das ermöglicht uns einerseits, die Materialversorgung bereits existierender Betriebe zu sichern und andererseits kann durch die Konzentration der Mittel auf eine kleinere Zahl von Projekten die Produktionsaufnahme in den wichtigsten Betrieben beschleunigt werden.

---

* Investnormen bestehen für jede Art von Bauvorhaben. Ihre Höhe ist je nach dem Wirtschaftszweig unterschiedlich, z.B. für Bauten der Eisen- und Stahlproduktion — 10 Millionen Yüan; Buntmetallindustrie oder Chemie — 6 Millionen Yüan, etc.

Es muß festgestellt werden, daß auch nach der Berichtigung der Planziele der diesjährige Plan den Großen Sprung nach vorn fortsetzt. Der Gesamtproduktionswert der Industrie und Landwirtschaft wird 20 % über das Niveau von 1958, dem Jahr des Großen Sprungs nach vorn, ansteigen. Der Gesamtproduktionswert der Industrie wird sich um 25,6 % erhöhen; die Produktion mit moderner Ausrüstung erzeugten Stahls um 50 %, von Kohle um 24 %; der Gesamtproduktionswert der Landwirtschaft erhöht sich um 10 %, wobei Getreide und Baumwolle um je 10 % steigen. Legt man das Entwicklungstempo der Wirtschaft in den sozialistischen Ländern und die Erfahrungen beim Aufbau unseres Landes während des ersten Fünfjahrplans zugrunde, dann kann man ein jährliches Wachstum der Industrieproduktion um mehr als 20 % schon als einen Sprung nach vorn bezeichnen, ein Wachstum von mehr als 25 % als einen großen Sprung und ein Wachstum von mehr als 30 % als einen außerordentlichen großen Sprung. Ein jährliches Wachstum der landwirtschaftlichen Produktion um mehr als 10 % im Jahr ist ein Sprung nach vorn, von mehr als 15 % ein großer Sprung nach vorn und von mehr als 20 % ein außerordentlich großer Sprung nach vorn. In meinem „Bericht über die Tätigkeit der Regierung" auf der 1. Tagung des II. Nationalen Volkskongresses am 18. April d.J. sagte ich bereits: „Bei einer so geringen Anzahl von landwirtschaftlichen Maschinen und bei so wenig Kunstdünger, wie uns vorläufig zur Verfügung steht, ist eine Erhöhung von 10 bis 20 % auch ein Sprung vorwärts."* Infolgedessen wird nach Berichtigung der Planziffern in Industrie und Landwirtschaft für 1959 die Entwicklungsgeschwindigkeit eines Sprungs nach vorn beibehalten.

Es ist auch zu beachten, daß die Erhöhung der Industrieproduktion um 25,6 % und der Landwirtschaftsproduktion um 10 % auf der Grundlage des Großen Sprungs nach vorn in Industrie und Landwirtschaft des Vorjahrs erfolgt, das kein gewöhnliches Jahr war. Es ist auch bekannt, daß je höher die Ausgangsposition ist, desto höher die absolute Zunahme für jedes Prozent des Zuwachses und also auch die Anstrengung sein muß, um dieses Ziel zu erreichen.

Wenn die Massen alle Kräfte anspannen und sich hohe Ziele stecken, können die berichtigten Planzahlen für die Industriepro-

---

* Tschou En-lai, Bericht über die Tätigkeit der Regierung, Verlag für fremdsprachige Literatur, Peking 1959, S. 23

duktion übererfüllt werden; die berichtigten Planziele in der Landwirtschaft können ebenfalls übererfüllt werden, wenn keine weiteren, noch schwereren Naturkatastrophen eintreten.

Die Erfüllung des berichtigten Plans wird es uns ermöglichen, die Planziele des 2. Fünfjahrplans, wie sie entsprechend den Vorschlägen der ersten Tagung des VIII. Parteitags der KPCh vom Staatsrat bestätigt wurden, in den hauptsächlichen Positionen der Industrie- und Landwirtschaftsproduktion drei Jahre vorfristig zu erreichen. So sahen beispielsweise die Vorschläge des VIII. Parteitags der KPCh für die vier hauptsächlichen Positionen in der Industrie- und Landwirtschaftsproduktion für 1962 folgende Planziele vor: Stahl: 10,5 bis 12 Millionen Tonnen; Kohle: 190 bis 210 Millionen Tonnen; Getreide: 250 Millionen Tonnen; Baumwolle: 2,4 Millionen Tonnen. In diesem Jahr sollen 12 Millionen Tonnen mit moderner Ausstattung produzierter Stahl, 335 Millionen Tonnen Kohle, 275 Millionen Tonnen Getreide und 2,31 Millionen Tonnen Baumwolle erzeugt werden. Das bedeutet, daß alle vier die vom VIII. Parteitag der KPCh vorgeschlagenen Planziele erfüllen, übererfüllen oder fast erfüllen werden. Außerdem wird die Produktion von sieben anderen wichtigen Industrieerzeugnissen: Holz, metallurgische Ausrüstungen, Energiemaschinen, spanabhebende Werkzeugmaschinen, Baumwollgarn, maschinell hergestelltes Papier und Salz die vom VIII. Parteitag der KPCh vorgeschlagenen Planziele erfüllen oder übererfüllen.

Da wir den 2. Fünfjahrplan im großen ganzen in zwei Jahren erfüllen werden, werden wir in den folgenden drei Jahren weitere Fortschritte auf dem Gebiet der Industrie- und Landwirtschaftsproduktion erzielen und uns mehr mit der Förderung gewisser etwas zurückgebliebener Wirtschaftszweige beschäftigen können. Man kann durchaus erwarten, daß im 2. Fünfjahrplan die Wachstumsgeschwindigkeit unserer Industrie- und Landwirtschaftsproduktion bedeutend höher sein wird als während des 1. Fünfjahrplans. Der 2. Fünfjahrplan wird ohne Zweifel ein Fünfjahrplan des Großen Sprungs nach vorn sein. Die Erfüllung dieses 2. Fünfjahrplans des Großen Sprungs nach vorn wird es uns ermöglichen zu versuchen, bereits in ungefähr zehn Jahren im großen ganzen die Losung, „England in 15 Jahren in der Produktion der wichtigsten Industrieerzeugnisse einzuholen," zu verwirklichen und das Zwölfjahrprogramm für die Entwicklung der Landwirtschaft viel früher als zu dem ursprünglich festgesetzten Termin (1967) zu erfüllen.

III. KÄMPFT GEGEN RECHTE TENDENZEN UND SETZT ALLE KRÄFTE FÜR DIE ENTFALTUNG DER BEWEGUNG ZUR ERHÖHUNG DER PRODUKTION UND ZUR SPARSAMKEIT EIN!

Um die Einhaltung der Generallinie zu sichern, die Erfolge des Großen Sprungs und der Volkskommunen zu verteidigen und den Großen Sprung in der Entwicklung der Volkswirtschaft fortzusetzen, müssen wir alle rechten Tendenzen, Ideen und Handlungen bekämpfen.

Während der Ausarbeitung und Erfüllung des Volkswirtschaftsplans 1959 und während der Flutwelle des Großen Sprungs nach vorn gab es einige Unzulänglichkeiten und Irrtümer. Sie bestanden in der Hauptsache darin, daß die Produktionsziele zu hoch angesetzt, der Investbau zu umfangreich geplant und die Zahl der Arbeiter und Angestellten zu stark angestiegen waren. Daraus ergaben sich einige Probleme beim Einsatz der Arbeitskräfte, der Materialversorgung, der Verwendung der Geldmittel und der Verbesserung der Qualität der Erzeugnisse. Das führte zu gewissen Disproportionen in einigen Zweigen der Volkswirtschaft. Das zeigt, daß unsere Planungs- und Wirtschaftsorgane noch nicht ganz fähig sind, unter den Bedingungen des Großen Sprungs in der Volkswirtschaft Koordination und Gleichgewicht zu sichern. Wir müssen unsere Erfahrungen auf diesem Gebiet zusammenfassen, unsere Lehren hieraus ziehen und die ungünstigen Faktoren in günstige verwandeln. Es muß jedoch gesagt werden, daß die Unzulänglichkeiten im Verlaufe einer großen Entfaltung der Wirtschaft auftauchten und hauptsächlich darauf zurückzuführen sind, daß wir keine Erfahrungen mit einer sprunghaften Entwicklung hatten. Die Unzulänglichkeiten tauchten während der praktischen Arbeit bei der konkreten Durchführung der Generallinie des sozialistischen Aufbaus auf und sind keine Fehler der Generallinie selbst. Gerade die Generallinie fordert, daß wir auf der Grundlage der objektiven Bedingungen unsere subjektive Initiative auf das Äußerste entfalten, die objektiven ökonomischen Gesetze beachten und den verschiedenen Proportionen in der Volkswirtschaft unsere Aufmerksamkeit widmen. Sowohl unsere Erfolge als auch unsere Mißerfolge bei der praktischen Arbeit während dieser Zeit von mehr als einem Jahr zeugen von der absoluten Richtigkeit der Generallinie des sozialistischen Aufbaus und dem Komplex von Richtlinien, „auf zwei Beinen zu gehen". Nach Überwindung der Unzulänglichkeiten wird ihre Richtigkeit in noch

hellerem Lichte erstrahlen. Die Unzulänglichkeiten und Fehler
tragen vereinzelten und zeitweiligen Charakter und „sind nur ein
Finger unter zehn". Auch wurden sie unmittelbar nach ihrer Entdeckung berichtigt. Die Kader und die breiten Volksmassen haben
während dieser gewaltigen praktischen Arbeit eine tiefgehende Erziehung erhalten und viele wertvolle Erfahrungen gesammelt. Das ist
ein bedeutender Gewinn. Eins unserer grundlegenden Prinzipien bei
der Führung von Massenbewegungen muß sein, die Fehler verantwortungsbewußt zu korrigieren und die Initiative der breiten Massen
und der Kader konsequent zu schützen; auf keinen Fall darf man
zulassen, daß die Begeisterung der Massen gedämpft oder sie auf
irgendwelche Weise entmutigt werden.

Bei der Überwindung gewisser Unzulänglichkeiten in der praktischen Arbeit und bei der Berichtigung der ökonomischen Planziele
entsprechend den realen Erfordernissen stellten sich einige Leute
auf einen bürgerlichen Standpunkt und unterschätzten ganz bedeutend die riesigen Erfolge des Großen Sprungs und der Volkskommunen im Vorjahr oder verleugneten sie sogar vollständig. Sie
übertrieben einige Unzulänglichkeiten und Fehler der geleisteten
Arbeit, hielten einen Teil für das Ganze, einen Nebenfluß für den
Hauptstrom und waren der Meinung, je niedriger die ökonomischen
Ziele desto besser. Tendenzen und Ideen dieser Art haben sich in
den letzten beiden Monaten gemehrt. Tatsächlich zweifeln diejenigen, die einen solchen Standpunkt vertreten, grundlegend an der
kraftvollen Massenbewegung, die unser mehr als 600 Millionen
Menschen zählendes Volk entfaltet, um die Armut und Rückständigkeit des Landes zu beseitigen. Sie zweifeln an dem Großen
Sprung nach vorn, an den Volkskommunen, an der Generallinie des
sozialistischen Aufbaus, dem ganzen Komplex der Richtlinien, „auf
zwei Beinen zu gehen", und sogar am Sozialismus. Wenn wir die
Existenz und Entwicklung solcher Ansichten zulassen und sie nicht
gründlich zurückweisen und korrigieren, so fügen wir zweifelsohne
der Initiative der breiten Volksmassen ernstlichen Schaden zu,
können den Sprung nach vorn nicht fortsetzen und nicht den Sieg
für unsere Sache des Sozialismus erringen. Das brächte natürlich nur
den inneren und äußeren Feinden Nutzen und wäre zum Schaden
der Arbeiter, Bauern und der revolutionären Intelligenz; es würde
den Interessen des Kapitalismus dienen und denen des Sozialismus
schaden. Gerade weil diese Frage die Zukunft unserer Bevölkerung
von über 600 Millionen Menschen betrifft, müssen wir uns die Aufgabe stellen, alle rechtsopportunistischen Tendenzen und Ideen und

Bericht über die Berichtigung des Volkswirtschaftsplans 151

jegliche rechtsopportunistische Tätigkeit mit allen Mitteln zu bekämpfen.

Wir sind der Meinung, daß wir auf der Grundlage der Überwindung der rechtsopportunistischen Abweichung und der weiteren vollen Mobilisierung der Massen sowie der Steigerung ihres revolutionären Enthusiasmus die Bewegung zur Erhöhung der Produktion und zur Sparsamkeit, wie sie auf der ersten Sitzung des II. Nationalen Volkskongresses beschlossen wurde, weiter entfalten müssen.

Die weitere Entfaltung der Bewegung zur Erhöhung der Produktion und zur Sparsamkeit ist die Hauptgarantie für die allseitige Übererfüllung des diesjährigen Volkswirtschaftsplans. In der kurzen Zeit seit der Herausgabe dieser Losung trat auf allen Fronten der Volkswirtschaft eine neue Lage ein. In der Industrie stieg in der ersten Augusthälfte die tägliche Stahlproduktion auf 34 100 Tonnen (am 13. August erreichte sie 38 800 Tonnen), d. h. 17 % mehr als die durchschnittliche Tagesleistung von ca. 29 000 Tonnen im ersten Halbjahr dieses Jahres. In der Landwirtschaft entwickelte sich ein Kampf bis aufs Äußerste gegen Dürre, Hochwasser, Überschwemmung und Pflanzenschädlinge. Was den Einsatz von Arbeitskräften betrifft, so kehrten bis Ende Juli vier Millionen Arbeiter und Angestellte aufs Dorf zurück, um in der Landwirtschaft zu helfen. Im Handel erhöhten sich die Lagervorräte im Juli gegenüber Juni um 500 Millionen Yüan. Auf dem Gebiete der Finanzen zeigte der Staatshaushalt in der Periode von Januar bis zur ersten Augustdekade einen Überschuß der Einnahmen von 2 Milliarden Yüan. Man kann auch feststellen, daß die Arbeiter voller Kraft und Begeisterung in einer ganzen Anzahl von Betrieben Wettbewerbe zur Steigerung der Produktion, zur Verbesserung der Qualität, zur Erhöhung der Arbeitsproduktivität, zur Senkung der Produktionskosten und zur Verstärkung des Arbeitsschutzes in der Produktion abschließen. Viele leitende Kader in Fabriken und auf dem Lande arbeiten bereits mit den Arbeitern und Bauern in der Produktion zusammen, um sie konkret anzuleiten und zusammen mit den Massen die Aufgaben zu bewältigen. Es begann ein neuer Aufschwung der Produktion. Das zeigt, daß die gesunde Entwicklung der Wirtschaftslage ihren Fortgang nimmt, daß unser Volk von über 600 Millionen Menschen voller Zuversicht ist und unsere Aussichten äußerst günstig sind.

Um die Bewegung zur Erhöhung der Produktion und zur Sparsamkeit weiter zu entwickeln, rufen wir alle Zweige der Wirtschaft in der Industrie, in der Landwirtschaft, im Verkehrswesen, im

Handel und auf allen anderen Gebieten auf, sozialistische Wettbewerbe zur allseitigen Erhöhung der Produktion und zur Sparsamkeit zu entfalten. Alle Betriebe und Unternehmen sollten die im Staatsplan vorgesehenen Aufgaben in bezug auf Qualität, Quantität und Sortiment monatlich und dekadenweise erfüllen und übererfüllen. Alle Volkskommunen sollten sich nach allen Kräften bemühen, die Naturkatastrophen zu überwinden, Arbeitskräfte und materielle Reserven rationell einzusetzen, die Feldbewirtschaftung zu verbessern und alle nötigen Vorbereitungen zur Erzielung einer Rekordernte zu treffen. Alle Betriebe, Unternehmen und Volkskommunen sollten neben der Erhöhung ihrer Produktion gleichzeitig auf die Einsparung von Arbeitskräften, Material und Geldmitteln achten und zur Sparsamkeit anregen, damit die Losungen „Fleißig und sparsam beim Aufbau des Staates, bei der Leitung von Betrieben, Unternehmen und Kommunen und bei der Führung des Haushalts" und „Meistert das Leben" zur Angelegenheit jedes Einzelnen werden. Die führenden Organe aller Ebenen müssen im September ihr Bestes tun, um den 10. Jahrestag unserer Volksrepublik mit hervorragenden Erfolgen zu begrüßen.

Wir sind fest davon überzeugt, daß unser über 600 Millionen Menschen zählendes Volk unter Führung der großen Kommunistischen Partei Chinas und unseres großen Führers, des Genossen Mao Tsetung, neue und noch größere Erfolge auf dem Weg zum Aufbau des Sozialismus erringen wird.

Quelle: Tschou En-lai, Bericht über
die Berichtigung der hauptsächlichen
Planziele des Volkswirtschaftsplans 1959
und die weitere Entfaltung der Bewegung
zur Erhöhung der Produktion und
zur Sparsamkeit.
Peking 1959

DAS GROSSE JAHRZEHNT

(AUSZÜGE)

Als die Volksrepublik China den 10. Jahrestag ihrer Gründung feierte, mußten die Menschen in aller Welt, unabhängig von ihren politischen Auffassungen, anerkennen, daß in China wirklich welterschütternde Veränderungen vor sich gegangen sind. Das chinesische Volk wandelte sich. Aus Sklaven einer Hölle auf Erden wurden furchtlose Herren, die ihr Schicksal in die eigenen Hände nahmen. Das gesamte Volk blickt freudigen Herzens auf die bereits erreichten großen Erfolge zurück und schaut gleichzeitig voll Vertrauen in die Zukunft.

Laßt uns nun betrachten, was für Veränderungen sich in China in diesen 10 Jahren vollzogen haben, warum diese Veränderungen vor sich gehen konnten und was für wesentliche Lehren man daraus ziehen kann.

Wie alle Menschen wissen, war China vor 10 Jahren ein äußerst rückständiges Land. Damals nahm China von allen Ländern der Welt in der Stahlproduktion den 26. Platz, in der erzeugten Elektroenergie den 25. Platz ein, in der Kohleförderung war mit dem 9. Platz die Stellung etwas besser. Selbst in der verhältnismäßig entwickelten Produktion von Baumwolltextilien und Baumwollgarnen blieb ihm auch nur der 5. Platz. Das gesamte Land hatte nur 3 Millionen Industriearbeiter, also knapp 0,6 % der Gesamtbevölkerung. Das alte China war angeblich ein Agrarland, aber in den letzten Jahrzehnten vor der Befreiung mußten jedes Jahr Weizen, Reis und Baumwolle aus dem Ausland eingeführt werden. Nach Zollstatistiken wurden 1933 3.000.000 t Getreide und 1946 345.000 t

Baumwolle eingeführt. Durch die langandauernde passive Handelsbilanz im Außenhandel reichten die Einnahmen des Staatshaushalts Jahr für Jahr nicht zur Deckung der Ausgaben. In den 12 Jahren von Beginn des antijapanischen Krieges im Juli 1937 bis Mai 1949 stieg die von der Kuomintang-Regierung in der Inflation herausgegebene Papiergeldmenge auf über das 140-milliardenfache, der Preisanstieg betrug über das 8,5-billionenfache.

Die damalige Lage in China war so kläglich, daß sogar der amerikanische Außenminister Marshall im Februar 1948 in einer Erklärung, die er auf der Exekutiv-Konferenz des außenpolitischen Ausschusses des Senats und des Repräsentantenhauses abgab, feststellen mußte, daß trotz der ununterbrochenen riesigen Unterstützung durch die USA die Wirtschaftskrise in China nicht aufzuhalten sei, und daß außerdem „das an Rohstoffen und Industrieressourcen Mangel leidende China" in nächster Zukunft kaum ein starkes Land ersten Ranges werden würde. Im August 1949 verspottete der an die Stelle Marshalls getretene Staatssekretär Acheson in einem Brief an den amerikanischen Präsidenten Truman die von der Kommunistischen Partei Chinas abgegebenen „verschiedenen Versprechungen" über die „Lösung der Ernährungsfrage des Volkes". Er sagte voraus, daß in dieser Frage wohl keine Regierung in China Erfolge erreichen könne.

Aber bereits auf der Eröffnungssitzung des Vorbereitenden Komitees der Politischen Konsultativkonferenz des Chinesischen Volkes im Juni 1949 erklärte Genosse Mao Tsetung feierlich: „Das chinesische Volk wird sehen, daß China, so wie die im Osten aufgehende Sonne mit ihren flammenden Strahlen die Erde erwärmt, im schnellen Tempo den von der reaktionären Regierung hinterlassenen Schlamm und Schmutz aufräumen, die Wunden des Krieges heilen, und eine neue starke chinesische, wahrhaft demokratische Volksrepublik aufbauen wird, sobald das Schicksal Chinas in den eigenen Händen des Volkes liegt."

Wessen Voraussage hat sich nun erfüllt?

Nach den sicher zu erfüllenden Ziffern des schon berichteten Jahresplanes für 1959 (schon jetzt kann man sehen, daß der größte Teil der Kennziffern dieses Planes übererfüllt wird) wird sich der Gesamtproduktionswert der Industrie und Landwirtschaft unseres Landes im Vergleich zu 1949 um das 4,3fache, darunter der Gesamtwert der Industrieproduktion um das 10,7fache erhöhen. Die produzierte Stahlmenge wird 12 Mill. t betragen, das ist 75mal mehr als die 1949 produzierte Stahlmenge von 158.000 t. Die Kohle-

Das große Jahrzehnt 155

förderung wird 335 Mill. t erreichen, mehr als das 10fache der 1949 geförderten Menge von 32,43 Mill. t, 39 Milliarden kWh Elektroenergie werden erzeugt werden, das ist mehr als das 9fache der 1949 erzeugten Menge von 4,31 Milliarden kWh. Die Baumwollgarnproduktion wird 8,2 Mill. Ballen* erreichen, 3,5 mal mehr als die 1,8 Mill. Ballen von 1949. 1958 hatte unser Land in der Produktion von Stahl den 7. Platz, von Kohle den 3. Platz, von Elektroenergie den 11. Platz und von Baumwollgarn den 2. Platz in der Welt inne.

Während des knapp 100jährigen Aufbaus einer modernen Industrie im alten China wurden bis 1949 noch nicht einmal 13 Milliarden Yüan an fixem Kapital in der Industrie investiert, aber in den 10 Jahren der Existenz des neuen China beträgt der Anstieg des fixen Kapitals rund 45 Milliarden Yüan. In den 70 Jahren der Entwicklung der Stromerzeugung im alten China wurden bis 1949 nicht ganz 1,9 Millionen kW in der Stromkapazität erreicht, in den 10 Jahren im neuen China ist allein die Steigerung über 3mal höher. Beim Aufbau der Eisen- und Stahlindustrie in den letzten 60 Jahren des alten China bis 1949 erreichte die Stahlkapazität nicht einmal 1 Million t. Diese Zahl wurde in den 10 Jahren des neuen China allein durch die neu entstehende Stahlkapazität um mehr als das 10fache übertroffen.

Die Imperialisten verspotten unseren Jahresplan für 1959 nach der Berichtigung als einen „Großen Sprung nach rückwärts". Wie alle wissen, war das Jahr 1958 das Jahr eines besonders Großen Sprungs nach vorn in Industrie und Landwirtschaft unseres Landes, ein Jahr, in dem die bereits überprüften Produktionswerte in der Industrie sich im Vergleich zu 1957 um 66 % erhöhten. Die berichtigte Planziffer der Industrie von 1959 liegt immer noch 25,6 % höher als die des Gesamtproduktionswertes der Industrie von 1958, dem Jahr des besonders großen Sprunges nach vorn. Das ist offensichtlich ein weiterer großer Sprung, der sich auf der Grundlage eines besonders großen Sprunges nach vorn vollzieht. An solch ein schnelles Tempo wagen die imperialistischen Länder nicht einmal im Traum zu denken. Nehmen wir unser Entwicklungstempo und vergleichen es mit dem der 2 wichtigsten imperialistischen Staaten. In den 9 Jahren von 1950 bis 1958 betrug der jährliche durchschnittliche Anstieg des Werts der Industrieproduktion in unserem Land 28 %, in den USA dagegen 3,7 % und in England 2,9 %. Im

---

* 1 Ballen = 181,4 kg (d. Übers.)

Jahre 1958, dem Jahr unseres besonders großen Sprunges nach vorn in der Industrie, sank die Industrieproduktion in den USA im Vergleich zum Vorjahr um 6,5 %, in England um 0,9 %. Wenn man unser Tempo als „Großen Sprung nach rückwärts" bezeichnet, wie soll man dann das Tempo dieser Länder bezeichnen?

Um die gewaltige Bedeutung unseres großen Sprungs nach vorn herabzuwürdigen, warten die bürgerlichen Kritiker mit noch einer anderen, scheinbar begründeten, aber in Wirklichkeit unsinnigen Erfindung auf. Sie behaupten, daß das Entwicklungstempo in China nur deshalb so hoch sei, weil das ursprüngliche Niveau so niedrig lag. Aber wie ist nun die wirkliche Lage? Unser Entwicklungstempo läßt sich nicht nur in den durchschnittlichen Prozentzahlen des jährlichen Anstiegs ausdrücken, sondern auch in absoluten Zahlen. Die Stahlproduktion unseres Landes betrug 1949 158 000 t, 1959 werden 12 Millionen t erreicht. Das bedeutet einen Anstieg von 11,842 Millionen t in 10 Jahren. Das ist eine Steigerung, für die die USA 29 Jahre, von 1872 bis 1901, oder England 67 Jahre, von 1869 bis 1936, gebraucht haben. Warum konnten sich England und die USA damals nicht in einem solchen Tempo entwickeln, wie es China heute in seinem Sprung einschlägt? Was für eine These stellt ihr bürgerlichen Sophisten denn auf, um das schleichende Tempo der Entwicklung der kapitalistischen Länder zu begründen? ...

Beim Aufbau der Industrie vergessen wir keinesfalls die Entwicklung der Landwirtschaft. In den 10 Jahren ist der Produktionswert der Landwirtschaft unseres Landes um das 1,5fache gestiegen. Die Getreideproduktion von 1959 wird 275 000 000 t betragen, mit den 108 100 000 t von 1949 verglichen ist dies ebenfalls ein Anstieg um das 1,5fache. Die Baumwollproduktion wird 2 310 000 t erreichen, im Vergleich mit den 444 500 t von 1949 ist dies ein Anstieg um das 4,2fache. In der Getreideproduktion nimmt unser Land seit 1952 die 1. Stelle in der Welt ein, in der Baumwollproduktion im vorigen Jahr die 2. Stelle. Natürlich ist in unserem Land, pro Kopf der Bevölkerung gerechnet, das Niveau der landwirtschaftlichen Produktion, wie das der Industrie, immer noch sehr niedrig. Aber der Angelpunkt der Frage liegt im Entwicklungstempo. Obwohl der Grad der Mechanisierung und die Anwendung von Düngemitteln in unserem Land noch sehr gering sind, und uns die USA darin um das wer-weiß-wievielfache überlegen sind, hat sich von 1949 bis 1958 die Getreideproduktion unseres Landes um 130 % erhöht, die der USA aber nur um 25 %; die Baumwoll-

produktion in unserem Lande stieg um 372 %, die der USA aber sank um 28 %.
Auf dem Lande wurden wesentliche Aufbauarbeiten im schnellen Tempo geleistet. Kurz nach der Befreiung betrug die bewässerte Bodenfläche nur 240 Mill. Mu. Durch die Errichtung einer großen Zahl von Bewässerungsanlagen und Staudämmen in den letzten 10 Jahren beträgt die bewässerte Bodenfläche schon über 1 Milliarde Mu. Auf dem Lande wurden viele kleinere Fabriken errichtet, die hauptsächlich für die Landwirtschaft produzieren. Die mit dem Ackerbau in enger Verbindung stehenden Zweige, wie Forstwirtschaft, Viehzucht, Fischzucht und andere Nebenzweige, haben sich ebenfalls bedeutend entwickelt. Von 1949 bis 1958 erweiterte sich die bewaldete Fläche insgesamt um 500 Mill. Mu, der Bestand an Großvieh wuchs von 60 Mill. Stück auf 85 Mill. Stück, an Schweinen von 57 Mill. Stück auf 160 Mill. Stück.

Entsprechend der Entwicklung in Industrie und Landwirtschaft machte auch das Verkehrs- und Transportwesen gewaltige Fortschritte. 1949 betrug die Länge des Eisenbahnnetzes unseres Landes nicht ganz 22 000 km, 1958 war es bereits auf über 31 000 km angestiegen. Jetzt gibt es in allen Provinzen und autonomen Gebieten, außer Tibet, Eisenbahnlinien. In der gleichen Zeit erweiterte sich das Straßennetz von 80 000 km auf 400 000 km. 1950 betrug die Länge der Fluglinien des Luftverkehrsnetzes nur 11 000 km, 1958 waren es schon 33 000 km. Der Gütertransport stieg in den 9 Jahren von 1949 bis 1958 auf der Eisenbahn um mehr als das 9fache, mit Lastkraftwagen um mehr als das 26fache, mit Motorschiffen und Schleppkähnen um mehr als das 9fache. Der Transport mit Segelschiffen, Zugkarren und anderen nicht mechanisierten Transportmitteln hat sich ebenfalls entwickelt. Innerhalb von 9 Jahren wurden viele große Bauvorhaben vollendet, z.B. die Eisenbahnlinien Tschengtu-Tschungking, Baudji-Tschengtu, Yingtan-Amoy, Tiänschui-Lantschou, Baotou-Lantschou, die Große Yangtse-Brücke bei Wuhan, die Fernverkehrsstraßen Tschinghai-Tibet, Sikang-Tibet, Sinkiang-Tibet u.a. Im Bau befinden sich z.Zt. die Eisenbahnlinien Lantschou-Sinkiang, Szetschuan-Kueitschou, Nedjiang-Kunming, Hunan-Kueitschou u.a., sowie einige große Brücken über den Yangtse und den Gelben Fluß. Durch den Bau vieler einfacher Landstraßen erreichten wir bis 1958, daß 97 % aller Kreisstädte des Landes mit dem Auto erreicht werden können. Das Post-, Fernmelde- und Rundfunkwesen entwickelte sich ebenfalls sehr schnell. Das Post- und Fernmeldenetz des ganzen Landes wurde von rund 20 000 Anschlüssen im Jahre 1949 auf mehr als 60 000 Anschlüsse im Jahre 1958 erweitert. Schon 98 % der Volkskommunen des ganzen Landes haben Telefonverbindung. Der Warenumsatz im Einzelhandel unseres Landes steigerte sich 1958 im Vergleich zu 1950 um das 2,2 fache. Im Vergleich zu 1950 steigerte sich der Warenumsatz bei den wichtigsten Konsumgütern wie folgt: Getreide um 62 %, pflanzliche Speiseöle um 97 %, Speisesalz um 94 %, Zucker um das 3fache, Fischereiprodukte um das 2,4fache, Baumwollstoff um das 1,2fache, maschinell hergestelltes Papier um das 2,7fache. Durch die ständige Steigerung der Versorgung mit Konsumgütern, durch die restlose Beseitigung des spekulativen Handels, durch den Ausgleich der Einnahmen und Ausgaben im Staatshaushalt sowie durch Bankkredite sind die Preise in unserem Land seit 1950 stabil geblieben, nur das Preisverhältnis zwischen den Produkten der Industrie und der Landwirtschaft wurde in einigen Fällen planmäßig geregelt.

In den 10 Jahren erfuhr auch der Außenhandel unseres Landes eine gewaltige Veränderung. Nachdem im Jahre 1949 die chinesische Revolution gesiegt hatte, nahmen wir uns das Zollverwaltungsrecht aus den Händen des Imperialismus zurück, die Situation des langjährigen Importüberschusses änderte sich in das Gegenteil. Der Umsatz des Außenhandels steigerte sich 1958 im Vergleich zu 1950 um das 2,1fache, darunter der Import um das 1,9fache, der Export um das 2,3fache. Import und Export halten sich im wesentlichen das Gleichgewicht. Die Situation, daß — wie vor der Befreiung — die Konsumtionsmittel den Hauptteil der Importe ausmachten, kehrte sich ins Gegenteil; mehr als 90 % sind jetzt Maschinenausrüstungen, Grund- und Rohstoffe und andere Produktionsmittel. Das spielt eine gewaltige Rolle beim wirtschaftlichen Aufbau unseres Landes. Die wichtigsten Exportgüter unseres Landes sind noch landwirtschaftliche Produkte, aber der Anteil der industriellen Produkte am Export wurde schon von 9,3 % im Jahre 1950 auf 27,5 % im Jahre 1958 gesteigert.

Es ist so, wie der Genosse Mao Tsetung voraussagte, „dem Aufschwung im wirtschaftlichen Aufbau wird unvermeidlich ein Aufschwung im kulturellen Aufbau folgen". Von 1949 bis 1958 stieg die Zahl der Hochschulstudenten von 117 000 auf 660 000, d.h. eine Steigerung um das 4,7fache; die Zahl der Fachschüler stieg von 229 000 auf 1 470 000, d.h. eine Steigerung um das 5,4fache; die Zahl der Mittelschüler stieg von 1 040 000 auf 8 520 000, d.h. eine Steigerung um das 7,2fache; die Zahl der Grundschüler stieg von

Das große Jahrzehnt 159

24,4 Millionen auf 86 Millionen, d.h. eine Steigerung um das 2,5fache. Im Jahre 1958 konnten schon in vielen Kreisen und Städten im allgemeinen alle Kinder die Grundschule besuchen. 85 % aller Kinder des ganzen Landes im schulpflichtigen Alter besuchen die Grundschule. Die Bewegung zur Beseitigung des Analphabetentums sowie das Abendstudium hat sich unter den Arbeitern und Angestellten, den Bauern und unter der städtischen Bevölkerung sehr breit entwickelt. In allen Schulen und Hochschulen wird die Linie der Partei „die Erziehung dient der Politik des Proletariats", und „Verbindung der Erziehung mit der produktiven Arbeit" verwirklicht. So wurde auf dem Gebiet der Erziehung die sozialistische Revolution weitergeführt.

Die wissenschaftliche Forschungsarbeit erfuhr in den 10 Jahren eine große Entwicklung. Bis zum Ende des Jahres 1958 gab es bereits mehr als 840 spezielle naturwissenschaftliche und technische Forschungsinstitutionen mit mehr als 32 000 Mitarbeitern. Verglichen mit dem Stand zur Zeit der Befreiung bedeutet das eine Steigerung um ungefähr das 20fache, bzw. das 50fache.

Im gleichen Zeitraum verzeichneten auch das Verlagswesen, der Film, das Theater und andere Zweige der Kunst einen gewaltigen Aufschwung.

In den 10 Jahren entwickelte sich auch das Hygiene- und Gesundheitswesen sehr schnell. 1958 gab es im ganzen Lande mehr als 5 600 Krankenhäuser und Sanatorien mit 440 000 Krankenbetten, das bedeutet im Vergleich zu 1949 eine Steigerung um mehr als das 4fache. Außerdem wurden in kleinen Städten und auf dem Lande mehr als 900 000 einfache Krankenbetten neu aufgestellt. Die Zahl der Fachkräfte im Gesundheitswesen betrug in China im Jahre 1958 2 160 000, das bedeutet gegenüber den 780 000 im Jahre 1950 eine Steigerung um das 1,8fache.

Mit der Entwicklung des Aufbaus auf allen Gebieten erhöhte sich das materielle und kulturelle Lebensniveau des Volkes gewaltig. Diese Tatsache wurde schon durch die oben dargestellte Steigerung des Einzelhandelsumsatzes und die Entwicklung des Erziehungs- und Gesundheitswesens ausführlich erläutert. Die Zahl der Beschäftigten der Betriebe, Institutionen und staatlichen Verwaltungen des ganzen Landes stieg von 8 Millionen im Jahr 1949 auf mehr als 45 Millionen am Ende des Jahres 1958, das bedeutet eine Steigerung um das 4,7fache; darunter stieg die Zahl der Industriearbeiter von 3 Millionen auf 25,6 Millionen, das bedeutet eine Steigerung um das 7,5fache. Es wurde nicht nur die aus dem alten

China übriggebliebene Arbeitslosigkeit vollkommen beseitigt, sondern auch der Kreis der Beschäftigten bedeutend erweitert. Von durchschnittlich fünf Menschen der städtischen Bevölkerung des ganzen Landes gehen zwei einer Beschäftigung nach. Von 1949 bis 1958 stieg der Durchschnittslohn der Arbeiter und Angestellten unseres Landes auf mehr als das Doppelte, das individuelle Einkommen der Bauern auf fast das Doppelte. Die Zahl derer, die Sozialversicherungsschutz genießen, stieg von 600 000 im Jahre 1949 auf 13 780 000 im Jahre 1958. Nachdem die Bauern des ganzen Landes sich zu Volkskommunen zusammengeschlossen haben, nimmt die überwiegende Mehrheit der Menschen, die nicht mehr im Besitz der Arbeitskraft sind, an der kostenlosen Versorgung mit Lebensmitteln oder an der Betreuung durch die Gemeinschaftsküchen teil. Das schwierige Leben in den vergangenen Zeiten, wo man sich ständig um Essen und Trinken sehr sorgen mußte, wird bald nur noch in geschichtlichen Erinnerungen existieren.

Der Staat schenkt dem Aufbau in den Gebieten der nationalen Minderheiten große Beachtung. Die Investitionen des Staates in den Gebieten der nationalen Minderheiten in der Zeit von 1950 bis 1958 übersteigt die Summe von 7 Milliarden Yüan. In vielen Gebieten der nationalen Minderheiten sind schon jetzt neue Industriebasen errichtet sowie Eisenbahnlinien und Landstraßen gebaut worden. Der industrielle Gesamtproduktionswert der Gebiete der nationalen Minderheiten betrug im Jahre 1958 das 10fache von 1949, die Getreideproduktion und die Viehzucht wurden im gleichen Zeitraum auf mehr als das Doppelte gesteigert. Der Warenumsatz des staatlichen und genossenschaftlichen Handels in den Gebieten der nationalen Minderheiten stieg von 1952 bis 1958 um das 4,7fache, der Warenaufkauf um das 5,2fache. Die Zahl der Studenten aus nationalen Minderheiten entspricht mehr als dem 9fachen des Standes vor der Befreiung. Es gibt bereits 775 Krankenhäuser und Sanatorien mit insgesamt mehr als 34 000 Betten. Außerdem gibt es mehr als 14 000 Sanitätsstellen. Die Tendenz der ständigen Bevölkerungsabnahme der nationalen Minderheiten in den letzten Jahrhunderten wurde vollkommen überwunden. Nicht nur das; das Neue zeigt sich darin, daß das ökonomische und kulturelle Leben mit jedem Tag besser wird. Die Verhältnisse in Tibet waren in der Vergangenheit dadurch gekennzeichnet, daß die demokratischen Reformen lange Zeit verhindert wurden. Aber nach der Niederwerfung des Putsches begann auch dort das Volk, aktiv dem neuen Leben entgegenzuschreiten. Es wird nicht mehr lange dauern, bis

Das große Jahrzehnt 161

ein glückliches und fortschrittliches Tibet aufgebaut sein wird.

Es ist auch bekannt, daß vor 10 Jahren die politischen Verhältnisse im chinesischen Staate äußerst finster und reaktionär waren. Die Lakaien der Imperialisten — die Kompradorenbourgeoisie, feudalen Gutsbesitzer, Militaristen, Bürokraten und despotischen Ortstyrannen — tanzten auf den Häuptern des Volkes, schalteten und walteten nach Belieben und saugten dem Volk das Mark aus den Knochen. Die breiten Volksmassen befanden sich in einer absolut rechtlosen und sklavischen Lage. Die Massen vieler nationaler Minderheiten hatten außer der Unterdrückung durch die Imperialisten, die Adelsgeschlechter, die Gutsbesitzer und Sklavenhalter der eigenen Nationalität noch die nationale Unterdrückung durch die Han-Herrscher zu ertragen. Das Land war lange Zeit zersplittert. Die imperialistischen Aggressionskriege, die Kämpfe der Bürgerkriegsgeneräle aller Schattierungen und die von den reaktionären Herrschern angestifteten konterrevolutionären Bürgerkriege hielten einige Jahrzehnte ununterbrochen an. Das Volk hatte den Krieg und das Elend satt. Während der Zeit der Kuomintangherrschaft wüteten überall Räuber, Banditen und reaktionäre Sekten; die gesellschaftliche Ordnung war bis ins tiefste erschüttert.

Was sind alles für gewaltige Veränderungen in diesen 10 Jahren vor sich gegangen! Die korrupte, verfaulende Regierung, die das Volk unterdrückte, wurde beseitigt. Sie wurde ersetzt durch eine ehrliche, fleißige Regierung, wie sie sich das Volk seit ewigen Zeiten erträumt hat, eine Regierung, die wirklich den Interessen des Volkes dient. Die rechtlose Lage des Volkes ist ein für allemal beendet. Die breitesten Volksmassen genießen nicht nur dem Gesetz nach, sondern auch in Wirklichkeit die breiteste Demokratie bei der Verwaltung der öffentlichen Angelegenheiten des Staates. Die Unterdrückung der Nationalitäten wurde beseitigt. Unsere Heimat ist zu einer großen Familie geworden, in der alle Nationalitäten vollkommen gleichberechtigt sind und sich freundschaftlich gegenseitig helfen. Der Staat verwirklichte eine noch nie dagewesene feste Einheit. Räuber, Banditen, reaktionäre Sekten sowie Prostituierte, Bettler, Spielhöllen und Rauschgifte wurden beseitigt, die gesellschaftliche Ordnung ist sicherer denn je zuvor. Die breiten Volksmassen haben sich zusammengeschlossen, um mit äußerster Energie, starkem Kampfwillen und himmelstürmender Kraft ein glückliches Leben aufzubauen.

Es ist auch sehr gut bekannt, was für eine klägliche Stellung China vor 10 Jahren in der internationalen Politik einnahm. Viele

Jahre war unser Land ein koloniales, halbkoloniales Land. Die imperialistischen Großmächte sahen in unserem Land einen fetten Happen, von dem jeder fraß. Die europäischen Imperialisten versuchten, China aufzuteilen; die japanischen Aggressoren wollten es allein verschlingen, ja, sie schluckten von 1937 bis 1945 schon fast die Hälfte. Nach dem zweiten Weltkrieg wollten die USA liebend gern die Stellung der japanischen Aggressoren übernehmen. China, das der Bevölkerung nach größte Land der Erde, ist nicht nur seiner ihm zustehenden Rechte im politischen Leben der Welt beraubt worden, sondern beinahe auch des Rechts, seine eigenen Angelegenheiten zu regeln.

Heute gehört das koloniale, halbkoloniale alte China für immer der Vergangenheit an. Vor den Augen der Menschen entstand ein unabhängiges, freies neues Volkschina, so, wie der Genosse Mao Tsetung zur Gründung der Chinesischen Volksrepublik erklärte: „Unser Volk reiht sich von jetzt ab in die große Familie der friedliebenden und freien Völker der Welt ein, arbeitet mutig und fleißig, schafft seine eigene Kultur und das eigene Glück und fördert gleichzeitig den Frieden und die Freiheit in der Welt." Die Schwäche Chinas verwandelt sich gerade in das Gegenteil — in einen blühenden Aufschwung. Gleichzeitig kehrt sich die international rechtlose Stellung Chinas in das genaue Gegenteil: Auf dem gesamten bereits befreiten Territorium üben wir heute vollständig unsere staatliche Souveränität aus. China muß auch das Recht haben, an der Lösung aller wichtigen internationalen Fragen teilzunehmen, die seine Interessen und die Interessen des Weltfriedens betreffen. Zugleich mit der Entfesselung des Aggressionskrieges in Korea besetzte der amerikanische Imperialismus einen Teil des Territoriums unseres Landes, die Insel Taiwan. Außerdem hatte er die Absicht, den Aggressionsfunken von Korea auf das chinesische Festland überspringen zu lassen und hegte die eitle Hoffnung, das gerade geborene neue China mit Waffengewalt vernichten zu können. Das chinesische Volk nahm mit größtem Opfermut am Kampf zum Widerstand gegen die amerikanischen Aggressoren und zur Unterstützung des koreanischen Volkes, am Kampf zum Schutz der Heimat und des Vaterlandes teil und zerschlug diese Aggressionsversuche. Obwohl Taiwan bis heute, noch vom amerikanischen Imperialismus besetzt ist, wird das chinesische Volk Taiwan auf alle Fälle befreien. Das wird keine Kraft verhindern können. Der amerikanische Imperialismus versucht bis heute das neue China in internationalen Angelegenheiten zu isolieren und beiseite zu drängen, aber diese Absichten erleben mit jedem Tag neue Niederlagen. Heute haben bereits 33 Staaten mit unserem Land diplomatische und offizielle Beziehungen aufgenommen; bereits 93 Staaten und Gebiete haben mit unserem Land wirtschaftliche Beziehungen angeknüpft; 104 Staaten und Gebiete haben mit unserem Land kulturelle Beziehungen aufgenommen und pflegen mit uns freundschaftlichen Verkehr. Wir sind aufs engste verbunden mit der großen Sowjetunion und allen anderen sozialistischen Ländern. Unser Land hat nach den 5 Prinzipien der Koexistenz und der Bandung-Erklärung zu vielen Nationalstaaten Asiens und Afrikas Beziehungen der freundschaftlichen Zusammenarbeit aufgenommen und entwickelt, und eine breite Zone des Friedens gebildet. Als eine der Großmächte der Welt, als Mitglied des von der Sowjetunion geführten großen sozialistischen Lagers leistete und leistet unser Land einen wertvollen Beitrag zur Erhaltung des internationalen Friedens und der Entwicklung des Fortschritts der Menschheit.

Wie läßt sich nun diese gewaltige Entwicklung erklären? Wie konnte dies alles geschehen?

Die rapide Entwicklung Volkschinas war im wesentlichen nur dadurch möglich, daß die chinesische Gesellschaft die konsequenteste demokratische und sozialistische Revolution erlebte. China hat sich bereits zu einer sozialistischen Gesellschaft auf der Grundlage des Gemeineigentums an den Produktionsmitteln entwickelt.

Wenn das chinesische Volk den Imperialismus, den Feudalismus und den bürokratischen Kapitalismus — diese drei großen Berge, die auf den Schultern des Volkes lasteten — nicht abgewälzt hätte, könnte es natürlich nur endlos versinken in Armut und Rückständigkeit. Aber wenn wir nach dem Abwälzen dieser drei großen Berge nicht sofort den sozialistischen Weg gegangen wären, nicht konsequent die sozialistische Revolution verwirklicht und nicht den planmäßigen Aufbau des Sozialismus in Angriff genommen hätten, sondern es einigen Ländern, die nach der Erreichung der nationalen Unabhängigkeit den kapitalistischen Weg gegangen sind, gleichgetan hätten, dann wäre die rapide Entwicklung der vergangenen 10 Jahre überhaupt nicht möglich gewesen, ganz zu schweigen von dem großen Sprung nach vorn seit dem vorigen Jahr.

Die reaktionäre Ansicht, daß ein ökonomisch und kulturell rückständiges Land den Sozialismus nicht verwirklichen könne, wurde vom Genossen Lenin und Genossen Mao Tsetung schon längst in allen Teilen widerlegt. Wenn man davon spricht, warum sich die sozialistische Revolution und der Aufbau des Sozialismus in unserem Land so rasch und so reibungslos entwickelten, dann muß man darauf hinweisen, daß das objektive und subjektive Bedingungen hat. Objektiv gesehen ist China ein Land mit einem großen Territorium und gewaltigen Naturschätzen, ein Land mit einer riesigen Bevölkerung. Die Volksmassen fordern die Revolution und haben revolutionäre Traditionen. Die chinesische Revolution vollzog sich nach der Großen Sozialistischen Oktoberrevolution. China kann die Erfahrungen und die Unterstützung der Sowjetunion und die Unterstützung des gesamten sozialistischen Lagers nutzen. Subjektiv gesehen war es nur möglich infolge der richtigen Führung durch die Kommunistische Partei Chinas und deren Führer, den Genossen Mao Tsetung. Es war weiterhin möglich, weil diese Führung es verstand, die allgemeine Wahrheit des Marxismus-Leninismus mit der konkreten Praxis der chinesischen Revolution zu verbinden, weil sie es verstand, die fortgeschrittenen Erfahrungen der Sowjetunion und aller anderen sozialistischen Länder beim Aufbau mit den Erfahrungen beim Aufbau in China zu verbinden, weil sie es verstand, entsprechend den chinesischen Bedingungen, die marxistisch-leninistische Theorie von der ununterbrochenen Revolution mit der marxistisch-leninistischen Theorie der revolutionären Entwicklung in Etappen zu verbinden, weil sie es verstand, entsprechend den chinesischen Bedingungen konsequent die Arbeitsmethode der Massenlinie anzuwenden und die Führung der Partei mit der Massenbewegung sowie der Initiative und Schöpferkraft des Millionenvolkes zu verbinden. Wir möchten hier noch ein paar Worte zu den Methoden der Leitung durch die Partei und den Genossen Mao Tsetung, besonders zu den Methoden der ununterbrochenen Revolution und der Massenlinie sagen.

Die Entwicklung Chinas in den vergangenen 10 Jahren ist ein Prozeß der ununterbrochenen Revolution.

Noch auf dem 2. Plenum des VII. Zentralkomitees der Kommunistischen Partei Chinas im März 1949 wiesen das Zentralkomitee der Partei und Genosse Mao Tsetung darauf hin, daß die Gründung der Volksrepublik China den Sieg der demokratischen Revolution im ganzen Lande und gleichzeitig den Beginn der sozialistischen Revolution bedeutet. Obwohl die im Sieg der Revolution im Jahre 1949 unter der Führung des Proletariats und auf der Grundlage des Bündnisses der Arbeiter und Bauern entstandene Diktatur der Volksdemokratie Vertreter eines Teils der nationalen

Bourgeoisie an der Regierung beteiligte, war sie dem Wesen nach schon eine Macht der Diktatur des Proletariats. Zu dieser Zeit war die Kernfrage der demokratischen Revolution im Rahmen des ganzen Landes, d.h. die Frage des Sturzes der reaktionären Herrschaft des Imperialismus, des Feudalismus und des bürokratischen Kapitals, schon gelöst, und der Grundwiderspruch im Lande war der Widerspruch zwischen dem Proletariat und der Bourgeoisie. Die Revolution durfte nicht in der Etappe der demokratischen Revolution stehen bleiben, sondern mußte sich weiter nach vorn, zum Sieg der sozialistischen Revolution entwickeln.

In den ersten Jahren nach 1949 mußte das chinesische Volk noch große Anstrengungen unternehmen, um die aus der Etappe der demokratischen Revolution zurückgebliebenen Aufgaben zu erfüllen, unter denen die wichtigste die Durchführung der antifeudalen Bodenreform im ganzen Lande war. Aber nachdem die große Volksrevolution im Jahre 1949 im ganzen Lande den Sieg errungen hatte, verwandelten wir durch die Enteignung des bürokratischen Kapitals die Wirtschaft des bürokratisch-kapitalistischen Eigentums in eine Wirtschaft des sozialistischen Volkseigentums und gingen somit auf wirtschaftlichem Gebiet schon über den Rahmen der demokratischen Revolution hinaus. Der Aufbau einer starken, sozialistischen volkseigenen Wirtschaft und die Sicherung ihrer führenden Stellung in der gesamten Volkswirtschaft wurde dann zur vorrangigen und wichtigen Aufgabe des Proletariats und der Werktätigen. Um die Aufmerksamkeit auf die gesetzwidrige Tätigkeit kapitalistischer Elemente zu lenken, die die sozialistische Wirtschaft schädigten, führte die Partei 1952 den Massenkampf „Gegen die drei Übel" (gegen Korruption, Verschwendung und Bürokratismus unter den Mitarbeitern der Staatsorgane) und „Gegen die fünf Übel" (gegen Bestechung, Steuerhinterziehung, Diebstahl an Staatsmitteln, Lieferung schlechter Arbeit und minderwertigen Materials, und Mißbrauch von staatlichen Wirtschaftsinformationen unter den kapitalistischen Industriellen und Händlern) und versetzte dem Angriff der Bourgeoisie einen vernichtenden Schlag. Auf der Basis dieses Sieges unterwarfen wir die kapitalistische Industrie und den kapitalistischen Handel der Leitung durch die sozialistische Wirtschaft und setzten den von der Arbeiterklasse kontrollierten Staatskapitalismus durch. So machten wir einen großen Schritt nach vorn. Nach der Bodenreform wies das ZK der Partei zur rechten Zeit auf die Entwicklung der Bewegung zur gegenseitigen Hilfe und Zusammenarbeit hin. Das ermutigte die

Einzelbauern und half ihnen, den genossenschaftlichen Weg zu gehen. Außerdem führte die Partei ständig einen harten Kampf gegen die rechten Ideologien auf diesem Gebiet. Das ZK der Partei und Genosse Mao Tsetung widerlegten entschlossen die bürgerlichen Ansichten einiger Leute innerhalb und außerhalb der Partei von der sogenannten „Festigung der neudemokratischen Ordnung", „dem langen Nebeneinanderbestehen des Kapitalismus und des Sozialismus", der „Garantie der vier großen Freiheiten: das Kaufen und Verkaufen, Pachten und Verpachten des Bodens, Lohnarbeit, Darlehen und Handel". Sie verkündeten rechtzeitig die Generallinie der Partei während der Übergangsperiode, wonach die sozialistische Umgestaltung und der Aufbau des Sozialismus gleichzeitig durchgeführt werden. Diese Generallinie erhielt rasch die Unterstützung des ganzen Volkes und wurde in der Verfassung der Volksrepublik China festgelegt. Da die Partei die günstige Gelegenheit nicht versäumte und eine Reihe von Maßnahmen zur sozialistischen Umgestaltung ergriff, konnte die revolutionäre Bewegung unaufhaltsam Schritt für Schritt vorwärtsschreiten, bis im Herbst und Winter des Jahres 1955 im ganzen Land ein Aufschwung der Kollektivierung der Landwirtschaft zu verzeichnen war. Dieser Schritt vorwärts verursachte wiederum einen Aufschwung, in dem sich alle Zweige der kapitalistischen Industrie und des kapitalistischen Handels Chinas in staatlich-private Betriebe umwandelten, sowie einen Aufschwung, in dem sich die individuellen Handwerker zu Handwerksgenossenschaften zusammenschlossen. So wurde die sozialistische Revolution auf dem Gebiet des Eigentums an den Produktionsmitteln im wesentlichen vollendet.

Aber die Aufgaben der sozialistischen Revolution waren hiermit nicht etwa abgeschlossen. Nicht lange darauf stellte die Partei neue Aufgaben: Es ist notwendig, an der politischen und ideologischen Front die sozialistische Revolution weiter fortzusetzen und diese Revolution bis zum Ende zu führen, damit allmählich alle Gebiete des Überbaus in immer stärkerem Maße der ökonomischen Basis des Sozialismus entsprechen. Gleichzeitig wurden auf der Grundlage des bereits geschaffenen sozialistischen Eigentums an den Produktionsmitteln die Verhältnisse der Menschen zueinander im Produktionsprozeß geregelt, damit die sozialistischen Produktionsverhältnisse weiter gesunden und sich entwickeln konnten. Das war die Aufgabe des Kampfes gegen die Rechten Elemente und der Bewegung zur Verbesserung des Arbeitsstils in den Jahren 1957 bis 1958. Das Ergebnis des Kampfes gegen die Rechten und der Bewe-

Das große Jahrzehnt

gung zur Verbesserung des Arbeitsstils war: Die den Sozialismus bekämpfenden, bürgerlichen Rechten wurden im Volke vollkommen isoliert, und das sozialistische Bewußtsein der breiten Massen stieg gewaltig. Die Widersprüche im Volk wurden weiterhin richtig gelöst, deshalb konnten sich auch alle Beziehungen, ob zwischen den Mitarbeitern der Staatsorgane und der Betriebe oder den Massen der Arbeiter und Bauern, ob innerhalb der Massen der Arbeiter und Bauern oder zwischen den einzelnen Nationalitäten, weiter verbessern. Durch den Sieg im Kampf gegen die Rechten und in der Bewegung zur Verbesserung des Arbeitsstils erreichte die revolutionäre Initiative des ganzen Volkes für den Aufbau des Sozialismus einen nie dagewesenen Höhepunkt.

Die sich seit der Gründung der Volksrepublik ständig vorwärts entwickelnde revolutionäre Bewegung hatte in den ersten beiden Jahren des 2. Fünfjahrplans, 1958/59, einen noch nie dagewesenen Erfolg – den Großen Sprung nach vorn in der Volkswirtschaft.

Das Wachstumstempo der Industrieproduktion im 1. Fünfjahrplan war an und für sich sehr hoch, das Tempo der Jahre 1958/59 übertraf jedoch bei weitem das Niveau der vorangegangenen 5 Jahre. Der Gesamtwert der Industrieproduktion stieg im 1. Planjahrfünft pro Jahr im Durchschnitt um 18 %, 1958/59 betrug das durchschnittliche Wachstum der zwei Jahre 45 % (die Zahlen von 1959 sind Planzahlen. Dies trifft auch auf die folgenden zu). Das durchschnittliche Wachstumstempo pro Jahr für Stahl betrug im 1. Planjahrfünft 31,7 %, in den letzten zwei Jahren 50 %. Für Kohle lag es im 1. Planjahrfünft bei 14,4 %, in den letzten beiden Jahren bei 60 %. In der Landwirtschaft stieg der Gesamtwert der landwirtschaftlichen Produktion im 1. Planjahrfünft pro Jahr im Durchschnitt um 4,5 %, in den beiden Jahren 1958/59 jedoch um 17 %. Die jährliche durchschnittliche Zuwachsrate für Getreide betrug im 1. Planjahrfünft 3,7 %, in den letzten beiden Jahren 22 %; für Baumwolle betrug sie im 1. Planjahrfünft 4,7 %, in den letzten beiden Jahren 19 %. Im 1. Planjahrfünft wurden nahezu 10 000 Industriebetriebe errichtet, allein im Jahre 1958 waren es über 41 000. Die Zahl der über der Investnorm liegenden Industrieeinheiten, die im 1. Planjahrfünft die Produktion ganz oder teilweise aufnahmen, betrug 537, im Jahre 1958 waren es 700.

Was sind die Gründe dafür, daß die Wirtschaft unseres Landes in den Jahren 1958/59 eine schnellere Entwicklung nahm als in der Zeit des 1. Fünfjahrplanes? Das kommt nicht nur daher, daß eine anfängliche Grundlage für die Industrialisierung bereits im 1. Planjahrfünft geschaffen worden war und damit für die schnelle Entwicklung der Wirtschaft im 2. Planjahrfünft günstige materielle Bedingungen vorhanden waren, sondern das Wichtigste ist, daß während des größten Teils des 1. Fünfjahrplanes die sozialistische Umgestaltung der Landwirtschaft, des Handwerks, der kapitalistischen Industrie und des kapitalistischen Handels gerade erst vor sich ging und noch nicht vollendet war, daß das Verhältnis echter kameradschaftlicher Zusammenarbeit zwischen den Menschen im Produktionsprozeß nocht nicht im vollen Maße geschaffen war, daß an der politischen und der ökonomischen Front noch ein starker bürgerlicher Einfluß existierte und daß dies alles der Initiative der werktätigen Massen in der Produktion Grenzen setzte.

In der letzten Hälfte des 1. Fünfjahrplans, nämlich von der zweiten Hälfte des Jahres 1955 bis zum Jahre 1957, errang die sozialistische Revolution an der ökonomischen, der politischen und der ideologischen Front ununterbrochen große Siege, wurden die Produktivkräfte und die Initiative der Werktätigen in der Produktion in einer vorher nie gekannten Weise befreit. Außerdem verkündete unsere Partei, gestützt auf diese günstige Situation, zur rechten Zeit die Generallinie „unter Anspannung aller Kräfte ständig vorwärts strebend den Sozialismus nach dem Prinzip ‚mehr, schneller, besser und wirtschaftlicher' aufzubauen" und verwirklichte sie. Durch dies alles konnte unser Volk gleich zu Beginn des 2. Fünfjahrplans das Neue, den Großen Sprung nach vorn, schaffen, konnte das Entwicklungstempo unserer Volkswirtschaft in viel größerem Maße gesteigert werden als im 1. Planjahrfünft.

Nach der Errichtung der sozialistischen Produktionsverhältnisse und des diesen Produktionsverhältnissen, d.h. der ökonomischen Basis, entsprechenden Überbaus befanden sich diese noch im Prozeß der ständigen Entwicklung und der ununterbrochenen Vervollkommnung, blieben keinesfalls unveränderlich. Um den Bedürfnissen der Produktivkräfte nach ständiger Vorwärtsentwicklung zu entsprechen, mußten die Produktionsverhältnisse eine dementsprechende Regulierung erfahren, demzufolge mußten alle Gebiete des auf dieser ökonomischen Basis errichteten Überbaus laufend eine allseitige entsprechende Erneuerung durchmachen. Zwischen den Produktivkräften und Produktionsverhältnissen, zwischen der ökonomischen Basis und dem Überbau entstanden ununterbrochen Widersprüche, die überwunden wurden. Nach ihrer Überwindung entstanden wieder neue — dies ist ein ständig vor sich gehender, immer neuentstehender dialektischer Prozeß. Gerade weil die

Das große Jahrzehnt 169

Produktionsverhältnisse und ihr Überbau sich gemäß den Bedürfnissen ununterbrochen regulieren und erneuern konnten, konnte ein ständiger Aufschwung der Produktivkräfte gesichert werden. Die Entwicklung der Bewegung zur Bildung von Volkskommunen, die alle Dörfer unseres Landes erfaßte und die aus dem Großen Sprung nach vorn auf dem Gebiet der landwirtschaftlichen Produktion unseres Landes im Jahre 1958 hervorging, ist ein neuer Beweis für diese Wahrheit. Den Bedürfnissen einer gewaltigen Entwicklung der landwirtschaftlichen Produktion und der gesamten Wirtschaft auf dem Lande entsprachen die Landwirtschaftlichen Produktionsgenossenschaften höheren Typs schon nicht mehr. Die über 740 000 Landwirtschaftlichen Produktionsgenossenschaften des ganzen Landes, wobei jede Genossenschaft durchschnittlich 160 Höfe umfaßte, bildeten sich im Sommer und Herbst des Jahres 1958 zu mehr als 26 000 Volkskommunen um, wobei jede im Durchschnitt über 4600 Höfe umfaßte. Danach fand eine Umgruppierung statt, während der sich über 24 000 Volkskommunen bildeten, wobei jede durchschnittlich über 5000 Höfe umfaßte. Ihr Umfang ist also über 30mal größer als der der ehemaligen Landwirtschaftlichen Produktionsgenossenschaften. Infolge des großen Umfangs und der großen Kräfte, die in den Volkskommunen vorhanden sind, ist man nicht nur imstande, die Produktion und den Aufbau von Ackerbau, Forstwirtschaft, Viehzucht, Nebenwirtschaft und Fischwirtschaft schnell zu entwickeln, sondern ist auch in der Lage, die Arbeit auf dem Gebiete der Industrie, Landwirtschaft, des Handels, des Erziehungswesens und des Milizwesens auf dem Lande einheitlich zu leiten und die Einheit von Wirtschaftsorganisation und den Organen der örtlichen Staatsmacht zu verwirklichen. Die Volkskommunen auf dem Lande sind jedoch noch eine Wirtschaftsorganisation mit kollektivem Eigentum, die Hauptproduktionsmittel sind in überwiegendem Maße Eigentum der Produktionsbrigaden, die den ehemaligen Landwirtschaftlichen Produktionsgenossenschaften entsprechen. Aber den Volkskommunen gehört schon ein Teil der Produktionsmittel, sie können jährlich von den Produktionsbrigaden entsprechende Akkumulationssummen abziehen. Im Verteilungssystem des Einkommens der Mitglieder der Volkskommune ist in einem gewissen Umfang das System der kostenlosen Versorgung enthalten. Im Jahre 1958, dem Jahr des Sieges der Volkskommunenbewegung, stieg der Gesamtwert der landwirtschaftlichen Produktion im Verhältnis zum Jahre 1957 um 25 %, u.a. stieg er in der Forstwirtschaft um 193,2 %, der Fischwirtschaft um

128 % und der Viehzucht um 5,2 %. Die Fläche der zusätzlichen Irrigationsanlagen für Ackerland und Waldanpflanzungen im ganzen Lande übersteigt bei weitem die Gesamtzunahme der Fläche in allen fünf Jahren des 1. Fünfjahrplanes. Industrie- und Transportwesen der Volkskommunen erfuhren ebenfalls eine bedeutende Entwicklung. Nach der neuesten Statistik der Volkskommunen besitzen die Volkskommunen im ganzen Lande ungefähr 700 000 Industriebetriebe, deren Produktion im Verhältnis zum vorigen Jahr ums Doppelte stieg. 1958 betrug die Akkumulation der Volkskommunen auf dem Lande 10 Milliarden Yüan, sie stieg gegenüber 1957 um mehr als 100 %. Einkommen und Lebensniveau der Bauern des ganzen Landes stiegen 1958 im Verhältnis zu 1957 um ca 10 %. Diese ganzen Tatsachen beweisen, daß der große Vorzug der Volkskommunen nicht anzuzweifeln ist, und daß irgendwelche Gründe von Leuten, die gegen diese Bewegung sind, unhaltbar sind.

Welch große Veränderung, wenn sich über 110 Millionen Einzelbauernhöfe zu über 24 000 Volkskommunen zusammenschließen! Das ist ein glänzender Sieg der marxistisch-leninistischen Theorie von der permanenten Revolution!

Der Prozeß der sozialistischen Revolution in unserem Lande ist ein Prozeß der ununterbrochenen Revolution, gleichzeitig ist er ein Prozeß, der in bestimmten Entwicklungsetappen planmäßig verläuft. Der Beschluß der 6. Plenartagung des VIII. Zentralkomitees der Partei besagt: „Wir sind Anhänger der marxistisch-leninistischen Theorie von der ununterbrochenen Revolution und glauben, daß zwischen demokratischer Revolution und sozialistischer Revolution, zwischen Sozialismus und Kommunismus keine ‚Große Chinesische Mauer' liegt und auch nicht liegen darf. Gleichzeitig sind wir Anhänger der marxistisch-leninistischen Theorie von der Entwicklung der Revolution in Etappen und sind der Meinung, daß die verschiedenen Entwicklungsstufen qualitative Veränderungen widerspiegeln, und daß man diese sich qualitativ voneinander unterscheidenden Stufen nicht miteinander vermischen darf."[2] In der Tat unterscheiden wir nicht nur sorgfältig die Aufgaben der demokratischen und der sozialistischen Revolution und die Prinzipien des Sozialismus und des Kommunismus und treten gegen solche Theorien auf, die das Überspringen von geschichtlichen Entwicklungsetappen der Gesellschaft, die unbedingt durchlaufen werden müssen, anerkennen, sondern wir unterscheiden auch in jeder geschichtlichen Entwicklungsetappe der Gesellschaft anhand der konkreten Situation einige kleinere Entwicklungsetappen, die man

Das große Jahrzehnt 171

zu den quantitativen Veränderungen rechnet (die Entwicklung von einer niedrigen Entwicklungsstufe zur nächsten, etwas höheren Entwicklungsstufe ist natürlich auch eine, wenn auch kleine Qualitative Veränderung). Wir leiten ferner entsprechende Maßnahmen ein, die den Bedürfnissen der schrittweisen Veränderung der Produktionsverhältnisse und dem allmählichen Reifen des Bewußtseins der Massen entsprechen. Die große Masse der Bauern konnte deshalb selbstbewußt und freiwillig von der Einzelwirtschaft zur Volkskommune übergehen, weil sie die verschiedenen Stufen – die Gruppen der gegenseitigen Hilfe, die Gruppen der ständigen gegenseitigen Hilfe, die Landwirtschaftlichen Produktionsgenossenschaften niederen Typs und die Landwirtschaftlichen Produktionsgenossenschaften höheren Typs – durchliefen. Die kapitalistische Industrie und der kapitalistische Handel konnten auch deshalb ohne allzugroße Selbstüberwindung staatliche Beteiligung für die ganze Branche annehmen, weil sie die Entwicklungsetappen der staatlichen Auftragserteilung und des staatlichen Auf- und Verkaufs in der Industrie, der staatlichen Kontrolle des Absatzes und der staatlichen Beteiligung an einzelnen Unternehmen im Handel durchliefen. Gleichzeitig erlebte auch die sozialistische Revolution an der politischen und ideologischen Front eine Reihe von Massenbewegungen; entsprechend den konkreten Bedingungen des Klassenkampfes stürmte sie einmal wie die Flut heran, ebbte dann wieder etwas ab, kam aber doch stetig voran und vertiefte sich allmählich. Durch diese richtige Führung der Partei blieb die revolutionäre Bewegung der Massen ständig in Gang. Wäre dies nicht der Fall gewesen, so hätte die revolutionäre Bewegung auf halbem Wege stehenbleiben und einfrieren müssen. Die Partei konnte außerdem das Bewußtsein der Massen Schritt für Schritt heben. Wäre dies nicht der Fall gewesen, so wäre die revolutionäre Bewegung ungenügend gerüstet gewesen. Deshalb erhielt jeder Aufruf der Partei im ganzen Verlauf der sozialistischen Revolution die begeisterte Unterstützung der breiten Massen. Auch deshalb, obwohl die Entwicklung der sozialistischen Revolution sehr schnell vor sich ging, befand sich die Produktion der Industrie und der Landwirtschaft in einem fortwährenden Aufschwung und erlitt im allgemeinen keine Störungen.

Die Erfolge, die die Partei durch ihr ständiges Festhalten an der Theorie von der Revolution in ihrer ununterbrochenen und etappenmäßigen Entwicklung errang, sind untrennbar damit verbunden, daß die Partei im gesamten Prozeß der sozialistischen Revolution von Anfang bis Ende die Arbeitsmethode der marxistisch-leninistischen Linie der Massen vertrat. Die Partei legte stets Wert darauf, daß ihre eigene Führung mit der Bewegung der breiten Massen verbunden war, führte die Massen zur ununterbrochenen Entwicklung des revolutionären Selbstbewußtseins, organisierte die eigenen Kräfte, damit die Massen sich allmählich selbst befreiten. Die Partei hat nie die Revolution den Massen aufgezwungen oder ihnen den Sieg gnädig gereicht. Hierüber haben wir bereits oft gesprochen, denn die Partei trug im Verlaufe der demokratischen Revolution auch deshalb den Sieg davon, weil sie an dieser Arbeitsmethode festhielt. Das Neue bei diesem Problem ist, daß das Zentralkomitee und Genosse Mao Tsetung nach dem allseitigen Siege der sozialistischen Revolution diese Arbeitsmethode beim Aufbau des Sozialismus systematisch weiter anwenden. So entstand die Generallinie der Partei für den Aufbau des Sozialismus, so entfaltete sich der Große Sprung nach vorn in der Volkswirtschaft. Man kann fest behaupten, daß es dann, wenn die Partei von der Arbeitsmethode der Massenlinie, die die Führung durch die Partei mit der Massenbewegung vereint, jemals abgelassen hätte, keine Generallinie der Partei für den Aufbau des Sozialismus geben könnte, und daß es dann auch keinen großen Sprung nach vorn in der Volkswirtschaft im vorigen Jahre gegeben hätte.

Das Wesen der Generallinie der Partei beim Aufbau des Sozialismus ist die sorgfältige Beachtung des Bewußtseins, der Initiative und der Schöpferkraft der Volksmassen beim Aufbau des Sozialismus. Die Generallinie fordert, unter Anspannung aller Kräfte vorwärts strebend nach dem Prinzip „mehr, schneller, besser und wirtschaftlicher" den Sozialismus aufzubauen. Das ist ein Aufruf an die 650 Millionen Menschen, ihr Bewußtsein, ihre Initiative und ihre Schöpferkraft zu erhöhen und alle Begeisterung, alles Wissen und alle Kraft für den Aufbau des Sozialismus einzusetzen. Ist die Lösung der komplizierten, schweren Aufgabe, den Sozialismus nach dem Prinzip „mehr, schneller, besser und wirtschaftlicher" aufzubauen, denn möglich? Die imperialistischen und kapitalistischen Elemente sagen uns: das ist nicht möglich. Sie behaupten entschieden, daß man die Losung „mehr, schneller, besser und wirtschaftlicher" nicht gleichzeitig verwirklichen kann, es sei nichts anderes, als wenn man „von einem Pferd verlangt, daß es rennen soll, ohne zu fressen". Die Rechtsopportunisten in unseren Reihen stimmen ihnen zu und sagen ebenfalls: das ist nicht möglich. Aber wir erwidern ihnen entschieden: das ist möglich, weil wir uns vor allem auf die Volksmassen, die Schöpfer der Geschichte, stützen.

Diese Kraft aber kann nicht, oder nicht vollständig, von den Imperialisten, bürgerlichen Elementen und Rechtsopportunisten erkannt werden. Wir haben gewaltige Menschenreserven, und als Werktätiger, als Schöpfer und Benutzer von Werkzeugen ist der Mensch innerhalb der gesellschaftlichen Produktivkräfte der ausschlaggebende Faktor, das wertvollste „Kapital". Natürlich könnte die Initiative des 650-Millionen-Volkes, dieser großen schöpferischen Kraft, wie schon oben gesagt, ohne die sozialistische Revolution nicht zutage treten. Wenn man jedoch nach der Verwirklichung der sozialistischen Revolution nicht darauf achtet, sie durch geeignete Methoden in Bewegung zu setzen, könnte sie auch nicht wirksam werden, und das Ziel — den Sozialismus nach dem Prinzip „mehr, schneller, besser und wirtschaftlicher" aufzubauen — könnte nicht erreicht werden. Die Generallinie der Partei legte gemäß den objektiven ökonomischen und politischen Gesetzen richtig das Verhältnis zwischen Industrie und Landwirtschaft, Schwerindustrie und Leichtindustrie, zentraler Industrie und örtlicher Industrie, Großbetrieben und Mittel- und Kleinbetrieben fest, und bestimmte, unter Beachtung des Vorrangs der Schwerindustrie, die Industrie und Landwirtschaft, Schwerindustrie und Leichtindustrie gleichzeitig zu entwickeln, und ferner auch unter der zentralisierten Leitung, allseitigen Planung, Arbeitsteilung und Kooperierung die zentrale und die örtliche Industrie, die Groß-, Mittel- und Kleinindustrie, die Produktion nach modernen und herkömmlichen Methoden gleichzeitig zu entwickeln. Die Richtlinie „auf zwei Beinen gehen" wird nicht nur deshalb angewandt, um die richtigen Proportionen zwischen allen Wirtschaftszweigen zu wahren, sondern vor allem, um die positiven Faktoren auf allen Gebieten am vollständigsten zu mobilisieren und auf breitester Front vorzugehen, damit die Aufbauarmeen der breiten Volksmassen sich entfalten und ihre Kräfte vollständig für den Aufbau des Sozialismus einsetzen können. Nur dadurch ist die Gewähr für die Verwirklichung der Forderung, „mehr, schneller, besser und wirtschaftlicher", gegeben.

Die mittlere und kleine, nach herkömmlichen, oder halb nach herkömmlichen und halb nach modernen Methoden produzierende Industrie kann zwar nicht mit der großen und nach modernen Methoden produzierenden Industrie hinsichtlich der Arbeitsproduktivität konkurrieren, aber die Arbeitsproduktivität ist im Vergleich zum früheren einfachen Handwerk doch um das Vielfache gestiegen. Unter den gegenwärtigen Verhältnissen bedeutet die Entwicklung der mittleren und kleinen, nach herkömmlichen, oder halb nach herkömmlichen und halb nach modernen Methoden produzierenden Industrie neben der großen, nach modernen Methoden produzierenden, keine Vergeudung von Menschenkräften, sondern gerade die rationelle Ausnützung dieser Kräfte. Sie verlangsamt keineswegs das Entwicklungstempo der Industrie, sondern beschleunigt es im größten Ausmaße. Gleichzeitig wird überall, ganz egal, ob in einem Industriezweig oder einem Betrieb, die Arbeitsmethode der zentralisierten Leitung in Verbindung mit den zahlreichen Massenbewegungen angewendet. Dadurch wird die Schwerpunktaufgabe beim Aufbau des Sozialismus, die Industrialisierung, zur Aufgabe der breiten Volksmassen, die sich direkt und aktiv daran beteiligen. Im gewissen Sinne kann man sagen, daß das gesamte Volk die Industrie aufbaut.

Einer der Hauptgründe dafür, daß manche Mitglieder unserer Partei in den Sumpf des Rechtsopportunismus geraten sind, liegt darin, daß sie die aktive, positive Rolle der Volksmassen beim Aufbau des Sozialismus nicht anerkennen. Sie wenden sich gegen die Generallinie der Partei, besonders gegen die Richtlinie „auf zwei Beinen gehen", die zentrale und die örtliche Industrie und die Groß-, Mittel- und Kleinbetriebe gleichzeitig zu entwickeln, die modernen und die herkömmlichen Methoden gleichzeitig zu verwenden. Sie treten gegen die Einführung der Arbeitsmethoden der Massenbewegung beim sozialistischen Aufbau auf und behaupten, diese wären Bewegungen eines „kleinbürgerlichen Fanatismus", deren Ergebnisse nur „mehr und schneller", aber nicht „besser und wirtschaftlicher" sein könnten, daß „der Gewinn nicht den Verlust decke". Die Rechtsopportunisten greifen einzelne und nur zeitlich auftretende Mängel heraus, ohne sie zu analysieren, übertreiben sie noch nach Belieben, um ihr Ziel zu erreichen, d.h. den Großen Sprung zu verurteilen und gegen die Generallinie aufzutreten. Gegenüber diesen, den Volksmassen keinen Glauben schenkenden, sie fürchtenden und entwürdigenden Behauptungen erweist sich die Wirklichkeit als wirksamer Gegenbeweis.

Ist die Einführung der Arbeitsmethode der Massenbewegungen beim Aufbau des Sozialismus denn wirklich eine Bewegung des „kleinbürgerlichen Fanatismus", erreicht sie nur „mehr und schneller", aber nicht „besser und wirtschaftlicher", und „kann der Gewinn den Verlust nicht decken"? Wie allen bekannt ist, wurden in der Zeit des Großen Sprungs dadurch, daß die Werktätigen alle Kräfte anspannten, viele Großbauten vorfristig vollendet und nahmen die Produktion auf. Zum Beispiel waren im Hüttenwerk Wuhan für die Errichtung eines modernen Hochofens mit der Kapazität von über 2000 t pro Tag ursprünglich 2 Jahre geplant, aber nach 14 Monaten konnte er bereits die Produktion aufnehmen. Im Stahlwerk von Anschan wurden für den Bau eines mit 10 Monaten Bauzeit geplanten Martinofens mit der Kapazität von 1000 t pro Tag nur 4 Monate gebraucht. Zum Aufbau des Guanting-Staubeckens wurden 1,45 Mill. cbm Erde ausgeschachtet, das Fassungsvermögen des Staubeckens beträgt 2,27 Milliarden cbm; es wurde in 2 1/2 Jahren fertiggestellt. Bei dem erst kürzlich errichteten Miyün-Staubecken, bei dem 20,56 Millionen cbm Erde bewegt wurden, und das eine Kapazität von 4,1 Md. cbm haben wird, wurden in einem Jahr 14,67 Millionen cbm Erde ausgeschachtet, und das Staubecken hilft bereits bei der Verhütung von Überschwemmungen. Für den Bau solcher großen Gebäude, wie des Gebäudes des Nationalen Volkskongresses in Peking, brauchte man nur 10 Monate bis zur Vollendung; seine künstlerische Ausstattung und seine Schönheit jedoch übertreffen das Niveau aller bisher geschaffenen gleichartigen Bauten in unserem Land und es zählt auch in der Welt zu den Bauten ersten Ranges. Die Investitionen für diese Bauten sind niedriger als für gleichartige im 1. Planjahrfünft. Beispiele aus der Eisen-, Stahl- und Kohleindustrie: In den vergangenen Jahren wurden für einen Hochofen großen Typs pro cbm durchschnittlich 25 000 Yüan gebraucht, gegenwärtig nur 14 000 bis 18 000 Yüan; die Kosten sanken um 28 % bis 44 %. In der Vergangenheit wurden für eine Kohlengrube großen Typs pro Tonne Produktionskapazität im Durchschnitt 33 Yüan gebraucht, gegenwärtig nur noch 22 Yüan; das bedeutet eine Senkung von 33 %. Wer kann beim Betrachten dieser Tatsachen sagen, daß unser Aufbau nur „mehr" und „schneller", aber nicht „besser" und „wirtschaftlicher" vor sich geht? In der Produktion wurde die Losung „mehr und schneller" gleichzeitig mit „besser und wirtschaftlicher" verwirklicht. 1958 erhöhte sich nicht nur beträchtlich die Produktion der Industrieerzeugnisse, sondern es gelang auch dadurch, daß die breiten Volksmassen mobilisiert und die Schwierigkeiten durch alle möglichen Mittel überwunden wurden, die probeweise Herstellung eines großen Sortiments neuer Erzeugnisse. Dieses entspricht fast der Gesamtzahl der in den 5 Jahren des 1. Fünfjahresplanes produzierten Warenarten. Unter diesen neuen Produkten gibt es nicht wenig komplizierte, von höchster Qualität, äußerster Feinheit und von großem Format; es sind Spitzenleistungen, die das Weltniveau erreicht haben oder sich ihm nähern. Gleichzeitig erhöhte sich durch die Entfaltung der kollektiven Weisheit der Volksmassen ununterbrochen der Ausnutzungsgrad der Produktionsausrüstungen unseres Landes in den zwei letzten Jahren; dabei erreichte der Nutzungskoeffizient für Hoch- und Martinöfen und Lokomotiven bereits den Höchststand des Weltniveaus. Im 1. Planjahrfünft betrug die Gesamtsumme der Selbstkostensenkung der zentralen Industrieministerien 29 %, und 1958, nach einem Jahr, betrug die Senkung bereits 12,5 %. Ich möchte die Rechtsopportunisten fragen, die nur die Möglichkeit des größeren und schnelleren, aber nicht des besseren und wirtschaftlicheren Erfolges beim Aufbau des Sozialismus anerkannten, die die Massenbewegung in der Industrie als ein Durcheinander bezeichneten und behaupteten, daß der Gewinn den Verlust nicht decken könne, wie sie das alles erklären?

Die Rechtsopportunisten versuchen durch die Tatsache, daß die Qualität der ersten, durch herkömmliche Methoden hergestellten Erzeugnisse einiger kleiner Betriebe, besonders der kleinen Hochöfen, verhältnismäßig niedrig und die Selbstkosten verhältnismäßig hoch waren, die Generallinie der Partei anzugreifen. Aber sie sehen auch hier den Wald vor lauter Bäumen nicht. Sie erkennen nicht, welche große Rolle diese Produktion im Großen Sprung nach vorn beim Aufbau des Sozialismus spielte. 1959 wird unser Land 20 Mill. t Roheisen produzieren; die Hälfte davon entfällt auf kleine Hochöfen. Das Fassungsvermögen der in den vergangenen Jahren aufgebauten großen und mittelgroßen Hochöfen beträgt 24 000 cbm, das der in den letzten 2 Jahren aufgebauten kleinen Hochöfen erreicht schon 43 000 cbm. Natürlich wird die Produktionstechnik der kleinen Hochöfen, wie der großen, auch weiterentwickelt. Das ist doch gar nicht zu verwundern. Durch die Bemühungen im letzten halben Jahr wurde der Nutzeffekt und die Qualität der Produkte der kleinen Hochöfen bereits beträchtlich erhöht, die Selbstkosten gesenkt, und die verhältnismäßig guten nähern sich sogar dem Niveau der großen Hochöfen. Die kleinen Hochöfen verfügen auch heute noch über sehr große Möglichkeiten der Weiterentwicklung. Im 2. Fünfjahrplan wird schätzungsweise die Produktionsmenge von Eisen bei den kleinen Hochöfen 55 Mill. bis 60 Mill. t erreichen. Die Förderung der mittleren und kleinen Kohlengruben wird in diesem Jahr etwa 40 % der Gesamtförderung betragen. Deshalb gäbe es, wenn wir uns von der Richtlinie „auf zwei Beinen gehen" und der Arbeitsmethode der Massenlinie in der

Industrialisierung entfernt hätten, keinen großen Sprung nach vorn und keine Generallinie.

Vor kurzem kritisierte das 8. Plenum des VIII. Zentralkomitees der Kommunistischen Partei Chinas die Tendenzen des rechten Konservativismus, rief das ganze Volk auf, gegen die rechten Tendenzen zu kämpfen, alle Kräfte anzuspannen und eine mächtige Bewegung zur Erhöhung der Produktion und zur Sparsamkeit zu entfalten. Dieser zeitgemäße Beschluß hat unter den Werktätigen des ganzen Landes einen neuen Produktionsaufschwung hervorgerufen. Nach Angaben des Statistischen Zentralamtes stieg der Gesamtproduktionswert der Industrie im August, verglichen mit dem Monat Juli, um 14 %, im September stieg er, verglichen mit dem von August, wiederum um etwa 27 %. Die Stahlproduktion erhöhte sich im August im Vergleich zum Juli um 13,5 %, im September im Vergleich zum August um 20 %. Die Kohleförderung stieg im August im Vergleich zum Juli um 11,5 %, im September im Vergleich zum August um 18 %. Von Januar bis September stieg im Vergleich zur gleichen Periode des Vorjahres der Gesamtproduktionswert der Industrie um 45,5 %, die Stahlproduktion um 67 % und die Kohleförderung um 72 %. Der Güterverkehr des ganzen Landes stieg im Vergleich zur gleichen Periode des Vorjahres um 69 %. Das Warenaufkaufsvolumen stieg im Vergleich zur gleichen Periode des Vorjahres um 42 %, das Einzelhandelsvolumen um 16 %. Die Warenvorräte erhöhten sich bis zum Ende des September im Vergleich zum gleichen Zeitpunkt des Vorjahres um 22 %. Die Marktversorgung ist als gut zu bezeichnen. Obwohl die landwirtschaftliche Produktion unseres Landes in diesem Jahr unter schweren Naturkatastrophen litt, konnten ihre Auswirkungen, gestützt auf die gewaltigen Erfolge beim Bau der Bewässerungsanlagen, und insbesondere auf den angespannten Kampf, den Hunderttausende von Bauern unter Führung der neuentstandenen Volkskommunen aufnahmen, in vielen Gebieten bereits beseitigt werden. Man kann hoffen, daß auf der Basis der besonders reichen Ernte des vorigen Jahres in diesem Jahr eine noch reichere Ernte eingebracht wird.

Alle diese Dinge beweisen eindeutig: 1. Die Forderung „mehr, schneller, besser und wirtschaftlicher" ist vollkommen zu verwirklichen. Ihre Verwirklichung beginnt bereits, und sie wird in Zukunft, gestützt auf die reichen Erfahrungen, noch vollkommener und erfolgreicher verwirklicht werden. 2. Um diese Forderung zu verwirklichen, ist es notwendig, die Richtlinie „auf zwei Beinen gehen" zu verwirklichen, damit die heldenhaften breiten Volksmassen sich voll entfalten können. 3. Um diese Forderung zu verwirklichen, ist es notwendig, in jedem Betrieb planmäßig eine große, straff geführte Massenbewegung zu entfalten, das Bewußtsein, die Initiative und die Schöpferkraft der breiten Massen zu entwickeln, sie zu führen, „unter Anspannung aller Kräfte vorwärts zu streben".

Tatsächlich sind gerade die Durchführung der Richtlinie „auf zwei Beinen gehen" im ganzen Lande, und die Entfaltung der Massenbewegung in allen Betrieben die beiden Seiten der Anwendung der Arbeitsmethode der Massenlinie beim Aufbau des Sozialismus.

Das zeigt, daß die Anwendung der Arbeitsmethode der Massenlinie nicht nur in der sozialistischen Revolution, sondern auch beim sozialistischen Aufbau, eine sehr rasche und reibungslose Entwicklung des Sozialismus in unserem Land sowie die rapide Vorwärtsentwicklung unseres Landes während der vergangenen 10 Jahre, besonders während der letzten beiden Jahre, garantierte. . . .

Während unser Volk den 10. Jahrestag der Gründung der Volksrepublik begeht, müssen wir besonders der Sowjetunion danken, die uns im ersten Planjahrfünft geholfen hat, in unserem Lande 166 Objekte aufzubauen. Im vorigen und in diesem Jahr wurden wieder Vereinbarungen über die Hilfe beim Bau von 125 Objekten getroffen. Außerdem schickte die Sowjetunion in den 10 Jahren über 10 800 Spezialisten auf dem Gebiete der Wirtschaft, der Kultur und der Erziehung nach China, um hier zu arbeiten. Gleichzeitig müssen wir auch den anderen sozialistischen Ländern danken, die uns im ersten Planjahrfünft geholfen haben, in unserem Lande 68 Objekte aufzubauen. Neue Vereinbarungen über die Hilfe beim Bau von über 40 Objekten wurden getroffen. Außerdem schickten sie über 1500 Spezialisten nach China, um hier zu arbeiten. Unsere errungenen Erfolge sind von der gewaltigen Hilfe der Völker der Bruderländer nicht zu trennen. Ihre Begeisterung und Freundschaft wird unser Volk nie vergessen können. Wir müssen beständig auf dem marxistisch-leninistischen Prinzip der Verbindung des Patriotismus mit dem Internationalismus beharren und die brüderliche Zusammenarbeit mit den Bruderländern ständig festigen und entwickeln.

Um in den zweiten 10 Jahren England in der Produktion der wichtigsten Industriegüter zu überholen, müssen wir uns anstrengen, einige gegenwärtig schwache Kettenglieder im Industriesystem zu festigen, und fortfahren, mit allen Kräften die Landwirtschaft zu stärken, damit gleichzeitig mit der weiteren Steigerung der Getreideproduktion die Leichtindustrie eine ausreichende Rohstoffquelle

Das große Jahrzehnt

bekommt. Es ist ganz klar, daß man, nachdem dieses Ziel erreicht worden ist, immer noch nicht davon sprechen kann, unser Wirtschaftsniveau sei hoch. Wir müssen auch in Zukunft mit einem Tempo, an das die westliche Bourgeoisie nicht zu denken wagt, einem noch höheren Ziel entgegenschreiten.

Unser Volk ist heute fest entschlossen, in einer nicht sehr langen Zeit unser Land zu einem großen sozialistischen Land mit einer hochentwickelten modernen Industrie, modernen Landwirtschaft und modernen Wissenschaft und Kultur aufzubauen und endlich das hohe Ideal des Kommunismus zu verwirklichen. Es wird zweifellos immer zahlreiche Schwierigkeiten geben. Aber das kann uns nicht schrecken. Wenn wir zurückblicken auf die Erfolge der vergangenen 10 Jahre, wenn wir die Erfahrungen der vergangenen 10 Jahre zusammenfassen, können wir voller Zuversicht feststellen: Wenn wir beharrlich die Generallinie der Partei durchführen, wenn wir uns entschlossen auf die Einheit unseres gesamten Volkes und auf die Einheit der Völker der ganzen Welt — diese beiden großen Kräfte — stützen, werden wir in den kommenden 10 Jahren alle Hindernisse auf dem Weg nach vorn noch reibungsloser überwinden können und noch glänzendere Siege erringen.

Möge unser gesamtes Volk weiterhin unter der Führung der großen Kommunistischen Partei und des großen Führers des Volkes, des Genossen Mao Tsetung, unter dem unbesiegbaren Banner des Marxismus-Leninismus alle Kräfte für den Aufbau unseres Vaterlandes anspannen und mutig vorwärts schreiten!

Quelle: Tschou En-lai, Das große Jahrzehnt
Peking 1959

BRIEF ZUR CHINESISCH–INDISCHEN GRENZFRAGE AN DIE FÜHRER DER ASIATISCHEN UND AFRIKANISCHEN LÄNDER

(15. November 1962)

Peking, den 15. November 1962

Eure Exzellenz,

der bedauerliche Grenzkonflikt zwischen China und Indien dauert seit einigen Wochen an. Es gibt Anzeichen dafür, daß dieser Konflikt – weit davon entfernt, beigelegt zu sein – im Ausmaß noch wachsen wird. Die chinesische Regierung ist über diese Situation, die auch große Besorgnis bei vielen asiatischen und afrikanischen Ländern hervorgerufen hat, zutiefst beunruhigt. Gestatten Sie bitte, Ihnen in der Hoffnung zu schreiben, daß mein Brief dem Bestreben Eurer Exzellenz entgegenkommt, eine friedliche Lösung der chinesisch-indischen Grenzfrage zu fördern.

1) *China hat sich stets um eine friedliche Regelung seiner Grenzfragen bemüht.* Es gibt nicht nur eine Grenzfrage zwischen China und Indien, sondern auch zwischen China und einigen seiner südwestlichen Nachbarn. Ursprünglich wurden diese Grenzfragen zum großen Teil von den Imperialisten und Kolonialisten geschaffen, bevor unsere Länder die Unabhängigkeit erlangten. Seitdem wir Unabhängigkeit erlangt haben, versuchen die Imperialisten und Kolonialisten diese Grenzfragen dafür zu nutzen, Streitigkeiten unter uns jungen unabhängigen Staaten anzustiften. Die chinesische Regierung vertritt daher den Standpunkt, daß es bei der Behandlung solcher Grenzfragen notwendig ist, Klarheit darüber zu haben, daß diese Streitfragen, Streitfragen zwischen asiatischen und afrikanischen Ländern sind, die anders geartet sind, als Streitfragen

zwischen asiatisch-afrikanischen Ländern und den imperialistischen Mächten; wir sollten wachsam sein, damit wir nicht auf den imperialistischen Versuch hereinfallen, Zwietracht zwischen uns zu säen.

Da die Grenzfragen ein Vermächtnis der Geschichte sind, sollten weder das Neue China noch die anderen betroffenen jungen unabhängigen Länder Schuld auf sich laden. Deshalb ist die chinesische Regierung der Auffassung, daß bei der Behandlung von Grenzfragen sowohl der historische Hintergrund als auch die heutige Lage, wie sie sich herausgebildet hat, berücksichtigt werden müssen, und daß, anstatt zu versuchen, der anderen Seite seine Ansprüche aufzuzwingen, beide betroffenen Seiten nach einer vernünftigen und gerechten Lösung durch freundschaftliche Konsultationen suchen sollten, im Geiste gegenseitigen Verständnisses und Entgegenkommens und auf der Grundlage der Fünf Prinzipien der Friedlichen Koexistenz und der Zehn Prinzipien, die auf der Bandung-Konferenz verabschiedet wurden.

In diesem Geist haben China und Birma auf freundschaftliche Weise ihre Grenzfrage geregelt, die tatsächlich erheblich komplizierter war, als die zwischen China und Indien. In gleicher Weise wurde vor kurzem eine freundschaftliche Regelung der chinesisch-nepalesischen Grenzfrage herbeigeführt.

Was die chinesisch-indische Grenzfrage betrifft, so hat sich die chinesische Regierung im gleichen Geist um eine freundschaftliche und friedliche Regelung mit Indien bemüht. Ungeachtet aller erdenklichen Anstrengungen seitens Chinas während der letzten drei oder mehr Jahre bleibt die Frage ungelöst und hat sich sogar zu dem heutigen blutigen Grenzkonflikt entwickelt. Warum das so ist, ist eine Angelegenheit, die ernsthaftes Nachdenken verdient. Aus diesem Grund halte ich es hier für notwendig, den Hintergrund der chinesisch-indischen Grenzfrage einer Überprüfung zu unterziehen.

2) *Das chinesische und das indische Volk haben in der Geschichte immer in Frieden und Freundschaft zusammengelebt.* Obwohl die Grenze zwischen China und Indien niemals offiziell festgelegt worden ist, gab es niemals Grenzstreitigkeiten zwischen ihnen, bevor die britischen Kolonialisten in den Osten kamen. Dies war so, weil *schon längst eine traditionell gebräuchliche Grenzlinie Gestalt angenommen hatte auf der Basis des Geltungsbereichs der Oberhoheit beider Seiten und im Verlauf der langen Zeit, während der beide Völker friedlich zusammenlebten.* Diese Grenzlinie wurde sowohl vom indischen als auch vom chinesischen Volk respektiert. Der östliche Abschnitt dieser traditionell gebräuchlichen Grenzlinie

Brief zur chinesisch-indischen Grenzfrage

verläuft am Fuß der Südseite des Himalajas, der mittlere Abschnitt führt den Himalaja entlang und der westliche Abschnitt entlang der Karakorumkette (Vgl. Karte 1 im Anhang).*

Im östlichen Abschnitt gehörte das Gebiet nördlich der traditionell gebräuchlichen Grenzlinie, auf das die indische Regierung Anspruch erhebt, immer zu China. Dieses Gebiet umfaßt Monyul, Loyul und Nieder-Tsayul, die alle zur Region Tibet gehören. Es erstreckt sich über eine Gesamtfläche von 90 000 Quadratkilometern und ist dreimal so groß wie Belgien oder neumal so groß wie der Libanon. Die Einwohner, die schon lange hier leben, sind entweder Tibeter oder ihnen nahe verwandte Völker. Ein Beispiel dafür ist das Monba Volk, das die tibetische Sprache spricht und dessen Glaube der Lamaismus ist. Die meisten geographischen Namen hier sind tibetische Namen. Zum Beispiel wird hier ein Fluß als „chu" bezeichnet, folglich wird der Nyamjang Fluß „Nyamjang Chu" genannt; ein Gebirgspaß wird als „la" bezeichnet, folglich wird der Se Paß „Sela" genannt; ein Bezirk wird als „yul" bezeichnet, folglich wird der Mon Bezirk „Monyul" genannt. Die Verwaltungsorganisation war die gleiche wie die in anderen Teilen Tibets; die unterste Verwaltungseinheit wurde als „dzong" bezeichnet wie im Fall von Senge Dzong und Dirang Dzong. Bis zu der Zeit, als die britischen Kolonialisten und die Inder in dieses Gebiet kamen, führten die örtlichen Behörden von Chinas Region Tibet seit jeher die Verwaltungsorgane, ernannten Beamten, zogen Steuern ein und übten die richterliche Gewalt aus. Diese Hoheitsrechte wurden nie in Frage gestellt.

Im mittleren Abschnitt haben die Gebiete östlich der traditionell gebräuchlichen Grenzlinie, auf die die indische Regierung Anspruch erhebt, immer zu China gehört. Sie umfassen eine Gesamtfläche von 2 000 Quadratkilometern. Die Einwohner sind fast alle Tibeter. Die tibetische örtliche Regierung hat seit jeher Hoheitsrechte über dieses Gebiet ausgeübt und ihre Archive enthalten bis zum heutigen Tag Dokumente, die sich auf die Ausübung dieser Hoheitsrechte beziehen.

Im westlichen Abschnitt hat das Gebiet nördlich und östlich der traditionell gebräuchlichen Grenzlinie, auf das die indische Regierung Anspruch erhebt, immer zu China gehört. Dieses Gebiet be-

---

* Alle Hinweise auf Kartenmaterial beziehen sich auf die angegebene Quelle.

steht hauptsächlich aus Aksai Chin in Chinas Sinkiang und einem Teil des Ari Distrikts von Tibet. Es umfaßt eine Gesamtfläche von 33 000 Quadratkilometern und ist so groß wie Belgien oder dreimal so groß wie der Libanon. Obwohl dünn besiedelt, hat dieses Gebiet stets als Verkehrsader gedient, die Sinkiang mit Ari in Tibet verbindet. Hier weiden nach alter Gewohnheit die kirgisischen und uighurischen Hirten von Sinkiang ihre Kühe. Der Name Aksai Chin ist der uighurische Begriff für „Chinas Wüste der weißen Steine". Bis zum heutigen Tag untersteht dieses Gebiet chinesischer Oberhoheit.

Die traditionell gebräuchliche Grenzlinie wurde nicht nur lange Zeit sowohl von China als auch von Indien anerkannt, sondern spiegelte sich auch auf früheren offiziellen britischen Landkarten wider. Vor 1865 stimmte die Einzeichnung des westlichen Abschnitts der chinesisch-indischen Grenze auf offiziellen britischen Karten ungefähr mit der traditionell gebräuchlichen Grenzlinie überein (vergl. Karte 1 im Anhang) und vor 1936 stimmte auch ihre Beschreibung des östlichen Abschnitts ungefähr mit der traditionell gebräuchlichen Grenzlinie überein (Vergl. Karten 2A und 2B im Anhang).

3) *Der chinesisch-indische Grenzkonflikt ist ein Erbe der britischen imperialistischen Aggression.* Nachdem der britische Imperialismus Indien völlig unterworfen hatte, nützte er die damalige Machtlosigkeit des indischen Volkes zu seinem Vorteil aus und richtete die Speerspitze seiner Aggression und Expansion gegen Chinas südwestliche und nordwestliche Grenzen, indem er Indien als Basis benutzte. Von der zweiten Hälfte des neunzehnten Jahrhunderts bis zu Anfang des zwanzigsten Jahrhunderts betrieb der britische Imperialismus aktiv aggressive verschwörerische Tätigkeiten gegen die chinesischen Regionen Tibet und Sinkiang. Sein Versuch, Chinas Hintertür gewaltsam aufzubrechen, war planmäßig mit seiner Aggression entlang der Küste und im Herzen Chinas abgestimmt. 1911 fand die Revolution statt, die die absolute Kaiserherrschaft in China stürzte. Der britische Imperialismus benutzte dies als günstige Gelegenheit, um Tibet von China abzutrennen und versuchte Chinas Souveränität über China abzustreiten, indem er lediglich Chinas sogenannte Suzeränität dort anerkannte. Auf diesem historischen Hintergrund wurde 1914 die Simla-Konferenz einberufen. Aber selbst auf dieser Konferenz wagte der britische Vertreter nicht offen zu fordern, daß China große Teile seines Territoriums abtreten solle. Es geschah außerhalb der Konferenz und hinter dem Rücken des Vertreters der chinesischen Zentralregierung, daß der britische Ver-

treter die berüchtigte „McMahon-Linie" mittels eines geheimen Briefwechsels mit dem Vertreter der tibetischen Lokalbehörden entwarf, und dadurch versuchte, 90 000 Quadratkilometer chinesischen Gebiets der britischen Kolonie Indien einzuverleiben. Die damalige chinesische Regierung weigerte sich, die illegale McMahon-Linie anzuerkennen. Ebenso handelten alle chinesischen Regierungen seither. Das ist der Grund, weshalb es sogar die britische Regierung nicht wagte, vor 1936 diese Linie öffentlich in ihre Landkarten einzutragen.

Die illegale Mc Mahon-Linie wurde dem chinesischen Volk gegen seinen Willen vom britischen Imperialismus aufgezwungen. Obwohl er diese Linie ausbrütete, wagte er längere Zeit danach nicht, in das Gebiet südlich dieser illegalen Linie und nördlich der traditionell gebräuchlichen Grenze zwischen China und Indien einzudringen. Erst in der letzten Phase des Zweiten Weltkrieges nutzte der britische Imperialismus die Gelegenheit, die ihm durch das Unvermögen der damaligen chinesischen Regierung, ihre südwestlichen Grenzen zu überwachen, geboten wurde und besetzte einen kleinen Teil dieses Gebiets.

Im westlichen Abschnitt der chinesisch-indischen Grenze richtete der britische Imperialismus in den 60er Jahren des achtzehnten Jahrhunderts gierige Blicke auf das verhältnismäßig flache Aksai Chin und entsandte militärische Geheimagenten, die in das Gebiet zum Zweck ungesetzlicher Erkundungen eindrangen, denn er suchte eine Abkürzung für eine Invasion in das Herz von Sinkiang. Den Absichten des britischen Imperialismus entsprechend, arbeiteten diese Agenten eine Auswahl von Grenzlinien zur Beschneidung des Sinkiang-Gebietes aus. Die britische Regierung versuchte einmal, die traditionell gebräuchliche Grenzlinie zwischen China und Indien nach ihren eigenen Wünschen zu ändern, aber ihr wurde von der chinesischen Regierung prompt eine Abfuhr erteilt.

Großbritannien unternahm den Versuch, die traditionell gebräuchliche Grenze, die sich zwischen China und Indien über einen langen Zeitraum herausbildete, auszuradieren und seine imperialistischen Ziele der Aggression durch das Zerteilen von Chinas Territorium und die Ausweitung von Britisch-Indien zu erreichen. Es wagte dennoch nicht, die traditionell gebräuchliche Grenzlinie zwischen China und Indien völlig zu leugnen, noch die illegalen Grenzlinien, die es ausgebrütet hatte, in ihrer Gesamtheit zu veröffentlichen. Von 1865 bis 1953 verzeichneten britische und indische Landkarten entweder überhaupt keine Absteckung der Grenze im westlichen Abschnitt oder zeigten sie in einer undeutlichen Art und Weise und bezeichneten sie als nicht festgelegt. Erst von 1936 an erschien die illegale McMahon-Linie im östlichen Abschnitt in britischen und indischen Landkarten, aber bis Ende 1953 wurde sie noch als nicht markiert gekennzeichnet (Vergl. Karte 3 im Anhang).

4) *Indien und China erlangten 1947 bzw. 1949 die Unabhängigkeit. Freundschaftliche Beziehungen wurden von beiden Ländern auf neuer Grundlage entwickelt. Jedoch hat es — aus Gründen, die die indische Regierung zu verantworten hat — von Anfang an eine dunkle Seite in den chinesisch-indischen Beziehungen gegeben.*

Dank ihrer beiderseitigen Anstrengungen nahmen China und Indien ziemlich früh diplomatische Beziehungen auf, initiierten gemeinsam die brühmten Fünf Prinzipien der Friedlichen Koexistenz und unterzeichneten das Handels- und Verkehrsabkommen zwischen der chinesischen Region Tibet und Indien. Dies führte eine deutliche Entwicklung in den freundschaftlichen Beziehungen zwischen Indien und China herbei. China und Indien hätten das ganze Erbe des Imperialismus abschütteln und ihre Beziehungen gegenseitiger Freundschaft auf völlig neuer Grundlage aufbauen und entwickeln müssen. Die indische Regierung trat jedoch das Erbe der Gelüste der britischen Imperialisten auf die chinesische Region Tibet an und beharrte darauf, Tibet als indische Einflußsphäre zu betrachten, oder versuchte zumindest, Tibet in eine Pufferzone zwischen Indien und China zu verwandeln. Aus diesem Grund versuchte die indische Regierung alles in ihren Kräften stehende zu tun, um die friedliche Befreiung Tibets 1950 zu verhindern. Als sich herausstellte, daß diese Versuche vergeblich waren, rückte Indien mit aller Macht zur illegalen McMahon-Linie im östlichen Abschnitt der Grenze vor und besetzte das chinesische Territorium südlich dieser illegalen Linie und nördlich der traditionell gebräuchlichen Grenzlinie. Im mittleren Abschnitt der chinesisch-indischen Grenze hat Indien nicht nur seit längerem die Okkupation von Sang und Tsungsha durch den britischen Imperialismus übernommen, sondern überfiel nach 1945 darüber hinaus auch Chuva, den Shipki Paß, Puling-Sumdo, Sangcha und Lapthal. Nach 1954 überfiel Indien auch Parigas im westlichen Abschnitt der Grenze.

Während es große Landstriche chinesischen Territoriums besetzt hielt, änderte Indien plötzlich einseitig die traditionell gebräuchliche Grenzlinie zwischen China und Indien auf seiner offiziellen Landkarte, die 1954 veröffentlicht wurde. Indien tischte die gesamte Version der chinesisch-indischen Grenze auf, wie sie der britische

Imperialismus hinterhältig ausgebrütet hatte, und versuchte China diese Version als die festgelegte Grenze zwischen China und Indien aufzuzwingen (Vergl. Karte 4 im Anhang).

Die chinesische Regierung nahm die indischen Übergriffe auf große Landstriche chinesischen Territoriums nicht hin; nichtsdestoweniger vertrat sie den Standpunkt, daß eine freundschaftliche Lösung der chinesisch-indischen Grenzfrage durch friedliche Verhandlungen erreicht werden sollte und daß, bis zu einer Lösung, der Status Quo in der Grenzfrage beibehalten werden sollte. China erkennt die sogenannte McMahon-Linie nicht an, jedoch nahm es im Interesse einer friedlichen Lösung der chinesisch-indischen Grenzfrage durch Verhandlungen Abstand davon, diese Linie zu überschreiten. Was die Markierung der Grenze auf den Landkarten der beiden betroffenen Seiten angeht, so können sie nur nach einer friedlichen Lösung der Grenzfrage durch Verhandlungen zwischen den beiden Parteien in Übereinstimmung gebracht werden. Nach dieser Vorgehensweise wurden die Landkarten Chinas und Birmas und die Landkarten Chinas und Nepals, die die Grenzlinie zwischen ihnen verzeichneten, in Übereinstimmung gebracht. Die Einzeichnung der chinesisch-indischen Grenze in Landkarten, die in China veröffentlicht wurden, erfolgte auf der Grundlage historischer Tatsachen und der heutigen Lage. Aber in Anbetracht der Tatsache, daß die chinesisch-indische Grenze nicht offiziell festgelegt worden ist, hat China seine Landkarten Indien niemals aufgezwungen; gleichzeitig wird China unter keinen Umständen die Landkarten akzeptieren, die Indien einseitig geändert hat. Von 1950 bis 1958 herrschte allgemeine Ruhe entlang der chinesisch-indischen Grenze, denn China hielt an der Politik des Suchens nach einer freundschaftlichen Lösung der Grenzfrage durch friedliche Verhandlungen fest, obwohl Indien sogar schon zu dieser Zeit den Boden bereitete, um zukünftige Grenzstreitigkeiten und -zusammenstöße zu provozieren.

5) *Nach dem Aufstand in Tibet erhob die indische Regierung offiziell Ansprüche auf große Gebiete chinesischen Territoriums.* Im Mai 1959 brach in der chinesischen Region Tibet ein Sklavenhalteraufstand aus. Die indische Regierung leistete diesem Aufstand nicht nur Vorschub, sondern gewährte den übriggebliebenen Aufrührern auch Zuflucht, nachdem der Aufstand niedergeschlagen worden war, und duldete stillschweigend deren antichinesische politische Aktivitäten in Indien. Bald nach dem Ausbruch des Aufstandes in Tibet präsentierte Ministerpräsident Nehru der chinesischen Regierung offiziell einen Anspruch auf große Gebiete chinesischen Terri-

toriums. Er forderte von der chinesischen Regierung nicht nur, die indische Besetzung chinesischen Territoriums im östlichen Abschnitt der chinesisch-indischen Grenze als legal anzuerkennen, sondern auch, das Aksai Chin Gebiet im westlichen Abschnitt der chinesisch-indischen Grenze als Teil Indiens anzuerkennen, das Indien niemals besetzt hatte. (Vergl. Karte 2 im Anhang)

Indiens Territorialanspruch auf Aksai Chin wurde aus der Tasche gezogen und entbehrt jeglicher Grundlage. China hat seit jeher Hoheitsrechte in diesem Gebiet ausgeübt. 1950 war es gerade dieses Gebiet, durch das Einheiten der chinesischen Volksbefreiungsarmee von Sinkiang nach Ari in Tibet vorrückten. Und es war gerade dieses Gebiet, durch das die chinesische Seite zwischen 1956 und 1957 die Sinkiang-Tibet-Landstraße, ein gigantisches Werk der Technik, baute. Es steht fest, daß Indien bis zum Jahre 1958 die Tatsache, daß China die Hoheitsrechte über dieses Gebiet ausübt, niemals in Frage gestellt hat. Aber jetzt behauptet die indische Regierung, daß dieses Gebiet schon immer zu Indien gehört habe, und daß China erst seit 1957 heimlich in dieses Gebiet eingedrungen sei. Wenn Indien seit jeher Hoheitsrechte über dieses Gebiet ausgeübt hat, dann ist es unbegreiflich, wieso Indien die Durchquerung dieses Gebietes durch Einheiten der chinesischen Volksbefreiungsarmee auf dem Weg nach Tibet und den Bau der gigantischen Landstraße nicht bemerkt hat. Erst durch ein in China veröffentlichtes illutriertes Magazin erfuhr die indische Regierung, daß China die Landstraße gebaut hatte. Im September 1958 sandte die indische Seite Patrouillen aus, die in dieses Gebiet eindringen sollten, aber sie wurden sofort von chinesischen Grenzwachen festgenommen. Wie hätte dies geschehen können, wenn Indien wirklich die Hoheitsrechte über dieses Gebiet ausgeübt hätte. Um die Tatsachen sprechen zu lassen, Ministerpräsident Nehru selber sagte in der indischen Rajya Sabha am 10. September 1959, daß dieses Gebiet „niemals unter irgend einer Verwaltung gestanden hat." Am 23. November desselben Jahres stellte er in der indischen Rajya Sabha weiterhin fest: „Während der britischen Herrschaft war — so weit mir bekannt ist — dieses Gebiet von niemandem bewohnt und es gab auch keine Außenposten." Obwohl Ministerpräsident Nehru nicht die Übersicht haben konnte, um die Situation auf der chinesischen Seite richtig einzuschätzen, sind seine Worte nichtsdestoweniger ein Beweis von höchster Stelle, daß Indien niemals Hoheitsrechte über dieses Gebiet ausgeübt hat.

Nachdem es 90 000 Quadratkilometer chinesischen Territoriums im östlichen Abschnitt und 2 000 Quadratkilometer chinesischen Territoriums im mittleren Abschnitt der chinesisch-indischen Grenze schon besetzt hat, will Indien jetzt weitere 33 000 Quadratkilometer chinesischen Territoriums im westlichen Abschnitt besetzen. Mit anderen Worten, Indien betrachtet sowohl die Teile chinesischen Territoriums, die es schon besetzt hat, als auch die anderen Teile chinesischen Territoriums, die es noch nicht besetzt hat, als Indien zugehörig. Das stellt eine Forderung dar, die sogar die anmaßenden britischen Imperialisten dem halbkolonialen alten China nicht zu stellen wagten. Daß der junge unabhängige Staat Indien eine solche Forderung stellte, war für China ein unerwarteter Schlag.

Der Ernst der Situation liegt nicht nur darin, daß Indien beträchtliche Ansprüche auf chinesisches Territorium erhebt, sondern auch in der darauf folgenden Anwendung von Gewalt, um den Verlauf der Grenze, die sich herausgebildet hatte, einseitig zu verändern, und dadurch seine territorialen Ansprüche zu verwirklichen. Indische Streitkräfte überschritten die illegale McMahon-Linie im östlichen Abschnitt, marschierten in Tamaden, Longju und Khinzemane nördlich der Linie ein und besetzten sie; und im August 1959, während ihres Einmarsches in Longju, provozierten sie den ersten blutigen Grenzzusammenstoß. Im Oktober 1959 überschritten indische Streitkräfte die traditionell gebräuchliche Grenzlinie im westlichen Abschnitt und provozierten einen noch schwerwiegenderen blutigen Grenzzusammenstoß am Konka-Paß. Diese beiden Grenzzusammenstöße waren Vorzeichen davon, daß Indien die Situation an der chinesisch-indischen Grenze weiter verschärfen würde.

6) *Die chinesische Regierung war der Auffassung, daß, um Konflikte an der Grenze zu vermeiden, Wege gefunden werden müssen, ein Auseinanderrücken der Streitkräfte beider Seiten zu erreichen, und daß gleichzeitig Verhandlungen schnell aufgenommen werden müssen, um eine friedliche Lösung der Grenzfrage zu erreichen.* Die chinesische Regierung war entschlossen, alles in ihrer Macht stehende zu tun, um eine Verschlechterung der Lage zu verhindern.

Am 7. November 1959 schlug die chinesische Regierung der indischen Regierung vor, entlang der gesamten chinesisch-indischen Grenze die Streitkräfte beider Seiten um 20 Kilometer hinter die tatsächliche Kontrollinie zurückzuziehen und die Grenzpatrouillen einzustellen. Die tatsächliche Kontrollinie auf die hier Bezug genommen wird, entsprach der traditionell gebräuchlichen Grenzlinie im westlichen und im mittleren Abschnitt mit Ausnahme der Teile chinesischen Territoriums, in die Indien eingefallen war und die es besetzt hielt wie dies in Abschnitt 4 weiter oben ausgeführt wurde. Im östlichen Abschnitt entsprach die tatsächliche Kontrollinie der illegalen McMahon-Linie außer im Gebiet von Khinzemane, das damals noch unter indischer Besetzung stand (vgl. Karte 3 im Anhang). Die chinesische Regierung schlug weiterhin vor, daß die Ministerpräsidenten beider Länder Gespräche aufnehmen, um die chinesisch-indische Grenzfrage zu diskutieren. Aber diese Vorschläge wurden von der indischen Regierung zurückgewiesen. Am 16. November 1959 unterbreitete die indische Regierung einen Gegenvorschlag, in dem der Abzug des gesamten chinesischen Personals im Gebiet Aksai Chin der chinesischen Provinz Sinkiang bis östlich der Linie gefordert wurde, die Indien als Grenze zwischen beiden Ländern beanspruchte. Zugleich sollte das gesamte indische Personal bis westlich der Linie zurückgezogen werden, die China als Grenze zwischen beiden Ländern beanspruchte. Da indisches Personal in Wirklichkeit aber niemals in diesem Gebiet gewesen war, kam der indische Vorschlag der Forderung nach einem einseitigen Abzug chinesischen Personals aus weiten Teilen des eigenen Territoriums gleich. Die chinesische Regierung stellte daraufhin folgende Anfrage an die indische Regierung: Da die indische Regierung den Standpunkt bezog, daß sich beide Seiten im westlichen Abschnitt der chinesisch-indischen Grenze hinter die Linie zurückziehen sollten, die die andere Seite als Grenze beansprucht, bedeutet das auch, daß die indische Regierung zustimmt, daß im östlichen Abschnitt ebenfalls beide Seiten sich hinter die Linie zurückziehen sollten, die die andere Seite als Grenze beansprucht? — Das hieße, daß sich Indien im Süden bis hinter die traditionell gebräuchliche Grenzlinie zurückzieht, auf die China verweist, während sich China nach Norden bis hinter die sogenannte McMahon-Linie zurückzieht, die Indien als Grenze beansprucht? Die indische Regierung sah sich nicht in der Lage, eine Antwort zu geben, sondern konnte nur darauf beharren, daß ihr Vorschlag nur für den westlichen Abschnitt der Grenze Anwendung finden könne. Ganz offenkundig hatte die indische Regierung weder Interesse an einer freundschaftlichen Beilegung der chinesisch-indischen Grenzfrage durch friedliche Verhandlungen auf einer gerechten und vernünftigen Grundlage, noch Interesse daran, die Streitkräfte beider Seiten auf der Grundlage der tatsächlichen Kontrollinie voneinander zu trennen, um so Grenzzwischenfälle zu vermeiden. Indien war nur darauf aus, chinesisches Personal im westlichen Abschnitt der chinesisch-indischen Grenze mit Waffenge-

Brief zur chinesisch-indischen Grenzfrage

walt aus chinesischem Territorium hinauszudrängen. Trotz alledem hielt die chinesische Regierung weiterhin daran fest, daß es von äußerster Dringlichkeit sei, Konflikte an der Grenze zu vermeiden. Deshalb hatte China, nachdem die indische Regierung den Vorschlag der chinesischen Regierung abgelehnt hatte, auf beiden Seiten die Streitkräfte 20 Kilometer hinter die tatsächliche Kontrollinie zurückzuziehen und die Patrouillen einzustellen, auf seiner Seite der Grenze die Patrouillen eingestellt. Die chinesische Regierung hoffte dadurch, zumindest ein Auseinanderrücken der Streitkräfte beider Seiten herbeiführen zu können, das zur Vermeidung von Grenzkonflikten und zur Erhaltung des Friedens im Grenzgebiet beitragen würde.

7) *Um eine friedliche Lösung der chinesisch-indischen Grenzfrage zu erreichen, besuchte der chinesische Ministerpräsident im April 1960 Neu Delhi und führte Unterredungen mit Ministerpräsident Nehru.* Im Verlauf der Gespräche erklärte ich wiederholt, daß die Grenzfrage friedlich auf gerechter und vernünftiger Grundlage gelöst werden sollte; daß für den Fall, daß gegenwärtig keine Lösung möglich sei, der Verlauf der Grenze, der sich bereits herausgebildet hatte, aufrechterhalten werden sollte und; daß die Streitkräfte beider Seiten auseinanderrücken sollten, um Zwischenfälle zu vermeiden. Zum Abschluß der Gespräche faßte ich folgende sechs Punkte zusammen, in denen wir im Verlauf der Gespräche Übereinstimmung bzw. nahezu Übereinstimmung erzielt hatten, nämlich:

1. Es bestehen Streitigkeiten zwischen den beiden Seiten über den Verlauf der Grenze.
2. Es besteht eine tatsächliche Kontrollinie zwischen beiden Ländern, bis zu der jede Seite ihre Hoheitsrechte ausübt.
3. Um die Grenze zwischen beiden Ländern festzulegen, sollten bestimmte geographische Bedingungen wie Wasserscheiden, Flußtäler und Gebirgspässe in allen Abschnitten der Grenze gleichermaßen berücksichtigt werden.
4. Bei einer Lösung der Grenzfrage zwischen beiden Ländern sollten die patriotischen Gefühle der beiden Völker zum Himalaya und dem Karakorum-Gebirge berücksichtigt werden.
5. Bis zu einer Lösung der Grenzfrage durch Verhandlungen zwischen beiden Ländern sollten beide Seiten die tatsächliche Kontrollinie respektieren und keinerlei territorialen Ansprüche zur Voraussetzung machen, gleichwohl können in Einzelfällen Änderungen vorgenommen werden.
6. Um den Frieden an der Grenze zu gewährleisten, und so die

Gespräche zu erleichtern, sollten beide Seiten weiterhin in allen Abschnitten der Grenze davon Abstand nehmen, Patrouillengänge durchzuführen.

Ich schlug vor, daß diese Punkte der Übereinstimmung bestätigt werden, um weitere Gespräche zwischen beiden Regierungen zu erleichtern. Diese sechs Punkte sind vollkommen gerecht und beinhalten keinerlei Forderungen, die eine Seite der anderen aufzwingt. Sie schließen Auffassungen, die Ministerpräsident Nehru selbst während der Gespräche mir gegenüber geäußert hat, mit ein. Dennoch weigerte sich Ministerpräsident Nehru, diese Punkte zu bestätigen. Seine Weigerung bedeutete de facto, daß die indische Regierung nicht bereit war, die Existenz einer tatsächlichen Kontrollinie zwischen beiden Ländern anzuerkennen; daß sie nicht bereit war, diese Linie bis zu einer Lösung der Grenzfrage durch Verhandlungen zu respektieren; daß sie nicht bereit war, keine territorialen Ansprüche zur Voraussetzung der Verhandlungen zu machen; daß sie nicht bereit war, dem Auseinanderrücken der Streitkräfte beider Seiten zuzustimmen, um so Grenzkonflikte zu vermeiden; und daß sie sogar dazu nicht bereit war, die objektive Tatsache anzuerkennen, daß es Streitigkeiten zwischen den beiden Seiten über den Verlauf der Grenze gibt. In diesen Gesprächen vertrat Ministerpräsident Nehru den Standpunkt, daß die chinesische Regierung bedingungslos in Indiens territoriale Ansprüche einwilligen muß, und ließ keinerlei Spielraum für Verhandlungen. Dies waren Ansprüche, die selbst der britische Imperialismus an die chinesische Regierung nicht zu stellen wagte. Ministerpräsident Nehru war sich dessen vollkommen bewußt, daß die chinesische Regierung diesen Ansprüchen unter keinen Umständen zustimmen würde. Indem er sie durchsetzen wollte, versuchte er ganz offenkundig — aus nicht offengelegten Gründen — auf unbestimmte Zeit die Grenzfrage ungelöst zu lassen, und die spannungsgeladene Situation an der Grenze zu verlängern.

In der Folgezeit bewies die chinesische Regierung während Zusammenkünften zwischen offiziellen Vertretern beider Länder von Juni bis Dezember 1960 anhand zahlreicher überzeugender Fakten, daß die traditionell gebräuchliche Grenzlinie, wie sie die chinesische Regierung dargelegt hat, sowohl eine historische als auch eine der heutigen Wirklichkeit entsprechende Grundlage hat. Aber die indische Seite, die sich hauptsächlich auf offenkundig wertlose Unterlagen von englischen Reisenden und Abenteurern stützte, bestand darauf, daß die illegale McMahon-Linie im östlichen Abschnitt der chinesisch-indischen Grenze die traditionell gebräuchliche Grenzlinie sei, und daß Aksai Chin, das seit jeher zu chinesischem Hoheitsgebiet gehört hatte, zu Indien gehöre. Dadurch erbrachten die Zusammenkünfte zwischen den offiziellen Vertretern beider Länder ebenfalls keine Ergebnisse.

8) *Die aufrichtige Bereitschaft, eine Lösung zu finden, die die chinesische Regierung während der Unterredung zwischen den beiden Ministerpräsidenten bewiesen hatte, wurde von der indischen Regierung als ein Zeichen der Schwäche Chinas verstanden, und als ein Zeichen dafür, daß es tyrannisiert werden könne, und Chinas einseitige Einstellung der Grenzpatrouillen wurde als Gelegenheit angesehen, einen Vorteil herausschlagen zu können. Deshalb überschritten indische Truppen, nachdem die Zusammenkünfte zwischen den offiziellen Vertretern beider Länder abgeschlossen waren, die Grenzlinie zunächst im westlichen und dann im östlichen Abschnitt der Grenze, besetzten immer größere Teile chinesischen Territoriums und unternahmen immer schwerwiegendere bewaffnete Provokationen.*

Im westlichen Abschnitt der Grenze unternahmen indische Truppen seit 1961, und besonders seit dem letzten April, immer wieder Vorstöße auf chinesisches Territorium und errichteten zusätzliche Militärstützpunkte. Noch bevor kürzlich der allgemeine Grenzkonflikt ausgebrochen war, hatte Indien insgesamt 43 Militärstützpunkte errichtet, die chinesisches Territorium im westlichen Abschnitt der Grenze verletzten. (Vergl. Karte 4 im Anhang). Einige wurden nur wenige Meter von chinesischen Grenzposten entfernt errichtet, andere sogar hinter chinesischen Grenzposten, die dadurch vom Hinterland abgeschnitten wurden. Ministerpräsident Nehru drückte es in einer Rede in der indischen Lok Sabha am 20. Juni 1962 folgendermaßen aus: „Indien hatte einige neue Grenzposten errichtet, die die chinesischen Grenzposten gefährdeten, und es ist größtenteils auf unsere Truppenbewegungen zurückzuführen, daß die Chinesen ebenfalls Truppenbewegungen durchführen mußten. Informierten Kreisen in der Welt ist es bekannt, daß sich die Lage in dieser Gegend zu unserem Vorteil geändert hat, und die Chinesen darüber beunruhigt sind." Die indische Wochenzeitung „Blitz" brüstete sich damals offen damit, daß Indien 2 500 Quadratmeilen eingenommen habe, was die Wochenzeitung als einen „einzigartigen Triumph einer kühnen napoleonischen Planung" bezeichnete, die vom Verteidigungsminister Krishna Menon ausgearbeitet worden sei. Eindringende indische Truppen starteten immer wieder bewaffnete Provokationen gegen chinesische Grenzwachen. Immer wieder verletzten indische Flugzeuge Chinas Luftraum und führten ohne Rücksicht Störangriffe durch. Infolge dieser immer häufigeren Provokationsakte von indischer Seite verschärfte sich die Lage im westlichen Abschnitt der chinesisch-indischen Grenze drastisch und wurde immer ernster.

Da China große Geduld und Zurückhaltung bewahrte, wurde den indischen Übergriffen im westlichen Abschnitt der chinesisch-indischen Grenze kein entschiedener Widerstand entgegengesetzt, woraufhin Indien seine Übergriffe auf den östlichen Abschnitt der Grenze ausweitete. Seit dem letzten Juni überschritten indische Truppen die illegale McMahon-Linie, drangen in das Gebiet von Che Dong nördlich dieser Linie ein; besetzten unaufhörlich immer größere Gebiete (Vergl. Karte 4 im Anhang) und brachen eine Reihe bewaffneter Angriffe auf chinesische Grenzwachen vom Zaun, die 47 chinesischen Soldaten das Leben kosteten. So hatte die indische Seite, noch bevor kürzlich der Grenzkonflikt in vollem Umfang ausbrach, im westlichen und östlichen Abschnitt der chinesisch-indischen Grenze bereits eine äußerst gefährliche Lage geschaffen, die jeden Moment explodieren konnte.

9) *Während die indischen Übergriffe und Provokationen immer schwerwiegenderen Charakter annahmen und sich die Situation an der Grenze tagtäglich verschlechterte, bewahrte die chinesische Seite weiterhin größte Geduld und Zurückhaltung. Die chinesischen Grenzwachen hatten Befehl, unter keinen Umständen den ersten Schuß abzufeuern, noch das Feuer zu erwidern, es sei denn, als letzten Ausweg. Einerseits sandte die chinesische Regierung Protestnoten und Warnungen an die indische Regierung, in denen sie erklärte, daß sie die indischen Übergriffe niemals hinnehmen würde und forderte entschieden, daß sich Indien von chinesischem Territorium zurückziehe. Andererseits ließ sie in ihren Bemühungen nicht nach, durch Verhandlungen einer Verbesserung der chinesisch-indischen Beziehungen und eine friedliche Lösung der Grenzfrage zu erreichen.*

Die chinesische Seite war der Auffassung, daß jeder Schritt zur Verbesserung der chinesisch-indischen Beziehungen sicherlich auch zu einer friedlichen Lösung der Grenzfrage beitragen würde. Angesichts der Tatsache, daß das 1954 geschlossene Abkommen zwischen China und Indien über Handel und Verkehr zwischen der chinesischen Region Tibet und Indien im Juni 1962 auslaufen würde, schlug die chinesische Regierung im Zeitraum zwischen

Brief zur chinesisch-indischen Grenzfrage

Dezember 1961 und Mai 1962 dreimal den Abschluß eines neuen Abkommens vor, das an die Stelle des alten treten sollte. Obwohl der Abschluß eines solchen neuen Abkommens nichts mit der Grenzfrage zu tun gehabt hätte, hätte er ohne Zweifel zu einer Verbesserung der chinesisch-indischen Beziehungen beigetragen. Bei der Unterbreitung dieses Vorschlages hatte China die besten Absichten. Aber die indische Regierung forderte von China die Anerkennung ihrer territorialen Ansprüche als Voraussetzung für den Abschluß eines solchen neuen Abkommens und wies diesen Vorschlag vollkommen unbegründet zurück.

Gerade weil sich die Lage an der chinesisch-indischen Grenze immer mehr zuspitzte, wies die chinesische Regierung eindringlicher denn je auf die Notwendigkeit einer friedlichen Lösung der Grenzfrage durch Verhandlungen hin. Aber die indische Regierung beharrte auf ihrer ablehnenden Haltung. Erst am 26. Juli dieses Jahres äußerte sie vage den Wunsch nach weiteren Verhandlungen über die Grenzfrage auf der Grundlage des Berichtes der offiziellen Vertreter beider Seiten. Die chinesische Regierung stimmte diesem Wunsch in ihrer Note vom 4. August sofort zu und schlug vor, daß diese Unterredungen so schnell wie möglich aufgenommen werden sollten.

Die indische Regierung aber schlug in ihrer Note vom 22. August plötzlich einen anderen Ton an und bestand darauf, daß China zunächst große Landstriche seines eigenen Territoriums im westlichen Abschnitt der Grenze räumen müsse, bevor irgendwelche weitere Diskussionen über die Grenzfrage auf der Grundlage des Berichts der Vertreter beider Seiten durchgeführt werden könnten. Dies war eine einseitig gestellte Vorbedingung, mit der Indien versuchte, seine territorialen Ansprüche China aufzuzwingen. In ihrer Note vom 13. September betonte die chinesische Regierung, daß keinerlei Vorbedingungen für weitere Diskussionen auf der Grundlage des Berichts der offiziellen Vertreter gestellt werden sollten. Darüber hinaus schlug sie vor, daß die Vertreter der beiden Seiten am 15. Oktober mit den Diskussionen über die Grenzfrage beginnen und abwechselnd, zunächst in Peking und dann in Delhi, tragen sollten. Gleichzeitig, um die Spannungen an der Grenze zu mindern, schlug die chinesische Regierung noch einmal vor, entlang der gesamten Grenze die Streitkräfte beider Seiten um zwanzig Kilometer zurückzuziehen.

Aber die indische Regierung wies diesen Vorschlag Chinas für ein Auseinanderrücken der Streitkräfte beider Seiten und für Verhandlungen über die Grenzfrage, ohne Vorbedingungen zu stellen, in ihrer Note vom 19. September zurück. Sie stimmte lediglich dem Termin und den Orten für die Gespräche, wie sie China vorgeschlagen hatte, zu, bestand aber gleichzeitig darauf, die Diskussion auf die Frage des chinesischen Abzugs aus ausgedehnten Landstrichen chinesischen Territoriums im westlichen Abschnitt der Grenze zu beschränken. Die chinesische Regierung wiederholte in ihrer Note vom 3. Oktober ihren Vorschlag, daß beide Seiten allerschnellstens Verhandlungen über die Grenzfrage auf Grundlage der Berichte der offiziellen Vertreter aufnehmen sollten, und daß im Verlauf dieser Unterredungen keine Seite die Diskussion irgendeiner Frage zurückweisen dürfe, die von der anderen Seite hinsichtlich der Grenzlinie vorgebracht werde. Dieser Vorschlag war gerecht gegenüber beiden Seiten.

Nichtsdestoweniger wies die indische Regierung in ihrer Antwort vom 6. Oktober nicht nur den oben erwähnten, gerechten Vorschlag der chinesischen Regierung zurück, sondern fügte zur alten eine neue Vorbedingung hinzu, nämlich die Forderung, daß die chinesischen Truppen aus dem Che Dong Gebiet, das chinesisches Territorium ist, nördlich der illegalen McMahon-Linie, zurückgezogen werden. Indem die indische Regierung ihre eigenen Zusagen brach und eine Vorbedingung nach der anderen stellte, versperrte sie schließlich den Weg zu Verhandlungen über die Grenzfrage.

10) *Nach einer Reihe von Fehldeutungen über China, wies Indien nicht nur die friedfertigen Vorschläge Chinas zurück, sondern beschritt schließlich den Weg des militärischen Abenteuers.* Indien dachte, daß Chinas wirtschaftliche Schwierigkeiten so ernst seien, daß es sie nicht überwinden könne und daß Chinas südwestliche Verteidigungslinien geschwächt sein müßten, weil seine nationalen Verteidigungsstreitkräfte durch den Versuch der von den USA unterstützten Tschiang-Kai-schek-Clique, in Chinas südöstliche Küstenregion einzudringen, gebunden seien. Deshalb hielt Indien die Situation für reif, um entlang der ganzen chinesisch-indischen Grenze massive bewaffnete Angriffe zu starten. Am 5. Oktober gab der indische Verteidigungsminister die Bildung eines neuen Armee-Korps unter dem „Östlichen Kommando" bekannt, das zur ausschließlichen Aufgabe haben sollte, China zu bezwingen, sowie die Ernennung von Generalleutnant B.M. Kaul, als dessen Kommandeur. Am 12. Oktober erklärte Ministerpräsident Nehru, daß er Befehl gegeben habe, die besetzten Gebiete, wie er sie nannte – in Wirklichkeit chinesisches Territorium – von chinesischen Truppen „zu befreien". Am 14. Oktober rief der damalige Verteidigungs-

Brief zur chinesisch-indischen Grenzfrage

minister Krishna Menon dazu auf, China bis zum letzten Mann und zur letzten Kugel zu bekämpfen. Am 16. Oktober, nachdem er aus dem Ausland nach Neu Delhi zurückgekehrt war, berief Ministerpräsident Nehru sofort ein Treffen von Militäroffizieren höchsten Ranges ein, um die Kampfvorbereitungen zu beschleunigen. Am 17. Oktober begannen die indischen Truppen gleichzeitig sowohl im östlichen, als auch im westlichen Abschnitt der Grenze mit schweren Artillerie-Angriffen gegen die chinesische Seite. Am 18. Oktober erklärten Sprecher des indischen Verteidigungsministeriums, daß die Chinesen „um zwei Meilen zurückgedrängt" worden seien. Schließlich, in den frühen Morgenstunden des 20. Oktober, unternahmen indische Truppen auf Befehl von Ministerpräsident Nehru massive Angriffe entlang der ganzen Grenze. Erst als sie wiederholt den wilden Angriffen der indischen Truppen ausgesetzt waren und schwere Verluste erlitten hatten und nachdem sie in eine unerträgliche Lage gedrängt worden waren, die keinen Rückzug zuließ, schlugen die chinesischen Grenztruppen in entschlossener Selbstverteidigung zurück.

11) *Alle relevanten Tatsachen beweisen, daß der gegenwärtige ernste chinesisch-indische Grenzkonflikt, über längere Zeit vorsätzlich und ausschließlich von der indischen Regierung angeheizt worden ist.* Auf einer Massenversammlung am 11. November letzten Jahres in Neu Delhi offenbarte Ministerpräsident Nehru vor aller Öffentlichkeit, daß Indien schon vor zwei Jahren einen „Operationsplan" gegen China ausgearbeitet hatte, der sogar solche Details, wie Umfang der Operationen und Pläne für Vormarsch und Rückzug im Verlauf des Kampfes festlegte. Aber die indische Regierung stellte die Tatsachen auf den Kopf und brachte die falsche Beschuldigung gegen chinesische Grenzwachen vor, daß sie am 8. September den westlichen Teil der illegalen McMahon-Linie überschritten und dadurch den gegenwärtigen allgemeinen Grenzkonflikt entzündet hätten. Diese Beschuldigung ist eine reine Lüge. In Wirklichkeit waren es indische Truppen, die schon lange vor dem 8. September den westlichen Teil der illegalen McMahon-Linie überschritten hatten. Das ist eine unbestreitbare Tatsache. Die chinesische Regierung besitzt das Original der Karte der sogenannten McMahon-Linie aus dem Jahre 1914. Nach dieser Karte verläuft der westliche Teil der McMahon-Linie eindeutig auf dem 27° 44'6" Grad nördlicher Breite (vergleiche Karte 5 und 6). Um ihre Besetzung des Che Dong Gebiets nördlich der Linie zu rechtfertigen, beharrt die indische Regierung darauf, daß der westliche Teil der Linie auf dem 27°

48' Grad nördlicher Breite verläuft und daß die Grenze zwischen China und Indien in diesem Gebiet entlang der sogenannten Thaglakamm-Wasserscheide verläuft. Aber die Koordinaten stehen schwarz auf weiß im Original der Karte der McMahon-Linie und können nicht geändert werden und die Bezeichnung Thaglakamm erscheint nicht einmal auf der Karte. Darüber hinaus beweisen die indischen Militärkarten, die von China in den gegenwärtigen Grenzzusammenstößen erbeutet wurden, unzweideutig, daß das Che Dong Gebiet nördlich der illegalen McMahon-Linie liegt. Die Tatsache, daß Indien mit Absicht die illegale McMahon-Linie überschritt, das Che Dong Gebiet nördlich der Linie besetzte und öffentlich bekannt gab, daß Indien dieses Gebiet von chinesischen Grenzwachen „befreien" würde, ist Beweis genug, daß die gegenwärtigen Grenzauseinandersetzungen allein und vorsätzlich von Indien verursacht worden sind.

Der Standpunkt der chinesischen Regierung zur illegalen McMahon-Linie ist konsequent. China erkennt die illegale McMahon-Linie nicht an, im Interesse einer friedlichen Lösung der chinesisch-indischen Grenzfrage jedoch wurde sie von China nicht überschritten. Tatsache ist, daß Indien zuerst die illegale McMahon-Linie überschritt und von Stützpunkten südlich der Linie massive bewaffnete Angriffe auf die chinesischen Grenzwachen unternahm. So hat die indische Regierung durch ihre eigenen Aktionen den einschränkenden Charakter dieser Linie zunichte gemacht. Vor die Aufgabe gestellt, die indischen Truppen davon abzuhalten ihre Niederlage wettzumachen und neue Angriffe zu starten, müssen die chinesischen Grenzwachen in ihrem Verteidigungskampf sich natürlich nicht mehr durch die McMahon-Linie einschränken lassen. China hat stets eine friedliche Lösung der chinesisch-indischen Grenzfrage angestrebt. Die chinesischen Grenzwachen überschritten die Linie, weil sie keine andere Wahl hatten. Auch wenn China heute gezwungen ist zu seiner Verteidigung im Grenzkonflikt zurückzuschlagen, hat es immer noch das Ziel, eine friedliche Lösung der chinesisch-indischen Grenzfrage zu finden, genau wie in den letzten drei Jahren, in denen es Geduld und Zurückhaltung bewahrt hat. Die chinesischen Grenzwachen haben die illegale McMahon-Linie überschritten und sind bis zu bestimmten Positionen vorgedrungen; dennoch wünscht die chinesische Seite nicht, die Frage des östlichen Abschnitts der chinesisch-indischen Grenze durch ein solches Vorgehen zu lösen. Wie in der Vergangenheit vertritt die chinesische Regierung den Standpunkt, daß eine für beide Seiten vernünftige

Brief zur chinesisch-indischen Grenzfrage

und gerechte Lösung nicht nur für den östlichen Abschnitt, sondern für die gesamte chinesisch-indische Grenzfrage nur durch friedliche Verhandlungen gefunden werden kann.

12) *Am 24. Oktober, d.h. vier Tage nach Ausbruch des chinesisch-indischen Grenzkonflikts, veröffentlichte die chinesische Regierung eine Stellungnahme, in der die folgenden drei Vorschläge zur Beendigung des Grenzkonflikts, zur Wiederaufnahme friedlicher Verhandlungen und zur Lösung der chinesisch-indischen Grenzfrage vorgelegt wurden:*

1. Beide Seiten erklären, daß die chinesisch-indische Grenzfrage friedlich und durch Verhandlungen gelöst werden muß. Bis zu einer friedlichen Lösung hofft die chinesische Regierung, daß die indische Regierung dem Vorschlag zustimmt, daß beide Seiten entlang der ganzen chinesisch-indischen Grenze die tatsächliche Kontrollinie zwischen beiden Seiten respektieren und daß die Streitkräfte beider Seiten sich zwanzig Kilometer hinter diese Linie zurückziehen und die Kämpfe einstellen.

2. Unter der Voraussetzung, daß die indische Regierung diesem Vorschlag zustimmt, ist die chinesische Regierung bereit, nach Konsultationen zwischen den beiden Seiten ihre Grenzwachen im östlichen Abschnitt der Grenze nördlich der tatsächlichen Kontrollinie zurückzuziehen; gleichzeitig verpflichten sich sowohl China als auch Indien die tatsächliche Kontrollinie, d.h. die traditionell gebräuchliche Grenzlinie in den mittleren und westlichen Abschnitten der Grenze nicht zu überschreiten.

Über Fragen bezüglich des Auseinanderrückens der Streitkräfte beider Seiten und der Einstellung der bewaffneten Auseinandersetzungen werden Verhandlungen zwischen Beauftragten der chinesischen und der indischen Regierung angesetzt.

3. Um eine freundschaftliche Lösung der chinesisch-indischen Grenzfrage zu erreichen, ist die chinesische Regierung der Ansicht, daß erneute Unterredungen zwischen den Ministerpräsidenten von China und Indien stattfinden sollten. Zu einem für beide Parteien annehmbaren Zeitpunkt würde die chinesische Regierung den indischen Ministerpräsidenten in Peking willkommen heißen; sollte dies der indischen Regierung ungelegen sein, wäre der chinesische Ministerpräsident bereit, zu Unterredungen nach Neu Delhi zu kommen.

Wie bereits in der Stellungnahme der chinesischen Regierung erläutert, bezieht sich die in den drei Vorschlägen erwähnte tatsächliche Kontrollinie nicht auf die gegenwärtigen Berührungslinien in den jetzigen Grenzauseinandersetzungen, sondern auf die tatsächliche Kontrollinie entlang der ganzen chinesisch-indischen Grenze, wie sie zu der Zeit bestand, als die chinesische Regierung sie am 7. November 1959 der indischen Regierung gegenüber erwähnte. Dies zeigt, daß, während sie die seit 1959 durch Überschreiten der tatsächlichen Kontrollinie von Indien verübten Verletzungen chinesischen Territoriums niemals akzeptieren wird, die chinesische Regierung Indien keine einseitigen Forderungen aufgrund der Gewinne, die bei den jüngsten Gegenangriffen zu seiner Verteidigung erzielt wurden, aufzwingen wird.

Das wesentliche in dem ersten der drei Vorschläge Chinas ist es, die Wiederherstellung der chinesisch-indischen Grenze, wie sie 1959 bestand, d.h. vor den Verwicklungen an der Grenze während der letzten drei Jahre, und den Rückzug der Streitkräfte beider Seiten auf eine Position zwanzig Kilometer hinter die tatsächliche Kontrollinie von 1959 erreichen. Nach diesem Vorschlag wären die Verpflichtungen beider Seiten gleich. Sollte die indische Regierung diesem Vorschlag zustimmen, müßten sich die chinesischen Grenzwachen von ihren jetzigen Positionen südlich der sogenannten McMahon-Linie aus, nicht nur bis auf die nördliche Seite dieser Linie zurückziehen, sondern noch 20 km weiter nach Norden. Im Gegensatz dazu müßten sich die indischen Truppen nur auf eine Position 20 Kilometer südlich dieser Linie zurückziehen. Von Tawang und Umgebung südlich der sogenannten McMahon-Linie aus gemessen, die die chinesischen Grenzsoldaten jetzt erreicht haben, müßten sie sich rund 40 Kilometer zurückziehen, die indischen Truppen dagegen nur ein oder zwei Kilometer, wenn überhaupt. (Vergl. Karte 5 im Anhang) Der Grund warum China seinen Vorschlag, die Streitkräfte beider Seiten 20 Kilometer hinter die tatsächliche Kontrollinie zurückzuziehen, wiederholt und unterstreicht, liegt darin, daß die chinesische Regierung aus den bitteren Erfahrungen der letzten drei Jahre empfindlich gespürt hat, daß es sehr schwierig ist, Zusammenstöße in umstrittenen Grenzgebieten zu vermeiden, wenn die Streitkräfte beider Seiten nicht auseinandergerückt sind. Gleichzeitig muß darauf hingewiesen werden, daß die tatsächliche Kontrollinie nicht die Grenze zwischen den beiden Ländern ist. Anerkennung und Respektierung der tatsächlichen Kontrollinie verlangen keinesfalls die beiderseitige Aufgabe der jeweiligen Grenzansprüche, aber sie würden günstige Voraussetzungen für die Wiederaufnahme friedlicher Verhandlungen zur Lösung der Grenzfrage schaffen.

13) *Die chinesische Regierung hatte gehofft, daß die indische*

Regierung die drei Vorschläge Chinas ernsthaft erwägen würde, bevor sie darauf antwortet. Aber am gleichen Tag, an dem sie von der chinesischen Regierung vorgelegt wurden, wies sie die indische Regierung bereits hastig zurück und verleumdete sie als betrügerisch. Die indische Regierung erklärte, daß Verhandlungen erst dann möglich seien, wenn die ganze Grenzlinie entsprechend dem Stand vor dem 8. September 1962 wiederhergestellt sei und daß die indische Regierung nur zu Verhandlungen „auf der Basis des Anstands, der Würde und der Selbstachtung" bereit sei.

Worauf läuft der Vorschlag der indischen Regierung hinaus, die Grenze entsprechend dem Stand vor dem 8. September wiederherzustellen? Das würde für den östlichen Abschnitt der chinesisch-indischen Grenze bedeuten, daß indische Truppen erneut in chinesisches Territorium nördlich der illegalen McMahon-Linie einfallen und es besetzen; für den westlichen Abschnitt würde es bedeuten, daß sie erneut die Militärstützpunkte einnehmen und besetzen, die sie nach 1959 auf chinesischem Territorium errichteten. Was für ein Zustand wäre damit erreicht? Das wäre wieder die Situation vom 20. Oktober, als indische Truppen von den günstig gelegenen Militärstützpunkten, die sie erobert hatten, großangelegte bewaffnete Überfälle auf chinesische Grenzwachen starteten. Es entstünde eine derart gefährliche Situation, daß Grenzauseinandersetzungen unvermeidlich die Folge wären. Die Grenze entsprechend dem Stand vom 8. September oder vom 20. Oktober wiederherzustellen, wäre weder gerecht, noch würde es Frieden bringen.

Die Tatsache, daß die indische Regierung die Wiederherstellung der Grenzlinie entsprechend dem Stand vom 7. November 1959 ablehnt, sie aber entsprechend dem Stand vom 8. September 1962 wiederherstellen will, beweist, daß die indische Regierung seit 1959 große Landstriche chinesischen Territoriums gewaltsam erobert hat. Indien schlägt vor, die Situation wiederherzustellen, die durch Überschreiten der tatsächlichen Kontrollinie durch indische Truppen in den letzten drei Jahren geschaffen wurde; China dagegen schlägt vor, die Situation wiederherzustellen, auf deren Grundlage vor drei Jahren der Frieden an der chinesisch-indischen Grenze im großen und ganzen erhalten werden konnte. Nach dem indischen Vorschlag würde nur China sich zurückziehen, während Indien sich nicht zurückziehen, sondern vorrücken und erneut chinesisches Territorium überfallen und besetzen würde. Nach den chinesischen Vorschlägen würden sich beide Seiten zurückziehen, und im östlichen Abschnitt würden sich die chinesischen Grenzsoldaten viel weiter zurückziehen müssen, als die indischen Truppen. Von allen Seiten betrachtet, ist der indische Vorschlag einseitig und stellt den Versuch dar, China seinen Willen aufzuzwingen und es in die Knie zu zwingen, während die chinesischen Vorschläge gerecht sind und getragen vom Geist des gegenseitigen Entgegenkommens und der gegenseitigen Achtung. Darüber hinaus schlug die chinesische Seite Unterredungen zwischen den Ministerpräsidenten beider Länder vor, erklärte sich bereit, Ministerpräsident Nehru in Peking zu begrüßen und erklärte, daß der chinesische Ministerpräsident zu einem nochmaligen Besuch in Neu Delhi bereit sei, falls dies der indischen Regierung ungelegen sein sollte. Eindeutig sind Indiens Ansehen und Anstandsgefühl vollständig berücksichtigt worden, als China diese Vermittlungsvorschläge vorlegte. Die indische Regierung hat betont, daß sie nur „auf der Grundlage von Anstand, Würde und Selbstachtung" zu Verhandlungen bereit sei. Jedoch zeigt ihr Vorschlag, daß sie nur auf ihren eigenen Anstand, ihre eigene Würde und ihre eigene Achtung bedacht ist, aber der anderen Seite Anstand, Würde und Selbstachtung absprechen will.

14) *Nachdem mein erster Anruf von Ministerpräsident Nehru zurückgewiesen wurde, forderte ich ihn ein zweites Mal auf in der Hoffnung, er würde zum Konferenztisch zurückkehren. Jedoch nach der gegenwärtigen Lage zu urteilen, ist die indische Regierung weit davon entfernt, friedliche Verhandlungen führen zu wollen, sondern entschlossen, die Anwendung von Gewalt fortzusetzen.* Die indische Regierung hat öffentlich erklärt, daß sich Indien tatsächlich im Kriegszustand mit China befindet. Sie legte im indischen Parlament eine Resolution vor, um „die chinesischen Aggressoren von indischem Boden zu vertreiben", und diese Resolution wurde angenommen. Der Präsident Indiens hat den „Notstand" im ganzen Land ausgerufen. In Indien ist ein Kriegskabinett gebildet worden; die militärische Mobilmachung wurde in Gang gesetzt; Kriegsobligationen wurden ausgegeben und Indien hat damit begonnen, zur „Kriegswirtschaft" überzugehen. Eine Kriegshysterie macht sich in ganz Indien breit. Die Freundschaft zwischen dem indischen und dem chinesischen Volk mißachtend, sät Ministerpräsident Nehru öffentlich Haß gegen das chinesische Volk und benutzt jede Gelegenheit, das indische Volk zum langandauernden Kampf gegen das chinesische Volk aufzurufen. Die indische Regierung hat die Verfolgung von chinesischen Staatsangehörigen in Indien verstärkt, willkürlich die Schließung von Zweigstellen der Bank von China veranlaßt, grob die Bewegungsfreiheit von Angehörigen der chinesischen

Brief zur chinesisch-indischen Grenzfrage

Botschaft und der Konsulate in Indien eingeschränkt und zieht sogar den Abbruch der diplomatischen Beziehungen mit China in Betracht. Die indische Regierung hat den Deckmantel der „Blockfreiheit" abgeworfen, offen die Vereinigten Staaten von Amerika um militärische Unterstützung angebettelt und erhält pausenlos Lieferungen von US-Waffen. Große Kontingente indischer Truppen und große Mengen von US-Munition werden eiligst in die chinesisch-indischen Grenzgebiete transportiert. Indische Truppen im westlichen wie im östlichen Abschnitt der chinesisch-indischen Grenze überfallen unaufhörlich die chinesischen Grenzwachen. Die indische Presse hat ausposaunt, daß Indien dabei sei, eine große Gegenoffensive vom Zaun zu brechen. All dies sind Anzeichen dafür, daß die Gefahr eines Grenzkonflikts von noch größerem Ausmaß bedrohlich wächst.

15) *Weder für China noch für Indien gibt es einen Grund, wegen der Grenzfrage Krieg zu führen. In den letzten drei Jahren hat die chinesische Regierung alles in ihrer Macht stehende getan, das Entstehen einer solchen bedauerlichen Situation zu verhindern.* Von Anfang an trat die chinesische Regierung für eine freundschaftliche Lösung der Grenzfrage durch friedliche Verhandlungen ein. In den letzten drei Jahren kamen fast alle Verhandlungsvorschläge von chinesischer Seite. Um Verhandlungen zu führen, besuchte der chinesische Ministerpräsident Neu Delhi und ist zu weiteren Besuchen bereit. Seit drei Jahren jedoch pflegt die indische Regierung Verhandlungen zu verweigern bzw. ist nach zögernder Zustimmung zu Verhandlungen nicht bereit, auch nur eine einzige Frage zu lösen, die gelöst werden könnte. Die chinesische Regierung trat dafür ein, bis zu einer friedlichen Lösung, die Grenzlinie, die sich herausgebildet hatte, beizubehalten; konkret gesprochen bedeutet dies die Erhaltung der tatsächlichen Kontrollinie, wie sie 1959 zwischen China und Indien bestand. Die indische Seite jedoch begann damit, die tatsächliche Kontrollinie im westlichen Abschnitt der chinesisch-indischen Grenze zu überschreiten und verletzte schließlich sogar die sogenannte McMahon-Linie, die sie selbst im östlichen Abschnitt als Grenze beanspruchte. China versuchte ein Auseinanderrücken der Streitkräfte beider Seiten zu erreichen, während Indien darauf beharrte, sie in Berührung zu halten. Um Grenzzusammenstöße zu vermeiden, schlug die chinesische Regierung vor, die Streitkräfte beider Seiten voneinander zu trennen und die Patrouillen einzustellen. Nachdem diese Vorschläge von Indien zurückgewiesen wurden, stellte China die Patrouillen auf seiner

Seite der Grenze ein. Indiens Streitkräfte nutzten jedoch Chinas Einstellung der Patrouillen zu ihrem Vorteil aus, drangen in chinesisches Territorium ein, errichteten Militärstützpunkte und rückten unentwegt vorwärts und machten dadurch Grenzzusammenstöße zwischen China und Indien schließlich unvermeidbar. Wenn die indische Regierung auch nur den leisesten Wunsch gehabt hätte, die Grenzfrage friedlich zu lösen, hätte sich die Situation an der chinesisch-indischen Grenze niemals in einem solch bedauerlichen Ausmaß verschlechtert. Die gegenwärtige bedauerliche Situation ist einzig und allein durch die indische Regierung herbeigeführt worden. Die Gründe für diese Aktionen der indischen Regierung sind nicht so sehr in der Grenzfrage selbst zu suchen, als in ihren Absichten diese Situation auszunutzen, um eine Anti-China-Kampagne mit dem Zweck nach innen anzuheizen, die Aufmerksamkeit abzulenken, die Last des Volkes zu erhöhen und die fortschrittlichen Kräfte zu unterdrücken, und nach außen, mehr US-Hilfe zu erhalten.

16) Eure Exzellenz,

mit schwerem Herzen habe ich Ihnen die ganze Geschichte der chinesisch-indischen Grenzfrage dargelegt. Aber Eure Exzellenz können versichert sein, *die chinesische Regierung ist nicht entmutigt, sondern wird ihren Blick nach vorne richten. Wie kompliziert auch immer die Situation jetzt sein mag, die chinesische Regierung wird niemals in ihrer Entschlossenheit nachlassen, eine friedliche Lösung der chinesisch-indischen Grenzfrage zu erreichen. Solang auch nur ein Hoffnungsschimmer besteht, wird sie fortfahren einen Weg zur Einigung zu suchen und wird die Initiative ergreifen, um günstige Bedingungen zur Beendigung der Grenzzusammenstöße zu schaffen.* Es gibt keinen grundsätzlichen Interessenkonflikt zwischen China und Indien und es ist für die chinesische Regierung völlig undenkbar, daß die gegenwärtigen Grenzzusammenstöße sich zu einem uneingeschränkten Krieg zwischen den beiden Ländern entwickeln könnten. Die Grenzzusammenstöße müssen und werden schließlich friedlich gelöst werden.

Von Anbeginn der chinesisch-indischen Grenzfrage an, haben die Führer vieler asiatischer und afrikanischer Länder große Anstrengungen unternommen, ihre friedliche Lösung zu fördern. Fast einmütig sind sie der Auffassung, daß Imperialismus und Kolonialismus die Erzfeinde unserer asiatischen und afrikanischen Länder sind, daß unsere Länder alle vor drängenden Aufgaben des Wiederaufbaus stehen, um die Rückständigkeit unserer Wirtschaft zu beseitigen und

Brief zur chinesisch-indischen Grenzfrage

daß China und Indien, die beiden großen asiatischen Länder, ihre Grenzfrage friedlich lösen, die chinesisch-indische Freundschaft wiederherstellen, die afro-asiatische Solidarität stärken und gemeinsam den vor uns stehenden Hauptfeind bezwingen sollten. Sie rufen China und Indien auf die bewaffnéten Grenzauseinandersetzungen einzustellen und unverzüglich Verhandlungen aufzunehmen, und sie sprechen sich gegen ausländische Einmischung aus. China und Indien sind zwei große asiatische Länder. Nur durch direkte Verhandlungen zwischen China und Indien wird eine beiderseits befriedigende Lösung der Grenzfrage gesichert werden können. Die chinesische Regierung begrüßt herzlich die gerechten Anstrengungen der Führer freundschaftlich gesonnener asiatischer und afrikanischer Länder, direkte Verhandlungen zwischen China und Indien herbeizuführen, ohne, daß sie sich selbst haben in die Auseinandersetzungen verwickeln lassen und dankt ihnen aufrichtig dafür. Ich hoffe aufrichtig, daß Eure Exzellenz werden Gerechtigkeit walten lassen und fortfahren werden, Ihren verdienstvollen Einfluß auszuüben, um eine friedliche Lösung der chinesisch-indischen Grenzfrage auf gerechter und vernünftiger Grundlage herbeizuführen.

Bitte empfangen Sie, Exzellenz, die Versicherung meiner größten Hochachtung.

gez. Tschou En-lai
Ministerpräsident des Staatsrates
der Volksrepublik China

Quelle: Premier Chou En-lai's Letter
to the Leaders of Asian and African
Countries on the Sino-Indian Boundary
Question (November 15, 1962)
Peking 1973
Eigene Übersetzung

REDE AUF EINER MASSENKUNDGEBUNG IN TIRANA

(8. Januar 1964)

Lieber Genosse Enver Hoxha,
Lieber Genosse Mehmet Shehu,
Lieber Genosse Haxhi Lleshi,
Liebe Genossen!

Jahrelang haben wir uns auf diese Gelegenheit gefreut, das heldenhafte Albanien zu besuchen und die Genossen und Freunde des brüderlichen Albanien zu treffen. Nun hat sich unser Wunsch erfüllt. Wir sind spät gekommen, doch endlich sind wir bei euch. Gestatten sie mir heute auf dieser großartigen und begeisternden Kundgebung im Namen des Zentralkomitees der Kommunistischen Partei Chinas und des Genossen Mao Tsetung, der Regierung der Volksrepublik China und des gesamten chinesischen Volkes, der ruhmreichen Partei der Arbeit Albaniens, der Regierung der Volksrepublik Albanien, dem Genossen Enver Hoxha, dem geschätzten und geliebten Führer des albanischen Volkes und dem engen Freund des chinesischen Volkes, und der Bevölkerung Tiranas und dem ganzen albanischen Volk die allerherzlichsten Grüße und die größte Hochachtung auszusprechen.

Überall, wo wir in eurem schönen „Land der Adler" in den letzten Tagen gewesen sind, wurden wir als Kampfgenossen von unseren albanischen Brüdern und Schwestern herzlich willkommen geheißen und fanden wir eine umsorgende und blutsverwandschaftliche Aufnahme. Während eines jeden Augenblicks unseres Besuches haben wir eine begeisternde und tiefe Freundschaft im Geiste des proletarischen Internationalismus erlebt. Im Namen des Genossen Tschen Yi und in meinem eigenen Namen möchte ich bei dieser Gelegenheit noch einmal dem albanischen Volk und den führenden Genossen unseren herzlichen Dank aussprechen.

Überall, wo wir in eurem Land hinkommen, bewegt uns der kämpferische Geist, der das revolutionäre sozialistische Albanien auszeichnet. Genosse Enver Hoxha hat gesagt: „Das neue sozialistische Albanien schreitet wie ein Krieger voran, in einer Weise, die einem sozialistischen Staat entspricht, der in dem großen Zeitalter des Leninismus lebt und kämpft. Der Körper dieses Kriegers trägt die Narben feindlicher Schwerter und Kugeln, aber seine Stirn ist ruhig und erhaben, ohne Falten und Male. Seine Augen sind wie die eines Adlers, und sein Herz ist rein und warm wie die Revolution." Ja, unerschütterlich steht dieses heroische Albanien vor unseren Augen.

Das albanische Volk ist ein revolutionäres Volk, das eher aufrecht stehend sterben, als kniend leben würde, ein Volk, das weder durch Gewalt unterworfen, noch durch Reichtümer bestochen werden kann. Die Volksrepublik Albanien ist ein heldenhaftes Land, das im Feuer des Kampfes gegen die faschistischen Aggressoren geboren wurde und in den revolutionären Stürmen gegen den Imperialismus und seine Lakaien aufwuchs. Ob in tobenden Stürmen und schwer bedrängt oder im Kampf gegen den modernen Revisionismus, die Partei der Arbeit Albaniens ist eine ruhmreiche Partei, die stets die Banner des Marxismus-Leninismus und des proletarischen Internationalismus hochhält. Solch ein Volk, solch ein Land und solch eine Partei sind die zuverlässigsten Kampfgefährten aller Marxisten-Leninisten und revolutionären Menschen auf der Welt und die unversöhnlichen Feinde des Imperialismus, der Reaktion und des modernen Revisionismus.

Die Geschichte Albaniens ist ein großartiges Epos des Widerstands gegen ausländische Aggressoren und des Kampfes für Unabhängigkeit und Freiheit.

Vor fünfhundert Jahren führte der unsterbliche Nationalheld Skanderbeg das albanische Volk in einen mutigen Kampf gegen die türkischen Aggressoren. 25 Jahre lang kämpfte es heldenhaft in einem blutigen Krieg und schrieb ein glänzendes Kapitel in der Geschichte Albaniens.

Vor einundfünfzig Jahren entzündete der große Patriot Ismail Quemali in der Stadt Vlora die Fackel der Unabhängigkeit, die Albanien — damals ein Land des Leidens — erleuchtete. Aber die finstere Herrschaft der Zogu-Monarchie entriß dem albanischen Volk die Früchte der Revolution. In dem bedrohlichen Augenblick der faschistischen Invasion des Landes vor 22 Jahren traten die albanischen Kommunisten mit Genossen Enver Hoxha an der Spitze dem grausamen Feind entgegen, sammelten sich, organisierten ihre Kampfgefährten, verkündeten die Geburt der proletarischen Partei Albaniens und eröffneten so ein neues Zeitalter in der Geschichte des Landes. Unter der korrekten Führung der Partei führte das seit langem leidende albanische Volk unter außerordentlich schwierigen Bedingungen einen langwierigen und heroischen Kampf, in dem die Kräfte des Feindes die eigenen bei weitem übertrafen. Schließlich gelang es ihm die italienischen und deutschen faschistischen Aggressoren zu besiegen, und den ersten Staat in der albanischen Geschichte zu gründen, in dem das werktätige Volk Herr seines Landes ist.

Jahrhundertelang führte das große albanische Volk, unerschütterlich wie die Berge, die den wütenden Stürmen widerstehen, einen heldenhaften Kampf nach dem andern gegen ausländische Aggressoren. Es errang großartige Siege in seinen Kämpfen gegen die türkischen Aggressoren, gegen den italienischen Faschismus und gegen die Hitler-Banditen. Es hat ein leuchtendes Beispiel der siegreichen Befreiung durch das Vertrauen auf die eigene Kraft gegeben.

Die 19 Jahre seit der Gründung der Volksrepublik Albanien sind Jahre des entschlossenen Kampfes des albanischen Volkes gegen Aggression und Subversion durch den Imperialismus und seine Lakaien gewesen.

Der USA-Imperialismus und seine Vasallen haben von Anfang an versucht, das neugeborene Albanien zu erdrosseln.

Als besondere Abteilung des USA-Imperialismus stand die Tito-Renegatenclique stets an vorderster Front gegen das sozialistische Albanien. Sie hat zur Unterwanderung, Sabotage, bewaffneter Provokation und allen möglichen anderen Mitteln Zuflucht genommen, im Versuch, die Führung der Partei der Arbeit Albaniens mit Genossen Enver Hoxha an der Spitze zu stürzen und den Charakter des albanischen Staates zu verändern.

In den letzten Jahren haben die modernen Revisionisten großen politischen, wirtschaftlichen und militärischen Druck auf Albanien ausgeübt und vergeblich versucht, Albanien zu zwingen, seine revolutionären Prinzipien aufzugeben und nach dem Taktstock der Revisionisten zu tanzen.

In den Flammen der Revolution lang erprobt, hat sich das albanische Volk von diesen Mißgeburten und Ungeheuern natürlich nicht einschüchtern lassen. Indem es sich eng um die Partei der Arbeit zusammenschloß, hat es ihre Pläne und Intrigen nacheinander zerschmettert und seine revolutionären Errungenschaften und die Reinheit des Marxismus-Leninismus verteidigt. Jetzt ist den Völkern der Welt offenkundig, daß weder die grausamen und heimtückischen Imperialisten noch die bösartigen modernen Revisionisten Albanien auch nur den geringsten Schaden zufügen können. Das revolutionäre Albanien steht wie ein Fels auf dem südwestlichen Vorposten des sozialistischen Lagers und das rote Banner des Marxismus-Leninismus weht über dem Adriatischen Meer.

Der große revolutionäre Geist des albanischen Volkes, den Mächtigen und Grausamen zu trotzen, vor keiner Schwierigkeit zurückzuschrecken, Prinzipien hochzuhalten und im Kampf auszuharren, hat alle revolutionären Menschen auf der Welt begeistert und ihnen ein leuchtendes Beispiel gegeben. Der Kampf des albanischen Volkes und seine Siege zeigen, daß alle scheinbar mächtigen Imperialisten und Reaktionäre Papiertiger sind, furchterregend in ihrem Aussehen, innerlich jedoch schwach, und daß die Kraft des Volkes, das im Kampf ausharrt, unerschöpflich und daß der Marxismus-Leninismus unbesiegbar ist.

Die Volksrepublik Albanien hat immer eine Außenpolitik des Friedens verfolgt. Sie hat dem proletarischen Internationalismus immer die Treue gehalten, sie hat alles getan, um die Freundschaft und Einheit aller Völker des sozialistischen Lagers zu wahren und zu festigen, sie hat aktiv die Kämpfe aller unterdrückten Völker und Nationen der Welt gegen Imperialismus und Kolonialismus unterstützt und ist immer für friedliche Koexistenz zwischen Ländern unterschiedlicher Gesellschaftsordnung eingetreten. Weder die Imperialisten können verhindern, daß Albaniens internationales Ansehen tagtäglich zunimmt, noch wird es den modernen Revisionisten gelingen, die albanische Stimme der Gerechtigkeit zu ersticken. Das sozialistische Albanien ist zu einer bedeutenden und bewährten Kraft im großen Kampf der Völker der Welt für Weltfrieden, nationale Befreiung, Volksdemokratie und Sozialismus geworden.

Genossen!

Das albanische Volk hat im Kampf gegen den Imperialismus und modernen Revisionismus hervorragende Beiträge geleistet und glänzende Erfolge in der Sache des sozialistischen Aufbaus erzielt.

Mit großem Erfolg erfüllte das albanische Volk von 1951 bis 1960 zwei Fünfjahrespläne. Jetzt geht es mit aller Kraft daran, die noch höher gesteckten Ziele des dritten Fünfjahrplans zu erfüllen. Dreizehn Jahre harter Arbeit haben den Zustand der Armut und Rückständigkeit Albaniens verändert. Vor der Befreiung war es ein agrarisches Land, dem nahezu jede industrielle Basis fehlte; jetzt ist es zu einem sozialistischen Agrar-Industrieland geworden mit einer mit moderner Technik ausgerüsteten Industrie und einer kollektivierten Landwirtschaft.

Heute produziert Albaniens Industrie in 13 Tagen soviel wie im ganzen Jahr 1938.

Heute ist die sozialistische Umgestaltung der Landwirtschaft Albaniens bereits vollendet und schreitet dem Ziel der Selbstversorgung mit Lebensmitteln entgegen.

Hunger und Arbeitslosigkeit sind in Albanien abgeschafft worden. Mit der jährlichen Zunahme der industriellen und landwirtschaftlichen Produktion wurde der Lebensstandard des Volkes sichtbar gehoben.

In Albanien hat eine tiefgreifende Kulturrevolution stattgefunden; das Analphabetentum ist ausgemerzt worden; und eine neue Kultur wurde geschaffen, die einen gesunden, sozialistischen Inhalt hat und die dem Aufbau des Sozialismus dient.

Die glänzenden Erfolge des albanischen Volkes im sozialistischen Aufbau wurden trotz der Einkreisung durch Feinde erzielt und trotz des Verrats derjenigen, die sich ursprünglich als Genossen ausgaben. Das ist ein äußerst beachtenswerter Sieg. Das ist der Sieg des revolutionären Geistes des albanischen Volkes, der auf dem Vertrauen in die eigene Kraft beruht. Das chinesische Volk beglückwünscht herzlich das albanische Brudervolk zu seinem großartigen Sieg.

Genosse Enver Hoxha hat gesagt: „Wir haben volles Vertrauen, daß unser Volk mit seinen geschickten Händen und seinem erfinderischen Geist, mit Sicherheit in der Lage sein wird Wunder zu vollbringen." Es besteht kein Zweifel, daß das fleißige und mutige albanische Volk, das schon viele Wunder vollbracht hat, in Zukunft noch weitaus mehr vollbringen wird.

Das albanische Volk ist fleißig, der albanische Boden ist fruchtbar und reich an Bodenschätzen. Das chinesische Volk ist fest davon überzeugt, daß das albanische Brudervolk unter der weisen Führung der Partei der Arbeit Albaniens mit Enver Hoxha an der Spitze und im Vertrauen auf die eigene Kraft mit Sicherheit den Dritten

Fünfjahrplan siegreich erfüllen und sein Land Schritt für Schritt zu einem blühenden und starken sozialistischen Land mit einer entwickelten Industrie und Kultur machen wird. Die glänzenden Errungenschaften des albanischen Volkes beim sozialistischen Aufbau zeigen die lichte Zukunft aller unterdrückten Nationen, die für Befreiung kämpfen, und aller neuerwachenden Länder, die einer glücklichen Zukunft entgegenstreben.

Alle Siege des albanischen Volkes im Kampf gegen Imperialismus, Reaktion und modernen Revisionismus und all seine Erfolge im sozialistischen Aufbau sind Ergebnis der korrekten Führung der Partei der Arbeit Albaniens mit dem Genossen Enver Hoxha an der Spitze.

Die albanische Partei der Arbeit ist eine revolutionäre Partei, gegründet auf der Basis der revolutionären Theorie und des revolutionären Stils des Marxismus-Leninismus. Ihre 22-jährige Geschichte legt Zeugnis davon ab, daß sie stets an den grundlegenden Prinzipien des Marxismus-Leninismus festgehalten, alle Arten des Opportunismus bekämpft und die Reinheit des Marxismus-Leninismus entschlossen verteidigt hat.

Die Partei der Arbeit Albaniens ist eine revolutionäre Partei, die es versteht die allgemeingültige Wahrheit des Marxismus-Leninismus mit der konkreten Praxis in Albanien zu verbinden. Gerade deshalb konnte die albanische Revolution und der Aufbau Albaniens unter schwierigen Bedingungen beständig von Sieg zu Sieg voranschreiten.

Die Partei der Arbeit Albaniens ist eine revolutionäre Partei, die mit den breiten Massen des Volkes eng verbunden ist. Darum erfreut sich die Partei der Arbeit Albaniens und der Genosse Enver Hoxha großen Ansehens im albanischen Volk und deshalb haben sie seine von ganzem Herzen kommende Liebe und Unterstützung gewonnen.

Die Partei der Arbeit Albaniens, das Banner des Marxismus-Leninismus und des proletarischen Internationalismus hochhaltend und die revolutionären Prinzipien der Deklaration von 1957 und der Erklärung von 1960 entschlossen verteidigend, hat unnachgiebig den Kampf gegen den modernen Revisionismus geführt. Ganz gleich wie stark der Druck war, den die modernen Revisionisten auf Albanien ausübten und ganz gleich wie viele Maßnahmen sie ergriffen, um es zu isolieren und ihm Schaden zuzufügen, die Partei der Arbeit Albaniens hat stets an ihrem richtigen Standpunkt festgehalten und sich kategorisch geweigert, der Pflicht der Kommunisten und der historischen Mission des Proletariats untreu zu werden.

Rede in Tirana

Die Partei der Arbeit Albaniens mit Genossen Enver Hoxha an der Spitze ist der große Steuermann des albanischen Volkes, eine zuverlässige und lang erprobte Abteilung der internationalen kommunistischen Bewegung. Die Kommunistische Partei Chinas ist sehr stolz darauf, mit einem solchen Waffengefährten, wie der ruhmreichen Partei der Arbeit Albaniens eng verbunden zu sein.

Die Partei der Arbeit Albaniens hat in ihren revolutionären Kämpfen und ihrer revolutionären Aufbauarbeit reiche Erfahrungen gesammelt. Diese wertvollen Erfahrungen sind der gemeinsame Schatz der internationalen kommunistischen Bewegung und der revolutionären Völker. Die Kommunistische Partei Chinas und das chinesische Volk werden auch weiterhin von diesen Erfahrungen lernen.

Albanische Genossen haben oft die Unterstützung und Hilfe erwähnt, die China Albanien geleistet hat. Ich möchte bei dieser Gelegenheit darauf hinweisen, daß vor allem, Albanien uns große Unterstützung und Hilfe gegeben hat. Unterstützung und Hilfe unter sozialistischen Bruderländern sind immer gegenseitig gewesen.

Die Partei der Arbeit Albaniens und das albanische Volk haben standhaft unter schwierigsten Bedingungen im Kampf gegen Imperialismus, Reaktion und modernen Revisionismus und für die Sache des Sozialismus ausgeharrt. Das ist eine großartige Hilfe für die Kommunistische Partei Chinas und das chinesische Volk und zugleich eine bedeutende Stärkung des ganzen sozialistischen Lagers und der revolutionären Sache der Völker der Welt.

Genossen! Die gegenwärtige internationale Lage ist ausgezeichnet. Die revolutionären Kräfte der Welt erstarken, das imperialistische Lager zerfällt und die modernen Revisionisten haben vor den Völkern der Welt ihr bösartiges Gesicht entschleiert. All das ist günstig für die revolutionären Völker der Welt und ungünstig für die Imperialisten und Reaktionäre aller Länder.

Die Stärke der Länder des sozialistischen Lagers wächst von Tag zu Tag. Obwohl die Einheit des sozialistischen Lagers auf gewisse Schwierigkeiten gestoßen ist, wächst das politische Bewußtsein der Völker der sozialistischen Länder und ihr starkes Verlangen nach Einheit duldet keinen Widerspruch. Die Versuche der Imperialisten aus den Differenzen innerhalb der internationalen kommunistischen Bewegung Nutzen zu ziehen, werden unweigerlich scheitern.

Die Flut der nationaldemokratischen Revolution in den ausgedehnten Gebieten Asiens, Afrikas und Lateinamerikas stürmt weiter voran.

Die patriotischen Anti-US-Streitkräfte des südvietnamesischen Volkes haben einen Sieg nach dem andern errungen und sind im Verlauf ihres Kampfes immer stärker geworden. Die Tatsache, daß der USA-Imperialismus seine alten Kettenhunde Ngo Dinh Diem und seinen Bruder umgebracht hat und an ihrer Stelle eine Gruppe neuer Lakaien aushält, zeigt, daß er in Südvietnam nicht mehr ein noch aus weis.

Der Kampf gegen den von den USA angeführten Imperialismus stürmt in Japan, Indonesien, Laos, Kambodscha, wie auch in anderen asiatischen Ländern machtvoll vorwärts.

In Afrika, das wir gerade besucht haben, braust der Kampf gegen Imperialismus und den alten und neuen Kolonialismus wie eine Sturmflut über den ganzen Kontinent. In einer ganzen Reihe von Ländern, wo der Imperialismus noch seine direkte koloniale Herrschaft aufrechterhält führen die Völker bewaffnete Kämpfe für Unabhängigkeit und Freiheit.

Allen Drohungen und Einschüchterungen des USA-Imperialismus zum Trotz hat das heldenhafte kubanische Volk unter dem revolutionären Banner der Havanna-Erklärung in seinem Kampf ausgeharrt. Der Kampf der lateinamerikanischen Völker gegen den USA-Imperialismus und seine Lakaien hat sich in immer größerem Umfang entwickelt und immer mehr Völker gehen den Weg des bewaffneten Kampfes.

Die Tatsachen haben bewiesen, daß eine hervorragende revolutionäre Situation in Asien, Afrika und Lateinamerika besteht. Diese Erdteile sind die Sturmzentren der Weltrevolution, die dem Imperialismus direkte Schläge versetzen. Die Völker der Welt haben gesehen, daß der bis an die Zähne bewaffnete USA-Imperialismus, die Entwicklung des bewaffneten revolutionären Kampfes des südvietnamesischen Volkes nicht aufhalten konnte, daß der USA-Imperialismus, der versucht Japan in jeder Hinsicht zu kontrollieren, den patriotischen anti-us-amerikanischen Kampf des japanischen Volkes nicht unterdrücken kann; daß es der USA-Imperialismus als Weltgendarm nicht vermochte, den auf seiner Türschwelle stattfindenden siegreichen Vormarsch der Revolution des kubanischen Volkes aufzuhalten. All dies ist beredter Beweis, daß es nicht die Kräfte des Imperialismus und der Reaktion sind, sondern die Kräfte der erwachten revolutionären Völker, die wirklich mächtig sind. Solange die asiatischen, afrikanischen und lateinamerikanischen Völker sich zusammenschließen und im Kampf ausharren, werden sie sicherlich den Imperialismus und seine Lakaien besiegen können.

Rede in Tirana

Die Arbeiterklasse und die anderen Werktätigen in den kapitalistischen Ländern Westeuropas, Nordamerikas und Ozeaniens führen ebenfalls aktiv verschiedene Massenkämpfe. Das Aufflammen des Massenkampfes der amerikanischen Neger gegen rassistische Unterdrückung ist ein Ausdruck des sich verschärfenden Klassenkampfes in den USA. Die dem imperialistischen Lager innewohnenden Widersprüche verschärfen sich zusehends. Aufgrund des Gesetzes der ungleichmäßigen Entwicklung des Kapitalismus nimmt das Gewicht der USA im Kräfteverhältnis innerhalb des imperialistischen Lagers weiterhin ab, während das Gewicht der westeuropäischen Länder und Japans zunimmt. Der Kampf zwischen den imperialistischen Ländern um die Neuaufteilung des Weltmarkts wird immer erbitterter. Der Kampf zwischen den USA, die eine Politik der politischen und militärischen Kontrolle betreiben, und den anderen imperialistischen Ländern, die sich gegen diese Kontrolle wehren, verschärft sich immer mehr. Die offenen und versteckten Rivalitäten und Betrügereien zwischen den wenigen großen imperialistischen Ländern sind seit dem Ende des Zweiten Weltkrieges nie so zugespitzt gewesen wie heute.

Das Wesen des Imperialismus, der äußerlich stark erscheint, aber innerlich schwach ist, hat sich immer klarer gezeigt. Obwohl er seine aggressiven Fangarme in jede Ecke der Welt ausstreckt, hat er sich damit nur in eine Lage manövriert, in der er überall verdroschen wird. Er ist in die traurige Situation der finanziellen, wirtschaftlichen und militärischen Überlastung hinabgesunken. Angesichts der zahlreichen inneren und äußeren Schwierigkeiten, ist der Machtkampf innerhalb der herrschenden Kreise der USA äußerst scharf geworden. Der USA-Imperialismus ist heute wie ein großer Baum, der von oben bis unten von Würmern zerfressen ist; zwar sieht er äußerlich riesig aus, innen wird er jedoch immer verfaulter.

Der moderne Revisionismus ist gerade in diesem entscheidenden Augenblick aufgekommen, als der Imperialismus seinem unvermeidlichen Untergang entgegenging. Entsprechend den Bedürfnissen des Imperialismus in seinem Todeskampf hat der moderne Revisionismus die grundlegenden Prinzipien des Marxismus-Leninismus verfälscht und hat er versucht den revolutionären Willen der Völker der Welt zu paralysieren, sowie alles daran gesetzt die revolutionären Reihen von innen her zu zersetzen und das Leben des Imperialismus zu verlängern helfen. Auf diese Weise spielt der Revisionismus eine besondere Rolle, die der Imperialismus selber kaum spielen kann.

Lenin sagte: „... Der Kampf gegen den Imperialismus ist eine hohle, verlogene Phrase, wenn er nicht unlöslich verknüpft ist mit dem Kampf gegen den Opportunismus." Während sie gegen den Imperialismus kämpfen, müssen alle Marxisten-Leninisten und revolutionären Völker den modernen Revisionismus bekämpfen, der dem Imperialismus dient.

Gegenwärtig findet eine große, weltweite Debatte zwischen den Marxisten-Leninisten und den modernen Revisionisten statt. Der Kern dieser Debatte ist, ob es notwendig ist, den Marxismus-Leninismus und den proletarischen Internationalismus hochzuhalten, den revolutionären Prinzipien der Deklaration von 1957 und der Erklärung von 1960 treuzubleiben, weiter an der Sache der proletarischen Weltrevolution festzuhalten und den Kampf gegen Imperialismus und Kolonialismus, den alten wie den neuen, weiterzuführen. Diese Debatte ist von lebenswichtiger Bedeutung für die Zukunft der Weltrevolution und das Schicksal der Menschheit.

Mit der Verstärkung des Kampfes gegen den modernen Revisionismus wachsen die Reihen der Marxisten-Leninisten, steigt das politische Bewußtsein der revolutionären Völker der Welt täglich und stehen die modernen Revisionisten einer immer schwierigeren Situation gegenüber.

Breite Teile der Völker der sozialistischen Länder erkennen das konterrevolutionäre Wesen des modernen Revisionismus immer klarer und wenden sich immer entschiedener gegen die Linie und die Politik des modernen Revisionismus, der in den Diensten des Imperialismus steht. Eine wachsende Zahl von Völker in Asien, Afrika und Lateinamerika hat die Heuchelei und die spalterischen Intrigen der modernen Revisionisten in deren Beziehungen zu den nationalen Befreiungsbewegungen durchschaut und hat echte von falschen Freunden zu unterscheiden gelernt. Das Proletariat und breite Schichten der Werktätigen in Westeuropa, Nordamerika und Ozeanien erleben ein neues Erwachen und werden schließlich die Lügen der Arbeiteraristokratie vollständig aufdecken und die Sache der Revolution auf neue Höhen vorwärtsführen.

Der Marxismus entwickelt sich immer im Kampf. Lenin sagte in *Marxismus und Revisionismus:* „Der Marxismus mußte sich jeden Schritt auf seinem Lebensweg erst erkämpfen." Seit der Geburt des Marxismus haben schon mehrere große Debatten stattgefunden, die alle unvermeidlich eine gewaltige Entwicklung der Sache der proletarischen Weltrevolution und des Marxismus zur Folge hatten.

Rede in Tirana

Heute stürmen die revolutionären Kämpfe der Völker der Welt voran und neue reichhaltige revolutionäre Erfahrungen werden angesammelt. Der Marxismus-Leninismus wird sich entwickeln, vorausgesetzt, daß solche Erfahrungen auf korrekte und systematische Art im Verlauf des Kampfes gegen den modernen Revisionismus zusammengefaßt werden. Zusammen mit vielen Bruderparteien, die dem Marxismus-Leninismus treubleiben, hat die mit uns brüderlich verbundene Partei der Arbeit Albaniens bedeutende Beiträge zu dieser Entwicklung geleistet.

Es ist nicht verwunderlich, daß einige Leute, die einst Marxisten-Leninisten waren, im Verlauf der Entwicklung der internationalen kommunistischen Bewegung zu Gegnern des Marxismus-Leninismus und Renegaten der Sache der proletarischen Revolution geworden sind. Schon 1873 sagte Engels: „Die Bewegung des Proletariats macht notwendig verschiedene Entwicklungsstufen durch; auf jeder Stufe bleibt ein Teil der Leute hängen und geht nicht weiter mit; ..." Trotzdem fährt die Lokomotive der Revolution weiter auf ihr großes Ziel zu, während diejenigen die hinter der Zeit zurückbleiben, diejenigen, die die Revolution verraten, schließlich erbärmliche Kreaturen werden, die flennend in der Ecke sitzen.

In letzter Instanz hängt die zukünftige internationale Lage und eine Änderung der Verhältnisse in der Welt von den Kämpfen der Völker ab. Wo Unterdrückung herrscht, ist Revolution unvermeidlich. Nur die Revolution kann die verschiedenen Widersprüche in der Welt lösen. Genosse Mao Tsetung hat darauf hingewiesen:

„Das Leben des Imperialismus wird nicht von langer Dauer sein; denn er begeht alle nur möglichen Übeltaten. Er ist besonders darauf aus, die volksfeindlichen Reaktionäre in den verschiedenen Ländern hochzupäppeln, hält gewaltsam eine große Zahl von Kolonien, Halbkolonien und Militärstützpunkten besetzt, bedroht den Frieden mit einem Atomkrieg. Eben dadurch zwingt er mehr als neunzig Prozent der Weltbevölkerung, sich jetzt schon oder in Zukunft zum Kampf gegen ihn zu erheben."

Gleichgültig welche Allheilmittel sich die modernen Revisionisten auch ausdenken, keines von ihnen kann die unheilbare Krankheit der Imperialisten kurieren, noch ihr Leben verlängern helfen. Das Ende der Imperialisten ist besiegelt. Die Zukunftsaussichten der modernen Revisionisten, die dem Imperialismus dienen, sind auch nicht rosig.

Genossen!

China und Albanien sind engverbundene Bruderländer; die chinesischen und albanischen Völker sind Brudervölker, die gemeinsam schwere Belastungen und harte Prüfungen bewältigen; die Kommunistische Partei Chinas und die Partei der Arbeit Albaniens sind Kampfgefährten, die ein gemeinsames Ideal haben.

Von jeher haben wir uns gegenseitig ermutigt, von einander gelernt und einander unterstützt, und sind wir Schulter an Schulter in der Sache des sozialistischen Aufbaus, im Kampf gegen Imperialismus, die Reaktionäre aller Länder, sowie die modernen Revisionisten und in der Sache der Verteidigung des Weltfriedens vorwärts marschiert.

Die große Freundschaft und kämpferische Einheit zwischen unseren beiden Parteien, beiden Ländern, und beiden Völkern basiert auf dem Marxismus-Leninismus und proletarischen Internationalismus; sie sind lang erprobt in den revolutionären Stürmen des Kampfes gegen Imperialismus und modernen Revisionismus und sind ewig und unzerstörbar.

Das chinesische Volk wird es niemals vergessen, daß die albanische Regierung und das albanische Volk immer das chinesische Volk in seinem Kampf gegen die imperialistische USA-Aggression und in der Verteidigung seiner staatlichen Souveränität und territorialen Integrität unterstützt haben; daß sie die Wiederherstellung Chinas legitimer Rechte in der UNO unterstützt haben und dem Komplott von den „zwei Chinas", das der USA-Imperialismus und seine Anhänger ausgebrütet haben, entgegengetreten sind; und daß sie den korrekten Standpunkt und die vernünftigen Vorschläge der chinesischen Regierung in der chinesisch-indischen Grenzfrage unterstützt haben.

Das chinesische Volk wird niemals vergessen, daß, als die modernen Revisionisten die Kommunistische Partei Chinas wild verleumdeten und angriffen, die Partei der Arbeit Albaniens an ihrem korrekten Standpunkt festhielt und entgegen allem Druck, aller Mühsal und aller Gefahren mutig hervortrat, dieser üblen Entwicklung Widerstand leistete und die antichinesische Intrige der modernen Revisionisten schonungslos aufdeckte und ihr somit schwere Schläge versetzte.

Die Kommunistische Partei Chinas, die chinesische Regierung und das chinesische Volk haben große Hochachtung vor der großartigen Prinzipienfestigkeit und dem furchtlosen Geist des proleta-

Rede in Tirana

rischen Internationalismus der Partei der Arbeit Albaniens, der Regierung der Volksrepublik Albanien und des albanischen Volkes und sind dafür zutiefst dankbar.

Auf dieser großartigen Versammlung möchte ich noch einmal im Namen der Kommunistischen Partei Chinas, der chinesischen Regierung und des gesamten chinesischen Volkes geloben: was auch immer in der Welt geschehen mag, ganz gleich welch gefährliche Stürme auf unserem gemeinsamen revolutionären Weg auftreten mögen, wir werden immer fest an der Seite des brüderlichen Albanien stehen und ihm uneingeschränkte und unerschütterliche Unterstützung in seinem gerechten Kampf geben.

Marxisten-Leninisten der ganzen Welt, vereinigt euch!
Proletarier aller Länder, vereinigt euch!
Proletarier aller Länder, vereinigt euch mit allen unterdrückten Völkern und Nationen!
Laßt uns:
Das Banner des Marxismus-Leninismus hochhalten und gegen den modernen Revisionismus und modernen Dogmatismus kämpfen!
Das Banner der Revolution hochhalten und Kapitulantentum bekämpfen!
Das Banner der Verteidigung des Weltfriedens hochhalten und die imperialistische Politik von Aggression und Krieg bekämpfen!
Das Banner des proletarischen Internationalismus hochhalten und Großmachtchauvinismus und nationalen Egoismus bekämpfen!
Das Banner der Einheit hochhalten und Spaltertum bekämpfen!
Die Zukunft der Menschheit ist unendlich licht. Das große Ideal der proletarischen Weltrevolution wird mit Sicherheit verwirklicht werden.
Lang lebe das heroische albanische Volk!
Lang lebe die Volksrepublik Albanien!
Lang lebe die ruhmreiche Partei der Arbeit Albaniens!
Lang lebe der Genosse Enver Hoxha, der hochgeschätzte Führer des albanischen Volkes und der enge Freund des chinesischen Volkes!
Lang lebe die unzerbrüchliche Freundschaft zwischen China und Albanien!
Lang lebe die Einheit der Völker des sozialistischen Lagers!
Lang lebe der unbesiegbare Marxismus-Leninismus!

Quelle: Peking Review Nr. 3/1964
Eigene Übersetzung

INTERVIEW MIT DEM FRANZÖSISCHEN JOURNALISTEN BERNARD TESSELIN, CHEFREDAKTEUR DER AGENCE FRANCE PRESSE, IN MOGADISCHO (SOMALIA)

(3. Februar 1964)

1. Frage: Welche Bedeutung messen Sie der Anerkennung der Regierung der Volksrepublik China durch Frankreich bei?

Antwort: Die Herstellung diplomatischer Beziehungen zwischen China und Frankreich ist ein wichtiges Ereignis in der Entwicklung der internationalen Lage. China ist ein großes sozialistisches Land, und Frankreich ein großes kapitalistisches Land. Die Herstellung chinesisch-französischer diplomatischer Beziehungen stimmt nicht nur mit den Interessen unserer beiden Völker überein und leistet nicht nur einen Beitrag zur Entwicklung von wirtschaftlichen, kulturellen und Handelsbeziehungen zwischen beiden Ländern, sondern ist auch günstig für die Verwirklichung der friedlichen Koexistenz zwischen Nationen unterschiedlicher Gesellschaftsordnung und für den Weltfrieden. Aus Anlaß der Herstellung diplomatischer Beziehungen zwischen China und Frankreich möchte ich im Namen des chinesischen Volkes meine Glückwünsche an das französische Volk übermitteln.

Die Volksrepublik China hat stets den Wunsch diplomatische Beziehungen mit allen Ländern auf der Basis der Prinzipien der Gleichheit, des gegenseitigen Nutzens und der gegenseitigen Achtung der Souveränität und territorialen Integrität aufzunehmen. Die Vereinigten Staaten und diejenigen in ihrem Schlepptau schlagen jedoch eine Politik des „Den-Kopf-in-den-Sand-steckens" ein und haben sich immer geweigert, die Volksrepublik China anzuerkennen. Nichtsdestoweniger existiert und entwickelt sich China seit 14 Jahren. Auf internationaler Ebene hat seine Rolle und sein Einfluß von Tag zu Tag zugenommen, seine internationale Position und sein Ansehen wachsen täglich. Dadurch, daß sie mit ihrem Beschluß, diplomatische Beziehungen zu China aufzunehmen, eine andere Haltung als bestimmte westliche Länder eingenommen hat, hat die französische Regierung unter der Führung von General de Gaulle beispielhaften Mut bewiesen die Realität anzuerkennen und unabhängig zu handeln.

Es gibt nur ein China auf der Welt und nicht zwei. Die Regierung der Volksrepublik China ist die einzige legale Regierung und vertritt die Interessen von 650 Millionen Chinesen. Die Tatsache, daß Frankreich diplomatische Beziehungen zur Volksrepublik China aufgenommen hat, schließt natürlich ein, daß es die sogenannte „Republik China" der Tschiang-Kai-schek-Clique, die vor langer Zeit vom chinesischen Volk gestürzt worden ist, nicht mehr anerkannt. Der Vertreter der Tschiang-Kai-schek-Clique in Paris verlor deshalb seine Eigenschaft als diplomatischer Vertreter Chinas an dem Tag, an dem Frankreich die Aufnahme diplomatischer Beziehungen zu China bekannt gab. Dies ist die allgemein anerkannte internationale Gepflogenheit.

Die USA-Regierung hat immer Komplotte geschmiedet, um „zwei Chinas" zu schaffen und vergeblich versucht, Taiwan in noch ein China bzw. eine unabhängige politische Einheit zu verwandeln, um die Besetzung des chinesischen Territoriums Taiwan durch die USA zu legalisieren. Das gesamte chinesische Volk wird dem niemals zustimmen. Immer mehr Tatsachen zeigen: jede Intrige, die darauf abzielt „zwei Chinas" zu schaffen oder irgendeine Variante dieses Komplotts durchzusetzen, ist unweigerlich zum Scheitern verurteilt. Taiwan ist ein unveräußerlicher Teil des chinesischen Territoriums, und wurde China nach dem Krieg im Jahre 1945 von Japan zurückgegeben. Die Souveränität Chinas über Taiwan bedarf niemandes Billigung und duldet keine fremde Intervention.

Die Herstellung diplomatischer Beziehungen zwischen China und Frankreich ist eine gute Sache, die von allen Ländern und Völkern in Afrika, Asien und in der ganzen friedliebenden Welt begrüßt wird. Nichtsdestoweniger ist die USA-Regierung damit gar nicht zufrieden. Die Vereinigten Staaten haben sich nicht nur offen in diese Angelegenheit eingemischt, sondern haben auch alles mögliche getan, um Druck auf Länder auszuüben, die ihre Beziehungen zu China weiterentwickeln wollen. Solche unverfrorene Arroganz kann nichts anderes hervorrufen, als den allmählichen Zusammenschluß der Länder gegen sie, die Opfer der Aggression, Herrschaft, Inter-

Interview mit Bernard Tesselin

vention und Tyrannei der USA geworden sind. China kann nicht isoliert werden. Im Verlauf unseres Besuches in Afrika hat sich immer klarer gezeigt, daß wir überall in der Welt Freunde haben. Versuche der Vereinigten Staaten und ihrer Anhänger, China zu isolieren, können nur zu ihrer eigenen Isolierung führen.

2. Frage: Erwarten Sie, daß diese Anerkennung zur Aufnahme Volkschinas in die Vereinten Nationen führt?

Antwort: Chinas legitime Rechte in den Vereinten Nationen hätten schon längst wiederhergestellt werden müssen. Gerade das wird beharrlich von einer ständig wachsenden Zahl von Ländern gefordert, insbesondere von den neu erwachenden Ländern Asiens und Afrikas. Dies ist eine unumkehrbare Tendenz, die die Völker überall in der Welt unterstützen. Die Herstellung diplomatischer Beziehungen zwischen China und Frankreich ist dafür ein deutlicher Ausdruck. Selbstverständlich hat jedes Land, das diplomatische Beziehungen zu China unterhält die Pflicht, die Wiederherstellung seiner legitimen Rechte in den Vereinten Nationen zu unterstützen und den weiteren Verbleib des Vertreters der Tschiang-Kai-schek-Clique in den Vereinten Nationen nicht mehr zu tolerieren. Wann der unnatürliche Ausschluß Chinas aus den Vereinten Nationen aufgehoben wird, ist davon abhängig, wie schnell die Manöver der USA zur Manipulation von UNO-Mehrheiten vollständig bankrott gehen.

3. Frage: Was wären in einem solchen Fall die Forderungen Chinas innerhalb dieser Organisation?

Antwort: China hat die UNO-Charta immer respektiert. Es fordert, daß die Vereinten Nationen ihre Mission in Übereinstimmung mit der Charta erfüllen und ist dagegen, daß sie in irgendeiner Weise verletzt wird. Dies ist Chinas Haltung außerhalb der UNO. Dies wird seine Haltung sein, wenn es seinen Platz in dieser Organisation wieder eingenommen hat.

4. Frage: Halten Sie es für wünschenswert, daß die kommunistischen Länder trotz der Abwesenheit Ihres Landes in den Vereinten Nationen zukünftig den Antrag auf Revision der Charta unterstützen, der von einer Reihe afro-asiatischer Nationen eingebracht worden ist?

Antwort: Die gegenwärtige Verteilung der Sitze in den Hauptorganen der Vereinten Nationen ist höchst ungerecht und ungleich gegenüber den Ländern Asiens und Afrika. Diese Situation muß verändert werden. Vor kurzem stellten eine Anzahl asiatischer und afrikanischer Länder den Antrag, die betreffenden Klauseln der UNO-Charta zu revidieren, um die Sitze der asiatischen und afrikanischen Länder in der UNO zu erhöhen. Diese Forderung ist gerecht, und wir unterstützen sie mit aller Kraft. Wir haben oft darauf hingewiesen, daß diese Frage keinesfalls mit der Frage der Wiederherstellung der legitimen Rechte Chinas in den Vereinten Nationen verknüpft werden darf. Die Länder Asiens und Afrikas verstehen unseren Standpunkt und wissen ihn zu würdigen. Jeder Versuch, diese Position mit Absicht zu verdrehen und Uneinigkeit in den Beziehungen zwischen China und den asiatischen und afrikanischen Ländern zu säen, wird vergeblich sein.

5. Frage: Mit welchen Ländern unterhält China jetzt die wichtigsten Handelsbeziehungen? Mit welchen Ländern strebt China besonders die Entwicklung seines Handels an? Wie stellt es sich den Austausch mit Frankreich vor?

Antwort: Die chinesische Regierung hat immer die Entwicklung ihrer wirtschaftlichen und Handelsbeziehungen mit allen Ländern und die Befriedigung der beiderseitigen Bedürfnisse auf der Basis der Gleichberechtigung und des gegenseitigen Nutzens angestrebt. Chinas Außenhandel hat unaufhörlich zugenommen. Heute bestehen bereits wirtschaftliche und Handelsbeziehungen mit mehr als 100 Ländern und Gebieten. Mit der weiteren Entwicklung des Aufbaus des Sozialismus in China und der vollständigen Zurückzahlung unserer Auslandsschulden — was in der nächsten Zukunft erreicht sein wird — wird es immer bessere Aussichten für die Entwicklung von Handelsbeziehungen zwischen China und anderen Ländern geben, Frankreich und andere westeuropäische Länder eingeschlossen.

6. Frage: Welche Position nimmt China zu den Vorschlägen zur Wiedervereinigung und Neutralisierung Vietnams ein?

Antwort: China ist immer für die friedliche Wiedervereinigung Vietnams und die Garantie des Friedens und der Stabilität in Indochina in Übereinstimmung mit dem Genfer Abkommen von 1954 eingetreten. Niemand anderes als die Vereinigten Staaten verhindert die friedliche Wiedervereinigung Vietnams, führt die bewaffnete Aggression gegen den südlichen Teil Vietnams durch und bekämpft offen Laos und Kambodscha, die eine Politik des Friedens und der Neutralität verfolgen. Der erneute Staatsstreich, der vor kurzem in Südvietnam inszeniert wurde, zeigt, daß es dort keinen Frieden und keine Ruhe geben kann, wo die USA Einfluß ausüben. Wir vertreten den Standpunkt, daß alle Länder, die an Frieden in Indochina interessiert sind, sich zusammenschließen müssen, um der Aggression und Intervention der USA in dieser Region Einhalt zu gebieten.

Interview mit Bernard Tesselin

7. Frage: Wie stellen Sie sich die Zukunft der Beziehungen zwischen China und Japan vor?

Antwort: Während der letzten beiden Jahre haben sich die Handels- und Kulturbeziehungen und die freundschaftlichen Kontakte zwischen China und Japan beträchtlich entwickelt. Dies ist das Ergebnis der gemeinsamen Anstrengungen des chinesischen und des japanischen Volkes. Es ist der gemeinsame Wunsch des chinesischen und des japanischen Volkes, die diplomatischen Beziehungen zwischen China und Japan wiederherzustellen. Aber die USA-Regierung will Japan kontrollieren und tut alles, um die Normalisierung der chinesisch-japanischen Beziehungen zu verhindern. Wir sind überzeugt, daß ein Land wie Japan, das seine ganze Geschichte hindurch immer ein unabhängiger und souveräner Staat war, ausländische Kontrolle nicht lange dulden wird und daß es schließlich unabhängig eine Entscheidung treffen wird, die seinem eigenen Interesse entspricht. Die Aussichten der chinesisch-japanischen Beziehungen sind glänzend.

8. Frage: Ist es wahr, daß China sich im Falle eines Nuklearkrieges weniger verwundbar glaubt, als irgendein anderes Land auf dem Erdball und daß es hofft, siegreich aus einem solchen Krieg hervorzugehen, welcher den Rest der Welt zerstören könnte?

Antwort: Das ist ganz einfach reine Erfindung. Jeder vierte Mensch auf der Welt ist Chinese. Wenn ein Atomkrieg ausbrechen sollte, würde China mehr Menschen verlieren als andere Länder. Das chinesische Volk, wie das französische Volk und andere Völker der Welt kämpfen entschlossen gegen einen nuklearen Krieg. Die Imperialisten und bestimmte andere Personen haben Chinas Position aus hinterhältigen Motiven skrupellos verzerrt und eine großangelegte Propaganda betrieben. Die chinesische Regierung ist stets für das völlige Verbot und die restlose Zerstörung von Atomwaffen eingetreten und hat vorgeschlagen, daß eine Konferenz der Staatsoberhäupter aller Länder einberufen wird, um dieses Problem zu diskutieren. Wir sind zutiefst überzeugt, daß, solange alle friedliebenden Länder und Völker der Welt sich zusammenschließen und einen unnachgiebigen Kampf gegen die imperialistische Politik der Aggression und des Krieges führen, Atomwaffen verboten werden können und ein Atomkrieg verhindert werden kann. Wenn der Imperialismus es wagen sollte, die Meinung der Weltöffentlichkeit zu mißachten und den Völkern der Welt einen Atomkrieg aufzuzwingen, wird er sich dadurch nur selbst zerstören.

9. Frage: Glauben Sie, daß die gegenwärtigen Schwierigkeiten

innerhalb der kommunistischen Weltbewegung zu einer Spaltung führen könnten?

Antwort: Gegenwärtig existieren in der internationalen kommunistischen Bewegung tatsächlich wichtige prinzipielle Differenzen über das Verständnis und das Herangehen an den Marxismus-Leninismus. Aber wir sind zutiefst davon überzeugt, daß diese Differenzen schließlich auf der Grundlage des Marxismus-Leninismus gelöst werden. Wer versucht, aus diesen Differenzen Nutzen zu ziehen, wird mit Sicherheit eine Niederlage erleiden.

Quelle: Peking Review Nr. 7/1964
Eigene Übersetzung

BERICHT ÜBER DIE ERGEBNISSE DES BESUCHS IN VIERZEHN LÄNDERN

(AUSZÜGE)

Auf einer gemeinsamen Sitzung des Ständigen Ausschusses des Nationalen Volkskongresses und des Plenums des Staatsrates erstattete Ministerpräsident Tschou En-lai Bericht über seinen Besuch in vierzehn Ländern — Vereinigte Arabische Republik, Algerien, Marokko, Albanien, Tunesien, Ghana, Mali, Guinea, Sudan, Äthiopien, Somalia, Birma, Pakistan und Ceylon. Nach einer Diskussion nahm der Ständige Ausschuß des Nationalen Volkskongresses den Bericht von Ministerpräsidenten Tschou En-lai einstimmig an.

Durch den Ständigen Ausschuß des Nationalen Volkskongresses übermittelte Ministerpräsident Tschou En-lai dem 650-Millionen-Volk Chinas die aufrichtige Freundschaft von 14 China wohlgesonnenen Ländern.

In seinem Bericht gab Ministerpräsident Tschou En-lai zunächst eine zusammenfassende Darstellung seiner Besuche und berichtete über ihre Ergebnisse. Er sagte: „Nach seiner Teilnahme an den Unabhängigkeitsfeierlichkeiten Kenias Anfang Dezember 1963 trafen Stellvertretender Ministerpräsident und Außenminister Tschen Yi und ich in Kairo zusammen und besuchten in der Zeit vom 13. Dezember 1963 bis zum 5. Februar 1964 10 afrikanische Staaten und die Volksrepublik Albanien und vom 14. Februar bis zum 1. März besuchten wir drei südasiatische Länder. Diese Besuche dauerten insgesamt 72 Tage und erstreckten sich über 108 000 Li."

Ministerpräsident Tschou En-lai sagte: „Unser Besuch war von vollem Erfolg gekrönt und erreichte die gewünschten Ziele. Die

Besuche haben die tiefe Freundschaft und die kämpferische Einheit zwischen der chinesischen und der albanischen Partei und zwischen beiden Ländern weiter gefestigt und entwickelt; sie haben die freundschaftliche Zusammenarbeit zwischen China und anderen afro-asiatischen Ländern weiter gefördert und zur Stärkung der großen Einheit der Völker der Welt gegen den Imperialismus und zur Sache der Verteidigung des Weltfriedens und des Fortschritts der Menschheit beigetragen."

DER BESUCH IN ALBANIEN

Der erste Teil des Berichtes von Ministerpräsident Tschou En-lai beschäftigte sich mit seinem Besuch in Albanien. Er sagte: „In dem schönen ‚Land der Adler' verbrachten wir mit unseren albanischen Genossen neun unvergeßliche Tage, gemeinsam nahmen wir Abschied vom alten Jahr und begrüßten das neue. Wir wurden mit überquellender und herzlichster Gastfreundschaft vom Zentralkomitee der Partei der Arbeit Albaniens mit Genossen Enver Hoxha an der Spitze und der Regierung der Volksrepublik empfangen und wo wir auch hinkamen, strömten ganze Städte des albanischen Brudervolkes zusammen, um uns einen stürmischen Empfang zu bereiten. Wir besuchten Tirana, die ruhmreiche Hauptstadt Albaniens; Shkodra, eine im Norden gelegene Grenzstadt von lebenswichtiger Bedeutung für die Landesverteidigung; Vlora, eine wichtige Hafenstadt im Süden; Korcà, die Wiege der Revolution; und die berühmte historische Stadt Berat. Wo wir auch hinkamen, schallten uns die Rufe ‚Enver — Mao Tsetung' entgegen und in strahlenden Gesichtern sahen wir die tiefen Gefühle und die übergroße Freude der albanischen Genossen. Tief ist die Freundschaft zwischen Genossen und die Verbundenheit von Waffengefährten. Diese proletarisch-internationalistische Freundschaft des albanischen Volkes zum chinesischen Volk ist eine großartige Ermutigung und eine unschätzbare Unterstützung für unser Volk."

Mit herzlichen Worten würdigte Ministerpräsident Tschou En-lai das Heldentum und den revolutionären Geist des albanischen Volkes. Er sagte: „Das albanische Volk ist ein heldenhaftes Volk, die Volksrepublik Albanien ist ein heldenhaftes Land. Mehrere Jahrhunderte lang führte das albanische Volk im Vertrauen auf die eigene Kraft bittere und entschlossene Kämpfe gegen ausländische Aggressoren und befreite sich schließlich unter der weisen Führung der Kommunistischen Partei Albaniens (1948 in Partei der Arbeit Albaniens umbenannt) mit Genossen Enver Hoxha an der Spitze. Danach zerschmetterte das albanische Volk viele umstürzlerische Verschwörungen der Renegatenclique Titos und schlug wiederholt militärische Provokationen der griechischen royalistischen Faschisten zurück und sicherte dadurch die Früchte der Revolution."

Ministerpräsident Tschou En-lai sagte: „Als die modernen Revisionisten eine dem Marxismus-Leninismus feindliche Strömung schürten, trat die Partei der Arbeit Albaniens mutig hervor und versetzte ihnen entschiedene Schläge. Die albanischen Genossen sind entschlossen, niemals, unter welchen Umständen auch immer, ihre Prinzipien zu verschachern. Die bekannten kämpferischen Losungen „Das Gewehr in der einen, die Hacke in der anderen Hand" und „Eher stehend sterben, als kniend leben" sind Beweis der erhabenen revolutionären Tugenden und des unerschrockenen Kampfgeistes der Kommunisten und des ganzen albanischen Volkes. Während unseres Besuches konnten wir mit eigenen Augen sehen, daß das albanische Volk auf der Hut ist, wachsam Tag und Nacht, und daß es höchste Kampfmoral und größtes Selbstvertrauen besitzt. In den letzten 20 Jahren stand das sozialistische Albanien — von Feinden umringt — unerschütterlich wie ein Berg und sein Feuer der Revolution leuchtete über die ganze Welt. Wir sind sicher, daß das feste revolutionäre Bollwerk Albanien allen Stürmen, die über die Welt fegen, standhalten wird."

Zu den glänzenden Erfolgen des albanischen Volkes beim sozialistischen Aufbau sagte Ministerpräsident Tschou En-lai: „Vor der Befreiung war Albanien wirtschaftlich und kulturell eines der rückständigsten Länder Europas. Es besaß nicht einmal eine einzige moderne Fabrik, nicht eine einzige Eisenbahnlinie und keine einzige höhere Bildungseinrichtung. Nach der Befreiung fanden welterschütternde Umwälzungen in diesem Land statt. 1963 übertraf der Wert der industriellen Produktion den Stand von 1938 um das dreißigfache; der Wert der landwirtschaftlichen Produktion betrug 2,4 mal soviel; jeder vierte besuchte eine Schule. Albanien ist ein sozialistisches Agrar-Industrieland mit moderner Industrie und kollektivierter Landwirtschaft geworden."

Ministerpräsident Tschou En-lai hob hervor, daß das albanische Volk unter der Führung der Partei in den letzten Jahren große Schwierigkeiten überwunden hat, die durch den Verrat der modernen Revisionisten verursacht wurden, und daß es im sozialistischen Aufbau große Fortschritte erzielt hat. Der wirtschaftliche

Druck und die Einstellung der Wirtschaftshilfe durch die modernen Revisionisten konnte nicht nur das albanische Volk nicht einschüchtern, sondern spornte es im Gegenteil noch an, härter zu arbeiten, einen entschlossenen und hartnäckigen Kampf zu führen und den Beschluß zu fassen, das Vaterland zu einem blühenden und machtvollen Land aufzubauen. Gegenwärtig arbeitet das albanische Volk für die Verwirklichung der Selbstversorgung in Getreide, Fleisch und Milchprodukten innerhalb der nächsten Jahre und für die Entwicklung der Industrie auf noch soliderer Grundlage.

Ministerpräsident Tschou En-lai sagte: „Alle Errungenschaften des albanischen Volkes in der Revolution und der Aufbauarbeit sind das Ergebnis der korrekten Führung durch die Partei der Arbeit Albaniens mit Genossen Enver Hoxha an der Spitze. Die Partei der Arbeit Albaniens ist eine ruhmreiche marxistisch-leninistische revolutionäre Partei und eine langerprobte, entschlossene Kraft in der internationalen kommunistischen Bewegung. Sie hat die allgemeingültige Wahrheit des Marxismus-Leninismus mit der Praxis der Revolution und des Aufbaus in Albanien verbunden und hat das albanische Volk darin geführt enorme Schwierigkeiten zu überwinden, heldenhaft zu kämpfen und immer größere Siege zu erringen. Sie hat einen hervorragenden Beitrag zum gemeinsamen Kampf der Kommunisten in der ganzen Welt bei der Verteidigung der Reinheit des Marxismus-Leninismus und im Kampf gegen den modernen Revisionismus geleistet."

Ministerpräsident Tschou En-lai sagte: „Während unseres Besuchs führten wir herzliche und freundschaftliche Gespräche mit Genossen Hoxha, Genossen Shehu und anderen albanischen Partei- und Staatsführern. In einem umfassenden Meinungsaustausch legten beide Seiten ihre Standpunkte über die weitere Stärkung und Entwicklung der Freundschaft und Einheit, die gegenseitige Hilfe und Zusammenarbeit zwischen der chinesischen und albanischen Partei und den beiden Ländern, über die gegenwärtige internationale Lage und über wichtige Probleme der internationalen kommunistischen Bewegung dar und die Auffassungen beider Seiten stimmten völlig überein. Die gemeinsame Erklärung der beiden Seiten ist ein wichtiges Dokument gegen den Imperialismus, die Reaktionäre der verschiedenen Länder und gegen den modernen Revisionismus. All dies ist von großer Bedeutung für die Sache der proletarischen Weltrevolution und der Verteidigung des Weltfriedens. Das chinesische Volk wird immer mit dem albanischen Brudervolk und den anderen Völkern des sozialistischen Lagers und mit allen Marxisten-

Leninisten und revolutionären Völkern der Welt zusammenstehen, stets das revolutionäre Banner des Marxismus-Leninismus, das Banner der proletarisch-internationalistischen Einheit und das Banner des Kampfes gegen den Imperialismus und der Verteidigung des Weltfriedens hochhalten und wird bis zum Schluß für den endgültigen Sieg der großen Sache der Völker der Welt, für den Weltfrieden, für nationale Befreiung, Volksdemokratie und Sozialismus kämpfen."

DIE REISE DURCH ZEHN AFRIKANISCHE LÄNDER

Der zweite Teil des Berichtes von Ministerpräsidenten Tschou En-lai beschäftigte sich mit seiner Reise durch 10 afrikanische Länder: „Der großartige Empfang und die herzliche Begrüßung, die uns in den zehn afrikanischen Ländern zuteil wurde, werden für uns ebenfalls immer unvergeßlich bleiben. Trotz des heißen Wetters warteten die Menschen lange auf beiden Seiten der Straße, um uns zuzujubeln. In einigen Städten kamen tausende von Menschen auf die Straße, es herrschte eine Atmosphäre der Freude und des Jubels, überall wurde gesungen, getanzt und donnernd die Trommeln geschlagen. Die begeisternden Szenen führten uns deutlich die Kampfverbundenheit der Völker Afrikas und Chinas vor Augen, die Freude und Leid miteinander teilen."

Ministerpräsident Tschou En-lai sprach dann über die äußerst günstige Lage für die antiimperialistische Revolution in Afrika. Er sagte: „Die afrikanischen Völker litten jahrhundertelang unter der barbarischsten und grausamsten Versklavung und Ausbeutung des Kolonialismus und führten langandauernde und heldenhafte Kämpfe gegen die Kolonialherrschaft. Seit dem 2. Weltkrieg und besonders seit der Konferenz von Bandung 1955 hat sich die nationale Unabhängigkeitsbewegung in Afrika mit der Gewalt eines Donnerschlags entwickelt. Zur Zeit der Bandung-Konferenz gab es nur vier unabhängige Staaten in Afrika. Heute haben von den 59 Ländern und Gebieten in Afrika bereits 34 die Unabhängigkeit erlangt. Dies ist das Ergebnis des unnachgiebigen Kampfes der afrikanischen Völker. Die afrikanischen Völker, die noch immer unter Kolonialherrschaft stehen, führen hartnäckige Kämpfe für ihre Unabhängigkeit und Freiheit. Je grausamer die koloniale Unterdrückung, desto entschlossener der Widerstand des Volkes. Der unerträglichen bewaffneten Unterdrückung der Kolonialisten unterworfen, haben immer mehr afrikanische Völker schließlich zu den Waffen gegriffen und den Weg des bewaffneten Kampfes eingeschlagen."

Ministerpräsident Tschou En-lai erklärte: „Während unseres Besuches in den neuerwachenden Ländern waren wir zutiefst beeindruckt von der grundlegenden Veränderung im Bewußtsein der afrikanischen Völker. Ihr Mut und Enthusiasmus, ihre Energie und Lebenskraft lassen die großen Fähigkeiten eines Volkes ahnen, das unabhängig geworden ist und auf eigenen Füßen steht. Sie wagen Herren im eigenen Haus zu sein und ihre eigenen Staatsangelegenheiten in die Hand zu nehmen; sie wagen es, ihre Feinde zu verachten und gegen alle Unterdrücker, die alten wie die neuen, zu kämpfen. Dieser Kampfgeist ist Kraftquelle zur Errichtung aller neu erwachenden Staaten. Mit diesem Kampfgeist kann ein Volk alle Pläne und Komplotte der Imperialisten, der alten und neuen Kolonialisten besiegen und alle Schwierigkeiten und Hindernisse auf seinem Vormarsch überwinden. Afrika heute ist nicht mehr das Afrika des späten 19. und des frühen 20. Jahrhunderts. Es ist ein erwachter, kämpferischer und fortgeschrittener Erdteil geworden."

Ministerpräsident Tschou En-lai wies daraufhin, daß der Imperialismus und der alte und neue Kolonialismus sich niemals mit ihrer Niederlage abfinden und alles unternehmen werden, die Entwicklung der nationalen Befreiungsbewegung in Afrika aufzuhalten, um so ihre Kontrolle über Afrika zu verewigen. In den meisten Fällen waren die alten Kolonialisten gezwungen Zugeständnisse zu machen, aber sie wandten neokolonialistische Taktiken an, um so den Versuch zu unternehmen, die jungen unabhängigen afrikanischen Länder militärisch, politisch, wirtschaftlich, kulturell und anderweitig zu kontrollieren. Die US-Neokolonialisten griffen zu noch listigeren und hinterhältigeren Machenschaften in ihrem Versuch, den Platz der alten Kolonialisten einzunehmen und die neuerwachenden afrikanischen Staaten zu versklaven. Dies hat den Kampf zwischen den afrikanischen Völkern und dem Imperialismus von Tag zu Tag verschärft und die antiimperialistischen, revolutionären Bewegungen in Afrika vertieft. Durch die imperialistische Unterdrückung und die imperialistischen Machenschaften können die antiimperialistischen revolutionären Bewegungen in einigen afrikanischen Ländern zwar zeitweilig Rückschläge erleiden, aber die afrikanischen Völker werden unweigerlich weiter voranstürmen. So haben zum Beispiel, obwohl die nationale Unabhängigkeitsbewegung im Kongo (Leopoldville) angesichts der Intervention der USA-

Imperialisten einen Rückschlag erlitten hatte, und dadurch der gerade erst unabhängig gewordene Kongo in eine Halbkolonie der USA verwandelt worden war, die kongolesischen patriotischen Kräfte sich reorganisiert und stürmische bewaffnete Kämpfe für nationale Befreiung gegen den USA-Imperialismus und seine Agenten entfaltet. Ministerpräsident Tschou En-lai wies darauf hin, daß gleichgültig welche Methoden die Imperialisten und die alten und neuen Kolonialisten anwenden, Befriedung oder Täuschung oder bewaffnete Unterdrückung, die Entwicklung der nationalen Befreiungsbewegung in Afrika von ihnen niemals verhindert werden kann.

Ministerpräsident Tschou En-lai sagte, daß die Völker der neuerwachenden afrikanischen Staaten ununterbrochen Kämpfe zur Liquidierung des kolonialistischen Einflusses und gegen imperialistische Kontrolle, Einmischung, Subversion und Aggression führen. So erlangte die Vereinigte Arabische Republik den Suez-Kanal wieder aus der Hand der Kolonialisten und nationalisierte britische und französische Unternehmen. Algerien übernahm mehr als 2 700 000 ha Land (mehr als 40 Prozent des kultivierten Bodens des Landes), die von den Kolonialisten besetzt waren, konfiszierte einen Teil ihrer Unternehmen. Marokko zwang die Vereinigten Staaten dazu, dem Abbau ihrer dortigen Militärstützpunkte zuzustimmen. Tunesien mußte der Militärstützpunkt von Bizerta zurückgegeben werden. Vor kurzem deckte Ghana wieder eine umstürzlerische Verschwörung des Imperialismus auf, und die Regierung und das Volk von Ghana führten einen entschlossenen Kampf gegen imperialistische umstürzlerische Aktivitäten. Mali erzwang die Räumung aller ausländischen Militärstützpunkte auf seinem Territorium und übernahm die Niger-Gesellschaft, eine kolonialistische landwirtschaftliche Monopolgesellschaft. Guinea nationalisierte den größten Teil der kolonialistischen Industrie- und Handelsunternehmen. Auch im Sudan, in Äthiopien und Somalia wurden Kämpfe um die Sicherung der staatlichen Souveränität und zur Festigung der nationalen Unabhängigkeit gegen die Kontrolle und Einmischung durch alte und neue Kolonialisten geführt. Ministerpräsident Tschou En-lai betonte, daß all diese gerechten Kämpfe der unabhängigen afrikanischen Staaten Bestandteil der antiimperialistischen nationalen Revolution in Afrika sind.

Ministerpräsident Tschou En-lai sagte: „Die Führer vieler neuerwachender afrikanischer Staaten wiesen darauf hin, daß sie weiterhin die Revolution vorantreiben werden. Sie sind der Auffassung, daß ihre gegenwärtig vordringlichste Aufgabe darin besteht, sich fest auf die Volksmassen zu stützen, die revolutionäre Staatsmacht zu festigen, nationale Verteidigungsstreitkräfte aufzubauen und zu entwickeln, eine unabhängige nationale Wirtschaft aufzubauen, eine nationale Kultur und eine nationale Sprache zu entwickeln usw. Wir sind der Überzeugung, daß, wenn sie dies tun, die Früchte der Revolution der afrikanischen Völker gesichert werden können, und die nationaldemokratische Revolution beständig vorangetrieben werden kann."

Ministerpräsident Tschou En-lai stellte dann fest, daß die Völker der neuerwachenden afrikanischen Staaten Anstrengungen unternehmen, ihre nationale Wirtschaft zu entwickeln, ihre Länder aufzubauen und nach und nach Armut und Rückständigkeit, die durch die Kolonialherrschaft verursacht wurden, zu beseitigen, und daß sie hierin schon beachtliche Erfolge erzielt haben. Führer vieler afrikanischer Staaten wiesen darauf hin, daß, um die Kontrolle des Imperialismus und der alten und neuen Kolonialisten gründlich zu beseitigen und vollständige Unabhängigkeit zu erreichen, politische Unabhängigkeit allein nicht ausreicht und weitere Anstrengungen unternommen werden müssen, um auch wirtschaftliche Unabhängigkeit zu erringen. Als Ergebnis der langandauernden imperialistischen Kolonialherrschaft und -ausplünderung existierte in den meisten afrikanischen Ländern eine einseitig entwickelte Wirtschaft, die auf einer landwirtschaftlichen Monokultur und dem Bergbau allein basierte. In der Absicht dauerhaft die afrikanischen Länder wirtschaftlich zu kontrollieren und auszubeuten, setzten die Imperialisten alles daran, diesen Zustand zu verewigen. Deshalb mußte die Entwicklung einer unabhängigen nationalen Wirtschaft durch die neuerwachenden afrikanischen Staaten als ernsthafter Kampf gegen Imperialismus und alten und neuen Kolonialismus geführt werden.

Ministerpräsident Tschou En-lai sagte: „Wir freuen uns darüber, daß die Regierungen und die Völker der erwachenden afrikanischen Staaten Erfahrungen in der Praxis des nationalen Aufbaus sammeln und der Entwicklung einer nationalen Wirtschaft einen Weg entsprechend den besonderen Bedingungen ihres eigenen Landes eröffnen. Afrikas Völker sind fleißig und tapfer und es besitzt reiche Ressourcen unter der Erde, an der Erdoberfläche und im Meer. Wir sind der Überzeugung, wenn sie sich nur fest auf die Volksmassen stützen, ihre eigenen Ressourcen umfassend nutzen und gleichzeitig mit befreundeten Ländern Beziehungen gegenseitiger Hilfe und Zusammenarbeit auf der Grundlage der Gleichberechtigung und

Bericht über den Besuch in vierzehn Ländern

des gegenseitigen Vorteils pflegen, dann werden die neu erwachenden afrikanischen Staaten mit Sicherheit ihre Länder Schritt für Schritt aufbauen können. Ein unabhängiges, blühendes und starkes neues Afrika wird mit Sicherheit entstehen."

Ministerpräsident Tschou En-lai sagte: „Während unseres Besuches führten wir freundschaftliche Gespräche mit den Führern von 10 afrikanischen Ländern — Gamal Abdel Nasser, Präsident der Vereinigten Arabischen Republik; Ahmed Ben Bella, Präsident der Demokratischen und Volksrepublik Algerien; Hassan II, König von Marokko; Habib Bourguiba, Präsident der Republik Tunesien; Kwame Nkrumah, Präsident der Republik Ghana; Modibo Keita, Präsident der Republik Mali; Sekou Toure, Präsident der Republik Guinea; Ibrahim Abboud, Präsident des Obersten Rates der Streitkräfte der Republik des Sudan; Haile Selassie I, Kaiser von Äthiopien; Abdirashid Ali Shermarke, Ministerpräsident der Republik Somalia — und tauschten unsere Meinungen über die weitere Entwicklung der Beziehungen der Freundschaft und Zusammenarbeit zwischen China und diesen Ländern und über internationale Probleme von gemeinsamem Interesse aus. Wir erreichten Übereinstimmung und veröffentlichten eine Reihe gemeinsamer Kommuniques, die zur Stärkung der Sache der Einheit der afroasiatischen Völker gegen den Imperialismus beigetragen haben. Unser Land nahm diplomatische Beziehungen zu Tunesien auf und erreichte mit Äthiopien eine Übereinkunft über die Normalisierung der Beziehungen zwischen beiden Ländern in naher Zukunft."

Ministerpräsident Tschou En-lai sagte: „Während der Besuche legten wir die folgenden fünf leitenden Prinzipien der Beziehungen Chinas zu den afrikanischen und arabischen Ländern dar:

„1. China unterstützt die afrikanischen und arabischen Völker in ihrem Kampf gegen den Imperialismus und den alten und neuen Kolonialismus und zur Erringung und Bewahrung der nationalen Unabhängigkeit.

2. Es unterstützt eine Politik des Friedens, der Neutralität und der Blockfreiheit, die von den Regierungen der afrikanischen und arabischen Länder verfolgt wird.

3. Es unterstützt den Wunsch der afrikanischen und arabischen Völker, Einheit und Solidarität auf die Weise zu erreichen, die sie selbst wollen.

4. Es unterstützt die afrikanischen und arabischen Länder in

ihren Bemühungen, ihre Streitigkeiten durch friedliche Verhandlungen zu lösen.

5. Es vertritt die Auffassung, daß die Souveränität der afrikanischen und arabischen Länder von allen anderen Ländern respektiert werden muß und daß Übergriffe und Einmischungen gleichgültig von welcher Seite bekämpft werden müssen.

Diese fünf Prinzipien sind die konkrete Anwendung der Fünf Prinzipien der friedlichen Koexistenz und der Zehn Prinzipien der Bandung-Konferenz und eine Weiterentwicklung des Geistes von Bandung; sie fanden die Zustimmung vieler afrikanischer Länder. Wir werden sie auch in Zukunft verwirklichen."

Ministerpräsident Tschou En-lai sagte: „Wir legten auch folgende acht Prinzipien für unsere Hilfe an andere Länder dar:

1. Die chinesische Regierung gibt Hilfe an andere Länder stets auf der Grundlage der Prinzipien der Gleichberechtigung und des gegenseitigen Vorteils. Sie betrachtet diese Hilfe niemals als eine Art Almosen einer Seite, sondern als etwas gegenseitiges.

2. Bei ihrer Hilfe an andere Länder respektiert die chinesische Regierung strikt die Souveränität der Empfängerländer und stellt niemals Bedingungen noch fordert sie Privilegien.

3. China leistet wirtschaftliche Hilfe in Form von zinslosen oder niedrigverzinslichen Darlehen und verlängert die Rückzahlungsfrist, wenn es notwendig ist, um die Belastung der Empfängerländer so weit wie möglich zu erleichtern.

4. Wenn Hilfe an andere Länder gegeben wird, dann verfolgt die chinesische Regierung damit nicht die Absicht, die Empfängerländer von China abhängig zu machen, sondern ihnen zu helfen, Schritt für Schritt den Weg des Vertrauens auf die eigene Kraft und der unabhängigen wirtschaftlichen Entwicklung einzuschlagen.

5. Die chinesische Regierung versucht nach besten Kräften den Empfängerländern beim Aufbau von Projekten zu helfen, die weniger Investitionen erfordern und schnellere Ergebnisse erzielen, damit die Regierungen der Empfängerländer ihr Einkommen erhöhen und Kapital akkumulieren können.

6. Die chinesische Regierung liefert Ausrüstung und Material bester Qualität aus ihrer eigenen Herstellung zu Weltmarktpreisen. Wenn Ausrüstung und Material, die die chinesische Regierung geliefert hat, nicht den vereinbarten Bedingungen oder der vereinbarten Qualität entspricht, verpflichtet sich die chinesische Regierung sie zu ersetzen.

7. Bei spezieller technischer Hilfe trägt die chinesische Regierung Sorge dafür, daß das Personal des Empfängerlandes diese Technik vollständig beherrscht.

8. Die von China entsandten Fachleute, die in den Empfängerländern beim Aufbau helfen, werden den gleichen Lebensstandard haben, wie die Fachleute der Empfängerländer. Die chinesischen Fachleute dürfen weder besondere Anforderungen stellen noch besondere Dienstleistungen genießen.

Diese acht Prinzipien verkörpern voll und ganz den aufrichtigen Wunsch unseres Landes, auf wirtschaftlichem und kulturellem Gebiet mit den neuerwachenden Ländern zusammenzuarbeiten. Diese Prinzipien beziehen sich nicht nur auf die Hilfe unseres Landes an die neuerwachenden Länder in Afrika, sondern auch an die in Asien und anderen Teilen der Welt."

Ministerpräsident Tschou En-lai betonte: „Die chinesische Regierung und das chinesische Volk sind immer der Auffassung, daß Unterstützung auf Gegenseitigkeit beruht. Wenn die neuerwachenden Länder in Asien und Afrika blühend und stark sind, werden sie einen noch größeren Beitrag zur Stärke der asiatischen und afrikanischen Völker im Kampf gegen den Imperialismus und den alten und neuen Kolonialismus und zur Erringung und Verteidigung der nationalen Unabhängigkeit leisten, sowie zur Stärke der Völker der ganzen Welt im Kampf gegen den Imperialismus und zur Verteidigung des Weltfriedens. Dies selbst ist bereits eine große Unterstützung und Hilfe für das chinesische Volk. Die asiatischen und afrikanischen Länder haben gleichartige Erfahrungen und befinden sich mehr oder weniger in derselben Lage. Unsere gegenseitige Hilfe ist eine Hilfe zwischen armen Freunden, die vor ähnlichen Problemen stehen — sie ist keine ‚Hilfe', wie sie durch starke, große Mächte gewährt wird, um die schwachen und kleinen Länder zu tyrannisieren. Unsere gegenseitige Hilfe ist gegenwärtig von geringem Umfang, aber sie ist zuverlässig, auf praktische Bedürfnisse ausgerichtet und fördert die unabhängige Entwicklung der betreffenden Länder. Mit der Entwicklung in unseren Ländern wird die gegenseitige Hilfe tagtäglich größer und vielseitiger werden."

DIE REISE DURCH DREI SÜDASIATISCHE LÄNDER

Der dritte Teil des Berichtes von Ministerpräsident Tschou En-lai beschäftigte sich mit seiner Reise durch drei südasiatische Länder.

Er sagte: „Nach Afrika besuchten wir drei befreundete asiatische Länder — Birma, Pakistan und Ceylon. Wir besuchten diese Länder nicht zum erstenmal und fühlten uns wie zuhause. Uns wurde von den Regierungen und den Völkern dieser Länder eine aufmerksame Gastfreundschaft und ein herzliches Willkommen zuteil." Ministerpräsident Tschou En-lai stellte fest: „Seit jeher besteht eine tiefe *paukphaw* Freundschaft zwischen dem chinesischen und dem birmesischen Volk. Um die freundschaftlichen und gutnachbarlichen Beziehungen zwischen den beiden Ländern zu vertiefen, haben die Führer unserer beiden Länder sich häufig besucht. Dies war mein sechster Besuch in Birma. Während unseres Besuchs führten wir herzliche Gespräche mit Vorsitzendem Ne Win in Ngapali. Beide Seiten verpflichteten sich, die Beziehungen der Freundschaft und der Zusammenarbeit zwischen den beiden Ländern weiter zu entwickeln. Die chinesische Seite drückte ihre Unterstützung der Außenpolitik der birmesischen Regierung für Frieden und Neutralität aus."

Ministerpräsident Tschou En-lai fuhr fort, daß sich in den letzten Jahren als Ergebnis der gemeinsamen Bemühungen beider Seiten die freundschaftlichen und gutnachbarlichen Beziehungen zwischen China und Pakistan bedeutend entwickelt haben. Nach der zufriedenstellenden Lösung der Grenzfrage unterzeichneten beide Länder ein Lufttransport- und ein Handelsabkommen.

„Während unseres ganzen Besuchs in Pakistan, ob in Ost- oder in Westpakistan, erlebten wir ununterbrochen eine Atmosphäre der tiefen Freundschaft, die das pakistanische Volk dem chinesischen Volk entgegenbringt und wurden tief davon berührt. Mit eigenen Augen haben wir gesehen, daß das pakistanische Volk entschlossen ist, gegen ausländischen Druck und ausländische Drohungen zu kämpfen, und seine nationale Unabhängigkeit und staatliche Souveränität zu sichern und die afro-asiatische Solidarität zu fördern. Keine ausländische Einmischung und Einschüchterung kann das pakistanische Volk davon abhalten, auf dem Weg seiner Unabhängigkeit weiter voranzuschreiten", führte Ministerpräsident Tschou En-lai aus.

Er fügte hinzu, daß die freundschaftlichen und offenen Gespräche, die er mit Präsident Ajub Khan geführt hat, zur weiteren Vertiefung des gegenseitigen Verständnisses führten und daß ein gemeinsames Kommunique nach den Gesprächen veröffentlicht wurde. All dies hat noch breitere Aussichten für die weitere Entwicklung der chinesisch-pakistanischen Freundschaft und Zusammenarbeit eröffnet. In ihrem gemeinsamen Kommunique drückten beide Seiten ihre Hoffnung aus, daß der Kaschmir-Konflikt in Übereinstimmung mit den Wünschen des Volkes von Kaschmir gelöst wird, wie es ihm von Indien und Pakistan zugesichert worden ist. Ministerpräsident Tschou En-lai sagte, daß der Besuch von Stellvertretender Vorsitzender Sung Tjing-ling und ihm selbst in Ceylon die chinesisch-ceylonesische Freundschaft und Zusammenarbeit gestärkt hat.

„In den letzten Jahren", fuhr er fort, „hat die ceylonesische Regierung unter der Führung von Ministerpräsidentin Sirimavo Bandaranaike, im Geiste des verstorbenen Ministerpräsidenten Bandaranaike, Fortschritte bei der Bekämpfung imperialistischer Subversion und Einmischung, bei der Ausrottung kolonialistischer Kräfte und in der Entwicklung der nationalen Wirtschaft erzielt. In letzter Zeit hat Ceylon den Kraftstoffhandel und das Versicherungswesen nationalisiert, die früher von ausländischem Kapital monopolisiert waren. Die Regierung Ceylons drückte ihren Widerstand gegen das Erscheinen der Siebten US-Flotte im Indischen Ozean aus und erklärte feierlich, daß ausländischen Kriegsschiffen, bzw. Flugzeugen mit Atomwaffen der Zugang zu ceylonesischen Hoheitsgewässer bzw. zum ceylonesischen Luftraum nicht gestattet ist. Dies beweist die Entschlossenheit des ceylonesischen Volkes, seine Unabhängigkeit zu erhalten und im Kampf gegen den Imperialismus auszuharren."

„In unseren Gesprächen mit den ceylonesischen Führern drückten wir unsere entschlossene Unterstützung für die Politik der ceylonesischen Regierung für Unabhängigkeit, Frieden und Neutralität aus. Während der Gespräche diskutierten die beiden Seiten die Entwicklung der wirtschaftlichen Zusammenarbeit zwischen den beiden Ländern."

In seiner Analyse der gegenwärtigen Lage in Asien wies Ministerpräsident Tschou En-lai darauf hin, daß die nationaldemokratische Revolution dort sich immer mehr in die Tiefe entwickelt. Der Kampf gegen Aggression, Einmischung, Subversion und Kontrolle des USA-Imperialismus ist zu einem deutlichen Zeichen der sich vertiefenden antiimperialistischen nationalen Revolution in Asien geworden. In den Gebieten unter militärischer Besetzung und Kontrolle der USA hat der Kampf gegen den USA-Imperialismus und seine Lakaien einen stürmischen Aufschwung genommen. Das Volk im südlichen Teil Vietnams hat in seinem gerechten patriotischen Widerstandskampf gegen die bewaffnete Aggression der USA einen

Sieg nach dem andern errungen. Das Volk im südlichen Teil Koreas hat vor kurzem eine machtvolle Kampagne gegen die „Japan-ROK*-Gespräche", entfaltet, die hinter den Kulissen von den Vereinigten Staaten gesteuert werden. Der gerechte patriotische Kampf des japanischen Volkes gegen den USA–Imperialismus entwickelt sich immer schwungvoller. Die Militärblöcke, die von den Vereinigten Staaten gegründet wurden, um einige asiatische Länder vor ihren Kriegskarren zu spannen, untergraben deren Interessen und zersetzen sich jetzt. Die Positionen des USA-Imperialismus für seine Aggression in Asien sind bis in ihre Grundfesten erschüttert worden. Zugleich versetzen die neuerwachenden asiatischen Länder, die entschlossen sind, den Weg der unabhängigen Entwicklung zu gehen, den interventionistischen und subversiven Aktivitäten des USA-Imperialismus unaufhörlich Schläge. Die kambodschanische Regierung unter Führung von Prinz Norodom Sihanouk und das kambodschanische Volk führen heldenhaft einen solchen Kampf.

Ministerpräsident Tschou En-lai sagte, daß die USA-Imperialisten mit ihrer Politik der Aggression und des Krieges in Asien unvermeidlich andere Länder zum Widerstand treiben. Sie mischen sich in die Angelegenheiten fremder Länder ein, überall versuchen sie, andere Länder zu kontrollieren und überall rufen sie Widerstand hervor. Die Völker der asiatischen Länder erkennen mit wachsender Klarheit, daß der USA-Imperialismus heute ihr Hauptfeind ist. Sie wenden sich entschieden auch gegen die Aggression und Einmischung anderer Imperialisten. Die Flammen des Kampfes des Volkes von Nord-Kalimantan für nationale Unabhängigkeit und Freiheit sind unauslöschlich. Die Völker Indonesiens und anderer asiatischer Länder haben sich entschieden gegen ‚Malaysia' gewehrt, ein Produkt des Neokolonialismus, das vom britischen Imperialismus mit Rückendeckung des USA-Imperialismus ins Leben gerufen wurde. Wenn sich die asiatischen Völker zum entschiedenen Kampf zusammenschließen, werden die USA und die anderen Imperialisten früher oder später mit Sack und Pack aus Asien verjagt werden.

Ministerpräsident Tschou En-lai fuhr fort: „Während unseres Besuches in den asiatischen und afrikanischen Ländern stellten wir überall fest, daß der Geist von Bandung tief in den Herzen der

---

* ROK = Republic of Korea (d. Übers.)

Völker verwurzelt ist und daß sich die Sache der Einheit der afroasiatischen Völker gegen den Imperialismus großartig entwickelt hat. Die Führer vieler afro-asiatischer Länder sind der Auffassung, daß die Zeit reif ist, eine Zweite Afro-Asiatische Konferenz einzuberufen und aktive Vorbereitungen sollten dafür getroffen werden. Die gegenwärtige Lage erfordert die weitere Stärkung der Solidarität und Zusammenarbeit unter den afro-asiatischen Ländern im Kampf gegen unseren gemeinsamen Feind. Wir müssen konkrete Maßnahmen ergreifen, um den Kampf für nationale Unabhängigkeit der afro-asiatischen Völker zu unterstützen, die noch unter der Kolonialherrschaft leiden. Wir müssen gegen imperialistische Aggression und Einmischung kämpfen, die staatliche Souveränität verteidigen und die nationale Unabhängigkeit festigen. Wir müssen die wirtschaftliche, kulturelle und technische Zusammenarbeit entwickeln, in Übereinstimmung mit den Prinzipien der Gleichberechtigung, des gegenseitigen Vorteils und der gegenseitigen Nichteinmischung in die inneren Angelegenheiten und ohne Bedingungen zu stellen. Wir müssen die freundschaftliche Zusammenarbeit in internationalen Angelegenheiten auf der Grundlage der Zehn Prinzipien der Bandung-Konferenz verstärken. Wir müssen gegen die imperialistische Politik der Aggression und des Krieges kämpfen und den Weltfrieden verteidigen. Wir sind zuversichtlich, daß die Zweite Afro-Asiatische Konferenz das Banner der afro-asiatischen Solidarität im Kampf gegen den Imperialismus und den alten und neuen Kolonialismus noch höher halten wird, daß sie den Geist der Bandung-Konferenz weiter entwickeln und die Zehn Prinzipien, die auf der Ersten Afro-Asiatischen Konferenz erarbeitet wurden, weiter konkretisieren wird, um so die Sache der Einheit der afro-asiatischen Völker gegen den Imperialismus voranzutreiben. Zusammen mit anderen asiatischen und afrikanischen Ländern, wird die chinesische Regierung ihren Teil dazu beitragen, den Erfolg der Vorbereitungen zur Zweiten Afro-Asiatischen Konferenz zu sichern."

Die Zweite Afro-Asiatische Konferenz und die Zweite Konferenz der Blockfreien Länder schließen einander nicht aus, erklärte Ministerpräsident Tschou En-lai. „Im gemeinsamen Kommunique zwischen China und Ceylon", fuhr er fort, „drückten wir und der Ministerpräsident von Ceylon unsere Hoffnung aus, daß die Zweite Konferenz der Blockfreien Länder zur Sache des Kampfes gegen Imperialismus und Kolonialismus, zur Unterstützung der nationalen Unabhängigkeitsbewegung und zur Sicherung des Weltfriedens beitragen wird."

DIE GENERALLINIE DER AUSSENPOLITIK CHINAS

Im letzten Teil seines Berichts sprach Ministerpräsident Tschou En-lai über das Bestreben der chinesischen Regierung, die Generallinie ihrer Außenpolitik unbeirrt fortzusetzen. Er sagte, durch die Reise in vierzehn afrikanische, europäische und asiatische Länder „erkannten wir noch deutlicher, daß die Generallinie unserer Außenpolitik mit den gemeinsamen Interessen des chinesischen Volkes, der Völker des sozialistischen Lagers, der anderen afro-asiatischen Völker und der Völker der ganzen Welt übereinstimmt."

Ministerpräsident Tschou En-lai sagte: „Wir werden unsere Anstrengungen fortsetzen, die Einheit und Zusammenarbeit zwischen den Ländern des sozialistischen Lagers zu sichern und zu festigen. Es ist immer deutlicher geworden, daß es nur durch das Festhalten am Marxismus-Leninismus, am proletarischen Internationalismus und an den revolutionären Prinzipien der Deklaration von 1957 und der Erklärung von 1960 wirklich möglich sein wird, die Einheit des sozialistischen Lagers zu wahren und freundschaftliche Beziehungen, gegenseitige Unterstützung und Zusammenarbeit unter den Ländern des sozialistischen Lagers weiterzuentwickeln."

Der chinesische Ministerpräsident sagte: „Wir werden unsere Bemühungen um friedliche Koexistenz mit den Ländern anderer Gesellschaftsordnung auf der Grundlage der Fünf Prinzipien fortsetzen. China hat auf dieser Grundlage Beziehungen der Freundschaft und der Zusammenarbeit mit vielen Ländern aufgenommen und entwickelt. Wir sind auch bereit, friedliche Koexistenz mit den kapitalistischen Ländern, einschließlich der Vereinigten Staaten, auf der gleichen Grundlage zu verwirklichen. Aber die Gespräche auf Botschafterebene zwischen China und den Vereinigten Staaten, die seit über acht Jahren geführt werden, haben bis jetzt keine Ergebnisse erzielt, weil die Regierung der Vereinigten Staaten sich immer wieder geweigert hat, mit der chinesischen Regierung über friedliche Koexistenz auf der Basis der Fünf Prinzipien übereinzukommen, und sich geweigert hat, den Abzug ihrer Streitkräfte aus Chinas Provinz Taiwan und der Straße von Taiwan zu garantieren. Der Hauptgrund dafür ist, daß der USA-Imperialismus seine gewaltsame Besetzung von Chinas Territorium Taiwan fortsetzen will, Chinas Festland gewaltsam bedroht und an seiner Aggressions- und Kriegspolitik gegen China festhält. Um die Provinz Taiwan vom Territorium der Volksrepublik China abzutrennen, intensiviert der USA-Imperialismus seine Intrigen „zwei Chinas" oder „zwei

Chinas" in der Form „ein China und ein Taiwan" zu schaffen. Wir können mit Sicherheit sagen, daß solche Unternehmen, in welcher Variation auch immer, niemals Erfolg haben werden."

Minsterpräsident Tschou En-lai wies darauf hin, daß es notwendig ist, um friedliche Koexistenz auf der Grundlage der Fünf Prinzipien zwischen Ländern unterschiedlicher Gesellschaftsordnung zu erreichen, entschlossen gegen die imperialistische Aggressions- und Kriegspolitik zu kämpfen. Jedoch ist der vor kurzem von der sowjetischen Regierung unterbreitete Vorschlag über den sogenannten Gewaltverzicht bei der Regelung von Gebiets- und Grenzstreitigkeiten ein neuer Betrug, der der imperialistischen Aggressions- und Kriegspolitik dient. Dieser Vorschlag verwischt mit Absicht den Unterschied zwischen imperialistischer Aggression und Besetzung von Gebieten anderer Länder und solchen Gebietsstreitigkeiten und Grenzfragen zwischen Nationen, die die Geschichte hinterlassen hat. Natürlich müssen und können Grenzfragen zwischen asiatischen und afrikanischen Ländern durch friedliche Verhandlungen gerecht und vernünftig gelöst werden. Dies gilt auch für Grenzfragen zwischen sozialistischen Ländern. Aber imperialistische Aggression und Besetzung von Gebieten anderer Länder ist eine ganz andere Sache. Länder, deren Territorium vom Imperialismus überfallen und besetzt worden ist, haben natürlich jedes Recht ihr geraubtes Territorium mit allen Mitteln zurückzugewinnen. Diese Länder, die der Aggression ausgesetzt sind, unter allen Umständen auf die Anwendung von Gewalt zu verzichten, bedeutet in Wirklichkeit, die Völker aller Länder aufzufordern, ihren Kampf gegen die imperialistische Aggressions- und Kriegspolitik aufzugeben, sich der Gnade und Ungnade des Imperialismus auszuliefern und sich der imperialistischen Versklavung zu unterwerfen."

Ministerpräsident Tschou En-lai betonte: „Wir müssen weiterhin allen unterdrückten Völkern und Nationen in ihren revolutionären Kämpfen entschlossen Unterstützung und Beistand gewähren. Je weiter sich diese Kämpfe entwickeln und je härter die imperialistischen Kriegs- und Aggressionskräfte geschlagen und geschwächt werden, desto sicherer ist der Weltfrieden. Die revolutionären Kämpfe der unterdrückten Völker und Nationen zu bekämpfen oder zu spalten, unter welchem Vorwand auch immer, bedeutet die imperialistischen Kräfte der Aggression und Kriegstreiberei zu stärken und den Weltfrieden zu gefährden."

Ministerpräsident Tschou En-lai sagte, daß der USA-Imperialismus die ganze Welt mit Füßen tritt und sich überall als Oberherr aufspielt. Er ist zum grausamsten Feind der Völker der ganzen Welt geworden. Die Länder, die der Aggression, Kontrolle, Einmischung und Tyrannei des USA-Imperialismus ausgesetzt sind, müssen sich zusammenschließen und die breiteste Einheitsfront gegen den USA-Imperialismus bilden. Ministerpräsident Tschou En-lai gab seiner tiefen Überzeugung Ausdruck, daß, wenn alle friedliebenden Kräfte der ganzen Welt sich zusammenschließen und unermüdlich kämpfen, die Kriegs- und Aggressionspläne des USA-Imperialismus vereitelt werden und der Weltfrieden erhalten werden kann.

Zum Abschluß seiner Rede sagte Ministerpräsident Tschou En-lai: „Die gegenwärtige internationale Lage ist günstig für die Völker der Welt. Aber der Imperialismus, die Reaktionäre verschiedener Länder und der moderne Revisionismus werden weiterhin Unruhe stiften und um ihr Überleben kämpfen. Vor uns liegt noch ein langandauernder und harter Kampf. Wir müssen uns vor Überheblichkeit und Leichtfertigkeit hüten, bescheiden und umsichtig bleiben, an den Prinzipien festhalten und mutig voranschreiten. In internationalen Beziehungen im Geiste der Prinzipien der Gleichberechtigung handeln und alle Erscheinungen des Großmachtchauvinismus bekämpfen und verhüten. Wie ein chinesisches Sprichwort sagt „es gibt duftende Blumen in jedem Land". Wir müssen weiterhin im Geiste des gegenseitigen Lernens handeln und alles, was gut ist von anderen Völkern der ganzen Welt gewissenhaft aufnehmen. Die Volksmassen unseres Landes müssen hart und ausdauernd arbeiten, um unser Land mit Fleiß und Sparsamkeit und im Vertrauen auf unsere eigene Kraft aufzubauen, damit es ein blühendes Land wird; und ständig neue Erfolge an allen Fronten unserer sozialistischen Revolution und unseres sozialistischen Aufbaus sichern. Nur wenn wir daran festhalten, können wir unsere proletarisch-internationalistische Pflicht gegenüber der gemeinsamen Sache der Völker der Welt gegen den Imperialismus und für Weltfrieden und den Fortschritt der Menschheit noch besser erfüllen."

Quelle: Peking Review Nr. 18/1964
Eigene Übersetzung

BOTSCHAFT AN DIE REGIERUNGSCHEFS ALLER STAATEN DER WELT

(17. OKTOBER 1964)

Am 17. Oktober 1964 richtete der Premier des Staatsrats der Volksrepublik China Tschou En-lai an die Regierungschefs aller Staaten eine Botschaft, in der er ihnen den in der Erklärung der chinesischen Regierung vom 16. Oktober 1964 gemachten Vorschlag zur Einberufung einer Weltgipfelkonferenz übermittelte, auf der das allseitige Verbot und die vollständige Vernichtung der Kernwaffen erörtert werden soll. Gleichzeitig gab er darin der Hoffnung Ausdruck, daß dieser Vorschlag die wohlwollende Erwägung und einen positiven Widerhall bei den Regierungen aller Staaten finden wird. Der Wortlaut der Botschaft lautet wie folgt:

Exzellenz!

Am 16. Oktober brachte China eine Atombombe zur Explosion. Damit hat es seinen ersten Atomversuch erfolgreich durchgeführt. Am selben Tag gab die chinesische Regierung in diesem Zusammenhang eine Erklärung ab, in der Chinas Einstellung zur Kernwaffenfrage eingehend dargelegt wurde.

Die chinesische Regierung tritt konsequent für das allseitige Verbot und die vollständige Vernichtung der Kernwaffen ein. China ist zur Durchführung von Kernwaffenversuchen und zur Entwicklung von Kernwaffen gezwungen. China besitzt Kernwaffen, ausschließlich um sich zu verteidigen und sein Volk vor der atomaren Bedrohung durch die USA zu schützen.

Die chinesische Regierung erklärt feierlich, daß China niemals und unter keinen Umständen als erster Staat Kernwaffen einsetzen wird.

Die chinesische Regierung wird ihre Bemühungen fortsetzen, ein allseitiges Verbot und die vollständige Vernichtung der Kernwaffen durch internationale Verhandlungen zu verwirklichen, und zu diesem Zweck machte sie in ihrer Erklärung folgenden Vorschlag:

„Eine Gipfelkonferenz aller Staaten der Welt einzuberufen, um die Frage des allseitigen Verbots und der vollständigen Vernichtung der Kernwaffen zu erörtern. Als ein erster Schritt sollte auf der Gipfelkonferenz vereinbart werden, daß sich alle Staaten, die Kernwaffen besitzen oder in Kürze besitzen werden, verpflichten, sie nicht einzusetzen, weder gegen Länder, die keine Kernwaffen besitzen, noch gegen kernwaffenfreie Zonen und auch nicht gegeneinander."

Es ist das gemeinsame Trachten aller friedliebenden Länder und Völker der Welt, einen Atomkrieg zu verhindern und die Kernwaffen zu vernichten. Die chinesische Regierung hofft aufrichtig, daß ihr Vorschlag die wohlwollende Erwägung und einen positiven Widerhall bei Ihrer Regierung finden wird.

Bitte nehmen Sie die Versicherung meiner größten Hochachtung entgegen.

Tschou En-lai
Ministerpräsident des Staatsrats
der Volksrepublik China

Peking, den 17. Oktober 1964

Quelle: Brecht das Kernwaffenmonopol,
vernichtet die Kernwaffen!
Peking 1965

VÖLKER ASIENS UND AFRIKAS, VEREINIGT EUCH UND UNTERSTÜTZT VIETNAM

REDE ANLÄSSLICH DES ZEHNTEN JAHRESTAGES DER ASIATISCH–AFRIKANISCHEN KONFERENZ VON BANDUNG, GEHALTEN ÜBER DEN INDONESISCHEN RUNDFUNK IN DJAKARTA

(25. April 1965)

Liebe indonesische Brüder und Schwestern!

Wir haben in eurem großen Land an den Feierlichkeiten anläßlich des zehnten Jahrestages der Bandung-Konferenz mit Freunden aus vierzig asiatischen und afrikanischen Ländern teilgenommen und verabschieden uns jetzt von euch. Ich möchte diese Gelegenheit ergreifen, Präsident Sukarno, der indonesischen Regierung und dem indonesischen Volk noch einmal unseren aufrichtigen Dank auszudrücken.

Als wir euren Boden betraten, wurden wir von dem stürmischen revolutionären Enthusiasmus des indonesischen Volkes begeistert. Ihr habt für die Feier dieses historischen Ereignisses gewaltige Arbeit geleistet und Djakarta herrlich und glänzend geschmückt. Tausende und aber Tausende Menschen haben ihren Freunden aus den asiatischen und afrikanischen Ländern einen herzlichen Empfang bereitet, und überall herrscht ein kämpferischer Geist gegen Imperialismus, Kolonialismus und Neokolonialismus. Sei es in Djakarta, Bogor, Bandung oder Bali, überall haben wir ein erregendes Schauspiel zur Feier dieses gemeinsamen Festes der asiatischen und afrikanischen Völker gesehen. Das indonesische Volk trägt mit Recht den Namen eines revolutionären Volkes.

Wie vor zehn Jahren die Bandung-Konferenz, waren diese Feierlichkeiten ausgezeichnet organisiert und sehr erfolgreich. Präsident Sukarno hielt auf der Erinnerungsfeier eine bedeutungsvolle Rede. Diese Rede war eine tiefe Analyse einer ganzen Reihe wichtiger internationaler Probleme von heute, und demonstrierte kraftvoll die Wahrheit, daß die Niederlage der Imperialisten und aller Reaktionäre so unvermeidlich ist, wie der Sieg der revolutionären Völker. Die Rede Präsident Sukarnos entwickelte den Geist von Bandung weiter und ist eine Verkörperung des revolutionären Willens von Milliarden Asiaten und Afrikanern. Auch die Führer der Anzahl anderer asiatischer und afrikanischer Länder bewiesen mit ihren Reden die Entschlossenheit der asiatischen und afrikanischen Völker, sich im Kampf gegen den Imperialismus zu vereinigen. Wir trafen viele alte Freunde und lernten neue kennen, und wir erhöhten unser gegenseitiges Verständnis und unsere Freundschaft. Wir blickten auf die Kämpfe und Siege der vergangenen zehn Jahre zurück, brachten unsere Bereitschaft zu neuen Kämpfen und unsere Bereitschaft, mit noch größerer Entschlossenheit und Solidarität nach neuen Siegen zu streben, zum Ausdruck und zeigten unseren Entschluß, gemeinsame Anstrengungen für eine erfolgreiche Zweite Afrikanisch-Asiatische Konferenz zu machen.

Die Bandung-Konferenz war eine epochemachende Schöpfung der asiatischen und afrikanischen Völker. In den vergangenen zehn Jahren sind in Asien und Afrika welterschütternde Veränderungen vor sich gegangen. Die Positionen des Imperialismus sind schwach geworden, und die Kräfte der Völker sind gewachsen. Ein asiatisches und ein afrikanisches Land nach dem anderen hat seine Unabhängigkeit errungen, und die Einheit der asiatischen und afrikanischen Völker gegen den Imperialismus entwickelt sich ständig. Die mehr als zwei Milliarden Asiaten und Afrikaner sind zu einer gewaltigen Kraft geworden, die den Weltfrieden verteidigt und den menschlichen Fortschritt fördert. Die asiatischen und afrikanischen Völker und alle unterdrückten Nationen und Völker der ganzen Welt wollen Revolution und Befreiung. Das ist der unwiderstehliche Lauf der Geschichte.

Obwohl wir jetzt die großen Siege der vergangenen zehn Jahre feiern, haben wir trotzdem nicht vergessen, daß wir immer noch mühevollen Aufgaben gegenüberstehen. Der Aufruf der Bandung-Konferenz, dem Übel des Kolonialismus in all seinen Erscheinungsformen ein Ende zu machen, ist noch nicht völlig verwirklicht. Es ist genauso wie Präsident Sukarno gesagt hat: Der Imperialismus ist noch nicht tot, der Kampf gegen Imperialismus, Kolonialismus und Neokolonialismus ist noch nicht zu Ende, es kann keine Rede von einer friedlichen Koexistenz mit dem Imperialismus sein.

Unsere Brüder und Schwestern in einer Anzahl asiatischer und afrikanischer Länder haben sich noch nicht von der Kolonialherrschaft befreit.

Diejenigen asiatischen und afrikanischen Länder, die bereits ihre Unabhängigkeit errungen haben, sind noch immer von imperialistischer Intervention, Subversion und Aggression bedroht.

Im Herzen Afrikas leidet Kongo (L) unter der Intervention und Aggression des von den Vereinigten Staaten angeführten Imperialismus. Die Völker Süd- und Zentralafrikas und anderer Teile Afrikas leiden noch immer unter der grausamen Unterdrückung und bewaffneten Niederschlagung durch die Rassisten und Kolonialisten.

In Westasien und Nordafrika benützt der Imperialismus Israel, sein Aggressionswerkzeug, noch stärker, um die Unabhängigkeit und Sicherheit der arabischen Länder zu bedrohen.

In Nordostasien errichtet der USA-Imperialismus ein neues Militärbündnis zur Bedrohung Koreas, Japans und der Völker anderer ostasiatischer Länder.

In Südostasien haben die amerikanischen und britischen Imperialisten „Malaysia", ein Produkt des Neokolonialismus, geschaffen, um Nordkalimantan zu versklaven und Indonesien zu bedrohen.

Besonders schwerwiegend ist, daß der USA-Imperialismus in Indochina eine wütende Aggression und militärische Abenteuer gegen Vietnam unternimmt.

Die Indochina-Frage, und insbesondere die Vietnam-Frage, sind naturgemäß zum Brennpunkt der Aufmerksamkeit der asiatischen und afrikanischen Führer geworden.

Die Vereinigten Staaten haben die Genfer Abkommen zerrissen, die friedliche Wiedervereinigung Vietnams verhindert, führen einen barbarischen „Spezialkrieg" in Südvietnam, verleumden aber trotzdem das vietnamesische Volk, daß es sein eigenes Land angreift, und benützen dies zum Vorwand, den Krieg auf Nord-Vietnam auszuweiten. Wer kann einer solchen Logik zustimmen?

Die Aggression der USA-Imperialisten gegen Vietnam ist eine Herausforderung des Geistes von Bandung und eine Herausforderung der Völker Asiens und Afrikas. Da die Vereinigten Staaten Aggression gegen Vietnam verübt haben, haben wir asiatischen und afrikanischen Länder die unabweisliche Pflicht, dem vietnamesischen Volk Unterstützung und Hilfe im Widerstandskampf gegen die USA-Aggressoren zu leisten.

Die Vereinigten Staaten sind der Verlierer und nicht der Sieger im Aggressionskrieg gegen Südvietnam. Sie haben einige Milliarden amerikanische Dollars ausgegeben, einige zehntausend Truppen geschickt, und einige Jahre lang „Spezialkrieg" geführt; aber je länger sie Krieg führen, desto schlimmer wird ihre Lage. Das südvietnamesische Volk wird im Verlauf des Kampfes stärker und stärker. Unter Führung der Nationalen Befreiungsfront Südvietnams hat die südvietnamesische Befreiungsarmee drei Viertel des Landes und zwei Drittel der Bevölkerung befreit. Das Marionettenregime in Saigon ist völlig ungeeignet, das südvietnamesische Volk zu vertreten. Die Niederlage der USA-Aggressoren in Südvietnam ist eine sichere Sache. Wie der Kampf des koreanischen Volkes vor mehr als zehn Jahren, hat der Kampf des südvietnamesischen Volkes bewiesen, daß es durchaus möglich ist, den USA-Aggressoren eine Niederlage zu bereiten.

Gerade weil der USA-Imperialismus in eine Sackgasse geraten ist, sucht er sowohl durch eine Ausweitung des Aggressionskrieges als auch durch einen Friedensschwindel einen Ausweg. Das ist ein Zeichen der Schwäche und Ohnmacht des USA-Imperialismus.

Kann durch eine Ausweitung des Krieges die Vietnam-Frage gelöst werden? Je mehr der Krieg ausgeweitet wird, desto schneller und katastrophaler wird die Niederlage der USA sein. Die Demokratische Republik Vietnam ist bereit, ebenso China. Die Vereinigten Staaten können nicht einmal mit den 14 Millionen Südvietnamesen fertig werden, wie können sie mit den dreißig Millionen Vietnamesen und mit den 650 Millionen Chinesen fertig werden?

Wie verhält es sich mit den friedlichen Verhandlungen? Die wahre Absicht des amerikanischen Vorschlages sogenannter „Diskussionen ohne Bedingungen" ist, ihre blutige Aggression durch leeres Geschwätz über friedliche Diskussionen zu verdecken, damit sie ihre gewaltsame Besetzung Südvietnams aufrechterhalten können. Durch dieses Komplott wird sich niemand täuschen lassen. Premier Pham van Dong hat mittlerweile in Djakarta den konsequenten Standpunkt der Demokratischen Republik Vietnam in Hinsicht auf eine Lösung der Vietnam-Frage in strikter Übereinstimmung mit den Genfer Abkommen wiederholt, und zwar: Das grundlegende nationale Recht des vietnamesischen Volkes auf Frieden, Unabhängigkeit, Souveränität, Einheit und territoriale Integrität muß anerkannt werden; alle amerikanischen Streitkräfte müssen aus Südvietnam abgezogen und die Kriegshandlungen gegen Nord-Vietnam müssen eingestellt werden; das südvietnamesische Volk muß die Angelegenheiten Südvietnams selbst entscheiden und die Wiedervereinigung Vietnams muß von dem vietnamesischen Volk selbst gelöst werden. Das ist der einzige Weg zu einer friedlichen Lösung der

Vietnam-Frage. Dieser gerechte Standpunkt der Demokratischen Republik Vietnam hat sich die allgemeine Sympathie und Unterstützung der asiatischen und afrikanischen Länder errungen. Asiatische und afrikanische Fragen müssen von den asiatischen und afrikanischen Völkern selbst gelöst werden, die Vietnam-Frage muß durch das vietnamesische Volk selbst gelöst werden. Die Vereinigten Staaten müssen ihre Aggressionen gegen Vietnam beenden, und die amerikanischen Streitkräfte müssen aus Südvietnam abziehen. Wenn dies nicht geschieht, kann es keine Rede über eine friedliche Lösung der Vietnam-Frage geben.

Die Kämpfe der asiatischen und afrikanischen Völker haben einander stets unterstützt und geholfen. Die Tatsachen der letzten zehn Jahre zeigen, daß die asiatischen und afrikanischen Völker den Sieg erringen können, wenn sie einen hartnäckigen Kampf führen und einander jede mögliche Hilfe und Unterstützung gewähren.

Im Kampf des ägyptischen Volkes gegen die bewaffnete imperialistische Aggression und zur Verteidigung des Suezkanals unterstützten die asiatischen und afrikanischen Völker den Kampf des ägyptischen Volkes. Das ägyptische Volk führte einen hartnäckigen Kampf und siegte.

Im nationalen Befreiungskrieg Algeriens unterstützten die asiatischen und afrikanischen Völker den Kampf des algerischen Volkes. Das algerische Volk führte einen beharrlichen Kampf und errang den Sieg.

Im Kampf des indonesischen Volkes zur Wiedererlangung West-Irians unterstützten die asiatischen und afrikanischen Völker den Kampf des indonesischen Volkes. Das indonesische Volk führte einen hartnäckigen Kampf und errang den Sieg.

Jetzt führt das tapfere vietnamesische Volk infolge der wütenden Angriffe des schmutzigen USA-Imperialismus einen heroischen Widerstandskampf. Der siegreiche Kampf des vietnamesischen Volkes bindet einen bedeutenden Teil der Kräfte der USA-Imperialisten. Der Kampf des vietnamesischen Volkes ist eine Unterstützung der Völker Asiens und Afrikas. Wenn die asiatischen und afrikanischen Völker das vietnamesische Volk unterstützen, unterstützen sie sich selbst.

Um den Geist von Bandung zu sichern und den Frieden in Asien und der ganzen Welt zu verteidigen, müssen wir asiatischen und afrikanischen Völker uns noch enger zusammenschließen, und einen gemeinsamen Kampf führen, um der Intervention und Aggression der von den Vereinigten Staaten angeführten Imperialisten gegen die afrikanischen, arabischen und asiatischen Völker entschieden Einhalt zu gebieten und das verbrecherische amerikanische imperialistische Komplott zu zerschmettern, den Krieg in Indochina auszuweiten.

Liebe indonesische Brüder und Schwestern! Zehn Jahre sind vergangen, seit wir uns das letztemal trafen. In diesen zehn Jahren sind große Veränderungen in Asien und Afrika vor sich gegangen; auch in Indonesien haben sich große Veränderungen ergeben. Unter Führung Präsident Sukarnos hat euer Land weiterhin auf der revolutionären Linie des Kampfes gegen Imperialismus und Kolonialismus beharrt, auf der revolutionären Linie der Konsolidierung der nationalen Unabhängigkeit und der Entwicklung der nationalen Wirtschaft. Ihr habt von den Imperialisten unterstützte konterrevolutionäre Aufstände unterdrückt. Ihr habt West–Irian wiedererlangt. Jetzt macht ihr Front gegen „Malaysia", das Produkt des Neokolonialismus. Ihr seid aus den Vereinten Nationen ausgetreten, weil sie von den USA beherrscht werden. Ihr habt die revolutionäre Idee der Gegenüberstellung der neu aufstrebenden Kräfte gegen die alten verfaulenden Kräfte aufgestellt, und habt viele besondere Maßnahmen zu ihrer Erfüllung durchgeführt. Ihr habt eure nationale Einheit, deren Kern die „Nasakom" ist, verstärkt. Ihr habt allmählich die kolonialistischen Kräfte in eurem Land ausgetilgt. Ihr seid entschlossen, die Politik des Selbstvertrauens beim Aufbau eures Landes zu verfolgen. Ihr habt unzählige Schwierigkeiten. Aber, auf das Volk vertrauend, habt ihr ein Hindernis nach dem andern auf dem Wege des Fortschritts überwunden. Das chinesische Volk freut sich darüber und ist ermutigt durch jeden Schritt, den das indonesische Volk auf dem revolutionären Weg vorwärts geht. Die Kraft der Völker ist grenzenlos. Ich wünsche dem großen indonesischen Volk unter der Führung Präsident Sukarnos von ganzem Herzen neue Errungenschaften und Siege bei der Arbeit der kommenden Tage. Seid versichert, daß das chinesische Volk, ganz gleich, was auf der Welt geschieht, immer an eurer Seite stehen wird.

Lang lebe der Geist von Bandung!
Lang lebe die afrikanisch-asiatische Solidarität!
Lang lebe die chinesisch-indonesische Freundschaft!
Hidup persahabatan Tiongkok-Indonesia!

Quelle: Peking Rundschau Nr. 18/1965

CHINA IST BEREIT DIE AMERIKANISCHE HERAUSFORDERUNG ANZUNEHMEN

AUSZÜGE AUS DER REDE AUF DEM EMPFANG BEI TRAN VAN TANH, LEITER DER STÄNDIGEN MISSION DER NATIONALEN BEFREIUNGSFRONT SÜDVIETNAMS IN CHINA, ANLÄSSLICH DER FEIER DES 5. JAHRESTAGES DER GRÜNDUNG DER NATIONALEN BEFREIUNGSFRONT

(20. Dezember 1965)

„Die amerikanischen Imperialisten stecken jetzt tief im Sumpf ihres Aggressionskrieges gegen Vietnam", sagte Ministerpräsident Tschou. „Je größer der Krieg, desto schwerer die Niederlagen der amerikanischen Imperialisten und desto größer die inneren und äußeren Schwierigkeiten der Johnson-Regierung. Trotzdem werden sich die amerikanischen Imperialisten mit ihrer Niederlage nicht abfinden. Sie werden ihren verzweifelten Kampf und ihre abenteuerlichen Aktionen fortsetzen und weiter versuchen, durch Erpressungen mit dem Krieg einen Ausweg zu finden.

Vor kurzem ist der amerikanische Verteidigungsminister McNamara zum siebenten Mal nach Südvietnam gefahren; die Hochgestellten der amerikanischen politischen und militärischen Kreise halten eine Beratung nach der anderen ab, fahren hierhin und dorthin und entwerfen neue Pläne zur Ausweitung des Krieges. Erstens einmal fahren die Vereinigten Staaten fort, Verstärkungen nach Südvietnam selbst zu schicken, bauen große Militärhäfen und Flugplätze und verstärken ihre Streitkräfte zur See. Gleichzeitig bereiten sich die Vereinigten Staaten auch außerhalb Südvietnams auf weitere Aktionen vor.

Dazu gehören: umfassendes Bombardement Nord-Vietnams, einschließlich Haiphongs und Hanois, um den Kampfwillen des nordvietnamesischen Volkes, sein Vaterland zu verteidigen und dem Süden Hilfe zu leisten, zu untergraben; Störaktionen und Blockade des Golfs von Bac Bo, in der Hoffnung, die Seeverbindungen zur Demokratischen Republik Vietnam abschneiden zu können;

Bombardement der von der Neo Lao Haksat befreiten mittleren und südlichen Teile von Laos und Vorbereitung der Besetzung dieses Gebietes durch amerikanische, thailändische Truppen und Truppen der laotischen Rechten, um eine Verbindung zwischen Laos, Thailand und Südvietnam herzustellen; Bombardement und Angriffe auf das Gebiet Xieng Khouang in Laos, um die Hauptverbindungsstraßen, die aus Laos in die Demokratische Republik Vietnam führen, zu blockieren; Anstiftung der thailändischen und südvietnamesischen Marionettencliquen, ihre Angriffe und Störaktionen gegen Kambodscha zu intensivieren, in der Hoffnung, die Grenze zwischen Kambodscha und Südvietnam abriegeln zu können.

Offensichtlich verfolgen die Vereinigten Staaten das Ziel, Südvietnam eine totale Blockade aufzuzwingen, das südvietnamesische Volk zu isolieren und es in seinem gerechten Kampf gegen die amerikanische Aggression zur Rettung der Nation der Hilfe zu berauben, um sich so vor der Niederlage in Südvietnam zu retten. Sollten sie dieses Ziel trotzdem nicht erreichen — und sie werden sicherlich scheitern — so ist es möglich, daß die amerikanischen Imperialisten, gemäß den objektiven Gesetzen, denen die Entwicklung von Aggressionskriegen unterliegt, noch einen Schritt weiter gehen und den Aggressionskrieg auf ganz Indochina und China ausweiten werden. Tatsächlich bereiten sich die amerikanischen Imperialisten jetzt auf diese Möglichkeit vor."

„Um die Wahrheit über die Ausweitung des Aggressionskrieges verbergen und Zeit gewinnen zu können, Vorbereitungen für ihre wahnwitzigen militärischen Pläne zu treffen, haben die amerikanischen Imperialisten zur Zeit wieder Gesänge der ‚Friedensgespräche' angestimmt", fuhr Ministerpräsident Tschou fort. „Die Johnson-Regierung verbreitet, daß die Vereinigten Staaten ‚bereit sind, an jedem Ort zu verhandeln, ohne Bedingungen zu stellen'; sie versucht noch einmal, ihren Trick ‚zeitweilige Einstellung des Bombardements' auszuspielen, und behauptet, daß sie ‚die Möglichkeit nicht ausschließt, neuerlich das Bombardement einzustellen, um einen Schritt zum Frieden zu tun'. Infolge des Geschreis der Johnson-Regierung sind einige Leute, die eifrig bemüht sind, den amerikanischen Imperialisten zu helfen, wieder sehr aktiv geworden. Sie spielen ihre Laufburschen und versuchen, die Leute glauben zu machen, daß sich der Charakter der Johnson-Regierung geändert hat und daß diese in der Vietnam-Frage wirklich gewillt ist, das Schlachtmesser aus der Hand zu legen und ihre Aggression aufzugeben."

China ist bereit die amerikanische Herausforderung anzunehmen 255

„Aber die Völker haben mit den Tricks der Johnson-Regierung schon ihre Erfahrungen", fuhr Ministerpräsident Tschou fort. „Seit Anfang dieses Jahres arbeitet sie mit ihrem ‚Friedensgesprächs'-Trick, und zwar jedesmal, wenn Verstärkungen nach Südvietnam gebracht werden und ein weiterer Schritt zur Eskalation des Aggressionskrieges in Vietnam getan wird. In Wirklichkeit sind in ihren sogenannten ‚Verhandlungen ohne Vorbedingungen' aber doch Bedingungen enthalten; mit anderen Worten gesagt, das südvietnamesische Volk soll seine Waffen niederlegen und den Widerstand einstellen, und das nordvietnamesische Volk soll seine Landsleute im Süden nicht mehr unterstützen.

Es hat sich schon lange herausgestellt, daß die ‚zeitweilige Einstellung des Bombardements' im Mai dieses Jahres nur eine plumpe Erpressung mit dem Krieg war. Man weiß ganz gut, daß die Johnson-Regierung mit ihrer Doppeltaktik nur ein Ziel verfolgt, nämlich Südvietnam besetzt zu halten, die Teilung Vietnams zu verewigen und Südvietnam in eine amerikanische Kolonie und einen aggressiven Stützpunkt zu verwandeln. Aus diesem Grund haben die amerikanischen Imperialisten diesen Aggressionskrieg entfesselt und ausgeweitet, und aus eben demselben Grund schreien sie nach ‚Verhandlungen ohne Vorbedingungen' und bereiten sich sogar vor, neuerlich die Farce der ‚zeitweiligen Einstellung des Bombardements' zu spielen. Dieses Ziel bleibt trotz aller Änderungen immer dasselbe. Die amerikanischen Imperialisten werden ihre arroganten Versuche nicht aufgeben, bis sie endgültig besiegt worden sind. Bevor das eingetreten ist, ist das Geschrei der Johnson-Regierung nach ‚Verhandlungen ohne Vorbedingungen' und nach einer ‚zeitweiligen Einstellung des Bombardements' nur ein Vorspiel und ein Deckmantel bei der Ausweitung des Krieges.

Die Tatsachen sind ganz klar. Nicht das vietnamesische Volk hat eine Aggression gegen die Vereinigten Staaten verübt, sondern die Vereinigten Staaten haben Vietnam angegriffen. Einzig und allein die amerikanischen Imperialisten haben einen Aggressionskrieg gegen das vietnamesische Volk entfacht. Deshalb kann die Befreiung Südvietnams und die friedliche Wiedervereinigung nicht auf der Grundlage der von den Aggressoren gestellten Bedingungen verwirklicht werden, sondern nur aufgrund des Vier-Punkte-Vorschlages der Regierung der Demokratischen Republik Vietnam vom 8. April und der Fünf-Punkte-Erklärung der Nationalen Befreiungsfront Südvietnams vom 22. März, nämlich: die amerikanischen Imperialisten müssen ihre Aggression gegen Vietnam einstellen, alle amerikanischen

Truppen und alles Kriegsmaterial aus Südvietnam abziehen und dem vietnamesischen Volk ermöglichen, seine Probleme selbst zu lösen. Mit einem Wort, die Aggressoren müssen aus Vietnam abziehen; es gibt keine andere Wahl.

Anstatt die obenerwähnten vernünftigen Vorschläge des vietnamesischen Volkes anzunehmen, weiten die amerikanischen Imperialisten ihren Aggressionskrieg in Vietnam ‚schrittweise' aus. Unter diesen Umständen hat das vietnamesische Volk keine andere Wahl, als den Kampf entschlossen und energisch weiterzuführen, bis es die amerikanischen Aggressoren aus Vietnam vertrieben hat. Das einzige, was alle friedliebenden Länder und Völker tun können, ist, das vietnamesische Volk im Kampf zum völligen Sieg über die amerikanischen Aggressoren entschlossen zu unterstützen.

Um so mehr ist es internationalistische Pflicht jedes sozialistischen Landes, dem vietnamesischen Brudervolk alle nur mögliche Hilfe zu leisten. Es ist deshalb ein wichtiges Kriterium für die Beurteilung, ob der Antiimperialismus eines sozialistischen Landes echt oder nur scheinbar ist und ob es dem vietnamesischen Volk wirklich oder nur scheinbar hilft, daß es den gerechten Standpunkt der Demokratischen Republik Vietnam und der Nationalen Befreiungsfront Südvietnams im Kampf gegen die amerikanische Aggression zur Rettung der Nation energisch unterstützt, daß es unablässig den Friedensgesprächsschwindel der amerikanischen Imperialisten enthüllt und bekämpft und daß es dem vietnamesischen Volk wirklich rechtzeitig wirksame und praktische materielle Hilfe leistet.

Wenn jemand das vietnamesische Volk nur oberflächlich ein wenig unterstützt, während er heimlich mit den amerikanischen Imperialisten zusammenarbeitet, wenn er nur ein paar Losungen gegen die Aggression der amerikanischen Imperialisten in Vietnam aufstellt, während er in Wirklichkeit dem Friedensgesprächsschwindel der amerikanischen Imperialisten Vorschub leistet, wenn er nur im Mund führt, daß sich die sozialistischen Länder gegen die amerikanischen Imperialisten vereinigen sollen, während er in Wirklichkeit Zwietracht sät, um die Einheit des vietnamesischen Volkes gegen die amerikanische Aggression und die Einheit des vietnamesischen und chinesischen Volkes gegen den amerikanischen Imperialismus zu untergraben, dann hilft er dem vietnamesischen Volk sicherlich nicht, sondern versucht, aus der revolutionären Sache des vietnamesischen Volkes Kapital für seine schmutzigen Geschäfte mit den Vereinigten Staaten zu schlagen, und hofft, durch eine solche ‚Hilfe' seine versteckten Ziele zu erreichen. Das ist nicht nur ein

Verrat am vietnamesischen Volk, sondern auch ein Verrat an den Völkern aller sozialistischen Länder und den Völkern der ganzen Welt, der nicht zugelassen werden kann."

Abschließend sagte Ministerpräsident Tschou: „Das heroische vietnamesische Volk läßt sich nicht einschüchtern oder betrügen. Es weiß aus eigener Erfahrung sehr gut, daß die amerikanischen Imperialisten besiegt werden müssen und besiegt werden können, wenn sie auch noch so grausam sind und auf welche Stufe sie auch den Krieg auszuweiten versuchen, und daß die heilige Sache des vietnamesischen Volkes, Befreiung des Südens, Verteidigung des Nordens und Wiedervereinigung des Vaterlandes, siegen wird.

Als brüderlicher Nachbar, der mit dem vietnamesischen Volk so eng verbunden ist wie Lippen und Zähne, unterstützen die chinesische Regierung und das chinesische 650-Millionen-Volk das vietnamesische Volk energisch in seinem gerechten Kampf gegen die amerikanische Aggression zur Rettung der Nation, den Vier-Punkte-Vorschlag der Demokratischen Republik Vietnam und die Fünf-Punkte-Erklärung der Nationalen Befreiungsfront Südvietnams. Das chinesische Volk ist gut vorbereitet. Wenn die amerikanischen Imperialisten darauf bestehen, den Weg der Kriegsausweitung weiterhin zu gehen und eine neuerliche Kraftprobe mit dem chinesischen Volk wollen, dann wird das chinesische Volk die Herausforderung entschlossen annehmen und den Krieg bis zum Ende führen. Komme, was will, das chinesiche Volk wird unerschütterlich an der Seite des vietnamesischen Brudervolkes stehen und alle Anstrengungen machen, um die amerikanischen Imperialisten zu schlagen und endgültig zu besiegen."

Quelle: Peking Rundschau Nr. 52/1965

REDE AUF DER MASSENKUNDGEBUNG DER BEVÖLKERUNG ALLER BERUFSKREISE DER HAUPTSTADT ZUR BEGRÜSSUNG DER PARTEI- UND REGIERUNGSDELEGATION ALBANIENS

(30. April 1966)

Lieber Genosse Mehmet Shehu,
lieber Genosse Hysni Kapo,
liebe Genossen der albanischen Partei- und Regierungsdelegation,
Genossen und Freunde!

Wir, die Bevölkerung aller Berufskreise der Hauptstadt, halten heute hier eine große Kundgebung zum Empfang der albanischen Partei- und Regierungsdelegation mit Genossen Mehmet Shehu an der Spitze ab. Genossen Shehu und Kapo, unsere prominenten Gäste, sind hervorragende Führer des albanischen Volkes und die engsten Kampfgefährten des Genossen Enver Hoxha. Sie haben uns die große revolutionäre Freundschaft des gesamten albanischen Volkes gebracht, was eine große Ermutigung und Unterstützung für unser Volk ist. Im Namen der Kommunistischen Partei, der Regierung und des Volkes von China heiße ich die illustren Abgesandten des albanischen Volkes herzlich willkommen.

Das albanische Volk ist ein heldenhaftes Volk. Die Volksrepublik Albanien wurde inmitten der wütenden Flammen des Kampfes gegen die faschistischen Aggressoren geboren und wuchs in den Stürmen der Revolution gegen den Imperialismus und seine Lakaien auf. Die Partei der Arbeit Albaniens mit Genossen Enver Hoxha an der Spitze ist eine langerprobte, wahrhaft revolutionäre marxistisch-leninistische Partei. Sie führt das albanische Volk, indem sie das Banner der Revolution hochhält und die Sache der sozialistischen Revolution und des sozialistischen Aufbaus ständig voranbringt. Sie leistet dem modernen Revisionismus mit der Führungsgruppe der KPdSU als seinem Mittelpunkt entschlossen Widerstand, wodurch sie ein ruhmreiches Beispiel allen marxistisch-leninistischen Parteien der Welt gibt. Sie bleibt dem proletarischen Internationalismus immer treu und leistet entschlossen Widerstand gegen den Imperialismus mit den Vereinigten Staaten an der Spitze und gewährt allen unterdrückten Völkern und Nationen bei ihrem revolutionären Kampf allseitige Unterstützung. So ein Volk, so ein Land und so eine Partei sind unüberwindlich. Sie sind unversöhnliche Feinde des Imperialismus, der Reaktion in allen Ländern und des modernen Revisionismus und die verläßlichsten Kampfgefährten aller Marxisten-Leninisten und revolutionären Völker der Welt.

Unter Führung der Partei der Arbeit Albaniens hat das albanische Volk in den vergangenen zwanzig Jahren und länger sein Land aus einem armen und rückständigen in ein sozialistisches Land mit einer fortschrittlichen Industrie und kollektivierten Landwirtschaft verwandelt. Verglichen mit den Tagen vor der Befreiung, hat sich die industrielle und landwirtschaftliche Produktion in Albanien bedeutend gesteigert; sein Kultur- und Erziehungswesen war Zeuge einer gewaltigen Entwicklung und die Lebenshaltung des Volkes wurde merklich verbessert. Indem das albanische Volk den revolutionären Geist, sich auf die eigene Kraft zu verlassen, voll zur Geltung kommen läßt, strebt es jetzt nach Selbstversorgung mit Nahrungsmitteln, nach einer weiteren Vervollkommnung der Industrie und der Erfüllung des vierten Fünfjahrplans. Albaniens glänzende Erfolge bezeugen die Wahrheit, daß ein sozialistisches Land, was immer die Größe und was immer die Grundlage ist, von der es ausgeht, gewiß zum Wohlstand und zur Stärke gelangen und Wunder vollbringen kann, die für die Imperialisten, modernen Revisionisten und alle Reaktionäre unfaßbar sind, solange es eine richtige Parteiführung und eine richtige Parteilinie hat und solange das ganze Volk sich wie einer vereint und im harten Kampf ausharrt.

Die Partei der Arbeit Albaniens hält an der proletarischen Revolution und der Diktatur des Proletariats und der Führung der sozialistischen Revolution bis zum Ende im Geiste einer ununterbrochenen Revolution fest. Sie mißt der Erteilung von Klassenerziehung, von Erziehung in der revolutionären Tradition und von kommunistischer Erziehung an die Parteimitglieder, die Funktionäre und die Volksmassen große Wichtigkeit bei. Sie gibt der politischen und ideologischen Arbeit den Vorrang und betrachtet die revolutionäre Umgestaltung des Menschen als den Schlüssel zur

Vollendung der sozialistischen Revolution. Um die Ideologie und den Arbeitsstil von Grund auf revolutionär umzugestalten, hat die Partei der Arbeit Albaniens kürzlich eine Reihe Maßnahmen von großer Bedeutung angenommen, wie: tatkräftige Durchführung der Massenlinie, Übung von Kritik und Selbstkritik und Bekämpfung des Bürokratismus; Vereinfachung der Verwaltungsorgane und Aussendung der Funktionäre zur Arbeit auf niederer Ebene, Verstärkung der Grundeinheiten; Entsendung von Funktionären zur Teilnahme an der Produktionsarbeit und Verringerung der Lohnunterschiede; Wiederherstellung des Parteikomiteesystems und Ernennung politischer Kommissare in den Streitkräften und Abschaffung der militärischen Dienstgrade; Ermutigung von Literatur- und Kunstschaffenden, tief in die Massen in den Dörfern und Fabriken zu gehen. Diese Maßnahmen zur revolutionären Umgestaltung haben die begeisterte Unterstützung der ganzen Partei, der ganzen Armee und des gesamten Volkes gefunden. In grenzenloser Begeisterung und hohem kämpferischen Geist strahlen die breiten Massen vor Freude. Das ganze Land bietet das Bild geschäftiger revolutionärer Aktivität.

Vom marxistisch-leninistischen Standpunkt aus betrachtet, sind diese von der Partei der Arbeit Albaniens ergriffenen Maßnahmen zur revolutionären Umgestaltung von großer theoretischer und praktischer Bedeutung. Die historischen Erfahrungen der Diktatur des Proletariats, besonders die Lehren, welche die Usurpation der sowjetischen Partei- und Staatsführung durch die Chruschtschowsche Revisionistenclique geliefert hat, sagen uns, daß nach Übernahme der Macht durch das Proletariat und nach der sozialistischen Revolution an der Wirtschaftsfront, das heißt in Hinsicht auf das Eigentum an den Produktionsmitteln, es eine sehr lange historische Periode, ein- oder mehrere hundert Jahre, beanspruchen wird, die Frage, „Wer wird siegen?" — Sozialismus oder Kapitalismus — zu lösen. Die gestürzte Bourgeoisie und andere Ausbeuterklassen bleiben eine ziemlich lange Zeit recht stark und ihre politischen Ansichten und ihre Ideologie üben immer noch großen Einfluß aus. Neue bürgerliche Elemente mögen in den Reihen der Arbeiterklasse, unter den kollektivierten Bauern und in den Organen der Regierung und den kulturellen Institutionen noch ständig entstehen. Diese bürgerlichen Elemente, alte und neue, versuchen unausbleiblich auf allerlei Art, den Kapitalismus zu restaurieren. Daher bleibt der Klassenkampf zwischen Proletariat und Bourgeoisie, der Kampf zwischen dem sozialistischen Weg und dem kapitalistischen Weg während des ganzen historischen Stadiums des Sozialismus nach wie vor ein vom menschlichen Willen unabhängiges objektives Gesetz und bleibt immer noch die Triebkraft für die Entwicklung der sozialistischen Gesellschaft. Um die bürgerlichen Kräfte gründlich zu beseitigen, die Usurpation von Partei- und Staatsführung durch den Revisionismus und die Restauration des Kapitalismus zu verhüten, die Diktatur des Proletariats und das sozialistische System zu festigen und zu entwickeln und die Bedingungen zum allmählichen Übergang zum Kommunismus in Zukunft zu schaffen, müssen wir die sozialistische Revolution an der politischen Front und besonders an der ideologischen Front bis zum Ende führen, während wir die sozialistische Revolution an der Wirtschaftsfront fortsetzen.

Die Tatsache, daß die Tito-Clique in Jugoslawien den Kapitalismus restauriert hat, und besonders die Tatsache, daß die Clique der Chruschtschowschen Revisionisten den Weg der Restaurierung des Kapitalismus in der Sowjetunion eingeschlagen hat, haben der revolutionären Sache des internationalen Proletariats schweren Schaden verursacht, aber zugleich haben sie eine äußerst wichtige Lehre des negativen Beispiels geliefert, aus der die Marxisten-Leninisten aller Länder lernen können, wie die von innen her entstehende Entartung der proletarischen Parteien und sozialistischen Staaten zu verhindern ist.

Die Partei der Arbeit Albaniens harrt in der Diktatur des Proletariats und im Klassenkampf aus und ist entschlossen, die sozialistische Revolution bis zum Ende durchzuführen. Sie hat in der Bemühung, die Restaurierung des Kapitalismus zu verhindern, eine Reihe revolutionärer Maßnahmen angenommen. All dies wird nicht nur die Festigung und Entwicklung des Sozialismus in Albanien fördern, sondern es wird bestimmt die Erfahrungen der Diktatur des Proletariats bereichern. Es ist ein hervorragender Beitrag der Partei der Arbeit Albaniens zur kommunistischen Sache der ganzen Welt.

Liebe albanische Genossen! Sie halten das große revolutionäre Banner des Marxismus-Leninismus in Europa hoch, wo der Imperialismus einen Verzweiflungskampf austrägt und wo eine Hochflut revisionistischer Gedanken herrscht. Sie vertreten die Hoffnung Hunderter Millionen der Volksmassen in Europa und symbolisieren die Zukunft von Europa. Das Proletariat von Europa und die revolutionären Völker der ganzen Welt werden sich Ihrer historischen Verdienste immer erinnern.

Genossen und Freunde! Unter Führung der Kommunistischen

Rede zur Begrüßung der albanischen Delegation

Partei Chinas und des Vorsitzenden Mao Tsetung hält das chinesische Volk das große rote Banner der Ideen Mao Tsetungs hoch, besteht auf der Generallinie „Unter Anspannung aller Kräfte vorwärtsstreben, nach dem Prinzip ‚mehr, schneller, besser und wirtschaftlicher' den Sozialismus aufbauen" und macht große Fortschritte auf dem Weg der sozialistischen Revolution und des sozialistischen Aufbaus. In unserem ganzen Lande herrscht eine ausgezeichnete Lage.

Es gibt beim wirtschaftlichen Aufbau des Landes einen gesunden und fortgesetzten Aufschwung. Unsere Industrieproduktion hat einen neuen Sprung vorwärts gemacht, nicht nur in der Menge, sondern, was noch wichtiger ist, in der Mannigfaltigkeit, Qualität und Technik. Sowohl in Umfang als auch in Tempo und Qualität haben die Investbauten die der vergangenen paar Jahre weit übertroffen. In der Landwirtschaft haben wir in drei aufeinanderfolgenden Jahren gute Ernten eingebracht. Die Mitglieder der Volkskommunen im ganzen Lande trachten nach einer neuen guten Ernte in diesem Jahr. Es ist ein nie dagewesener allseitiger Aufschwung in unserer Volkswirtschaft entstanden.

Die Theorie des Genossen Mao Tsetung über die Klassen und den Klassenkampf in der sozialistischen Gesellschaft ist unsere Richtschnur in der sozialistischen Revolution und beim sozialistischen Aufbau. Wir haben in den letzten Jahren, indem wir den Klassenkampf als das entscheidende Glied nahmen, die Bewegung für sozialistische Erziehung in den Dörfern und Städten des ganzen Landes in Etappen und Gruppen entfaltet und gewaltige Erfolge erzielt. Diese Bewegung hat dem Kapitalismus und den übriggebliebenen Kräften des Feudalismus weitere Schläge versetzt, die Positionen des Sozialismus gefestigt und erweitert, das sozialistische Bewußtsein der breiten Massen der Funktionäre und des Volkes erhöht, die Überlegenheit des sozialistischen Systems zur vollen Geltung gebracht und die kräftige Entwicklung der Produktion und des Aufbaus gefördert.

Eine sozialistische Kulturrevolution von großer historischer Bedeutung wird gegenwärtig in unserem Land unternommen. Dies ist ein heftiger und langwieriger Kampf auf ideologischem Gebiet um die Entscheidung darüber, „Wer wird siegen?", das Proletariat oder die Bourgeoisie. Wir müssen auf akademischem, erzieherischem und journalistischem Gebiet, in der Kunst und Literatur sowie auf allen anderen Gebieten der Kultur die proletarische Ideologie energisch fördern und die bürgerliche Ideologie ausmerzen. Dies ist eine entscheidende Frage für die tiefe Entwicklung der sozialistischen Revolution unseres Landes im gegenwärtigen Stadium, eine Frage, welche die Lage als Ganzes betrifft, und eine im höchsten Grade wichtige Angelegenheit, von der Schicksal und Zukunft unserer Partei und unseres Landes berührt werden.

Genosse Mao Tsetung hat den Marxismus-Leninismus nach allen Seiten mit großer Begabung schöpferisch entwickelt. Die Ideen Mao Tsetungs sind der Marxismus-Leninismus in der Epoche, in der der Imperialismus seinem Untergang entgegengeht und der Sozialismus zu seinem weltweiten Sieg vorschreitet. Sie sind in unserer Epoche der höchste Gipfel des Marxismus-Leninismus. Sie sind unsere mächtigste Waffe, um die bürgerliche Ideologie und den Revisionismus zu besiegen. Das chinesische Volk hat durch seine langen revolutionären Kämpfe ein tiefes Verständnis bekommen, daß das Banner der Ideen Mao Tsetungs das Banner des Sieges ist.

Die gegenwärtige Massenbewegung für das Studium und die schöpferische Anwendung der Werke des Genossen Mao Tsetung durch die breiten Massen der Funktionäre, der Arbeiter, Bauern und Armeeangehörigen hat auf politischem, ideologischem, wirtschaftlichem und militärischem Gebiet sowie in anderen Bereichen überreiche Früchte getragen und eine neue Ära eröffnet, in der die Massen der Arbeiter, Bauern und Armeeangehörigen den Marxismus-Leninismus direkt beherrschen und anwenden.

Angesichts der gegenwärtigen Lage im In- und Ausland ist unser Volk angeleitet von den Ideen Mao Tsetungs bestrebt, die Wirtschaft zu entwickeln, die nationale Verteidigung zu stärken, den dritten Fünfjahrplan zu erfüllen und überzuerfüllen, den USA-Imperialismus, die Reaktion in allen Ländern und den Chruschtschowschen Revisionismus zu bekämpfen und die Völker der ganzen Welt beim revolutionären Kampf zu unterstützen.

Genossen und Freunde! Die revolutionären Völker der Welt führen jetzt einen intensiven Kampf gegen den USA-Imperialismus und seine Lakaien. Die verschiedenen Widersprüche in der Welt werden schärfer und schärfer. Drastische Spaltungen und Umgruppierungen gehen unter den verschiedenen politischen Kräften vor sich. Die ganze Welt unterzieht sich dem Prozeß einer großen Umwälzung, einer großen Teilung und Reorganisierung. Diese Situation ist die unvermeidliche Folge der Vertiefung des revolutionären Kampfes der Völker und das Vorspiel für einen neuen revolutionären Sturm der Völker der Welt.

Die gegenwärtige nationaldemokratische Bewegung in Asien,

Rede zur Begrüßung der albanischen Delegation 265

Afrika und Lateinamerika brandet auf. Der Kampf der Völker in Westeuropa, Nordamerika und Ozeanien gegen den USA-Imperialismus und das heimische Monopolkapital entwickelt sich in die Breite. Der Kampf des amerikanischen Volkes gegen die Aggression der Johnson-Regierung in Vietnam und der Kampf der amerikanischen Neger gegen die Rassendiskriminierung steigen beständig und die wütende antiamerikanische Woge der Völker der Welt wird immer höher. Der Kampf aller Marxisten-Leninisten der Welt gegen den modernen Revisionismus, dessen Mittelpunkt die Führungsgruppe der KPdSU ist, entwickelt sich siegreich. Die revolutionären Kräfte der Völker der Welt werden jeden Tag stärker. All dies bildet die Haupttendenz in der Entwicklung der internationalen Lage. Der USA-Imperialismus wird sowohl im In- als auch im Ausland von Schwierigkeiten belagert und ist von den revolutionären Völkern der Welt Ring um Ring eingekreist. Die USA-Imperialisten und die Reaktionäre aller Länder begegnen den revolutionären Völkern verschiedener Länder mit wahnwitzigen Angriffen. Sie haben reaktionäre Staatsstreiche in Indonesien und gewissen afrikanischen Ländern inszeniert und eine konterrevolutionäre Gegenströmung hervorgerufen. Sie haben zu einer weltweiten chinafeindlichen Kampagne aufgehetzt und China wütend verleumdet. Aber indem sie so handeln, decken sie ihren reaktionären Charakter nur noch mehr auf, machen sie die revolutionären Völker der Welt nur noch wachsamer und beweisen, daß das chinesische Volk mit der Unterstützung des Kampfes aller unterdrückten Völker und Nationen völlig recht hat. Wir werden konsequent das fortsetzen, was wir getan haben. Obwohl die Imperialisten und Reaktionäre verschiedener Länder in ihrem Verzweiflungskampf eine Zeitlang wüten können, vermögen sie auf keine Weise den Lauf der Entwicklung der Weltgeschichte zu ändern.

Der Kampf des vietnamesischen Volkes gegen die Aggression der USA und um die Rettung der Nation ist der Brennpunkt des gegenwärtigen Kampfes der Völker der Welt gegen die USA. Das vietnamesische Volk bringt die ungeheure Kraft des Volkskriegs voll zur Geltung und dadurch ist es im Verlauf des Kampfes immer stärker geworden und hat gewaltige Siege errungen, durch welche die Kräfte des USA-Imperialismus wirksam gebunden und reduziert werden und der revolutionäre Kampf aller anderen Völker unterstützt wird.

Um sich aus seiner mißlichen Lage in der Vietnam-Frage zu befreien, nimmt der USA-Imperialismus auf jede Weise seine Zuflucht zur konterrevolutionären doppelten Taktik. Einerseits weitet er beim Versuch, das vietnamesische Volk mit Waffengewalt zu unterwerfen, den Krieg rapid schrittweise aus. Andererseits macht er wie wahnwitzig den Trick mit den „Friedensgesprächen" in einem hoffnungslosen Versuch, das zu erlangen, was er auf dem Kriegsschauplatz nicht zu erringen vermag. Kürzlich hat er große Verstärkungen nach Süd-Vietnam gesandt, die Demokratische Republik Vietnam noch rücksichtsloser bombardiert, seine Angriffe auf die befreiten Gebiete von Laos ausgeweitet und die thailändischen Reaktionäre aufgehetzt, Kriegsprovokationen gegen Kambodscha zu unternehmen. Er bereitet die Ausbreitung der Flammen des Aggressionskrieges auf ganz Indochina und China vor. Zugleich hat die Johnson-Regierung versucht, durch Mansfield einen neuen Schwindel mit „Friedensgesprächen" anzubringen, indem sie die „direkte Konfrontation", Verhandlungen mit China und Vietnam, andeutete. Wir wollen die USA-Imperialisten warnen: Ihr könnt mit eurem Betrug mit Friedensgesprächen nie Erfolg haben, und, wenn ihr den Krieg ausweitet, wird die Niederlage, die euch erwartet, noch katastrophaler sein.

Das chinesische Volk leistet gegen die barbarischen Verbrechen der Aggression der USA-Imperialisten gegen Vietnam entschieden Widerstand. Wir unterstützen entschieden den Vier-Punkte-Vorschlag der Regierung der Demokratischen Republik Vietnam und die Fünf-Punkte-Erklärung der Nationalen Befreiungsfront Süd-Vietnams und unterstützen entschieden das vietnamesische Volk bei seiner hehren Sache, den USA-Imperialismus zu besiegen, den Süden zu befreien, den Norden zu verteidigen und dadurch das Vaterland wieder zu vereinen. Die Vereinigten Staaten müssen ihre Aggression gegen das ganze Vietnam einstellen. Sie müssen alle ihre bewaffneten Kräfte aus Süd-Vietnam abziehen. Sie müssen die Nationale Befreiungsfront Süd-Vietnams als einzigen wahren Vertreter des südvietnamesischen Volkes anerkennen. Zu welchem Ausmaß der USA-Imperialismus den Krieg auch ausweiten mag und welchen Preis wir zu zahlen haben mögen, das chinesische Volk wird zusammen mit dem albanischen Volk und anderen revolutionären Völkern der Welt dem vietnamesischen Volk bei der gründlichen Beseitigung des USA-Aggressors allseitige Unterstützung und Hilfe leisten.

Ob man gegen den USA-Imperialismus kämpft oder nicht, stellt die Trennungslinie zwischen Marxismus-Leninismus und modernem Revisionismus dar. Es ist allgemein bekannt, daß Chruschtschow in der Vietnam-Frage dem USA-Imperialismus weder Widerstand leistete, noch Vietnam half. Unmittelbar nach dem Sturz Chruschtschows schalteten die neuen Führer der KPdSU von der Heraushaltepolitik in der Vergangenheit auf eine Mitmischerpolitik um und begannen, ihre „Hilfe für Vietnam gegen die Aggression der USA" laut anzukündigen. Wirklich hat die Führungsgruppe der KPdSU Vietnam im vergangenen Jahr oder etwas länger einige „Hilfe" geleistet, aber sie war klein an Menge und schlecht von Qualität. Die sowjetische Hilfe für Vietnam ist in keiner Weise eine echte Unterstützung beim Kampf des vietnamesischen Volkes gegen die Aggression der USA und um die Rettung der Nation, sondern sie bezweckt, diesen Kampf in den Rahmen der „amerikanisch-sowjetischen Zusammenarbeit" einzubeziehen. Die Führungsgruppe der KPdSU hat seit Februar vergangenen Jahres mit ihrer Tätigkeit für die Friedensgespräche hinter den Kulissen nie aufgehört. Außerdem hat sie wiederholt verleumderische Gerüchte über China verbreitet, daß es den Transit sowjetischen Hilfsmaterials für Vietnam hindere, was ein Versuch ist, zwischen China und Vietnam Unstimmigkeit zu säen und die Einheit der Völker Chinas und Vietnams gegen den USA-Imperialismus zu untergraben. Während die Führungsgruppe der KPdSU vorgibt, „Hilfe an Vietnam gegen die Aggression der USA" zu leisten, benützt sie ihre Hilfe an Vietnam in Wirklichkeit, China anzugreifen, und hilft sie dem USA-Imperialismus, die Flammen der Revolution des vietnamesischen Volkes auszutreten.

Seit einem Jahr oder mehr beweisen die Tatsachen, daß die Führungsgruppe der KPdSU viel schlechter als Chruschtschow ist. Chruschtschow verbündete sich mit den USA-Imperialisten, aber die Führungsgruppe der KPdSU ist einen Schritt weiter gegangen und hat dieses Bündnis erweitert, um einige Haupthandlanger des USA-Imperialismus einzubeziehen. Sie hat sich mit dem japanischen Militarismus im Osten, mit dem westdeutschen Militarismus im Westen und mit den indischen Reaktionären im Süden verbündet und so eine konterrevolutionäre „Heilige Allianz" zusammengebaut. Die schmutzigen politischen Geschäfte, die sie mit dem USA-Imperialismus innerhalb und außerhalb der Vereinten Nationen gemacht hat, übertreffen die von Chruschtschow gemachten bei weitem. Chruschtschow wandte sich gegen China; die Führungsgruppe der KPdSU ist einen Schritt weiter gegangen und versucht nun, einen antichinesischen Einkreisungsring um China zu bilden. Sie hat Chruschtschow im Ausverkauf der Interessen der Revolution der Völker der Dominikanischen Republik, Kongos (L) und Südrhodesiens übertroffen. Chruschtschow wollte die internationale kommunistische Bewegung spalten; die Führungsgruppe der KPdSU hat mit Einberufung der Moskauer Spalterkonferenz getreu seinem Geheiß gehandelt. Sie verwendet bei der Vereinigung mit Renegaten aller Sorten, wie Tito, Dange und Yoshio Shiga, und bei Untergrabung und Subversion marxistisch-leninistischer Bruderparteien und revolutionärer Gruppen in verschiedenen Ländern offenere Methoden als Chruschtschow. Sie ist zu einem Renegaten des Marxismus-Leninismus und einem Komplicen des USA-Imperialismus entartet.

Auf dem jüngsten, XXIII. Parteitag fuhr die Führungsgruppe der KPdSU fort, ihre doppelte Taktik des Scheinkampfes gegen den Imperialismus, aber der wirklichen Kapitulation, der Scheinrevolution, aber des wirklichen Verrates, der Scheineinheit, aber der wirklichen Spaltung zu benutzen, um das Volk der Sowjetunion und die Völker der ganzen Welt zu betrügen. Jeder klar Sehende wird auf den ersten Blick erkennen, daß alle ihre schönen Worte über „Einheit gegen den Imperialismus" falsch sind und daß sie auf den Grundton der Vereinigung mit dem USA-Imperialismus und seinen Handlangern gegen China, Albanien und alle revolutionären Völker hinauslaufen. Das grundlegende Wesen der Führungsgruppe der KPdSU ist immer noch das Festhalten an der revisionistischen Generallinie Chruschtschows, d.h. der Generallinie der „friedlichen Koexistenz", des „friedlichen Übergangs", des „friedlichen Wettbewerbs", der „Partei des ganzen Volkes" und des „Staates des ganzen Volkes", wie sie auf den XX. und XXII. Parteitagen der KPdSU festgelegt wurde.

Auf dem XXIII. Parteitag gab die Führungsgruppe der KPdSU vor, daß alles normal sei. Sie vermied alle wichtigen Angelegenheiten und versuchte angestrengt, alle scharfen Widersprüche zu verdecken, als wenn innerhalb und außerhalb der Sowjetunion keine wichtigen Ereignisse jemals vorgekommen wären und es keine Widersprüche gebe. Dies ist ein Ausdruck der außerordentlichen Schwäche der revisionistischen Führungsgruppe der KPdSU. Probleme können nicht vermieden und Widersprüche nicht verdeckt werden. Die Revisionisten-Clique Chruschtschows erreichte ihren höchsten Gipfelpunkt auf dem XXII. Parteitag der KPdSU. Seit damals ging es mit ihr bergab. Der Sturz Chruschtschows kennzeichnet den äußersten Bankrott des Revisionismus Chruschtschows. Der XXIII. Parteitag beweist ferner, daß die revisionistische

Führungsgruppe der KPdSU trotz aller ihrer Bemühungen, eine Fassade aufzurichten, alle ihre scharfen Widersprüche und ernsten Schwierigkeiten nicht bemänteln kann. Die Führungsgruppe der KPdSU sitzt auf einem Vulkan.

Genossen und Freunde! Die Situation im Kampf der Völker der Welt gegen den USA-Imperialismus ist ausgezeichnet. Die Situation im Kampf aller Marxisten-Leninisten der Welt gegen den modernen Revisionismus, dessen Mittelpunkt die Führungsgruppe der KPdSU ist, ist ausgezeichnet. Mehr und mehr Menschen haben verstanden, daß der Kampf gegen den USA-Imperialismus nur durch entschiedenen Widerstand gegen den modernen Revisionismus mit der Führungsgruppe der KPdSU als seinem Mittelpunkt siegreich sein kann.

Wir müssen das Banner des Marxismus-Leninismus und proletarischen Internationalismus noch höher halten und den Kampf gegen den USA-Imperialismus und den modernen Revisionimus, dessen Mittelpunkt die Führungsgruppe der KPdSU ist, zu Ende führen. Wie Genosse Mao Tsetung hervorgehoben hat: „Völker der ganzen Welt, seid mutig, wagt den Kampf, fürchtet Euch nicht vor Schwierigkeiten und schreitet Welle um Welle vorwärts. Dann wird die ganze Welt dem Volke gehören. Die finsteren Mächte aller Art werden vernichtet sein."

Genossen und Freunde! Es gibt eine große Freundschaft, eine solide Einheit und eine enge Zusammenarbeit der chinesischen und der albanischen Partei, der beiden Länder und der zwei Völker. Im gemeinsamen Kampf gegen den Imperialismus und modernen Revisionismus und für den sozialistischen Aufbau haben wir einander immer unterstützt, geholfen, voneinander gelernt und einander ermutigt. Unsere Freundschaft, Einheit und Zusammenarbeit sind wahrhaft in Übereinstimmung mit den Prinzipien des Marxismus-Leninismus und des proletarischen Internationalismus und sind durch alle Prüfungen gestählt worden. Unsere Beziehungen sind ein Muster für die Beziehungen von Bruderparteien, Bruderländern und Brudervölkern.

Das chinesische Volk hat sowohl im internationalen Kampf als auch beim inneren Aufbau immer die aufrichtige und kräftige Unterstützung seines Bruders, des albanischen Volkes, empfangen. Die albanischen Genossen haben den Kampf unseres Volkes um die Befreiung von Taiwan konsequent und unermüdlich unterstützt, und sich der Verschwörung mit „zwei China" entgegengestellt. Als die Revisionisten Chruschtschows auf die Kommunistische Partei

Chinas ihre wütenden Angriffe unternahmen, traten die albanischen Genossen unerschrocken vor und versetzten ihnen schwere Schläge. Die albanischen Genossen haben die chinafeindliche Aktivität, welche vom USA-Imperialismus, modernen Revisionismus und von der Reaktion aller Länder gemeinsam ausgeübt wird, konsequent und entschieden aufgedeckt und verurteilt. Das chinesische Volk wird all dies nie vergessen. Im Namen der Kommunistischen Partei, der Regierung und des Volkes Chinas drücke ich hier der Partei der Arbeit Albaniens, der albanischen Regierung und dem albanischen Volk aufrichtigen Dank aus.

Wir sind davon überzeugt, daß die von Genossen Shehu geführte albanische Partei- und Regierungsdelegation während ihres Besuches in China die grenzenlose Hochachtung, Liebe und tiefe Freundschaft des chinesischen Volkes für das albanische Volk mit eigenen Augen sehen wird. Wir versichern Ihnen noch einmal, daß das chinesische Volk, ganz gleich, was für Gefahren und Schwierigkeiten auf dem Wege unseres Vormarsches auch auftauchen mögen, immer mit dem albanischen Volk zusammenstehen, gemeinsam mit ihm kämpfen und Seite an Seite mit ihm im Kampf gegen den USA-Imperialismus und modernen Revisionismus, dessen Mittelpunkt die Führungsgruppe der KPdSU ist, und in der Sache der sozialistischen Revolution und des sozialistischen Aufbaus voranschreiten wird.

Laßt uns ausrufen:

Lang lebe die große Freundschaft und kämpferische Einheit der Parteien Chinas und Albaniens und der beiden Länder und der zwei Völker!

Lang lebe die ruhmreiche Partei der Arbeit Albaniens!

Lang lebe die unerschrockene Volksrepublik Albanien!

Lang lebe das heroische albanische Volk!

Lang lebe Genosse Enver Hoxha, der geliebte Führer des albanischen Volkes und enge Freund des chinesischen Volkes!

Lang lebe die große Einheit der Völker der ganzen Welt!

Lang lebe der immer siegreiche Marxismus-Leninismus!

Quelle: Den Kampf gegen Imperialismus und
Revisionismus bis zu Ende führen. Dokumente
vom Besuch der Partei- und Regierungsdelegation
Albaniens in China.
Peking 1966

REDE AUF DEM EMPFANG ZUR FEIER DES 17. JAHRESTAGES DER GRÜNDUNG DER VOLKSREPUBLIK CHINA

(30. September 1966)

Liebe Gäste, Genossen und Freunde!

Wir sind außerordentlich glücklich und erfreut, daß wir während des Aufschwungs unserer Großen Proletarischen Kulturrevolution in jubelnder Stimmung hier mit Ihnen beisammen sind, um den 17. Jahrestag der Gründung der Volksrepublik China zu feiern. Im Namen des Vorsitzenden Mao Tsetung, der Kommunistischen Partei Chinas und der chinesischen Regierung beglückwünsche ich hier herzlichst die breiten Massen unserer Arbeiter, Bauern und Soldaten, die revolutionären Lehrer, Schüler und Studenten, die revolutionären Roten Garden und Jugendlichen, die revolutionären Funktionäre und die Vertreter der revolutionären Volksmassen aller Nationalitäten unseres Landes und die Vertreter der Auslandschinesen und unserer Landsleute aus Hongkong und Aomen (Makao), heiße unsere Freunde aus fünf Kontinenten herzlich willkommen und danke ihnen aufrichtig!

Unsere Große Proletarische Kulturrevolution wurde durch den großen Führer des chinesischen Volkes, Vorsitzenden Mao, persönlich angeregt und wird von ihm geführt. Der Vorsitzende Mao ergriff diese Initiative, nachdem er die historischen Erfahrungen der Diktatur des Proletariats und des Klassenkampfes im In- und Ausland zusammengefaßt hatte. Die historische Erfahrung der Diktatur des Proletariats lehrt uns, daß diese Diktatur ohne eine proletarische Kulturrevolution nicht konsolidiert werden kann und daß es jedoch, um die Diktatur des Proletariats zu festigen, unerläßlich ist, die proletarische Ideologie tatkräftig zu entfalten und die bürgerliche vollauf zu beseitigen, die ideologischen Wurzeln des Revisionismus gänzlich auszurotten und den Marxismus-Leninismus und die Ideen Mao Tsetungs fest zu verankern.

Unsere Große Proletarische Kulturrevolution hat ihre unvergleichlich große Kraft gezeigt. Sie hat die Überheblichkeit der reaktionären Bourgeoisie beseitigt und fegt all den Schund und Schmutz, den die alte Gesellschaft hinterlassen hat, hinweg, sie zerstört die alte Ideologie und Kultur und die alten Sitten und Gebräuche der Ausbeuterklassen, errichtet eine neue Ideologie und Kultur und neue Sitten und Gebräuche des Proletariats und fördert die ideologische Revolutionierung der Menschen machtvoll. Beim gründlichen Studium der Werke des Genossen Mao Tsetung greift nun ein stürmischer Aufschwung in der gesamten Partei und im ganzen Land um sich. Das geistige Antlitz unseres 700-Millionen-Volkes hat sich völlig geändert.

Unsere Große Proletarische Kulturrevolution und die sozialistische Erziehungsbewegung in den Städten und Dörfern haben dem Aufbau des Sozialismus in China einen machtvollen Antrieb gegeben. Unsere Industrien haben in Quantität wie auch in Qualität ihrer Erzeugnisse große Fortschritte erzielt. In der Landwirtschaft sind mehrere gute Ernten aufeinander gefolgt. Das wissenschaftliche und technische Niveau ist stark gestiegen. Unsere nationale Verteidigungskraft wird beständig mächtiger. Wir befinden uns nun im ersten Jahr unseres dritten Fünfjahrplans. Die der industriellen und landwirtschaftlichen Produktion vorgegebenen Ziele werden voraussichtlich übererfüllt werden. Ein neuer umfassender Sprung vorwärts findet statt.

Jeder Erfolg, den unser Volk auf geistigem und materiellem Gebiet erzielt hat, ist ein großer Sieg der Ideen Mao Tsetungs. Genosse Mao Tsetung ist der größte Marxist-Leninist unserer Zeit. Es ist ein außerordentliches Glück und eine besonders hohe Ehre für das chinesische Volk, einen solch großen Führer zu haben. Solange wir das große rote Banner der Ideen Mao Tsetungs hochhalten und von Generation zu Generation weitergeben, werden wir den Aufbau unseres großen Vaterlandes erfolgreich durchführen und es in einen unüberwindlichen proletarischen Staat, der nie seine Farbe ändern wird, verwandeln. Davon sind wir zutiefst überzeugt.

Unsere Große Proletarische Kulturrevolution wird von den Marxisten-Leninisten und revolutionären Völkern der ganzen Welt begeistert begrüßt und gewürdigt; sie spornt ihren revolutionären

Rede zur Feier des 17. Jahrestages der VR China

Kampfgeist und ihre Siegesgewißheit außerordentlich an. Wenn eine Handvoll Imperialisten, moderner Revisionisten und Reaktionäre in verschiedenen Ländern uns mit bösartigen Beschimpfungen überhäufen, so geschieht dies gerade deswegen, weil durch unsere Große Kulturrevolution die Wurzeln ihrer Subversionstätigkeit und ihrer Versuche der „friedlichen Evolution" in China ausgerottet und sie dadurch an ihrer schwächsten Stelle getroffen wurden. Ihre Beschimpfungen beweisen gerade, daß wir das Richtige getan haben, und enthüllen wieder ihre reaktionären Züge, ihre feindselige Haltung zum chinesischen Volk und zur Sache des Fortschritts der Menschheit.

Unsere Große Proletarische Kulturrevolution ist etwas Neues, das es in der Geschichte noch nie gegeben hat. Wir hoffen, unsere ausländischen Freunde werden ihren Aufenthalt in China dazu benutzen, um sich hier mehr umzusehen, und wir nehmen gerne ihre wertvollen Bemerkungen, die uns bei unserer Großen Kulturrevolution helfen werden, entgegen.

Genossen und Freunde! Die gegenwärtige internationale Lage ist ausgezeichnet und günstig für die revolutionären Völker. Die Tage des USA-Imperialismus und der Reaktionäre aller Länder sind gezählt. Für die modernen Revisionisten wird ebenfalls das Leben immer schwieriger. Die Reihen der Marxisten-Leninisten wachsen stetig. Die revolutionäre Bewegung der Völker der Welt, besonders in Asien, Afrika und Lateinamerika, breitet sich machtvoll aus. Unter der Führung des Präsidenten Ho Chi Minh schreitet das vietnamesische Volk im Widerstandskrieg gegen die amerikanische Aggression und für die Rettung der Nation von Sieg zu Sieg. Der sich in einer Sackgasse befindende USA-Imperialismus verbündet sich mit dem modernen Revisionismus und benutzt die Vereinten Nationen, um neue Komplotte mit Friedensgesprächen auszuhecken. Die Vereinten Nationen haben keinerlei Recht, sich in die Vietnam-Frage einzumischen. Das heroische vietnamesische Volk wird sich nie beugen. Alle Machenschaften des USA-Imperialismus und des modernen Revisionismus sind zum Scheitern verurteilt.

Das mit den großen Ideen Mao Tsetungs gewappnete chinesische Volk ist entschlossen, den Kampf des vietnamesischen Volkes, wie hoch auch immer Opfer oder Preis seien, bis zur endgültigen Vertreibung der amerikanischen Aggressoren aus Vietnam, den revolutionären antiimperialistischen Kampf der Völker Asiens, Afrikas und Lateinamerikas und den revolutionären Kampf der Völker der Welt konsequent zu unterstützen.

Unsere Große Proletarische Kulturrevolution ist von äußerst tiefer, weitreichender Bedeutung als Garantie dafür, daß China am proletarischen Internationalismus stets festhalten wird.

Wir müssen uns mit allen Menschen der Welt, die gegen Imperialismus und Kolonialismus kämpfen, vereinen und den Kampf gegen den USA-Imperialismus und seine Lakaien bis zu Ende führen!

Wir müssen mit allen revolutionären Marxisten-Leninisten der Welt den Kampf gegen den modernen Revisionismus bis zu Ende führen und die revolutionäre Sache des internationalen Proletariats und der Völker der Welt vorantreiben!

Ich möchte nun einen Toast vorschlagen:

auf die große Einheit der Volksmassen aller Nationalitäten unseres Landes,

auf die große Einheit der Völker der ganzen Welt,

auf die große Entwicklung der Sache der Befreiung der Völker aller Länder,

auf die Gesundheit des Vorsitzenden Mao, unseres großen Führers und Lehrers, unseres großen Oberkommandierenden und Steuermanns,

auf die Gesundheit unserer Freunde aus den verschiedensten Ländern und

auf die Gesundheit aller unserer hier anwesenden Landsleute und Genossen!

Quelle: Vorwärts auf dem breiten Weg
der Ideen Mao Tse-tungs
Peking 1967

REDE AUF EINER MASSENVERSAMMLUNG REVOLUTIONÄRER LITERATUR- UND KUNSTSCHAFFENDER IN PEKING

(ZUSAMMENFASSUNG)

(28. November 1966)

Genosse Tschou En-lai hielt seine Rede unter stürmischem Applaus. Zunächst drückte er seine Unterstützung der Rede der Genossin Djiang Tjing und seine völlige Übereinstimmung mit ihr aus und beglückwünschte herzlich das Peking-Oper-Ensemble Nr. 1 aus Peking und drei weitere Ensembles zu ihrer Aufnahme in die chinesische Volksbefreiungsarmee. Er verlieh seiner Hoffnung Ausdruck, daß sich in Zukunft weitere Literatur- und Kunstgruppen den Reihen der Volksbefreiungsarmee anschließen.

Genosse Tschou En-lai sagte: die Große Proletarische Kulturrevolution, die sich jetzt in unserem Land entfaltet, ist eine außerordentlich breite und tiefe proletarisch-revolutionäre Bewegung, eine proletarisch-revolutionäre Bewegung auf höherer Stufe. Diese Revolution ist von außerordentlich großer Bedeutung. Sie hat hunderte von Millionen Menschen aufgerüttelt und jeden in der Tiefe seines Herzens berührt. Sie hat die ganze Welt, alle gesellschaftlichen und literarischen und künstlerischen Kreise ohne Ausnahme erschüttert. Unter der Führung der Mao-Tsetung-Ideen gestaltet diese Revolution die Gesellschaft gemäß der proletarischen Weltanschauung um. Das Ziel dieser großen Revolution ist es, die Diktatur des Proletariat zu festigen, die Wurzeln des Revisionismus auszureißen, eine mögliche Restauration des Kapitalismus zu verhindern, sicherzustellen, daß unser Land niemals die Farbe wechselt, die Entwicklung der gesellschaftlichen Produktivkräfte enorm zu fördern, die revolutionären Bewegungen der Völker der Welt tiefgehend zu beeinflussen und sie umfassend zu unterstützen.

Er sagte: Die Große Proletarische Kulturrevolution ist eine neue Stufe der sozialistischen Revolution. Mit dem Erscheinen des Proletariats auf der Bühne der Geschichte entstand eine neue Literatur und Kunst der Massen, die der alten Literatur und Kunst der Ausbeuterklassen entgegengesetzt ist. In der Zeit der neudemokratischen Revolution legte der Vorsitzende Mao bereits die historische Aufgabe einer Kulturrevolution dar. In seinen Werken „Über die Neue Demokratie" und „Reden bei der Aussprache in Yenan über Literatur und Kunst" entwickelte er die leitenden Prinzipien für die proletarische Kulturrevolution. Während der Periode der sozialistischen Revolution hat er persönlich eine Reihe bedeutender Bewegungen zur Kritik und Zurückweisung bürgerlicher akademischer Konzepte angeführt. Nachdem die sozialistische Revolution an der wirtschaftlichen Front den grundlegenden Sieg errungen hatte, entwickelte sich die sozialistische Revolution an der politischen und ideologischen Front. Die zwei glänzenden Aufsätze des Vorsitzenden Mao „Über die richtige Behandlung der Widersprüche im Volke" und „Rede auf der Landeskonferenz der KP Chinas über Propagandaarbeit" wurden veröffentlicht. In diesen Aufsätzen formulierte er die große historische Aufgabe im ideologischen Bereich alles bürgerliche mit Stumpf und Stiel auszureißen und alles proletarische zu hegen und zu pflegen. Diese Revolution ist auf ihrem gegenwärtigen Entwicklungsstand, zur kraftvollen Massenbewegung der Großen Proletarischen Kulturrevolution geworden, die die ganze Gesellschaft aufgerüttelt hat und an der hunderte von Millionen Menschen bewußt teilnehmen.

Genosse Tschou En-lai wies darauf hin: Unsere Revolution hat auf dem Gebiet der Literatur und Kunst große Siege errungen. In den letzten Jahren sind epochemachende Fortschritte in der Umgestaltung der Peking-Oper, des Balletts, der symphonischen Musik und der Bildhauerei erzielt worden. Das ist ein großer Sprung nach vorn in unseren Anstrengungen Literatur und Kunst zu revolutionieren. Diese Errungenschaften sind ein Ergebnis der von Vorsitzendem Mao gewiesenen Orientierung den Arbeitern, Bauern und Soldaten zu dienen und unter der Führung seiner Politik der Betonung des Gegenwärtigen gegenüber dem Vergangenen, Altes in den Dienst der Gegenwart und Ausländisches in den Dienst Chinas zu stellen. Sie wurden im harten Klassenkampf errungen und nachdem die zahlreichen Hindernisse durchbrochen wurden, die die konterrevolutionäre revisionistische Linie der ehemaligen Propagandaabteilung des Zentralkomitees der Partei, des früheren Kultusministeriums und des ehemaligen Stadtparteikomitees Peking geschaffen hatte. Sie sind Ausdruck der Niveauanhebung auf der Grundlage der Popularisierung und der Popularisierung geleitet von der Niveauanhebung. Beeinflußt und angespornt durch diese Vorbilder wurde eine Reihe neuer revolutionärer Werke der Kunst und Literatur geschaffen, in denen die Massen der Arbeiter, Bauern und Soldaten die Hauptfiguren sind. Diese revolutionäre Bewegung wird sich unweigerlich noch tiefgehender auf jedem Gebiet der Literatur und Kunst entfalten und einen äußerst grundlegenden und weitreichenden Einfluß auf unsere Zukunft ausüben.

Genosse Tschou En-lai sagte: Die oben erwähnten revolutionären Errungenschaften in der Literatur und Kunst sind untrennbar verbunden mit der Führung der Genossin Djiang Tjing und mit der Unterstützung und Zusammenarbeit der revolutionären Linken in den Kreisen der Literatur- und Kunstschaffenden. Sie sind Früchte des entschiedenen Kampfes gegen die üble revisionistische Linie, die in den Kreisen der Literatur- und Kunstschaffenden von den 30er bis in die 60er Jahre herrschte. Genossin Djiang Tjing hat persönlich am gegenwärtigen Kampf und der künstlerischen Praxis teilgenommen.

Er sagte: Die Errungenschaften unserer Revolution in Literatur und Kunst sind von den Massen der Arbeiter, Bauern und Soldaten und anderen revolutionären Menschen unseres Landes begeistert begrüßt worden. Mehr noch, in aller Welt werden sie von revolutionären Genossen und Freunden wärmstens gelobt und hoch geschätzt.

Nachdem er die Lobesworte vieler ausländischer Genossen und Freunde für die Umgestaltung der Literatur und Kunst in unserem Land verlesen hatte, sagte Genosse Tschou En-lai: An dem was viele ausländische Genossen und Freunde gesagt haben, können wir erkennen, wie hoch die revolutionären Menschen der Welt die Errungenschaften in der Umgestaltung unserer Literatur und Kunst schätzen! Dies ist ein großer Sieg der Mao-Tsetung-Ideen! Die Orientierung für Literatur und Kunst, die der Vorsitzende Mao gewiesen hat, ist zugleich die Orientierung für die revolutionäre Literatur und Kunst auf der ganzen Welt. Der Weg, den wir bahnen, ist eben der Weg, den die proletarische Literatur und Kunst in der ganzen Welt gehen wird! Wir müssen weiter zuversichtlich auf diesem korrekten Weg vorwärtsschreiten.

Er sagte: Unsere Literatur- und Kunstorganisation gehören zu den Brennpunkten der Großen Proletarischen Kulturrevolution. In der Vergangenheit, unter der langen Herrschaft einer Handvoll konterrevolutionärer Revisionisten wurden für sie die Kreise der Literatur- und Kunstschaffenden zu einer wichtigen Stellung, um sich den Gedanken des Vorsitzenden Mao über Literatur und Kunst zu widersetzen, um das revisionistische Gift zu verspritzen und die öffentliche Meinung für eine Restauration des Kapitalismus zu schaffen. In der Großen Proletarischen Kulturrevolution müssen wir auch die letzten der Handvoll bürgerlicher Rechter entschlossen entlarven, die sich in den Kreisen der Literatur- und Kunstschaffenden verschanzen und sich der Partei, dem Sozialismus und den Mao-Tsetung-Ideen entgegenstellen, und wir müssen sie widerlegen, niederringen und völlig in Verruf bringen. Er hob hervor: Die Reihen unserer Literatur- und Kunstschaffenden müssen in der Großen Proletarischen Kulturrevolution gründlich reorganisiert und aufgebaut werden. Literatur- und Kunstschaffende sollten ermutigt werden, ihr Denken im Feuer des revolutionären Kampfes zu revolutionieren, den üblen Einfluß der revisionistischen Linie auf dem Gebiet der Literatur und Kunst auszumerzen, entschieden die Linie des Vorsitzenden Mao in den Fragen der Literatur und Kunst zu verfechten und sich ernsthaft mit den Arbeitern, Bauern und Soldaten zu verbinden. Dadurch wird sich die riesige Anzahl unserer Kulturschaffenden zu einer nach dem Vorbild des Proletariats umgestalteten, kämpferischen und revolutionären Armee der Literatur und Kunst stählen. Alle Genossen, die literarisch und künstlerisch tätig sind, sollten große Anstrengungen unternehmen, die Werke des Vorsitzenden Mao zu studieren, sie im Verlauf des Kampfes schöpferisch anzuwenden und ihre Weltanschauung ernsthaft umzugestalten. Sie sollten sich im Feuer des Klassenkampfes prüfen. Statt „Revolutionäre in Worten" zu sein, die sich in leerem Geschwätz ergehen, sollten sie danach streben, echte proletarische Kämpfer auf dem Gebiet der Literatur und Kunst zu werden, deren Worte mit den Taten übereinstimmen. Er betonte nachdrücklich: Die Große Proletarischen Kulturrevolution in den Kreisen der Literatur- und Kunstschaffenden sollte im Vertrauen auf die Literatur- und Kunstschaffenden selbst bis zu Ende geführt werden. Wir müssen entschlossen die korrekte Linie des Vorsitzenden Mao anwenden, die reaktionäre bürgerliche Linie gründlich kritisieren und bekämpfen und tief, gründlich und umfassend die Aufgaben von Kampf-Kritik-Umgestaltung an der Front der Literatur und Kunst bis zu Ende führen.

Zum Schluß sagte Genosse Tschou En-lai: Wir sind mit Sicherheit in der Lage, die neue proletarische Literatur und Kunst an die Stelle der dekadenten Literatur und Kunst der Ausbeuterklassen zu setzen! Erleuchtet von den Mao Tsetung-Ideen, sind wir mit Sicherheit fähig, die glänzendste Literatur und Kunst in der Geschichte der Menschheit zu schaffen.

Am Ende der Versammlung erhoben sich alle Anwesenden und sangen — dirigiert von Genossen Tschou En-lai — wie mit einer Stimme „Bei der Seefahrt verläßt man sich auf den Steuermann". Die ganze Versammlung sang mit revolutionärer Begeisterung und der Ruf „Lang lebe der Vorsitzende Mao!" schallte noch lange durch die Große Halle des Volkes.

Quelle: Peking Review Nr. 50/1966
Eigene Übersetzung

REDE AUF DEM VOM VIETNAMESISCHEN BOTSCHAFTER IN CHINA ANLÄSSLICH DES NATIONALFEIERTAGES DER DRV GEGEBENEN EMPFANG

(2. September 1968)

Lieber Genosse Botschafter Ngo minh Loan!
Lieber Genosse Missionschef Nguyen van Quang!
Genossen und Freunde!
Heute ist der 23. Jahrestag der Unabhängigkeitserklärung der Demokratischen Republik Vietnam. Im Namen der chinesischen Regierung und des chinesischen Volkes beglückwünsche ich dazu die Regierung der Demokratischen Republik Vietnam und das heldenhafte vietnamesische Volk auf das herzlichste.

Die 31 Millionen des vietnamesischen Volkes stehen nun unter Führung ihres großen Führers, Präsident Ho chi Minh, seinem Aufruf folgend, in einem erbitterten und standhaften Krieg gegen den US-Imperialismus. Die 14-Millionen-Bevölkerung Südvietnams hat siegreich gegen die 550 000 Mann starken amerikanischen Aggressionstruppen und die fast 600 000 Mann starken Truppen der südvietnamesischen Marionetten und der Vasallen des US-Imperialismus gekämpft. Sie hat einen großen Teil der feindlichen Einsatztruppen vernichtet und vier Fünftel von Südvietnam befreit. Die Bevölkerung von Nordvietnam hat ihre Landsleute im Süden beim Kampf kraftvoll unterstützt und im Kampf gegen die Bombardierung durch die US-Imperialisten einen glänzenden Sieg durch Abschuß von über 3000 amerikanischen Flugzeugen errungen. Durch seine Siege im Krieg gegen die USA-Aggression und um die Rettung der Nation hat das vietnamesische Volk zum Kampf der Volksmassen aller Länder gegen den US-Imperialismus bedeutende Beiträge geleistet.

Genossen und Freunde!

Die Renegatenclique der modernen Revisionisten in der Sowjetunion hat nach der Truppenentsendung zur Besetzung der Tschechoslowakei die tschechoslowakische revisionistische Führungsclique gewaltsam nach Moskau entführt und ein sogenanntes „Kommunique' über die sowjetisch-tschechoslowakischen Gespräche" ausgegeben. Das ist ein schmutziges Geschäft, das unter der Drohung der Bajonette abgeschlossen wurde, das ist ein großer Betrug, durch den die Völker der Tschechoslowakei, der Sowjetunion und der ganzen Welt getäuscht werden sollen.

Durch das sogenannte „Kommunique' über die sowjetisch-tschechoslowakischen Gespräche" wurde noch klarer enthüllt, daß der Vorwand des Sowjetrevisionismus für den Einsatz von Truppen nichts als eine Lüge ist. Die sowjetrevisionistische Renegatenclique hat die tschechoslowakische revisionistische Führungsclique erst jüngst scheinheilig als Feinde des „Sozialismus" in Acht und Bann getan. Jetzt aber sieht sie in ihr auf einmal einen „sozialistischen" Bundesgenossen. Ist das nicht der Gipfel der Widersinnigkeit? Das zeigt nur, daß sie beide eigentlich eines Stammes sind und es sich dabei um eine Rauferei zwischen großen und kleinen Hunden handelt. Es ist eine Tatsache, daß die Errungenschaften des Sozialismus sowohl in der Sowjetunion als auch in der Tschechoslowakei seit langem verlorengegangen sind und es die sowjetrevisionistische Renegatenclique ist, die bei der Restauration des Kapitalismus und bei der Zusammenarbeit mit dem Imperialismus führend ist. Diese Clique war die erste, die sich mit den westdeutschen Revanchisten verschwor, die anerkannte, daß der Status des Zionismus im Mittleren Osten legal wäre, die die japanischen Militaristen einlud, die Bodenschätze Sibiriens auszubeuten, und die ein in den sowjetischen Luftraum eingedrungenes Flugzeug der US-Imperialisten und die für Vietnam bestimmten Offiziere und Soldaten der Aggression, die an Bord waren, freigab, damit sie die südvietnamesische Bevölkerung hinmorden könnten. Diese paar Beispiele genügen als Beweis, daß die sowjetrevisionistische Führungsclique von A bis Z Verräter Nummer 1 am Sozialismus und Komplice Nummer 1 des US-Imperialismus bei dessen Aggressionen überall in der Welt ist. Es ist eine Tatsache, daß es nur die sowjetrevisionistische Renegatenclique war, die dadurch, daß sie hartnäckig den Revisionismus Chruschtschows verfolgte, das sozialistische Lager, das es einmal gab, schon vor langem völlig zerstört hat. Wie kann da die Rede sein von der Verteidigung der „Errungenschaften des Sozialismus" und einer

Rede auf dem Empfang des vietnamesischen Botschafters

„sozialistischen Gemeinschaft"? Die sowjetrevisionistische Renegatenclique, die vier Satellitenländer zu vereinigen vermochte, hat in den letzten zehn Tagen durch den Einsatz von Truppen in Stärke von Hunderttausenden Mann ein sogenanntes „verbündetes Land" mit einer Bevölkerung von nur 14 Millionen Menschen besetzt und die Bevölkerung unterdrückt. Diese brutale faschistische Aggression als marxistisch-leninistische und proletarisch-internationalistische Hilfe zu bezeichnen ist nichts als offener Verrat am Marxismus-Leninismus. Sie wird von der Geschichte ewig verdammt werden. Die Worte der sowjetrevisionistischen Renegatenclique sind eines, aber ihre Taten sind etwas ganz anderes. Um Lenin zu zitieren: Das ist „Sozialismus in Worten, Imperialismus in der Tat", das heißt, diese Renegaten sind „Sozialimperialisten".

Als die sowjetischen Streitkräfte eine massive Invasion in die Tschechoslowakei unternahmen, rief die tschechoslowakische revisionistische Führungsclique die tschechoslowakische Bevölkerung offen auf, keinen Widerstand zu leisten. Jetzt kriecht sie vor den Sowjetrevisionisten auf dem Bauch und kapituliert unter den Spitzen der Bajonette. Sie unterzeichnete Bedingungen der Kapitulation und dient ihnen als Quisling.* Sie ist eine Clique von Verrätern an der tschechoslowakischen Nation.

Das sogenannte „Kommuniqué über die sowjetisch-tschechoslowakischen Gespräche" ist ein Ergebnis des Kampfes und der Zusammenarbeit des US-Imperialismus und des Sowjetrevisionismus in der tschechoslowakischen Frage im Rahmen des aussichtslosen Versuches einer Neuaufteilung der Welt. Der US-Imperialismus anerkennt, daß die Tschechoslowakei zur Einflußsphäre des Sowjetrevisionismus gehört, und nimmt den Truppeneinsatz mit stillschweigender Zustimmung hin. Hingegen hat er vom Sowjetrevisionismus wiederholt verlangt, nicht mit unangebrachtem Ungestüm vorzugehen, damit die amerikanisch-sowjetische Zusammenarbeit im globalen Maßstab unberührt bliebe. Der US-Imperialismus, der Sowjetrevisionismus und der tschechoslowakische Revisionis-

---

*Vidkun Abraham Quisling (1887—1945) — Faschistischer Häuptling Norwegens. Im Jahre 1940 half er den Hitler-Banditen in Norwegen einzudringen und es zu besetzen, und dann wurde er von den deutschen Aggressoren als Anführer der Marionettenregierung Norwegens an die Macht gebracht. Nachdem die deutschen Faschisten 1945 ihre Niederlage erlitten hatten, wurde er zum Tode verurteilt. Quisling ist dadurch zu einem Symbol für Kollaborateure geworden.

mus sind sich völlig einig, die Interessen der tschechoslowakischen Bevölkerung zu opfern.

Der tschechoslowakische Zwischenfall steht in keiner Weise isoliert da. Als der US-Imperialismus anerkannt hat, daß die Tschechoslowakei und das übrige Osteuropa zur Einflußsphäre des Sowjetrevisionismus gehören, war natürlich die Bedingung, daß der Sowjetrevisionismus anerkenne, daß der Mittlere Osten, Südvietnam und das übrige Südostasien zur Einflußsphäre des US-Imperialismus gehören. Es steht fest, und darüber besteht nicht die Spur eines Zweifels, daß der Sowjetrevisionismus fortfahren wird, die arabische Bevölkerung und das vietnamesische Volk zu verraten.

In der Vietnamfrage hat der Sowjetrevisionismus seit langem eine Politik der scheinbaren Unterstützung, aber des tatsächlichen Verrats verfolgt. Die Pläne für Friedensgespräche über Vietnam sind in Wahrheit vom US-Imperialismus und Sowjetrevisionismus gemeinsam ausgeheckt worden. Nachdem der Sowjetrevisionismus eine Invasion gegen die Tschechoslowakei unternommen und sie besetzt hat, wird der US-Imperialismus in der Vietnamfrage bestimmt einen höheren Preis fordern. Und der Sowjetrevisionismus wird sich noch knechtischer für die Pläne des US- Imperialismus, die vietnamesische Nation zu teilen und Südvietnam mit Gewalt zu besetzen, zur Verfügung stellen. Es ist höchste Zeit, daß alle jene, die sich Illusionen über den Sowjetrevisionismus und US-Imperialismus hingeben, aufwachen!

Unser großer Führer, Vorsitzender Mao, lehrt uns: „Die Völker aller Länder, die Volksmassen, die mehr als 90 % der Gesamtbevölkerung ausmachen, wollen unbedingt die Revolution und werden schließlich den Marxismus-Leninismus unterstützen. Sie werden den Revisionismus nicht unterstützen. Obwohl manche Leute den Revisionismus eine Zeitlang unterstützen, werden sie ihn am Ende über Bord werfen. Notwendigerweise werden die Völker mehr und mehr erwachen. Notwendigerweise werden sie den Imperialismus und die Reaktionäre aller Länder bekämpfen, und notwendigerweise werden sie den Revisionismus bekämpfen."

Das chinesische Volk unterstützt entschlossen die Bevölkerung der Tschechoslowakei, die übrigen osteuropäischen Völker, das Sowjetvolk, die arabische Bevölkerung und die revolutionären Volksmassen in allen Ländern, die sich zum Kampf erheben, um die reaktionäre Herrschaft des US-Imperialismus, des Sowjetrevisionismus und ihrer Lakaien zu stürzen. Wir sind fest überzeugt, daß der Tag einmal kommen wird, an dem die vom Marxismus,

Leninismus, von den Ideen Mao Tsetungs geleiteten Volksmassen aller Länder den von den USA angeführten Imperialismus und den modernen Revisionismus mit dem Sowjetrevisionismus im Mittelpunkt endgültig zu Grabe tragen werden.

Genossen und Freunde!

Gegenwärtig ist die Lage im Krieg des vietnamesischen Volkes gegen die USA-Aggression und um die Rettung der Nation ausgezeichnet. Aber die US-Imperialisten werden bestimmt in enger Zusammenarbeit mit der sowjetrevisionistischen Renegatenclique ihren wahnwitzigen Verzweiflungskampf fortsetzen. Sie werden für noch dunklere und hinterlistigere Pläne zu Friedensgesprächen Propaganda machen und sich auf noch tollere militärische Abenteuer einlassen. Obwohl das vietnamesische Volk auf dem Wege seines Vormarsches noch viele Schwierigkeiten und Umwege zu erwarten haben mag, sind wir fest davon überzeugt, daß das vietnamesische Volk, geleitet von seinem großen Führer Präsidenten Ho chi Minh, imstande sein wird, alle Ränke und Anschläge des amerikanischen Aggressors zu vereiteln und im Krieg gegen die USA-Aggression und um die Rettung der Nation den Endsieg zu erringen, wenn es standhaft im langdauernden Krieg ausharrt und sich gegen Kapitulation und Kompromisse wendet. Wie immer werden die chinesische Regierung und das chinesische Volk Sie entschlossen unterstützen, diesen Krieg zu Ende zu führen!

Der US-Imperialismus wird geschlagen werden!
Der Sowjetrevisionismus wird geschlagen werden!
Es lebe die kämpferische Freundschaft des chinesischen und des vietnamesischen Volkes!
Es lebe der große Führer des vietnamesischen Volkes, Präsident Ho chi Minh!
Es lebe der große Führer des chinesischen Volkes, Vorsitzender Mao!
Der Sowjetrevisionismus wird geschlagen werden!
Das vietnamesische Volk wird siegen!

Quelle: Totaler Bankrott des
sowjetischen modernen Revisionismus
Peking 1968

REDE AUF DEM BANKETT ZU EHREN DES PRÄSIDENTEN AHIDJO

Die Vereinigte Republik von Kamerun ist ein Land in Zentralafrika, das eine lange Geschichte hat. In den vergangenen Jahrhunderten führte das kamerunische Volk einen unbeugsamen Kampf gegen die kolonialistische Aggression und Unterdrückung. 1960 und 1961 befreiten sich die zwei Teile von Kamerun nacheinander von der Kolonialherrschaft, erkämpften die nationale Unabhängigkeit und vereinigten sich zu einem Land. In den letzten Jahren verwirklichten die Regierung und das Volk von Kamerun unter der Führung Eurer Exzellenz Präsident Ahidjo weiterhin die Einheit des Staates und schritten auf dem Weg der Sicherung der nationalen Unabhängigkeit und staatlichen Souveränität voran. Bei der Durchführung des neuen Fünfjahrplans für die Entwicklung der Volkswirtschaft wurde nachdrücklich die Notwendigkeit betont, daß man sich vor allem auf eigene Bemühungen stützt, der Entwicklung der Landwirtschaft große Aufmerksamkeit schenkt, auf den Aufbau von kleinen und mittelgroßen Unternehmen achtet, den Geist der nationalen Würde unterstützt, das Erbe der nationalen Kultur übernimmt und entwickelt und die Kamerunisierung der Kader in die Tat umsetzt. Das sichert Kamerun beim stabilen Aufbau des Landes erfreuliche Erfolge.

Die kamerunische Regierung verfolgt eine blockfreie Außenpolitik, tritt für die Festigung der Einheit und Zusammenarbeit zwischen den Ländern der Dritten Welt ein, ebenso wie für die Demokratisierung der internationalen Beziehungen durch die aktive Teilnahme aller Völker an den internationalen Angelegenheiten auf der Grundlage der Gleichberechtigung, der Unabhängigkeit und der Souveränität. Sie ist gegen die Versuche der Supermächte, über das Schicksal anderer zu entscheiden. Ihr unterstützt die Brüder im südlichen Afrika in ihrem gerechten Kampf gegen die koloniale Unterdrückung und den weißen Rassismus. Ihr habt einen wertvollen Beitrag zur Förderung der friedlichen Beilegung von Streitigkeiten zwischen afrikanischen Ländern und zur Verteidigung und Stärkung der afrikanischen Einheit geleistet.

Die chinesische Regierung und das chinesische Volk bewundern die Errungenschaften, die von der kamerunischen Regierung in innen- und außenpolitischer Hinsicht erzielt wurden, und wünschen Euch immer neue Erfolge beim Vormarsch auf dem Weg der nationalen Unabhängigkeit.

Das große Afrika ist eine wichtige Macht in der Dritten Welt. Die afrikanischen Länder genießen in den internationalen Angelegenheiten ein zunehmendes Mitspracherecht und spielen eine immer größere Rolle. Sie treten für die Gleichberechtigung aller Länder, groß oder klein, und für die Regelung der internationalen Angelegenheiten durch alle Staaten auf dem Weg von Beratungen ein; sie bekämpfen die Hegemoniebestrebungen und die Machtpolitik der Großmächte. Die afrikanischen Länder sind im Begriff, einen Kampf für die Entwicklung ihrer nationalen Wirtschaft und gegen die verstärkte Ausplünderung von Afrika durch den Imperialismus, Kolonialismus und Neokolonialismus zu entfalten, die das Ziel haben, ihre Wirtschaftskrise auf andere abzuwälzen. Im südlichen Afrika entwickeln sich die bewaffneten Kämpfe und die Massenbewegungen gegen die weiße Kolonialherrschaft und Rassendiskriminierung und für die nationale Unabhängigkeit weiter. Diese neuen Entwicklungen auf dem afrikanischen Kontinent sind außerordentlich begeisternd. Die Einheit der großen afrikanischen Völker gegen ihre gemeinsamen Feinde ist zu einer unaufhaltbaren historischen Strömung geworden.

Imperialismus, Kolonialismus und Neokolonialismus sowie alle anderen expansionistischen Kräfte werden sich niemals mit ihrer Niederlage abfinden. Sie befassen sich immer noch mit Verschwörungen, Sabotage und Unruhestiftung aller Art. Aber wir sind davon überzeugt, daß die afrikanischen Völker, die von Tag zu Tag mehr erwachen und in ihrem Zusammenschluß und Kampf ausharren, bestimmt imstande sein werden, die niederträchtigen Machenschaften, auch jene von äußerst betrügerischen und raffinierten Feinden, zu durchschauen und zu vereiteln, alle Schwierigkeiten und Hindernisse auf dem Weg vorwärts zu überwinden und noch größere Siege zu erringen. Das chinesische Volk wird nach wie vor entschlossen auf der Seite der afrikanischen Völker stehen, und wir unterstützen unsere afrikanischen Brüder in ihrem gerechten Kampf entschieden.

Quelle: Peking Rundschau Nr. 13/1973

REDE AUF DEM BANKETT ZU EHREN DES PRÄSIDENTEN N'GOUABI

Das kongolesische Volk blickt auf eine ruhmreiche revolutionäre Tradition des Antiimperialismus zurück. Nach langwierigen heldenhaften Kämpfen, die das kongolesische Volk Welle auf Welle unternahm, gewann es schließlich 1960 seine Unabhängigkeit. Darauf folgte der Sieg der August-Revolution des Jahres 1963. In den letzten Jahren haben die kongolesische Regierung und das kongolesische Volk unter der Führung Seiner Exzellenz Präsident N'Gouabi wiederholt die vom Imperialismus geschmiedeten Subversionspläne vereitelt und siegreich die nationale Unabhängigkeit und staatliche Souveränität verteidigt. Die kongolesische Regierung verläßt sich betont auf die eigene Kraft bei der Entwicklung der nationalen Wirtschaft und tritt für Wiederaufbau und Entwicklung der nationalen Kultur ein. Mit großer Freude können wir feststellen, welch erfreuliche Resultate Ihre Bemühungen bereits gezeigt haben.

Nach außen hin verfolgt die kongolesische Regierung eine Politik der Blockfreiheit, kämpft beharrlich gegen Imperialismus, Kolonialismus, Neokolonialismus und barbarischen Rassismus an, tritt für die afrikanische Einheit ein und unterstützt mit aller Kraft die afrikanischen nationalen Befreiungsbewegungen. Regierung und Volk von Kongo haben auch den gerechten Kämpfen des palästinensischen Volkes und anderer arabischer Völker sowie des koreanischen Volkes und der drei Völker Indochinas ihre aktive Unterstützung angedeihen lassen. Kongo vertritt die Ansicht, daß alle Länder, ob groß oder klein, gleichberechtigt sein und die Völker verschiedener Länder ihr eigenes Schicksal entscheiden sollen.

Dieser prinzipielle Standpunkt der Volksrepublik Kongo stellt einen wertvollen Beitrag zur Sache der Einheit der afro-asiatischen Völker im Kampf gegen den Imperialismus dar.

Die gegenwärtige Weltlage ist ausgezeichnet und entwickelt sich immer mehr in einer für die Völker aller Länder günstigen und für den Imperialismus und die Reaktionäre ungünstigen Weise. Eine wachsende Zahl von Ländern, insbesondere der Dritten Welt, schließt sich immer enger zusammen zur entschiedenen Bekämpfung der Hegemoniebestrebungen und Machtpolitik der Supermächte. Staaten wollen Unabhängigkeit, Nationen wollen Befreiung und Völker wollen Revolution — dies ist zur unwiderstehlichen historischen Strömung in der ganzen Welt geworden. Andererseits spitzen sich zwischen den Supermächten Widersprüche und Rivalität unaufhörlich zu. Ihre Kompromisse und ihr Zusammenspiel, die eine Zeitlang einfach aus egoistischen Motiven heraus eingegangen wurden, können nur das bedeuten, was in einer alten Redewendung mit den Worten beschrieben wird: „Bettgefährten mit verschiedenen Träumen". Damit ändert sich aber keineswegs ihr wahres Wesen, demnach ein jeder versucht, den anderen zu überwältigen. Wie es jedermann klar sein muß, streckt eine der Supermächte überallhin ihre Fangarme aus, um die Stelle der anderen einzunehmen, und schleicht sich ein, wo immer es möglich ist, betreibt unaufhörlich Intervention und Subversion gegen andere Länder und hat sogar die Unverfrorenheit, sich an der Zerstückelung souveräner Staaten zu beteiligen. Da sie immer mehr Übeltaten verübt, treten ihre expansionistischen Absichten immer deutlicher zutage. Die beiden Supermächte sind in gleicher Weise in innere und äußere Schwierigkeiten verwickelt und sitzen wie auf glühenden Kohlen. Von Tag zu Tag werden sie von den Völkern der ganzen Welt immer enger eingekreist.

Die gegenwärtige Situation in Afrika ist ebenfalls ermutigend. Im Geist der Charta der Organisation für die Afrikanische Einheit stärken die unabhängig gewordenen afrikanischen Staaten unablässig ihre Solidarität, koordinieren ihre Aktionen und richten die Spitze ihres Kampfes gegen Afrikas gemeinsame Feinde — Imperialismus, Kolonialismus, Rassismus, Zionismus und Hegemoniebestrebungen der Großmächte. Die bewaffneten Kämpfe der Völker und die Massenbewegungen für die nationale Befreiung in den Gebieten, die noch nicht ihre Unabhängigkeit gewonnen haben, nehmen einen weiteren Aufschwung. Afrika gehört den großen Völkern Afrikas, und diese werden mit Bestimmtheit durch unermüdlichen, heroi-

Rede auf dem Bankett zu Ehren Präsident N'Gouabis

schen Kampf die volle Unabhängigkeit und Befreiung erlangen. Die chinesische Regierung und das chinesische Volk werden den afrikanischen Völkern in deren gerechtem Kampf stets und unerschütterlich zur Seite stehen.

Das kambodschanische Volk erringt gegenwärtig immer neue Siege im Kampf gegen die landesverräterische Clique um Lon Nol. Die Nationale Einheitsfront von Kambodscha und die Königliche Regierung der Nationalen Union von Kambodscha haben wiederholt feierlich erklärt: Die Kambodscha-Frage muß in Übereinstimmung mit der vom 23. März 1970 datierten „Fünf-Punkte-Erklärung" Samdech Norodom Sihanouks, des Staatsoberhaupts und Vorsitzenden der Nationalen Einheitsfront von Kambodscha, gelöst werden. Vor kurzem hat die Königliche Regierung der Nationalen Union von Kambodscha in den befreiten Gebieten Kambodschas einen Nationalkongreß abgehalten und eine Erklärung an alle befreundeten Länder und Völker der Welt erlassen. Chinas Regierung und Volk unterstützen entschlossen den gerechten Kampf des kambodschanischen Volkes und dessen feierlichen und gerechten Standpunkt in Hinblick auf die Lösung der Kambodscha-Frage. Die USA müssen unverzüglich ihre Bombenangriffe und alle anderen Akte von militärischer Intervention in Kambodscha einstellen, damit das kambodschanische Volk seine eigenen Probleme ohne fremde Einmischung selbst lösen kann.

China und Kongo gehören beide zur Dritten Welt. Das chinesische und das kongolesische Volk sind Brüder und Waffengefährten an der antiimperialistischen Front. Im gemeinsamen Kampf für die Wahrung der nationalen Unabhängigkeit und beim Aufbau des eigenen Landes haben sie stets miteinander sympathisiert, einander unterstützt und eine tiefe kämpferische Freundschaft geschmiedet. Wir sind überzeugt, daß der gegenwärtige Besuch Seiner Exzellenz Präsident N'Gouabi in China die zwischen China und Kongo bereits bestehenden freundschaftlichen Beziehungen und die Zusammenarbeit weiter konsolidieren und entwickeln und einen neuen Beitrag zur Sache der Einheit der afro-asiatischen Völker gegen den Imperialismus leisten wird.

Quelle: Peking Rundschau Nr. 31/1973

REDE AUF DEM BANKETT ZU EHREN DES PRÄSIDENTEN POMPIDOU

Herr Präsident,

Meine Damen und Herren,

Genossen und Freunde!

Der offizielle Besuch Präsident Pompidous in China ist ein großes Ereignis in den Beziehungen zwischen China und Frankreich. Erlauben Sie mir, im Namen des Vorsitzenden Mao Tsetung, des amtierenden Vorsitzenden Dung Bi-wu und der chinesischen Regierung Präsident Pompidou und die anderen französischen hohen Gäste herzlich willkommen zu heißen.

Das chinesische und das französische Volk stehen sich seit jeher freundschaftlich gegenüber. Schon vor einigen Jahrhunderten gab es zwischen ihnen in einem gewissen Maß kulturellen und kommerziellen Austausch. Mit seinen außerordentlichen Errungenschaften auf wissenschaftlichem, kulturellem und künstlerischem Gebiet hat das französische Volk einen wertvollen Beitrag für die Menschheit geleistet. Das chinesische Volk schätzt den großen revolutionären Geist zutiefst, den das französische Volk in der neueren Geschichte gezeigt hat. Revolutionäre Chinas haben von den Erfahrungen und Lehren der französischen Geschichte viel Wertvolles gelernt.

Dank der persönlichen Anteilnahme und Anstrengung des Vorsitzenden Mao Tsetung und General de Gaulles wurden 1964 diplomatische Beziehungen zwischen unseren beiden Ländern aufgenommen, womit eine neue Grundlage für die Entwicklung der Freundschaft zwischen unseren beiden Völkern gelegt wurde. Als

Resultat unserer gemeinsamen Anstrengungen vermehrten sich die freundschaftlichen Kontakte zwischen den beiden Regierungen und Völkern in den letzten Jahren beträchtlich, und der geschäftliche, wissenschaftliche, technische und kulturelle Austausch zwischen China und Frankreich entwickelte sich stetig. All dies ist befriedigend. General de Gaulle wollte China besuchen, aber bedauerlicherweise erfüllte sich sein Wunsch nicht mehr. Es tut uns leid, daß wir diesen unerschütterlichen Kämpfer gegen die faschistische Aggression und für die Wahrung der nationalen Unabhängigkeit Frankreichs nicht in unserem Land empfangen konnten. Aber wir sind sehr erfreut, heute einen anderen bekannten Politiker Frankreichs hier empfangen zu können — Präsident Pompidou.

China und Frankreich haben verschiedene gesellschaftliche Systeme, wir beide aber wollen unsere Beziehungen entwickeln auf der Basis der fünf Prinzipien: gegenseitige Achtung der Souveränität und der territorialen Integrität, gegenseitiger Nichtangriff, gegenseitige Nichteinmischung in die inneren Angelegenheiten, Gleichberechtigung und gegenseitiger Nutzen sowie friedliche Koexistenz. Deshalb können wir Freunde sein. Wir haben noch eine andere wichtige Gemeinsamkeit, nämlich, wir beide hüten unsere Unabhängigkeit und Souveränität, wir beide dulden keine Kontrolle, Intervention oder Aggression durch irgendeine Supermacht der Welt, und wir beide sind gegen die Monopolisierung der Weltangelegenheiten durch eine oder zwei Supermächte. Herr Präsident, Sie sagten einmal: „Wir sind entschlossen, den Respekt anderer vor unserer Unabhängigkeit zu erlangen." Sie verwiesen außerdem auf die Notwendigkeit des Besitzes unabhängiger wirtschaftlicher, politischer und militärischer Mittel. Wir verstehen und respektieren Ihre Gefühle in dieser Hinsicht. Wir sind der Meinung, daß alle Länder, die der Aggression und Bedrohung ausgesetzt sind, das Recht haben sollen, eigene Verteidigungsmittel zu besitzen, um ihre Unabhängigkeit zu sichern. Die Erfahrungen der Geschichte haben mehrmals bewiesen, daß falsche Garantien keinen realen Frieden bringen können. Es gibt in der Welt eine kleine Anzahl von Menschen, die eine Vorliebe für den Übergriff auf die Unabhängigkeit anderer haben. In den siebziger Jahren des zwanzigsten Jahrhunderts lebend, haben sie noch immer die Träume der feudalen Kaiser des achtzehnten Jahrhunderts. Ihre Doktrin oder ihr Glaube ist, „Die Welt bin ich." Ihre Politik ist, mit Nuklearwaffen in der einen Hand und Deklarationen oder Verträge über das, was sie Frieden und Sicherheit nennen, in der anderen Hand, zu bluffen und zu betrügen

Rede auf dem Bankett zu Ehren Präsident Pompidous

und anderen ihren Willen aufzuzwingen. Sie versuchen, den anzugreifen, der nicht gehorsam ist, und sich überall einzuschleichen, wo dies möglich ist. Dies ist die Hauptursache der Spannung in der Welt. Das Kennzeichen der gegenwärtigen internationalen Situation ist nicht Friede, sondern großer Aufruhr in der Welt. Die Gefahr eines Krieges besteht immer noch, die Entspannung ist nur eine oberflächliche Erscheinung, und wir müssen gegenüber Aggressionskriegen gut vorbereitet sein.

Die Zeiten schreiten voran, die Welt verändert sich, und immer mehr Völker erwachen. Es unterliegt keinem Zweifel, daß die Hegemoniebestrebungen und die Machtpolitik früher oder später von den Völkern der Welt ins Museum der Geschichte verwiesen werden. Die chinesische Regierung tritt schon immer dafür ein, daß kein Land das Recht hat, ein anderes Land der Aggression, Subversion, Intervention, Kontrolle und Schikane auszusetzen. Wir unterstützen alle gerechten Kämpfe der Völker der Welt und unterstützen auch die Völker der europäischen Länder darin, sich zusammenzuschließen, um ihre Souveränität und Unabhängigkeit zu verteidigen. Wir stimmen mit der Ansicht überein, daß die Sache der europäischen Einheit, wenn sie gut gemacht wird, zur Verbesserung der Situation in Europa und in der ganzen Welt beitragen kann.

China ist ein Land, das unermeßliche Not durchgemacht hat. Unser Kurs liegt darin, „tiefe Tunnels zu graben, überall Getreidevorräte anzulegen, nie nach Hegemonie zu trachten". Tiefe Tunnels graben wir zur Verteidigung; Getreidevorräte legen wir als Vorbereitung auf einen Kriegsfall und Naturkatastrophen an. Wir werden nie nach Hegemonie streben. Wirtschaftlich ist China ein sich entwickelndes sozialistisches Land, und wir haben langwierige, große Anstrengungen zu machen, wenn wir den sozialistischen Aufbau in China erfolgreich durchführen wollen. Unser Kurs beruht auf unseren eigenen Kräften, und das heißt, sich aus eigener Kraft emporarbeiten. Zugleich sind wir bereit, in Übereinstimmung mit dem Prinzip der Gleichberechtigung normale Beziehungen zu allen Ländern zu entwickeln. Aber wir werden uns keiner Bedrohung durch Gewalt beugen oder weichen. Wir wollen uns mit allen Ländern der Welt vereinigen, die gegen Aggression, Subversion, Intervention, Kontrolle und Schikane kämpfen, und mit ihnen gemeinsame Bemühungen zur Verbesserung der internationalen Situation unternehmen.

Herr Präsident, Ihr gegenwärtiger Besuch in China bietet unseren beiden Seiten die Gelegenheit, unsere Meinungen über die chinesisch-französischen Beziehungen und über Fragen von gemeinsamem Interesse auszutauschen. Wir glauben, daß das einen vorteilhaften, fördernden Einfluß auf das gegenseitige Verständnis und die Zusammenarbeit zwischen unseren beiden Völkern ausüben und gute Perspektiven für die Entwicklung der Beziehungen zwischen China und Frankreich eröffnen wird. Ich wünsche Ihnen, Herr Präsident, einen erfolgreichen Besuch.

Ich schlage vor, anzustoßen

auf die Prosperität der Republik Frankreich und das Glück des französischen Volkes,

auf die Freundschaft zwischen den Völkern Chinas und Frankreichs,

auf die Gesundheit des Präsidenten, Herrn Georges Pompidou,

auf die Gesundheit der anderen hohen Gäste aus Frankreich,

auf die Gesundheit der anwesenden Chefs diplomatischer Missionen und ihrer Gattinnen und

auf die Gesundheit aller anwesenden Freunde und Genossen!

Quelle: Peking Rundschau Nr. 37/1973

BERICHT AUF DEM X. PARTEITAG DER KOMMUNISTISCHEN PARTEI CHINAS

(ERSTATTET AM 24. AUGUST UND ANGENOMMEN AM 28. AUGUST 1973)

Genossen!

Der X. Parteitag der Kommunistischen Partei Chinas findet zu einer Zeit statt, da die parteifeindliche Clique um Lin Biao zerschmettert ist, die Linie des IX. Parteitags große Siege errungen hat und die Lage im Inland wie international ausgezeichnet ist.

Im Namen des Zentralkomitees erstatte ich hiermit dem X. Parteitag einen Bericht mit dem Hauptinhalt: Über die Linie des IX. Parteitags, über den Sieg bei der Zerschmetterung der parteifeindlichen Clique um Lin Biao, über die Lage und unsere Aufgaben.

ÜBER DIE LINIE DES IX. PARTEITAGS

Der IX. Parteitag wurde zu einem Zeitpunkt abgehalten, da die von Vorsitzendem Mao persönlich eingeleitete und geführte Große Proletarische Kulturrevolution große Siege erzielt hatte.

Aufgrund der Lehre des Marxismus, des Leninismus, der Maotsetungideen von der Weiterführung der Revolution unter der Diktatur des Proletariats faßte der IX. Parteitag die historischen Erfahrungen wie auch die neuen Erfahrungen aus der Großen Proletarischen Kulturrevolution zusammen, kritisierte die revisionistische Linie Liu Schao-tschis und bekräftigte erneut die grundlegende Linie und Politik der Partei für die ganze Geschichtsperiode des Sozialismus. Die Genossen werden sich erinnern, daß Vorsitzender

Mao bei der Eröffnung des IX. Parteitags am 1. April 1969 den großen Aufruf erließ: *„Schließen wir uns zusammen, um noch größere Siege zu erringen!"* Auf der 1. Plenartagung des IX. Zentralkomitees vom 28. April desselben Jahres wies Vorsitzender Mao wiederum eindeutig darauf hin: *„Schließen wir uns zusammen um eines einzigen Zieles willen — Festigung der Diktatur des Proletariats!"* „Es geht darum, sicherzustellen, daß sich die breiten Volksmassen im ganzen Land unter der Führung des Proletariats zusammenschließen, um den Sieg zu erkämpfen." Weiter sagte Vorsitzender Mao voraus: *„Vielleicht muß nach einigen Jahren wieder eine Revolution durchgeführt werden."* Die Ansprachen des Vorsitzenden Mao und der von dem Parteitag angenommene politische Bericht des ZK legten für unsere Partei eine marxistisch-leninistische Linie fest.

Wie wir alle wissen, wurde der politische Bericht an den IX. Parteitag unter der persönlichen Leitung des Vorsitzenden Mao ausgearbeitet. Vor dem IX. Parteitag hatte Lin Biao in Kollaboration mit Tschen Bo-da einen politischen Bericht verfaßt. Sie stellten sich gegen die Weiterführung der Revolution unter der Diktatur des Proletariats und vertraten die Auffassung, daß die Hauptaufgabe nach dem IX. Parteitag in der Entwicklung der Produktion bestünde. Das war, unter neuen Bedingungen, eine Neuauflage des absurden revisionistischen Geredes, das Liu Schao-tschi und Tschen Bo-da in den Beschluß des VIII. Parteitags eingeschmuggelt hatten. Danach wäre der Hauptwiderspruch im Inland nicht im Widerspruch zwischen dem Proletariat und der Bourgeoisie, sondern im „Widerspruch zwischen dem fortgeschrittenen sozialistischen System und den rückständigen gesellschaftlichen Produktivkräften" zu suchen. Dieser politische Bericht von Lin Biao und Tschen Bo-da wurde selbstverständlich von dem ZK abgelehnt. Lin Biao unterstützte im geheimen Tschen Bo-da, offen gegen den unter Leitung des Vorsitzenden Mao ausgearbeiteten politischen Bericht aufzutreten; und erst nachdem er damit gescheitert war, nahm er widerwillig die politische Linie des ZK an und verlas auf dem Parteitag den politischen Bericht des ZK. Aber sowohl während des IX. Parteitags als auch nachher setzte Lin Biao, ungeachtet der Ermahnungen, der Zurückweisung und der Rettungsbemühungen seitens des Vorsitzenden Mao und des ZK der Partei ihm gegenüber, seine Verschwörung und Sabotage fort. Er ging dabei so weit, daß er im August 1970 auf der 2. Plenartagung des IX. Zentralkomitees einen konterrevolutionären Staatsstreich startete, der aber mißlang, daß er im März 1971 den Plan eines konterrevolutionären bewaffneten Staatsstreichs — „Übersicht über das ‚Projekt 571'" — aufstellte und daß er am 8. September einen konterrevolutionären bewaffneten Staatsstreich vom Zaune brach, in dem vergeblichen Versuch, einen Mordanschlag auf unseren großen Führer Vorsitzenden Mao zu verüben und ein separates Zentralkomitee zu bilden. Nach dem Fehlschlag seines Komplotts versuchte er am 13. September, insgeheim per Flugzeug zu den Sowjetrevisionisten überzulaufen, übte damit Verrat an Partei und Staat und kam durch Absturz bei Undur Khan in der Mongolischen Volksrepublik ums Leben.

Die Zerschlagung der parteifeindlichen Clique um Lin Biao ist der größte Sieg, den unsere Partei seit dem IX. Parteitag erzielt hat, und bedeutet einen wuchtigen Schlag gegen die Feinde im In- und Ausland. Nach dem Vorfall vom 13. September führten die gesamte Partei, die ganze Armee und die Hunderte Millionen zählenden Volksmassen aller Nationalitäten unseres Landes ernsthafte Diskussionen durch und brachten ihre höchste proletarische Empörung zum Ausdruck über Lin Biao, diesen bürgerlichen Karrieristen, Verschwörer, Doppelzüngler, Renegaten und Landesverräter, sowie über seine geschworenen Anhänger; zugleich bekundeten sie unserem großen Führer Vorsitzenden Mao und dem von ihm geleiteten ZK der Partei ihre entschiedene Unterstützung. Im Landesmaßstab wurde eine Bewegung zur Kritik an Lin Biao und zur Verbesserung des Arbeitsstils entfaltet. Die ganze Partei, die ganze Armee und das ganze Volk studierten gewissenhaft den Marxismus, den Leninismus, die Maotsetungideen, unterzogen den Hochstapler Lin Biao und seinesgleichen der revolutionären Massenkritik und rechneten ideologisch, politisch und organisatorisch mit all deren konterrevolutionären Verbrechern ab. Dadurch steigerte sich ihr Vermögen, zwischen dem wahren Marxismus und dem Pseudomarxismus zu unterscheiden. Die Tatsachen haben bewiesen, daß die parteifeindliche Clique um Lin Biao lediglich aus einer Handvoll Leuten bestand, in der gesamten Partei, in der ganzen Armee und unter dem ganzen Volk aufs äußerste isoliert war und daher die Situation als Ganzes nicht zu beeinflussen vermochte. Die parteifeindliche Clique um Lin Biao hat den gewaltig vorwärtsreißenden Strom der Revolution des chinesischen Volkes nicht aufgehalten und auch nicht aufhalten können. Im Gegenteil, die gesamte Partei, die ganze Armee und das ganze Volk wurden noch mehr angespornt, „*sich zusammenzuschließen, um noch größere Siege zu erringen*".

Dank der Bewegung zur Kritik an Lin Biao und zur Verbesserung des Arbeitsstils ist die Linie des IX. Parteitags noch tiefer im Volk verwurzelt. Die Linie des IX. Parteitags und die verschiedenen proletarischen politischen Richtlinien der Partei werden noch besser als zuvor in die Tat umgesetzt. Die Arbeit von „Kampf-Kritik-Umgestaltung" in allen Bereichen des Überbaus hat neue Früchte gezeitigt. Der Arbeitsstil, die Wahrheit in den Tatsachen zu suchen und an der Massenlinie festzuhalten, ebenso wie die ruhmvolle Tradition, bescheiden und umsichtig zu sein und hart zu kämpfen, was alles eine Zeitlang von Lin Biao sabotiert wurde, werden weiter gepflegt. Die Chinesische Volksbefreiungsarmee, die sich während der Großen Proletarischen Kulturrevolution erneut Verdienste erwarb, hat bei den verstärkten Vorbereitungen auf einen Kriegsfall sowie durch ihre Teilnahme an der Revolution und an den Aufbauarbeiten — gemeinsam mit dem Volk — neue Beiträge geleistet. Die unter der Führung des Proletariats stehende und auf dem Bündnis der Arbeiter und Bauern beruhende große revolutionäre Einheit der Volksmassen aller Nationalitäten ist fester denn je. Nachdem der Abfall abgestoßen und frisches Blut aufgenommen worden war, ist unsere Partei, die jetzt 28 Millionen Mitglieder zählt, zu einer Vorhutorganisation des Proletariats mit noch größerer Vitalität geworden.

Von der Bewegung zur Kritik an Lin Biao und zur Verbesserung des Arbeitsstils vorangetrieben, hat unser Volk die Sabotage seitens der parteifeindlichen Clique um Lin Biao durchkreuzt, ernste Unbilden der Natur überwunden und so neue Siege beim sozialistischen Aufbau errungen. Die Lage in der Industrie und Landwirtschaft, im Verkehrs- und Transportwesen sowie im Finanzwesen und Handel unseres Landes ist gut. Wir haben weder Auslands- noch Inlandsschulden. Die Preise sind stabil. Der Markt floriert. Auch auf dem Gebiet von Kultur, Bildung, Gesundheitswesen, Wissenschaft und Technik sind viele neue Erfolge zu verzeichnen.

In der internationalen Sphäre haben unsere Partei und Regierung entschieden die vom IX. Parteitag festgelegte Außenpolitik befolgt. Unsere revolutionäre Freundschaft mit den sozialistischen Bruderländern und den wahrhaft marxistisch-leninistischen Parteien und Organisationen verschiedener Länder, unsere Beziehungen der Zusammenarbeit mit befreundeten Staaten haben sich verstärkt. Auf der Grundlage der fünf Prinzipien der friedlichen Koexistenz hat unser Land mit immer mehr Ländern diplomatische Beziehungen aufgenommen. Die legitimen Rechte unseres Landes in der UNO wurden wiederhergestellt. Die Politik, China zu isolieren, erlitt Schiffbruch, die Beziehungen zwischen China und den USA haben sich einigermaßen gebessert. Die staatlichen Beziehungen zwischen China und Japan wurden normalisiert. Der freundschaftliche Austausch zwischen unserem Volk und den anderen Völkern erweitert sich; wir helfen einander, unterstützen einander und tragen so dazu bei, daß sich die Weltlage weiterhin zugunsten der Völker aller Länder entwickelt.

Die revolutionäre Praxis seit dem IX. Parteitag, hauptsächlich die Praxis des Kampfes gegen die parteifeindliche Clique um Lin Biao, hat bewiesen, daß sowohl die politische als auch die organisatorische Linie des IX. Parteitags richtig sind, daß die Führung des ZK der Partei mit Vorsitzendem Mao an der Spitze korrekt ist.

ÜBER DEN SIEG BEI DER ZERSCHMETTERUNG DER PARTEIFEINDLICHEN CLIQUE UM LIN BIAO

Der Verlauf des Kampfes zur Zerschmetterung der parteifeindlichen Lin-Biao-Clique und die Verbrechen dieser Clique sind der gesamten Partei, der ganzen Armee und dem ganzen Volk schon bekannt. Es erübrigt sich daher, hier viel davon zu sprechen.

Nach marxistisch-leninistischer Ansicht ist der innerparteiliche Kampf eine Widerspiegelung des in der Gesellschaft vor sich gehenden Klassenkampfes innerhalb der Partei. Nach dem Bankrott der Renegatenclique um Liu Schao-tschi trat die parteifeindliche Lin-Biao-Clique ins Rampenlicht und setzte die Kraftprobe mit dem Proletariat fort, was einen krassen Ausdruck des heftigen inländischen und internationalen Klassenkampfes darstellt.

Schon am 13. Januar 1967, als sich die Große Proletarische Kulturrevolution auf ihrem Höhepunkt befand, trat Breschnew, der Anführer der Renegatenclique der Sowjetrevisionisten, auf einer Massenversammlung in der Region Gorki tollwütig gegen unsere Große Proletarische Kulturrevolution auf und bekundete offen, sie stünden auf seiten der Renegatenclique um Liu Schao-tschi; er behauptete, der Bankrott dieser Renegatenclique sei „für alle echten Kommunisten Chinas eine große Tragödie. Wir bringen ihnen daher unsere tiefe Sympathie entgegen." Ferner erklärte Breschnew unverhohlen die Fortsetzung des Kurses des Sturzes der Führung der Kommunistischen Partei Chinas und sprach vom Kampf um deren „Rückführung auf den Weg des Internationalismus". („Prawda",

14. Januar 1967) Im März 1967 sagte ein anderer Anführer der Sowjetrevisionisten auf Massenversammlungen in Moskau noch unverhüllter: „Die gesunden Kräfte, die die wahren Interessen Chinas repräsentieren, werden früher oder später noch ihr entscheidendes Wort sprechen" und „den Triumpf der Ideen des Marxismus-Leninismus in ihrem großen Land herbeiführen". („Prawda", 4. bzw. 10. März 1967) Die „gesunden Kräfte", wie sie sie nannten, sind die verfaulenden Kräfte, welche die Interessen des Sozialimperialismus und aller Ausbeuterklassen vertreten; das von ihnen gemeinte „entscheidende Wort" bedeutet die Usurpation der höchsten Macht in Partei und Staat; ihr sogenannter „Triumph der Ideen" bedeutet den Machtantritt von vorgeblichem Marxismus-Leninismus, von echtem Revisionismus in China; und der von ihnen gemeinte „Weg des Internationalismus" ist der Weg, der dazu führen würde, China in eine Kolonie des sowjetrevisionistischen Sozialimperialismus zu verwandeln. Die Breschnew-Renegatenclique beeilte sich damit, den allgemeinen Wunsch der Reaktionäre auszudrücken, und hat so das ultrarechte Wesen der parteifeindlichen Clique um Lin Biao deutlich gemacht.

Lin Biao und die Handvoll seiner geschworenen Anhänger waren eine konterrevolutionäre Verschwörerclique, die „den ‚Zitatenband' niemals aus der Hand legte, stets in Hochrufe ausbrach, ins Gesicht schönredete, aber hinterrücks Mordpläne schmiedete". Das Wesen ihrer konterrevolutionären revisionistischen Linie und das verbrecherische Ziel ihres konterrevolutionären bewaffneten Staatsstreiches bestanden darin, die höchste Macht in Partei und Staat zu usurpieren, die Linie des IX. Parteitags vollständig zu verraten, die grundlegende Linie und Politik der Partei für die ganze Geschichtsperiode des Sozialismus von Grund auf zu ändern, die marxistisch-leninistische Kommunistische Partei Chinas in eine revisionistische faschistische Partei zu verwandeln, die Diktatur des Proletariats umzustürzen und den Kapitalismus zu restaurieren. Im Inland versuchten sie, der Grundherrenklasse und der Bourgeoisie, die von unserer Partei, unserer Armee und unserem Volk unter Führung des Vorsitzenden Mao mit eigenen Händen niedergeschlagen worden waren, wieder auf die Beine zu helfen und eine feudal-kompradorfaschistische Diktatur auszuüben. International waren sie bereit, vor dem sowjetrevisionistischen Sozialimperialismus zu kapitulieren und sich mit den Imperialisten, Revisionisten und Reaktionären aller Länder zu vereinigen, um gegen China, gegen den Kommunismus und gegen die Revolution anzukämpfen.

Lin Biao, dieser bürgerliche Karrierist, Verschwörer und Doppelzüngler, hat in unserer Partei nicht etwa bloß ein Jahrzehnt, sondern mehrere Jahrzehnte lang intrigiert. Er durchlief einen Prozeß der Entwicklung und der Selbstenthüllung, während wir auch einen Prozeß durchzumachen hatten, um ihn zu durchschauen. Marx und Engels sagten im „Manifest der Kommunistischen Partei": *„Alle bisherigen Bewegungen waren Bewegungen von Minoritäten oder im Interesse von Minoritäten. Die proletarische Bewegung ist die selbständige Bewegung der ungeheuren Mehrzahl im Interesse der ungeheuren Mehrzahl."* Vorsitzender Mao macht es, *„sich für die Interessen der großen Mehrheit der Menschen in China und in der Welt einzusetzen"*, zu einer der Hauptvoraussetzungen für die Fortsetzer der revolutionären Sache des Proletariats, die auch in unserem Parteistatut niedergelegt ist. Ob man eine Partei für die Interessen der großen Mehrheit oder für die einer kleinen Minderheit gründet, das ist die Wasserscheide zwischen einer proletarischen und einer bürgerlichen Partei und der Prüfstein, die echten von den falschen Kommunisten zu unterscheiden. Lin Biao trat in der ersten Etappe von Chinas neudemokratischer Revolution in die Kommunistische Partei ein. Schon damals sah er der Zukunft der chinesischen Revolution pessimistisch entgegen. Gleich nach der Gutiän-Konferenz (Dezember 1929 — Übers.) schrieb Vorsitzender Mao einen langen Brief an Lin Biao, „Aus einem Funken kann ein Steppenbrand entstehen", in dem er ihn ernst und geduldig zu erziehen suchte. Die Tatsachen haben bewiesen, daß Lin Biao seine bürgerliche idealistische Weltanschauung überhaupt nicht umgestaltete. In wichtigen Momenten der Revolution beging er immer wieder rechtsabweichlerische Fehler, verfolgte stets eine Doppelzüngertaktik und erweckte einen falschen Eindruck, um die Partei und das Volk hinters Licht zu führen. Als sich aber die chinesische Revolution weiter entwickelte, insbesondere zu der Zeit, da sich die chinesische Revolution ihrem Charakter nach in die sozialistische Revolution verwandelte, mehr und mehr in die Tiefe ging und es notwendig machte, die Bourgeoisie und alle anderen Ausbeuterklassen restlos zu stürzen, die Diktatur der Bourgeoisie durch die Diktatur des Proletariats zu ersetzen und den Kapitalismus durch den Sozialismus zu besiegen, da konnten sich die den kapitalistischen Weg gehenden Machthaber wie Lin Biao und seinesgleichen, die nur für die Interessen einer kleinen Minderheit arbeiteten und deren Machtgier um so größer war, je höhere Ämter sie bekleideten, nicht mehr versteckt halten und traten zu einer Kraftprobe mit dem Proletariat auf den Plan, wobei sie ihre eigene Kraft überschätzten und die Kraft des Volkes unterschätzten. Als Lin Biao, den Bedürfnissen der in- und ausländischen Klassenfeinde entsprechend, nach dem Taktstock der Sowjetrevisionisten sein „entscheidendes Wort" zu sprechen suchte, demaskierte er sich restlos und verursachte seinen totalen Bankrott.

Engels sagte mit Recht: „*Die Entwicklung des Proletariats erfolgt überall unter innern Kämpfen.*" „*Und wenn man wie M[arx] und ich unser ganzes Leben lang mehr die angeblichen Sozialisten bekämpft hat als sonst jemand (denn die Bourgeoisie nahmen wir nur als Klasse und haben uns auf Einzelkämpfe mit Bourgeois fast nie eingelassen), so kann man sich eben nicht sehr darüber grämen, daß der unvermeidliche Kampf ausgebrochen ist.*" (Engels an August Bebel, 28. Oktober 1882)

Genossen!

In einem halben Jahrhundert hat unsere Partei zehnmal große Kämpfe zweier Linien erfahren. Der Zusammenbruch der parteifeindlichen Lin-Biao-Clique bedeutet keineswegs den Abschluß des Kampfes zweier Linien innerhalb der Partei. Die in- und ausländischen Feinde wissen, daß eine Festung am leichtesten von innen her einzunehmen ist. Es ist viel leichter, die Diktatur des Proletariats durch jene Machthaber umzustürzen, die sich in die Partei eingeschlichen haben und den kapitalistischen Weg gehen, als daß die Grundherren und Kapitalisten selbst ins Rampenlicht treten, zumal diese in der ganzen Gesellschaft schon in üblem Ruf stehen. Selbst wenn in Zukunft die Klassen aufgehoben worden sind, bleibt der Widerspruch zwischen dem Überbau und der ökonomischen Basis und der Widerspruch zwischen den Produktionsverhältnissen und den Produktivkräften weiter bestehen. Und der Kampf zwischen zwei Linien, der diese Widersprüche widerspiegelt, d.h. der Kampf zwischen dem Fortschrittlichen und dem Rückständigen und zwischen dem Richtigen und dem Falschen, wird weiter existieren. Hinzu kommt, daß die sozialistische Gesellschaft eine ziemlich lange geschichtliche Periode umfaßt. Diese ganze Geschichtsperiode hindurch existieren Klassen, Klassenwidersprüche und Klassenkämpfe, existiert der Kampf zwischen den beiden Wegen, dem des Sozialismus und dem des Kapitalismus, existiert die Gefahr einer Restauration des Kapitalismus, existiert die Bedrohung durch Umsturz und Aggression seitens des Imperialismus und des Sozialimperialismus. Und der Kampf zweier Linien innerhalb der Partei, der diese Widersprüche widerspiegelt, wird für lange Zeit fortbestehen. Es wird noch zehn-, zwanzig- oder dreißigmal Kämpfe dieser Art geben. Es werden weitere Lin Biaos auftauchen, werden sich weiter Leute vom Schlage Wang Mings, Liu Schao-tschis, Peng Dö-huais und Gao Gangs finden. Das ist vom Willen der Menschen unabhängig. Daher müssen alle Genossen unserer Partei sich innerlich gut auf den künftigen langwierigen Kampf vorbereiten und es verstehen, den größten Nutzen aus der jeweiligen Entwicklung der Lage zu ziehen und den Kampf zum Sieg des Proletariats zu führen, wie sehr auch die Klassenfeinde ihre Taktik ändern mögen.

Vorsitzender Mao lehrt uns: *„Die Richtigkeit oder Unrichtigkeit der ideologischen und politischen Linie entscheidet alles."* Ist die Linie unrichtig, wird man scheitern, auch wenn man die zentrale und die lokale Führung sowie die der Armee innehat. Ist die Linie richtig, wird man Soldaten finden können, auch wenn man noch keinen einzigen hat, wird man die politische Macht ergreifen können, auch wenn man sie noch nicht in der Hand hat. Dies geht aus den historischen Erfahrungen unserer Partei hervor wie auch aus den historischen Erfahrungen in der internationalen kommunistischen Bewegung seit der Zeit von Marx. Lin Biao wollte „alles kommandieren und über alles verfügen . . . ". Zu guter Letzt konnte er jedoch nichts kommandieren und über nichts verfügen. Alles hängt von der Linie ab. Das ist eine unumstößliche Wahrheit.

Vorsitzender Mao hat für unsere Partei die grundlegende Linie und Politik für die ganze Geschichtsperiode des Sozialismus ausgearbeitet und für die verschiedenen konkreten Arbeitsgebiete konkrete Richtlinien und eine konkrete Politik festgelegt. Es ist notwendig, in unserer Arbeit nicht nur die jeweiligen konkreten Arbeitsrichtlinien und die jeweilige konkrete Politik der Partei zu beachten, sondern vor allem großen Wert auf die grundlegende Linie und Politik der Partei zu legen. Das ist die fundamentale Gewähr dafür, daß unsere Partei noch größere Siege erringen kann.

Vorsitzender Mao hat die Erfahrungen aus den zehnmaligen Kämpfen zweier Linien in der Partei, insbesondere die Erfahrungen im Kampf zur Zerschlagung der parteifeindlichen Lin-Biao-Clique, zusammengefaßt und die ganze Partei aufgerufen: *„Den Marxismus und nicht den Revisionismus praktizieren; sich zusammenschließen und nicht Spaltertätigkeit betreiben; offen und ehrlich sein und sich nicht mit Verschwörungen und Ränken befassen."* Damit hat er uns die Kriterien zur Unterscheidung der korrekten von der falschen Linie gewiesen und die drei Grundprinzipien, die jedes Parteimitglied einhalten muß. Jeder unserer Genossen muß diese drei Prinzipien fest im Gedächtnis behalten, auf ihnen beharren und den Kampf zweier Linien innerhalb der Partei energisch und richtig führen. Vorsitzender Mao lehrt uns stets: Man muß merken, daß eine Tendenz eine andere verdeckt. Die Auseinandersetzung mit dem Rechtsopportunismus Tschen Du-hsius, für den „die Vereinigung alles, der Kampf nichts" galt, verdeckte den „Links"opportunismus Wang Mings für den „der Kampf alles, die Vereinigung nichts" galt. Und die Berichtigung der „linken" Abweichung Wang Mings verdeckte wieder seine rechte Abweichung. Der Kampf gegen den Revisionismus Liu Schao-tschis verdeckte den Revisionismus von Lin Biao. Es hat sich in der Geschichte mehrmals ereignet, daß eine Tendenz eine andere verdeckte und beim Aufkommen einer Strömung nur wenige Personen dieser standhielten, während die Mehrheit sich von ihr treiben ließ. Im heutigen internationalen wie inländischen Kampf werden sich möglicherweise noch Abweichungen ergeben, wie solche in der Vergangenheit, daß man über der Vereinigung mit der Bourgeoisie den unerläßlichen Kampf vergaß und über dem Bruch mit der Bourgeoisie wiederum vergaß, daß eine Vereinigung unter bestimmten Bedingungen doch möglich war. Wir müssen daher unser möglichstes tun, um solche Abweichungen rechtzeitig zu entdecken und zu korrigieren. Wenn uns eine falsche Tendenz wie eine steigende Flut entgegenschlägt, dürfen wir uns nicht vor dem Isoliertwerden fürchten, sondern müssen den Mut aufbringen, gegen die Strömung anzukämpfen und ihr die Stirn zu bieten. Vorsitzender Mao hat festgestellt: *„Gegen die Strömung anzukämpfen ist ein Prinzip des Marxismus-Leninismus."* Bei den zehnmaligen Kämpfen zweier Linien in der Partei hat sich Vorsitzender Mao durch seinen Mut, gegen die Strömung anzukämpfen und an der korrekten Linie festzuhalten, als Repräsentant und Lehrer erwiesen. Jeder unserer Genossen muß aufs beste von Vorsitzendem Mao lernen und an diesem Prinzip festhalten.

Geleitet durch die von Vorsitzendem Mao vertretene korrekte Linie, hat sich die große, ruhmreiche und korrekte Kommunistische Partei Chinas lange Zeit mit den Klassenfeinden gemessen — innerparteilichen und außerparteilichen, einheimischen und ausländischen, bewaffneten und nichtbewaffneten, offenen und versteckten. Unsere Partei ist weder gespalten noch zerschlagen worden. Im Gegenteil, die marxistisch-leninistische Linie des Vorsitzenden Mao hat sich weiter entwickelt, und unsere Partei ist noch stärker geworden. Die historischen Erfahrungen liefern uns die feste Überzeugung, daß *„unsere Partei eine lichte Zukunft hat"*. Es ist genau so, wie Vorsitzender Mao im Jahre 1966 vorausgesagt hat: *„Sollte*

Bericht auf dem X. Parteitag 309

es in China zu einem von den Rechten inszenierten, antikommunistischen Staatsstreich kommen, so bin ich fest davon überzeugt, daß sie niemals Ruhe finden werden, daß ihre Herrschaft sehr wahrscheinlich kurzlebig sein wird, denn alle Revolutionäre, welche die Interessen von mehr als 90 Prozent der Bevölkerung vertreten, werden das nicht zulassen." Alle Restaurationskomplotte der Bourgeoisie werden scheitern, solange unsere ganze Partei die historischen Erfahrungen fest im Gedächtnis behält und unbeirrbar die korrekte Linie des Vorsitzenden Mao befolgt. Wie viele große Kämpfe zweier Linien es auch noch geben mag, die Gesetze der Geschichte lassen sich nicht ändern, und die chinesische Revolution und die Weltrevolution werden letzten Endes siegen.

ÜBER DIE LAGE UND UNSERE AUFGABEN

Stets lehrt uns Vorsitzender Mao: Wir befinden uns nach wie vor in der Epoche des Imperialismus und der proletarischen Revolution. Aufgrund der marxistischen Grundsätze hat Lenin den Imperialismus einer wissenschaftlichen Analyse unterzogen und den *„Imperialismus als höchstes Stadium des Kapitalismus"* bezeichnet. Lenin stellte fest, daß der Imperialismus der monopolistische Kapitalismus, der parasitäre oder in Fäulnis begriffene Kapitalismus, der sterbende Kapitalismus ist. Lenin wies darauf hin, daß der Imperialismus alle Widersprüche des Kapitalismus bis zum höchsten Grad verschärft hat. Aus diesem Grund erklärte Lenin: *„Der Imperialismus ist der Vorabend der sozialen Revolution des Proletariats",* und stellte die Theorie und Taktik für die proletarische Revolution in der Epoche des Imperialismus auf. Stalin sagte: *„Der Leninismus ist der Marxismus der Epoche des Imperialismus und der proletarischen Revolution."* Das ist vollkommen richtig. Nach dem Tode Lenins sind in der Weltlage gewaltige Veränderungen vor sich gegangen. Aber die Epoche bleibt unverändert, die Grundprinzipien des Leninismus sind nicht überholt und bleiben nach wir vor die theoretische Grundlage, von der sich unser Denken leiten läßt.

Die gegenwärtige internationale Lage ist durch große Unordnung auf der Erde gekennzeichnet. „Nähert sich ein Gewitter vom Berg, pfeift der Wind durch die Burg." Das beschreibt genau, wie sich die von Lenin analysierten verschiedenen Grundwidersprüche in der Welt heute zeigen. Die Entspannung ist eine vorübergehende, oberflächliche Erscheinung, die große Unordnung geht aber weiter. Eine solche Unordnung ist etwas Gutes, keineswegs schlecht für die Völker. Sie bringt die Feinde in Verwirrung und differenziert sie, erweckt und stählt die Völker und gibt Impulse dafür, daß sich die internationale Lage weiter zugunsten der Völker und zuungunsten des Imperialismus, des modernen Revisionismus und der Reaktionäre aller Länder entwickelt.

Das Erwachen und Erstarken der Dritten Welt ist ein bedeutendes Ereignis in den internationalen Beziehungen unserer Zeit. Die Dritte Welt hat sich im Kampf gegen die Hegemoniebestrebungen und die Machtpolitik der Supermächte noch enger zusammengeschlossen und spielt eine wachsende Rolle in internationalen Angelegenheiten. Die großartigen Siege der Völker der drei Länder Vietnam, Laos und Kambodscha im Widerstandskrieg gegen die USA-Aggression und zur Rettung der Nation haben die Völker der ganzen Welt im revolutionären Kampf gegen den Imperialismus und den Kolonialismus gewaltig ermutigt. Im Kampf des koreanischen Volkes für die selbständige und friedliche Wiedervereinigung des Vaterlands hat sich eine neue Situation ergeben. Der Kampf des palästinensischen Volkes und der anderen arabischen Völker gegen die Aggression des israelischen Zionismus, der Kampf der Völker Afrikas gegen den Kolonialismus und die Rassendiskriminierung, der Kampf der Völker Lateinamerikas um 200-Seemeilen-Territorialgewässer und um Wirtschaftszonen gehen weiter. Der Kampf der Völker Asiens, Afrikas und Lateinamerikas zur Erringung und Wahrung der nationalen Unabhängigkeit sowie zum Schutz der staatlichen Souveränität und der nationalen Ressourcen hat sich in die Tiefe und Breite entwickelt. Die Dritte Welt und die Völker Europas, Nordamerikas und Ozeaniens unterstützen und ermutigen einander in ihrem gerechten Kampf. Staaten wollen die Unabhängigkeit, Nationen wollen die Befreiung, Völker wollen die Revolution — das ist bereits zu einer unwiderstehlichen Strömung der Geschichte geworden.

Wie Lenin sagte, *„ . . . ist für den Imperialismus wesentlich der Wettkampf einiger Großmächte in ihrem Streben nach Hegemonie"*. Heute sind es in der Hauptsache die beiden nuklearen Supermächte, die USA und die Sowjetunion, die miteinander um die Hegemonie ringen. Sie machen jeden Tag ein großes Geschrei um Abrüstung, betreiben aber in Wirklichkeit täglich Aufrüstung. Ihr Ziel ist Erringung der Weltherrschaft. Einerseits rivalisieren sie miteinander, andererseits machen sie gemeinsame Sache. Sie machen gemeinsame Sache, um dann in noch stärkerem Maße miteinander zu rivalisieren.

Die Rivalität ist absolut und langdauernd, während die Kollaboration relativ und vorübergehend ist. Aus der Proklamierung eines Europa-Jahres und der Einberufung der europäischen Sicherheitskonferenz ist ersichtlich, daß der strategische Schwerpunkt ihres Ringens in Europa liegt. Der Westen ist stets darauf bedacht, den Sowjetrevisionismus nach Osten zu lenken und diesen Unheilstifter auf China abzuleiten. Schön wäre es nur, solange „im Westen nichts Neues" ist. China ist ein Stück schmackhaftes Fleisch, das alle gern verspeisen möchten. Doch dieses Stück Fleisch ist so zäh, daß seit vielen Jahren schon keiner es anbeißen kann. Mit dem Ende des „Superspions" Lin Biao ist der Zugriff noch schwieriger geworden. Gegenwärtig ist der Sowjetrevisionismus dabei, „ein Scheinmanöver im Osten zu vollführen, den Angriff aber im Westen zu unternehmen", er intensiviert das Ringen in Europa und forciert seine Expansion dem Mittelmeer und dem Indischen Ozean zu und nach allen Gebieten, nach denen er seine Hände ausstrecken kann. Das Ringen der USA und der Sowjetunion um die Hegemonie ist die Quelle der Unruhe in der Welt. Das läßt sich durch ihre mannigfaltigen Vorspiegelungen nicht vertuschen und wird heute von immer mehr Völkern und Staaten durchschaut, das stößt auf heftigen Widerstand in der Dritten Welt und löst in Japan und in den Ländern Westeuropas Unzufriedenheit aus. Die beiden Oberherren — die USA und die Sowjetunion — sind in ein Dilemma innerer und äußerer Schwierigkeiten geraten und haben es immer schwerer. Sie befinden sich in einer Lage, die durch die Verszeile illustriert wird: „Das stehst du machtlos da: die Blüten fallen nieder." Die amerikanisch-sowjetischen Gespräche vom Juni dieses Jahres und die Entwicklung seither beweisen das noch deutlicher.

„*Das Volk und nur das Volk ist die Triebkraft, die die Weltgeschichte macht.*" Die Ambitionen der beiden Oberherren, der USA und der Sowjetunion, sind eine Sache; ob sie sich verwirklichen lassen, ist eine andere. Man will China verschlucken, findet es aber zum Anbeißen zu hart; von Europa und Japan läßt sich ebenfalls nichts abbeißen, geschweige denn von der ausgedehnten Dritten Welt. Seit der Niederlage in seinem Aggressionskrieg gegen Korea geht es mit dem USA-Imperialismus immer mehr bergab. Er gibt offen zu, daß er immer mehr verfällt; er wurde gezwungen, aus Vietnam abzuziehen. In den letzten zwei Jahrzehnten hat die Herrscherclique des Sowjetrevisionismus von Chruschtschow bis Breschnew einen sozialistischen Staat in einen sozialimperialistischen Staat entarten lassen. Sie hat nach innen den Kapitalismus restauriert, übt eine faschistische Diktatur aus und unterjocht alle ihre Nationalitäten, wodurch sich die politischen und wirtschaftlichen Widersprüche wie auch die Widersprüche zwischen den Nationalitäten mit jedem Tag verschärfen; nach außen hin ist sie in die Tschechoslowakei eingefallen und hält sie besetzt, sie hat große Truppenkontingente an der Grenze Chinas zusammengezogen, Truppen in die Mongolische Volksrepublik entsandt, sie unterstützt die landesverräterische Clique um Lon Nol, unterdrückte die Rebellion der polnischen Arbeiter, mischte sich in Ägypten ein und hat die Ausweisung ihrer dortigen Spezialisten verursacht, sie hat Pakistan zerstückelt und betreibt eine subversive Tätigkeit in vielen asiatischen und afrikanischen Ländern – diese ganze Reihe von Tatsachen haben ihre scheußliche Fratze als neue Zaren und ihr reaktionäres Wesen völlig bloßgelegt, das heißt, sie übt *„Sozialismus in Worten, Imperialismus in der Tat."* Je mehr üble und anrüchige Taten sie verübt, desto schneller wird der Tag kommen, da sie das Sowjetvolk und die anderen Völker der Welt ins Museum der Geschichte verweisen werden.

Neuerlich redet die Renegatenclique um Breschnew viel Unsinn über die chinesisch-sowjetischen Beziehungen. Sie behauptet, China sei gegen die internationale Entspannung, China wolle die chinesisch-sowjetischen Beziehungen nicht verbessern, usw. usf. Diese Worte sind an das Sowjetvolk und die Völker aller Länder gerichtet, im hoffnungslosen Versuch, deren freundschaftliche Gefühle für das chinesische Volk zu trüben und das wahre Gesicht der neuen Zaren zu verschleiern. Diese Worte sind noch viel mehr an die Adresse der Monopolkapitalisten gerichtet, in der Hoffnung, für die Verdienste im Feldzug gegen China und gegen den Kommunismus mehr Trinkgeld zu bekommen. Das war Hitlers alter Trick, aber Breschnew führt ihn noch viel ungeschickter vor. Wenn du so sehr für Entspannung in der Welt bist, warum tust du nicht etwas, was deine Aufrichtigkeit beweisen könnte, zum Beispiel, die Truppen aus der Tschechoslowakei oder aus der Mongolischen Volksrepublik abzuziehen und die vier Nördlichen Inseln an Japan zurückzugeben? Muß denn China, das kein fremdes Territorium besetzt hält, den Sowjetrevisionisten seine Gebiete nördlich der Großen Mauer restlos abtreten, um einen Beweis dafür zu liefern, daß wir für die Entspannung der Weltlage eintreten und bereit sind, die chinesisch-sowjetischen Beziehungen zu verbessern? Das chinesische Volk läßt sich weder hinters Licht führen noch einschüchtern. Die prinzipiellen Auseinandersetzungen zwischen China und der Sowjetunion dürfen die beiden Länder nicht daran hindern, ihre Beziehungen auf der Grundlage der fünf Prinzipien der friedlichen Koexistenz zu normalisieren. Die chinesisch-sowjetische Grenzfrage muß ohne jegliche Bedrohung durch Verhandlungen friedlich geregelt werden. „*Wir greifen nicht an, wenn wir nicht angegriffen werden; wer uns angreift, hat aber unbedingt mit unserem Gegenangriff zu rechnen"* — das ist unser konsequentes Prinzip. Und wir halten immer Wort.

Hier müssen wir darauf hinweisen, daß es nötig ist, die Kollaboration und die Kompromisse zwischen dem Sowjetrevisionismus und dem USA-Imperialismus von den notwendigen Kompromissen revolutionärer Staaten mit imperialistischen Staaten auseinanderzuhalten. Lenin sagte treffend: „*Es gibt Kompromisse und Kompromisse. Man muß es verstehen, die Umstände und die konkreten Bedingungen jedes Kompromisses oder jeder Spielart eines Kompromisses zu analysieren. Man muß es lernen, den Menschen, der den Banditen Geld und Waffen gegeben hat, um das Übel, das die Banditen stiften, zu verringern und ihre Ergreifung und Erschießung zu erleichtern, von dem Menschen zu unterscheiden, der den Banditen Geld und Waffen gibt, um sich an der Teilung der Banditenbeute zu beteiligen."* („Der ,linke Radikalismus', die Kinderkrankheit im Kommunismus") Der Abschluß des Vertrags von Brest-Litowsk mit dem deutschen Imperialismus von seiten Lenins gehört zur ersteren Kategorie; was Chruschtschow und Breschnew, die Lenin verraten haben, taten und tun, gehört zu letzterem Fall.

Lenin stellte mehrmals fest, daß Imperialismus Aggression und Krieg bedeutet. Vorsitzender Mao wies in seiner Erklärung vom 20. Mai 1970 darauf hin: „*Die Gefahr eines neuen Weltkriegs bleibt immer noch bestehen, und die Völker aller Länder müssen dagegen Vorbereitungen treffen. Aber die Haupttendenz in der heutigen Welt ist Revolution."* Ein solcher Krieg kann verhindert werden, solange die mit jedem Tag mehr erwachenden Völker aller Länder die Richtung klar erkennen, ihre Wachsamkeit erhöhen, ihre Geschlossenheit festigen und im Kampf ausharren. Falls der Imperialismus stur einen solchen Krieg vom Zaune bricht, wird das unweigerlich in der ganzen Welt Revolutionen noch größeren Ausmaßes hervorrufen und seinen Untergang beschleunigen.

In der gegenwärtigen ausgezeichneten Lage im Inland wie in der internationalen Arena ist es äußerst wichtig, Chinas Angelegenheiten mit Erfolg zu regeln. Deshalb muß unsere Partei international am proletarischen Internationalismus festhalten, auf der konsequenten Politik der Partei beharren, die Einheit mit dem Proletariat,

den unterdrückten Völkern und unterjochten Nationen der ganzen
Welt festigen, die Solidarität mit allen jenen Ländern, die der
Aggression, Subversion, Intervention, Kontrolle und Schikane
seitens des Imperialismus ausgesetzt sind, verstärken und die
breitestmögliche Einheitsfront bilden, um den Imperialismus, den
neuen und alten Kolonialismus, insbesondere die Hegemoniebestrebungen der beiden Supermächte, der USA und der Sowjetunion, zu
bekämpfen. Wir müssen uns mit allen wahrhaft marxistisch-leninistischen Parteien und Organisationen der Welt vereinigen und den
Kampf gegen den modernen Revisionismus zu Ende führen. Im
Inland müssen wir die grundlegende Linie und Politik der Partei für
die ganze Geschichtsperiode des Sozialismus befolgen, auf der
Weiterführung der Revolution unter der Diktatur des Proletariats
beharren, uns mit allen Kräften zusammenschließen, mit denen ein
Zusammenschluß möglich ist, und uns anstrengen, unser Land zu
einem mächtigen sozialistischen Staat aufzubauen, und somit einen
relativ großen Beitrag für die Menschheit leisten.

Wir müssen uns an die Weisungen des Vorsitzenden Mao halten:
*„Trefft Vorbereitungen auf einen Kriegsfall, Vorbereitungen auf
Naturkatastrophen, tut alles für das Volk!"* und *„Tiefe Tunnels
graben, überall Getreidevorräte anlegen, nie nach Hegemonie
trachten!"* und gegenüber einem eventuellen Aggressionskrieg
seitens des Imperialismus und besonders gegenüber einem Überraschungsangriff des sowjetrevisionistischen Sozialimperialismus
gegen unser Land hohe Wachsamkeit bewahren und alle Vorbereitungen treffen. Die heldenhafte Volksbefreiungsarmee und die
breiten Massen der Volksmiliz müssen zu jeder Zeit bereit sein, den
eindringenden Feind zu vernichten.

Die Provinz Taiwan ist ein Teil des geheiligten Territoriums
unseres Vaterlandes, die Volksmassen von Taiwan sind unsere blutsverwandten Landsleute. Wir bringen unseren Landsleuten auf
Taiwan die größte Anteilnahme entgegen. Die Landsleute auf
Taiwan lieben das Mutterland und sehnen sich nach ihm. Sie
können erst dann eine lichte Zukunft haben, wenn sie in den Schoß
des Mutterlandes zurückgekehrt sind. Taiwan wird befreit werden.
Unser großes Vaterland wird vereinigt werden. Dies ist der gemeinsame Wille und die heilige Pflicht der Volksmassen aller Nationalitäten unseres Landes einschließlich der Landsleute auf Taiwan. Laßt
uns gemeinsam auf die Verwirklichung dieses Zieles hinarbeiten!

Genossen!

Wir müssen einsehen, daß wir trotz der erzielten großen Erfolge in der sozialistischen Revolution und beim sozialistischen Aufbau den Erfordernissen der objektiven Lage immer noch nicht nachkommen können. In der sozialistischen Revolution stehen noch schwierige Aufgaben vor uns. Die Aufgabe „Kampf-Kritik-Umgestaltung" der Großen Proletarischen Kulturrevolution muß an allen Fronten noch tiefgehender durchgeführt werden. Die Mängel und Fehler in unserer Arbeit und gewisse ungesunde Tendenzen sind durch weitere Anstrengungen zu korrigieren. Unsere ganze Partei muß die gegenwärtige günstige Zeit ausnutzen, um die Errungenschaften der Großen Proletarischen Kulturrevolution zu festigen und auszubauen und gute Arbeit auf allen Gebieten zu leisten.

In erster Linie müssen die Kritik an Lin Biao und die Verbesserung des Arbeitsstils mit Erfolg weitergeführt werden. Man muß die parteifeindliche Lin-Biao-Clique umfassend als Lehrer im negativen Sinne benutzen, um die gesamte Partei, die gesamte Armee und die Volksmassen aller Nationalitäten unseres Landes im Sinne des Klassenkampfes und des Kampfes zweier Linien zu erziehen, den Revisionismus und die bürgerliche Weltanschauung zu kritisieren, damit sich die breiten Massen die historischen Erfahrungen aus den zehnmaligen Kämpfen zweier Linien in unserer Partei aneignen können, zu einem tieferen Verständnis der Besonderheiten und Gesetzmäßigkeiten des Klassenkampfes und des Kampfes zweier Linien in der Periode der sozialistischen Revolution in unserem Land gelangen und ihre Fähigkeit, den echten Marxismus vom Pseudomarxismus zu unterscheiden, erhöhen.

Alle Parteimitglieder müssen gewissenhaft die Werke von Marx, Engels, Lenin, Stalin und die Werke des Vorsitzenden Mao studieren, am dialektischen Materialismus und am historischen Materialismus festhalten, den Idealismus und die Metaphysik bekämpfen und ihre Weltanschauung umformen. Für die hohen Kader gilt erst recht, *„gewissenhaft Bücher zu lesen und zu studieren, den Marxismus sich zu eigen zu machen",* sie müssen sich bemühen, die marxistischen Grundtheorien zu beherrschen, sich Klarheit über die Geschichte des Kampfes des Marxismus gegen den neuen und alten Revisionismus sowie gegen den Opportunismus aller Schattierungen verschaffen und verstehen lernen, wie Vorsitzender Mao den Marxismus-Leninismus als Erbe übernommen, ihn verteidigt und weiterentwickelt hat, indem er die allgemeingültige Wahrheit des Marxismus-Leninismus mit der konkreten Praxis der Revolution verband. Wir hoffen, daß durch dauernde Anstrengungen *„die breiten Massen unserer Kader sowie das Volk in der Lage sein werden, sich mit den*

Grundtheorien des Marxismus zu wappnen".

Wir müssen dem Klassenkampf im Bereich des Überbaus einschließlich der verschiedenen Sektoren der Kultur Aufmerksamkeit schenken und alle jene Teile des Überbaus umgestalten, die der ökonomischen Basis nicht entsprechen. Wir müssen die beiden Arten von ihrem Wesen nach unterschiedlichen Widersprüchen richtig behandeln. Wir müssen weiterhin die proletarischen politischen Richtlinien des Vorsitzenden Mao gewissenhaft in die Tat umsetzen. Wir müssen die Revolution in der Literatur und Kunst und im Bildungs- und Gesundheitswesen erfolgreich weiterführen, gute Arbeit leisten in bezug auf die Jugendlichen mit Schulbildung, die in ländliche Gebiete gegangen sind, die „7. Mai"-Kaderschulen gut leiten und das sozialistische Neue unterstützen.

Unser Land ist wirtschaftlich immer noch ein armes Land, ein Entwicklungsland. Wir müssen die Generallinie: *Unter Anspannung aller Kräfte, immer vorwärtsstrebend, mehr, schneller, besser und wirtschaftlicher den Sozialismus aufbauen* durchführen, die Revolution anpacken und die Produktion fördern. Wir müssen weiterhin den Kurs verfolgen: „*Die Landwirtschaft als Grundlage und die Industrie als den führenden Faktor betrachten",* die ganze Reihe von Richtlinien fürs „Auf-beiden-Beinen-Gehen" befolgen und unabhängig und selbständig, im Vertrauen auf die eigene Kraft durch harten Kampf und mit Fleiß und Sparsamkeit unser Land aufbauen. Wie Marx feststellte, „. . . *ist die größte Produktivkraft die revolutionäre Klasse selbst".* Eine grundlegende Erfahrung aus unserem sozialistischen Aufbau seit mehr als zwanzig Jahren besteht eben darin, sich auf die Massen zu stützen. Wenn man in der Industrie von Datjing und in der Landwirtschaft von Dadschai lernt, so geht es darum, alles konsequent von der proletarischen Politik leiten zu lassen, Massenbewegungen energisch zu entfalten und den Elan, die Weisheit und den schöpferischen Geist der breiten Massen vollauf zur Geltung zu bringen. Auf dieser Grundlage müssen die Planmäßigkeit und die Kooperation gestärkt, die vernünftigen Vorschriften und Bestimmungen vervollkommnet und die zentrale wie auch örtliche Initiative noch besser entfaltet werden. Die Parteiorganisationen müssen den Problemen der Wirtschaftspolitik große Aufmerksamkeit schenken, sich um das Alltagsleben der Volksmassen kümmern, Untersuchung und Forschung mit Erfolg durchführen und den staatlichen Plan für die Entwicklung der Volkswirtschaft genau erfüllen und ihn übererfüllen, um die sozialistische

Wirtschaft unseres Landes zu einem noch größeren Aufschwung zu bringen.

Man soll die einheitliche Führung durch die Partei weiter verstärken. *In den sieben Bereichen — Industrie, Landwirtschaft, Handel, Kultur und Bildungswesen, Armee, Regierung und Partei — leitet die Partei alles.* Die Parteikomitees aller Ebenen müssen Schriften des Vorsitzenden Mao wie „Über die Stärkung des Systems des Parteikomitees" und „Arbeitsmethoden der Parteikomitees" studieren, die Erfahrungen zusammenfassen und ideologisch, organisatorisch und mit Hilfe von Bestimmungen die einheitliche Führung durch die Partei weiter verstärken. Gleichzeitig muß man den Revolutionskomitees und den verschiedenen Massenorganisationen vollen Spielraum geben. Man muß die Anleitung der Grundorganisationen verstärken, damit die Führung dort wirklich in den Händen der Marxisten und der Arbeiter, der armen Bauern und unteren Mittelbauern sowie der anderen Werktätigen liegt und die Aufgabe der Festigung der Diktatur des Proletariats in jeder Grundorganisation erfüllt wird. Die Parteikomitees aller Ebenen müssen den demokratischen Zentralismus stärken und ihr Führungsniveau heben. Es muß nachdrücklich darauf hingewiesen werden, daß nicht wenige Parteikomitees sich in alltäglichem konkretem Kleinkram verlieren und wichtigen Angelegenheiten keine Aufmerksamkeit schenken. Das ist äußerst gefährlich. Wenn sich das nicht ändert, wird man unvermeidlich auf den Weg zum Revisionismus gelangen. Wir hoffen, daß alle Parteigenossen, insbesondere die leitenden Genossen, sich vor einer solchen Tendenz hüten und diesen Arbeitsstil ernsthaft ändern.

Die im Laufe der Großen Proletarischen Kulturrevolution von den breiten Massen ausgearbeitete Erfahrung der Dreierverbindung von Älteren, Mittelaltrigen und Jüngeren hat uns günstige Bedingungen geschaffen, gemäß den von Vorsitzendem Mao aufgestellten fünf Kriterien Millionen von Fortsetzern der revolutionären Sache des Proletariats heranzubilden. Die Parteiorganisationen aller Ebenen müssen diese Aufgabe von fundamentaler Bedeutung über Generationen hinaus stets auf die Tagesordnung setzen. Vorsitzender Mao hat festgestellt: *„Die Fortsetzer der proletarischen Revolution wachsen stets im Sturm heran."* Sie müssen im Klassenkampf und im Kampf zweier Linien gestählt und anhand von positiven wie negativen Erfahrungen erzogen werden. Deshalb muß ein echter Kommunist bereit sein, auf niedrigem wie höherem Posten zu arbeiten, und die Prüfung eines mehrmaligen Auf und Ab bestehen können. Alle Kader, neue wie alte, müssen engste Verbindung mit den Massen unterhalten, bescheiden und umsichtig sein, sich vor Überheblichkeit und Unbesonnenheit hüten, sich auf jeden Arbeitsposten begeben, auf dem Partei und Volk sie brauchen, und unter allen Umständen unentwegt die revolutionäre Linie und die Politik des Vorsitzenden Mao befolgen.

Genossen! Der X. Parteitag wird für die geschichtliche Entwicklung unserer Partei einen tiefgehenden und weitreichenden Einfluß haben. In nächster Zeit werden wir auch den IV. Nationalen Volkskongreß einberufen. Unser Volk und die revolutionären Völker der Welt setzen große Erwartungen in unsere Partei und in unseren Staat. Wir sind überzeugt, daß unter Führung des Vorsitzenden Mao unsere gesamte Partei in der Lage sein wird, an der proletarischen revolutionären Linie des Vorsitzenden Mao festzuhalten und unsere Arbeit erfolgreich durchzuführen, um unser Volk und die Völker der Welt nicht in ihren Erwartungen uns gegenüber zu enttäuschen!

Die Zukunftsperspektiven sind glänzend, der Weg ist aber voller Windungen und Wendungen. Möge sich unsere gesamte Partei, mögen sich die Volksmassen aller Nationalitäten des Landes zusammenschließen, *fest entschlossen sein, keine Opfer scheuen und alle Schwierigkeiten überwinden, um den Sieg zu erringen!*

Es lebe die große, ruhmreiche und korrekte Kommunistische Partei Chinas!

Hoch der Marxismus, der Leninismus, die Maotsetungideen!

Es lebe Vorsitzender Mao! Er lebe hoch, hoch, hoch!

Quelle: Der X. Parteitag der Kommunistischen
Partei Chinas — Dokumente
Peking 1973

BERICHT ÜBER DIE TÄTIGKEIT DER REGIERUNG

(ERSTATTET AUF DER 1. TAGUNG DES IV. NATIONALEN VOLKSKONGRESSES DER VOLKSREPUBLIK CHINA AM 13. JANUAR 1975)

Verehrte Abgeordnete!

Auf Beschluß des Zentralkomitees der Kommunistischen Partei Chinas erstatte ich im Namen des Staatsrates dem IV. Nationalen Volkskongreß den Bericht über die Tätigkeit der Regierung.

Die vom Vorsitzenden Mao, unserem großen Führer, persönlich eingeleitete und geführte Große Proletarische Kulturrevolution ist seit dem III. Nationalen Volkskongreß das größte und bedeutendste Ereignis im politischen Leben der Volksmassen aller Nationalitäten unseres Landes. Diese Revolution ist in ihrem Wesen eine große politische Revolution des Proletariats gegen die Bourgeoisie und alle anderen Ausbeuterklassen. Sie hat die zwei bürgerlichen Hauptquartiere von Liu Schao-tschi und Lin Biao zerschlagen und deren Intrigen durchkreuzt, die auf die Restauration des Kapitalismus abzielten. Die Bewegung zur Kritik an Lin Biao und Konfuzius, die gegenwärtig überall im Lande vor sich geht, ist die Fortsetzung und Vertiefung dieser großen Revolution. Mit ihrem Sieg hat die Große Proletarische Kulturrevolution die Diktatur des Proletariats in unserem Land gefestigt, sie fördert den sozialistischen Aufbau und gewährleistet, daß unser Land den unterdrückten Völkern und unterjochten Nationen der ganzen Welt zur Seite steht. Die Kulturrevolution hat neue Erfahrungen geliefert für die Weiterführung der Revolution unter der Diktatur des Proletariats, sie ist von großer historischer Bedeutung und hat einen weitreichenden Einfluß.

Während der Großen Proletarischen Kulturrevolution und in der

Bewegung zur Kritik an Lin Biao und Konfuzius haben die Volksmassen aller Nationalitäten unseres Landes eine umfangreiche Massenbewegung für das Studium des Marxismus, des Leninismus, der Maotsetungideen entfaltet und dadurch ihr Bewußtsein vom Klassenkampf und vom Kampf zweier Linien erhöht; die Kampagne „Kampf-Kritik-Umgestaltung" hat im Bereich des Überbaus große Erfolge zu verzeichnen. Die Revolutionskomitees der Dreierverbindung von älteren, mittelaltrigen und jüngeren Mitgliedern sind eng mit den Volksmassen verbunden; in großer Zahl wachsen vitale Fortsetzer der revolutionären Sache des Proletariats heran; die proletarische Revolution in Literatur und Kunst, gekennzeichnet durch die Musterstücke der revolutionären Bühnenkunst, entwickelt sich in die Tiefe; die Revolution im Bildungswesen und im Gesundheitswesen zeichnet ein lebendiges Bild; die Kader, Arbeiter, Bauern, Soldaten, Schüler und Studenten und die im Handel Beschäftigten gehen unbeirrbar den „Weg des 7. Mai"; über eine Million „Barfußärzte" wachsen heran; annähernd 10 Millionen Jugendliche mit Schulbildung sind aufs Land gegangen; ein Massenkontingent von Aktivisten für die marxistische theoretische Arbeit unter Beteiligung der Arbeiter, Bauern und Soldaten erstarkt. All diese neuen Dinge haben im Bereich des Überbaus die allseitige Diktatur des Proletariats über die Bourgeoisie gestärkt und dienen der weiteren Festigung und Entwicklung der ökonomischen Basis des Sozialismus.

Wir haben den 3. Fünfjahrplan übererfüllt. Auch der 4. Fünfjahrplan wird 1975 erfolgreich abgeschlossen werden. In Chinas Landwirtschaft sind in 13 aufeinanderfolgenden Jahren reiche Ernten eingebracht worden. Im Jahre 1974 war der Gesamtwert der landwirtschaftlichen Produktion laut Schätzung um 51 Prozent höher als 1964. Das ist der überzeugende Beweis für die Überlegenheit des Systems der Volkskommune. Seit der Befreiung ist die Bevölkerung unseres Landes zwar um 60 Prozent angewachsen, aber die Produktion ist bei Getreide um 140 Prozent und bei Baumwolle um 470 Prozent gestiegen. In unserem Land, mit seiner Bevölkerung von annähernd 800 Millionen, ist der Grundbedarf der Volksmassen an Nahrung und Kleidung gesichert. Der Gesamtwert der industriellen Produktion war 1974, laut Schätzung, um 190 Prozent höher als 1964. Bei den wichtigsten Erzeugnissen ist die Produktionssteigerung in diesem Zeitraum sehr groß: bei Stahl um 120 Prozent, bei Rohkohle um 91 Prozent, bei Erdöl um 650 Prozent, bei elektrischem Strom um 200 Prozent, bei Kunstdünger um 330

Prozent, bei Traktoren um 520 Prozent, bei Baumwollgarn um 85 Prozent und bei Kunstfasern um 330 Prozent. Im vergangenen Jahrzehnt haben wir, gestützt auf die eigene Kraft, 1100 große und mittelgroße Projekte fertiggestellt, erfolgreich Wasserstoffbomben getestet und künstliche Erdsatelliten gestartet. Im Gegensatz zu den wirtschaftlichen Erschütterungen und zur Inflation in der kapitalistischen Welt sind die Einnahmen und Ausgaben unseres Staates ausgeglichen. Unser Staat hat weder Auslands- noch Inlandsschulden. Die Preise sind stabil. Das Leben des Volkes verbessert sich Schritt für Schritt. Von Tag zu Tag gedeiht der sozialistische Aufbau und gewinnt an Schwung. Die Reaktionäre im In- und Ausland behaupteten damals, die Große Proletarische Kulturrevolution werde unsere Volkswirtschaft ruinieren, die Tatsachen haben ihnen nun schlagkräftig geantwortet.

Mit den Völkern aller Länder haben wir im gemeinsamen Kampf gegen den Kolonialismus, den Imperialismus und besonders gegen das Hegemoniestreben der Supermächte bedeutsame Siege errungen. Wir haben die Einkreisung, Blockade, Aggression und Subversion durch den Imperialismus und den Sozialimperialismus vereitelt und unsere Einheit mit den Völkern aller Länder verstärkt, insbesondere mit den Völkern der Dritten Welt. Chinas Sitz in der UNO, dessen unser Land lange Zeit rechtswidrig beraubt war, ist uns zurückgegeben worden. Die Zahl der Länder, die diplomatische Beziehungen mit unserem Land aufgenommen haben, hat sich auf fast 100 erhöht. Über 150 Länder und Gebiete unterhalten Wirtschafts-, Handels- und kulturelle Beziehungen mit uns. Unser Kampf findet bei allen Völkern Sympathie und Unterstützung. Wir haben Freunde überall in der Welt.

Durch die Kulturrevolution und die Bewegung zur Kritik an Lin Biao und Konfuzius gestählt, haben sich die Volksmassen aller Nationalitäten unseres Landes noch enger zusammengeschlossen, sind unsere Streitkräfte noch stärker geworden, hat sich unser großes Vaterland weiter gefestigt. All unsere Erfolge sind große Siege des Marxismus, des Leninismus, der Maotsetungideen, sind große Siege der revolutionären Linie des Vorsitzenden Mao.

Verehrte Abgeordnete!

Der X. Parteitag unserer Partei hat die vom Vorsitzenden Mao ausgearbeitete grundlegende Linie und Politik der Partei für die ganze Geschichtsperiode des Sozialismus nochmals dargelegt und noch klarer die Richtung für die Weiterführung der Revolution unter der Diktatur des Proletariats gewiesen. Die Volksmassen aller Nationalitäten unseres Landes müssen sich unter der Führung des Zentralkomitees der Partei mit dem Vorsitzenden Mao an der Spitze noch enger zusammenschließen, sich an die grundlegende Linie und Politik der Partei halten, sich um die Erfüllung der vom X. Parteitag gestellten Kampfaufgaben bemühen, die Siege der Großen Proletarischen Kulturrevolution konsolidieren und ausbauen und neue Siege in der sozialistischen Revolution und beim sozialistischen Aufbau erkämpfen.

Unsere vorrangige Aufgabe ist, umfangreich, tiefgehend und anhaltend die Bewegung zur Kritik an Lin Biao und Konfuzius weiterzuführen. Der Kampf zwischen den zwei Klassen, dem Proletariat und der Bourgeoisie, zwischen den zwei Wegen, dem des Sozialismus und dem des Kapitalismus, und zwischen den zwei Linien, der marxistischen und der revisionistischen, wird von langer Dauer und verwickelt sein und zuweilen sogar sehr heftig werden. Wir dürfen keinesfalls in unserem Kampfwillen nachlassen, weil die Bewegung zur Kritik an Lin Biao und Konfuzius bereits bedeutende Ergebnisse gezeitigt hat. Wir müssen weiterhin tiefgehend Lin Biaos revisionistische Linie und die Doktrinen von Konfuzius und Menzius kritisieren, wir müssen nach dem Prinzip: *Das Alte in den Dienst der Gegenwart stellen,* die historischen Erfahrungen aus dem Kampf zwischen der konfuzianischen und der legalistischen Schule und aus den Klassenkämpfen insgesamt zusammenfassen, im Kampf ein Massenkontingent von Aktivisten für die marxistische theoretische Arbeit aufbauen und mit dem Marxismus alle Bereiche des Überbaus erobern. Der Schlüssel für die Erfüllung dieser Aufgabe ist, daß sich die Kader und Volksmassen durch eingehendes, unermüdliches Studium der Werke von Marx, Engels, Lenin und Stalin und der Werke des Vorsitzenden Mao mit den Grundtheorien des Marxismus wappnen. Wir müssen durch die Kritik an Lin Biao und Konfuzius die Revolution in Literatur und Kunst, die Revolution im Bildungswesen und im Gesundheitswesen und die Kampagne „Kampf-Kritik-Umgestaltung" an allen Fronten weiter vorantreiben, alle neuen Dinge unterstützen und die Richtung des Sozialismus noch besser einhalten.

Wir müssen unter der Führung der Partei den Aufbau der Revolutionskomitees aller Ebenen verstärken. Die Führungsgremien aller Ebenen müssen ihre Bewußtheit bei der Durchführung der revolutionären Linie des Vorsitzenden Mao erhöhen und sich noch enger mit den Volksmassen verbinden. Wir müssen uns bemühen, Kader aus den Reihen der Jugend, der Frauen und der nationalen Minderheiten heranzubilden und vorwiegend aus den Reihen der Arbeiter, der armen Bauern und unteren Mittelbauern die Besten auf führenden Posten einzusetzen. Es gilt, nach dem Prinzip „Weniger Truppen, aber bessere, und eine einfachere Verwaltung" die Verwaltungsebenen zu reduzieren. Die alten und neuen Kader müssen voneinander lernen und ihre Reihen noch fester schließen; sie müssen bereit sein, sowohl niedrigere als auch höhere Posten auszufüllen, und sie müssen unentwegt an der kollektiven Produktionsarbeit teilnehmen und von ganzem Herzen dem Volk dienen.

Wir müssen die beiden ihrem Wesen nach unterschiedlichen Arten von Widersprüchen streng voneinander unterscheiden und sie richtig behandeln, die politischen Richtlinien der Partei gewissenhaft in die Tat umsetzen und bis in jede Grundorganisation hinein die Aufgabe der Konsolidierung der Diktatur des Proletariats erfüllen. Gestützt auf die breiten Volksmassen, müssen wir wohlüberlegt, treffsicher und unerbittlich die Handvoll von Klassenfeinden schlagen, wobei der Schwerpunkt auf Treffsicherheit liegt. Entsprechend der Richtlinie *Einheit—Kritik und Selbstkritik—Einheit* und nach demokratischen Methoden müssen wir die Widersprüche im Volk gewissenhaft und richtig lösen und damit die sozialistische Initiative der Volksmassen voll zur Geltung bringen.

Einheit des Staates, Geschlossenheit des Volkes und aller Nationalitäten innerhalb des Landes — das sind die grundlegenden Garantien für den sicheren Triumph unserer Sache. Wir müssen die große Einheit aller Nationalitäten unseres Landes verstärken. Wir müssen uns vorbehaltlos auf die Arbeiterklasse, die armen Bauern und unteren Mittelbauern stützen, uns mit den anderen Werktätigen und den breiten Massen der Intellektuellen zusammenschließen und die von der Arbeiterklasse geführte und auf dem Bündnis der Arbeiter und Bauern beruhende revolutionäre Einheitsfront einschließlich der patriotischen demokratischen Parteien, patriotischen Persönlichkeiten, im Ausland lebenden patriotischen chinesischen Staatsangehörigen und der Landsleute von Hongkong und Makao weiter entwickeln. Wir müssen über 95 Prozent der Kader und der Massen zusammenschließen und alle Kräfte, mit denen ein Zusammenschluß möglich ist, um gemeinsam für den Aufbau unseres großen sozialistischen Vaterlandes zu kämpfen.

Die sozialistische Revolution ist eine gewaltige Triebkraft für die Entwicklung der gesellschaftlichen Produktivkräfte. Wir müssen an der Richtlinie: *Die Revolution anpacken, die Produktion, die Arbeit und die Vorbereitung auf einen Kriegsfall fordern,* festhalten, uns unter der Kommandoführung durch die Revolution um die Steigerung der Produktion bemühen und den Aufbau des Sozialismus beschleunigen, damit die materielle Grundlage des sozialistischen Systems in unserem Land weiter gefestigt wird.

In Befolgung der Weisung des Vorsitzenden Mao wurde im Bericht über die Tätigkeit der Regierung an den III. Nationalen Volkskongreß erwähnt, daß die Volkswirtschaft unseres Landes vom 3. Planjahrfünft an nach einer Konzeption von zwei Schritten entwickelt werden könnte: beim ersten Schritt, im Verlauf von 15 Jahren, nämlich bis 1980, ein unabhängiges, relativ vollständiges System der Industrie und der Volkswirtschaft insgesamt aufzubauen; beim zweiten Schritt, noch in diesem Jahrhundert, allseitig die Landwirtschaft, die Industrie, die Landesverteidigung, Wissenschaft und Technik zu modernisieren, damit die Volkswirtschaft unseres Landes in den vordersten Reihen der Welt stehen kann.

Wir werden 1975 den 4. Fünfjahrplan erfüllen und übererfüllen. So schaffen wir eine noch festere Grundlage dafür, bis zum Jahre 1980 den ersten Schritt der obengenannten Konzeption zu verwirklichen. Der Lage im Inland wie in der Welt nach zu schließen, wird das nächste Jahrzehnt entscheidend sein für die Verwirklichung der beiden Schritte. Innerhalb dieses Zeitraums werden wir nicht nur ein unabhängiges, relativ vollständiges System der Industrie und der Volkswirtschaft schaffen, sondern auch dem hohen Ziel zustreben, den zweiten Schritt der Konzeption zu verwirklichen. Entsprechend dieser Zielsetzung wird der Staatsrat einen Perspektivplan für zehn Jahre, Fünfjahrpläne und einzelne Jahrespläne ausarbeiten. Die dem Staatsrat unterstehenden Ministerien und Kommissionen, die örtlichen Revolutionskomitees aller Ebenen bis in die Grundeinheiten wie Industriebetriebe und Produktionsgruppen müssen die Massen dazu mobilisieren, durch eingehende Diskussionen eigene Pläne auszuarbeiten und sich für die vorfristige Erreichung unseres hohen Ziels einzusetzen.

Um eine noch größere Entwicklung unserer sozialistischen Wirtschaft zu erreichen, müssen wir an der Generallinie: *Unter Anspannung aller Kräfte, immer vorwärtsstrebend, „mehr, schneller, besser und wirtschaftlicher" den Sozialismus aufbauen,* festhalten, den Kurs: *Die Landwirtschaft als Grundlage und die Industrie als den führenden Faktor betrachten,* und die ganze Reihe von Richtlinien für das „Auf-beiden-Beinen-Gehen" weiterhin verfolgen. Es gilt, den

Volkswirtschaftsplan entsprechend der Reihenfolge Landwirtschaft—Leichtindustrie—Schwerindustrie auszurichten, unter der einheitlichen Planung des Staates die Initiative sowohl der zentralen als auch der örtlichen Ebene vollauf zur Geltung zu bringen, *die Betriebsverfassung des Hüttenkombinats Anschan* noch besser durchzuführen und die Massenbewegungen *„Lernt in der Industrie von Datjing!"* und *„Lernt in der Landwirtschaft von Dadschai!"* zu vertiefen.

Unsere führenden Genossen aller Ebenen müssen beim Anleiten der wirtschaftlichen Arbeit der sozialistischen Revolution im Bereich des Überbaus große Aufmerksamkeit schenken und den Klassenkampf und den Kampf zweier Linien fest anpacken. Die Produktion kann nur dann zum Erfolg geführt werden, wenn man die Revolution gut anpackt. Man muß den Revisionismus und die kapitalistischen Tendenzen sowie solch falsche Ansichten und solch falsches Herangehen wie das blinde Anbeten alles Ausländischen und das Hinterdreinkriechen im Schneckentempo, übermäßigen Aufwand und Verschwendung tiefgehend kritisieren.

Der Vorsitzende Mao hat dargelegt: *„In der Hauptsache auf die eigene Kraft vertrauen, zu deren Unterstützung Hilfe von auswärts gewinnen, sich von abergläubischen Vorurteilen freimachen, unabhängig und selbständig die Industrie, die Landwirtschaft betreiben und die technische wie auch die Kulturrevolution durchführen, mit der sklavischen Gesinnung brechen, den Dogmatismus begraben, gewissenhaft von den guten Erfahrungen anderer Länder lernen und unbedingt auch deren schlechte Erfahrungen studieren — und diese uns als Lehre dienen lassen: das eben ist unsere Linie."* Diese Linie hat es uns ermöglicht, die Blockade durch den Imperialismus zu durchbrechen und dem Druck des Sozialimperialismus standzuhalten. Wie stark auch der Sturm der Wirtschaftskrise durch die kapitalistische Welt tobt, die Wirtschaft unseres Landes entwickelt sich weiterhin solide und schwungvoll. Wir müssen uns für immer an diese Linie halten.

Verehrte Abgeordnete!

Die gegenwärtige internationale Lage ist nach wie vor durch große Unordnung in der Welt gekennzeichnet. Und die Unordnung wird immer größer. Die kapitalistische Welt sieht sich der schwersten Wirtschaftskrise seit dem Zweiten Weltkrieg gegenüber. Die verschiedenen Grundwidersprüche in der Welt spitzen sich weiter zu.

Einerseits entwickelt sich unter den Völkern der Welt schwunghaft die Tendenz zur Revolution; Staaten wollen Unabhängigkeit, Nationen wollen Befreiung, Völker wollen Revolution — das ist bereits zu einer unwiderstehlichen Strömung der Geschichte geworden. Andererseits ringen die beiden Supermächte, die USA und die Sowjetunion, immer heftiger miteinander um die Welthegemonie. In allen Weltgegenden rivalisieren sie; der Schwerpunkt ihres Ringens jedoch liegt in Europa. Der sowjetische Sozialimperialismus ist nun dabei, „ein Scheinmanöver im Osten zu vollführen, den Angriff aber im Westen zu unternehmen". Die beiden Supermächte, die USA und die Sowjetunion, sind die größten internationalen Unterdrücker und Ausbeuter unserer Zeit, sie sind der Herd eines neuen Weltkriegs. Ihre heftige Rivalität muß eines Tages zum Weltkrieg führen. Die Völker aller Länder müssen sich darauf vorbereiten. Auf der Welt wird überall von Entspannung und Frieden geredet. Gerade das beweist, daß es in dieser Welt keine Entspannung gibt, geschweige denn einen dauerhaften Frieden. Gegenwärtig wachsen die Faktoren sowohl für die Revolution als auch für den Krieg an. Ganz gleich, ob der Krieg die Revolution hervorruft oder die Revolution den Krieg verhindert, die internationale Lage entwickelt sich stets zugunsten der Völker, und die Zukunftsperspektiven der Welt sind immer glänzend.

Wir müssen weiterhin die revolutionäre Linie des Vorsitzenden Mao für die Außenpolitik befolgen, unser Augenmerk auf die Volksmassen richten, unsere Hoffnungen in sie setzen und in den Beziehungen mit dem Ausland noch bessere Arbeit leisten. Wir müssen am proletarischen Internationalismus festhalten, die Einheit mit den sozialistischen Staaten, mit den unterdrückten Völkern und unterjochten Nationen der ganzen Welt verstärken und zur gegenseitigen Unterstützung beitragen. Wir müssen uns mit allen Kräften auf der Welt, mit denen eine Vereinigung möglich ist, vereinigen, um gegen den Kolonialismus, den Imperialismus und insbesondere gegen das Hegemoniestreben der Supermächte zu kämpfen. Wir sind bereit, auf der Grundlage der fünf Prinzipien der friedlichen Koexistenz Beziehungen mit allen Ländern aufzunehmen und zu entwickeln.

Die Dritte Welt ist die Hauptkraft im Kampf gegen Kolonialismus, Imperialismus und Hegemoniestreben. China ist ein sozialistisches Entwicklungsland und gehört zur Dritten Welt. Wir müssen uns mit den Staaten und Völkern Asiens, Afrikas und Lateinamerikas noch enger zusammenschließen und sie in ihrem Kampf für die Erlangung und Wahrung der nationalen Unabhängigkeit, für die Verteidigung der staatlichen Souveränität, für den Schutz der nationalen Ressourcen und für die Entwicklung der nationalen Wirtschaft entschlossen unterstützen. Wir unterstützen entschieden die gerechten Kämpfe der Völker von Korea, Vietnam, Kambodscha, Laos, Palästina und der arabischen Staaten sowie der Völker im südlichen Teil Afrikas. Wir unterstützen die Staaten und Völker der Zweiten Welt in ihrem Kampf gegen Kontrolle, Bedrohung und Schikane durch die Supermächte. Wir unterstützen es, daß sich die westeuropäischen Staaten in diesem Kampf vereinigen. Wir sind bereit, auf der Grundlage der chinesisch-japanischen gemeinsamen Erklärung gemeinsam mit der Regierung und dem Volk von Japan für die Förderung der freundschaftlichen und gutnachbarlichen Beziehungen zwischen den beiden Ländern zu arbeiten.

Zwischen China und den USA bestehen grundlegende Differenzen. Dank den gemeinsamen Bemühungen beider Seiten haben sich in den letzten drei Jahren die Beziehungen zwischen den beiden Ländern einigermaßen gebessert, und der Verkehr zwischen beiden Völkern hat sich entwickelt. Solange die Prinzipien des von China und von den USA unterzeichneten Schanghaier Kommuniques ernsthaft durchgeführt werden, können die Beziehungen beider Staaten weiter verbessert werden.

Die sowjetische Führungsclique hat den Marxismus-Leninismus verraten. Unsere prinzipielle Polemik mit ihr wird lange andauern. Aber wir vertreten seit je die Ansicht, daß diese Polemik die Aufrechterhaltung normaler staatlicher Beziehungen zwischen China und der Sowjetunion nicht behindern sollte. Die sowjetische Führung hat eine Reihe von Schritten zur Verschlechterung der Beziehungen zwischen beiden Staaten unternommen, subversive Tätigkeit gegen unser Land ausgeübt und sogar bewaffnete Grenzkonflikte provoziert. Sie handelt der bereits 1969 von den Ministerpräsidenten Chinas und der Sowjetunion erzielten Verständigung zuwider und weigert sich, eine Vereinbarung über die Aufrechterhaltung des Status quo an der Grenze, über die Verhütung bewaffneter Zusammenstöße, über das Auseinanderrücken der Streitkräfte beider Seiten in den umstrittenen Grenzgebieten zu unterzeichnen, eine Vereinbarung, die gegenseitige Nichtanwendung von Gewalt und gegenseitigen Nichtangriff mit beinhalten sollte. Die Verhandlungen über die Grenzfrage zwischen China und der Sowjetunion haben daher bis heute zu keinem Ergebnis geführt. Die sowjetische Führung bequemt sich nicht einmal dazu, anzuerkennen, daß es an der Grenze zwischen China und der Sowjetunion umstrittene Gebiete gibt, sie ist nicht einmal bereit, auf das Auseinanderrücken der Streitkräfte beider Seiten in den umstrittenen Grenzgebieten und auf die Verhütung bewaffneter Zusammenstöße einzugehen, drischt jedoch leere Phrasen von Verträgen über gegenseitige Nichtanwendung von Gewalt und gegenseitigen Nichtangriff. Wenn das nicht dazu dient, das sowjetische Volk und die Weltöffentlichkeit hinters Licht zu führen, wozu denn sonst? Wir raten der sowjetischen Führung, sich lieber ehrlich an den Verhandlungstisch zu setzen, um etwas zur Lösung der Probleme zu tun, als weiterhin solche Täuschungsmanöver auszuführen.

Der Vorsitzende Mao lehrt uns: *„Tiefe Tunnels graben, überall Getreidevorräte anlegen, nie nach Hegemonie trachten!"*, *„Trefft Vorbereitungen auf einen Kriegsfall, Vorbereitungen auf Naturkatastrophen, tut alles für das Volk!"* Wir müssen wachsam bleiben, unsere Verteidigung verstärken und uns auf einen Kriegsfall vorbereiten. Die heroische Volksbefreiungsarmee hat die ruhmvolle Aufgabe, das Vaterland zu verteidigen. Die ganze Armee muß entschieden die Linie des Vorsitzenden Mao für den Armeeaufbau durchführen, den Aufbau der Armee verstärken und die Vorbereitung auf einen Kriegsfall intensivieren. Wir müssen gewissenhaft beim Aufbau der Volksmiliz gute Arbeit leisten. Die Volksbefreiungsarmee und die Volksmiliz müssen jederzeit bereit sein, gemeinsam mit den Volksmassen aller Nationalitäten unseres Landes alle Feinde, die einen Einfall wagen sollten, zu vernichten.

Wir werden Taiwan befreien! Landsleute von Taiwan und Volksmassen des ganzen Landes, schließt euch zusammen und setzt euch gemeinsam für die Verwirklichung des erhabenen Ziels ein, Taiwan zu befreien und unser Vaterland zu vereinigen!

Verehrte Abgeordnete!

In der ausgezeichneten Lage sowohl im Inland als auch in der internationalen Arena müssen wir vor allem Chinas eigene Angelegenheiten mit Erfolg regeln und danach streben, einen verhältnismäßig großen Beitrag für die Menschheit zu leisten.

Wir müssen die Weisung des Vorsitzenden Mao fest im Gedächtnis behalten, den wichtigsten Angelegenheiten und der Linie große Aufmerksamkeit zu widmen, und auf den Grundprinzipien beharren: *„Den Marxismus und nicht den Revisionismus praktizieren; sich zusammenschließen und nicht Spaltertätigkeit betreiben; offen und*

ehrlich sein und sich nicht mit Verschwörungen und Ränken befassen."
Wir müssen die einheitliche Führung der Partei mit aller Entschiedenheit unterstützen. *In den sieben Bereichen — Industrie, Landwirtschaft, Handel, Kultur und Bildungswesen, Armee, Regierung und Partei — leitet die Partei alles.* Unsere Arbeit auf jedem Gebiet muß unter der einheitlichen Führung der Parteikomitees aller Ebenen stehen.

Wir müssen die ruhmvolle Tradition, Disziplin zu halten, weiter pflegen, den demokratischen Zentralismus gewissenhaft verwirklichen und auf der Grundlage der revolutionären Linie des Vorsitzenden Mao folgendes erreichen: *einheitliche Auffassungen, eine einheitliche Politik, einheitliche Pläne, ein einheitliches Kommando und einheitliche Aktionen.*

Wir müssen auf der Massenlinie beharren: *Aus den Massen schöpfen und in die Massen hineintragen,* der großen Mehrheit der Massen fest vertrauen und uns auf sie stützen. Sowohl in der Revolution als auch beim Aufbau gilt es, kühn die Massen zu mobilisieren und energisch Massenbewegungen zu entfalten.

Wir müssen hart kämpfen, mit Fleiß und Sparsamkeit unser Land aufbauen und alle Vorhaben betreiben. *Wir müssen eine solche Energie, einen solchen revolutionären Enthusiasmus und einen solchen Geist des vollen Einsatzes beibehalten, wie sie früher während der Perioden der revolutionären Kriege an den Tag gelegt wurden, um die revolutionäre Arbeit zu Ende zu führen.*

Wir müssen am proletarischen Internationalismus festhalten und *den Großmacht-Chauvinismus entschlossen, gründlich, restlos und vollständig beseitigen.* Wir werden nie nach Hegemonie trachten, wir wollen nie eine Supermacht werden. Wir werden stets auf seiten der unterdrückten Völker und unterjochten Nationen der ganzen Welt stehen.

Unter der Führung des Zentralkomitees der Partei mit dem Vorsitzenden Mao an der Spitze hat sich unser Volk mit großer Hingabe für das Erstarken des Vaterlandes eingesetzt, alle Schwierigkeiten und Gefahren bezwungen und es in einer Zeitspanne von nur etwas mehr als zwanzig Jahren fertiggebracht, ein armes und rückständiges Land in ein sozialistisches Land zu verwandeln, das schon zu blühen begonnen hat. Wir können China mit Sicherheit in den kommenden über zwanzig Jahren, noch in diesem Jahrhundert, zu einem modernen und mächtigen sozialistischen Staat aufbauen. Wir müssen uns weiterhin anstrengen, die Erfolge ausbauen und unsere Mängel überwinden, bescheiden und umsichtig sein, uns vor Überheblichkeit und Unbesonnenheit in acht nehmen, um von Sieg zu Sieg vorwärtszuschreiten. *Schließen wir uns zusammen,* unter der Anleitung der revolutionären Linie des Vorsitzenden Mao, *um noch größere Siege zu erringen!*

Quelle: Dokumente der 1. Tagung des
IV. Nationalen Volkskongresses der
Volksrepublik China
Peking 1975

RESOLUTION DER I. TAGUNG DES IV. NATIONALEN VOLKSKONGRESSES DER VOLKSREPUBLIK CHINA ÜBER DEN BERICHT ÜBER DIE TÄTIGKEIT DER REGIERUNG

(ANGENOMMEN AM 17. JANUAR 1975)

Die 1. Tagung des IV. Nationalen Volkskongresses billigt den von Ministerpräsident Tschou En-lai im Namen des Staatsrates erstatteten „Bericht über die Tätigkeit der Regierung". Die Tagung ist der Ansicht, daß der Staatsrat seit dem III. Nationalen Volkskongreß unter der Führung des Zentralkomitees der Kommunistischen Partei Chinas mit dem Vorsitzenden Mao an der Spitze, angeleitet von der proletarischen revolutionären Linie des Vorsitzenden Mao, durch die Große Proletarische Kulturrevolution und die zur Zeit im ganzen Lande vor sich gehende Bewegung zur Kritik an Lin Biao und Konfuzius, in allen Bereichen der Innen- und Außenpolitik große Erfolge erzielt hat. Die anwesenden Abgeordneten sind der festen Überzeugung, daß wir unser Land noch in diesem Jahrhundert in den kommenden über zwanzig Jahren zu einem modernen und mächtigen sozialistischen Staat aufbauen können.

Quelle: Dokumente der 1. Tagung des
IV. Nationalen Volkskongresses der
Volksrepublik China
Peking 1975

INHALT

	Seite
VORWORT	9

ABLEBEN DES GENOSSEN TSCHOU EN–LAI
Nachruf des Zentralkomitees der Kommunistischen Partei Chinas, des Ständigen Ausschusses des Nationalen Volkskongresses und des Staatsrates ... 13

BEILEIDSTELEGRAMM DES STÄNDIGEN AUSSCHUSSES DES POLITBÜROS DES ZENTRALKOMITEES DER KOMMUNISTISCHEN PARTEI DEUTSCHLANDS (KPD) ZUM TODE DES GENOSSEN TSCHOU EN–LAI AN DIE CHINESISCHE PARTEI– UND STAATSFÜHRUNG ... 17

EWIGER RUHM GENOSSEN TSCHOU EN–LAI, DEM GROSSEN PROLETARISCHEN REVOLUTIONÄR DES CHINESISCHEN VOLKES UND HERVORRAGENDEN KOMMUNISTISCHEN KÄMPFER
Rede des Genossen Jürgen Horlemann, Mitglied des Ständigen Ausschusses des Politbüros des Zentralkomitees der KPD auf der Trauerfeier der KPD zum Tode des Genossen Tschou En-lai ... 19

NOTE DER ZENTRALEN VOLKSREGIERUNG DER VOLKSREPUBLIK CHINA ZUR ANERKENNUNG DER DEUTSCHEN DEMOKRATISCHEN REPUBLIK ... 43

VORWÄRTS, NOCH GRÖSSEREN SIEGEN ENTGEGEN!
Bericht auf der 4. Tagung des Allchinesischen Komitees des Politischen Konsultativen Volksrats ... 45

STELLUNGNAHME ZUR KOREA–FRAGE
(22. Mai 1954) ... 65

STELLUNGNAHME ZUR KOREA–FRAGE
(5. Juni 1954) ... 73

STELLUNGNAHME ZUR INDOCHINA–FRAGE
(9. Juni 1954) 79

STELLUNGNAHME ZUR KOREA–FRAGE
(11. Juni 1954) 95

STELLUNGNAHME ZUR KOREA–FRAGE
(15. Juni 1954) 103

REDE IN DER WERNER–SEELENBINDER–HALLE IN
BERLIN 109

REDE AUF DER AFRO–ASIATISCHEN KONFERENZ
VON BANDUNG 113

ERGÄNZENDE REDE AUF DER PLENARSITZUNG DER
AFRO–ASIATISCHEN KONFERENZ VON BANDUNG 123

REDE AUF DER SCHLUSSITZUNG DER AFRO–
ASIATISCHEN KONFERENZ VON BANDUNG 129

BERICHT ÜBER DIE BERICHTIGUNG DER HAUPTSÄCH–
LICHEN PLANZIELE DES VOLKSWIRTSCHAFTSPLANS
1959 UND DIE WEITERE ENTFALTUNG DER BEWEGUNG
ZUR ERHÖHUNG DER PRODUKTION UND ZUR SPAR–
SAMKEIT
(Vorgetragen auf der 5. Plenarsitzung des Ständigen Ausschusses
des II. Nationalen Volkskongresses am 26. August 1959) 131
  I.   Die Wirtschaftslage im Jahr 1959 131
      1. Die Massenbewegung zur Produktion von Eisen
        und Stahl 133
      2. Die Volkskommunen und die Gemeinschaftsküchen 137
      3. Die Marktlage 140
  II. Berichtigung der Planziele für 1959 143
  III. Kämpft gegen rechte Tendenzen und setzt alle Kräfte
     für die Entfaltung der Bewegung zur Erhöhung der Pro–
     duktion und zur Sparsamkeit ein! 149

DAS GROSSE JAHRZEHNT
(Auszüge) 153

BRIEF ZUR CHINESISCH–INDISCHEN GRENZFRAGE AN
DIE FÜHRER DER ASIATISCHEN UND AFRIKANISCHEN
LÄNDER 181

REDE AUF EINER MASSENKUNDGEBUNG IN TIRANA 207

INTERVIEW MIT DEM FRANZÖSISCHEN JOURNALISTEN
BERNARD TESSELIN, CHEFREDAKTEUR DER AGENCE
FRANCE PRESSE, IN MOGADISCHO (SOMALIA) 221

BERICHT ÜBER DIE ERGEBNISSE DES BESUCHS IN
VIERZEHN LÄNDERN
(Auszüge) 227
    Der Besuch in Albanien 228

Inhalt

Die Reise durch zehn afrikanische Länder	231
Die Reise durch drei südasiatische Länder	237
Die Generallinie der Außenpolitik Chinas	242

BOTSCHAFT AN DIE REGIERUNGSCHEFS ALLER STAATEN DER WELT ... 245

VÖLKER ASIENS UND AFRIKAS, VEREINIGT EUCH UND UNTERSTÜTZT VIETNAM
Rede anläßlich des zehnten Jahrestages der Asiatisch-Afrikanischen Konferenz von Bandung, gehalten über den indonesischen Rundfunk in Djakarta ... 247

CHINA IST BEREIT DIE AMERIKANISCHE HERAUSFORDERUNG ANZUNEHMEN
Auszüge aus der Rede auf dem Empfang bei Tran van Thanh, Leiter der Ständigen Mission der Nationalen Befreiungsfront Südvietnams in China, anläßlich der Feier des 5. Jahrestages der Gründung der Nationalen Befreiungsfront ... 253

REDE AUF DER MASSENKUNDGEBUNG DER BEVÖLKERUNG ALLER BERUFSKREISE DER HAUPTSTADT ZUR BEGRÜSSUNG DER PARTEI- UND REGIERUNGSDELEGATION ALBANIENS ... 259

REDE AUF DEM EMPFANG ZUR FEIER DES 17. JAHRESTAGES DER GRÜNDUNG DER VOLKSREPUBLIK CHINA ... 271

REDE AUF EINER MASSENVERSAMMLUNG REVOLUTIONÄRER LITERATUR- UND KUNSTSCHAFFENDER IN PEKING
(Zusammenfassung) ... 275

REDE AUF DEM VOM VIETNAMESISCHEN BOTSCHAFTER IN CHINA ANLÄSSLICH DES NATIONALFEIERTAGES DER DRV GEGEBENEN EMPFANG ... 281

REDE AUF DEM BANKETT ZU EHREN DES PRÄSIDENTEN AHIDJO
(Auszüge) ... 287

REDE AUF DEM BANKETT ZU EHREN DES PRÄSIDENTEN N'GOUABI
(Auszüge) ... 291

REDE AUF DEM BANKETT ZU EHREN DES PRÄSIDENTEN POMPIDOU ... 295

BERICHT AUF DEM X. PARTEITAG DER KOMMUNISTISCHEN PARTEI CHINAS
(Erstattet am 24. August und angenommen am 28. August 1973) ... 299
    Über die Linie des IX. Parteitags ... 299
    Über den Sieg bei der Zerschmetterung der parteifeindlichen Clique um Lin Biao ... 303
    Über die Lage und unsere Aufgaben ... 309

BERICHT ÜBER DIE TÄTIGKEIT DER REGIERUNG
(Erstattet auf der 1. Tagung des IV. Nationalen Volkskongresses
der Volksrepublik China am 13. Januar 1975) 319

RESOLUTION DER 1. TAGUNG DES IV. NATIONALEN
VOLKSKONGRESSES DER VOLKSREPUBLIK CHINA
ÜBER DEN BERICHT ÜBER DIE TÄTIGKEIT DER
REGIERUNG
(Angenommen am 17. Januar 1975) 331

ERNST THÄLMANN

Reden und Aufsätze

1930–1933

Diese Bände enthalten Reden und Aufsätze Ernst Thälmanns aus der Zeit zwischen September 1930 und März 1933: u.a.: Volksrevolution über Deutschland, Die Lage in Deutschland und die Aufgaben der KPD, Der revolutionäre Ausweg und die KPD, Ernst Thälmanns Antwort auf 21 Fragen von SPD-Arbeitern, Die neue Etappe der Bolschewisierung der KPD, Im Kampf gegen die faschistische Diktatur.

Die Ausgabe schließt an die 1955 im Dietz-Verlag erschienenen zwei Bände der (ursprünglich auf drei Bände geplanten, von den SED-Revisionisten aber unterdrückten Thälmann-Ausgabe) an und stellt den 3. und 4. Band der Sammlung von Thälmann-Schriften dar, die in den nächsten Jahren im Verlag Rote Fahne erscheinen werden.

Proletarier aller Länder, unterdrückte Völker und Nationen, vereinigt Euch!

ROTE FAHNE

Zentralorgan der Kommunistischen Partei Deutschlands (KPD)

WOCHENZEITUNG

G 2010 C

Seit 1970, seit Neugründung der KOMMUNISTISCHEN PARTEI DEUTSCHLANDS (KPD) gibt es auch wieder die ROTE FAHNE. Die ROTE FAHNE, das Zentralorgan der KPD, ist das wöchentliche Sprachrohr des Marxismus-Leninismus, die Zeitung der Arbeiter und Werktätigen.

Die KPD kämpft für ein unabhängiges, vereintes und sozialistisches Deutschland. Der Weg der proletarischen Revolution führt notwendig über den Kampf gegen die beiden Supermächte, USA und Sowjetunion, gegen ihren Hegemonismus und gegen die von ihnen ausgehende Weltkriegsgefahr.

Die ROTE FAHNE zeigt jede Woche für den klassenbewußten Arbeiter, für alle fortschrittlichen Menschen die Perspektive dieses Kampfes. Die ROTE FAHNE erhebt die Stimme gegen die Vorherrschaftspläne des sowjetischen Sozialimperialismus in Europa, dokumentiert den erfolgreichen Kampf der Länder der Dritten Welt, mit dem revolutionären China an der Spitze. Die ROTE FAHNE steht für die gerechte Sache! Deshalb verteidigt die Freiheit der kommunistischen Presse — allen Angriffen zum Trotz:

Lest die ROTE FAHNE! Abonniert die ROTE FAHNE!

Abonnementpreise:

1 Jahr Abonnement	DM 36,40	Förderabonnement DM 60,—
1/2 Jahr Abonnement	DM 18,20	Förderabonnement DM 30,—
1 Jahr Auslandsabonnement	DM 44,20	

Erscheint im Verlag Rote Fahne, Kamekestraße 19, 5 Köln 1